21 世纪全国高职高专国际贸易类规划教材

WTO 与中国对外贸易

余洪滨　主编

廖丽达　秦　洁

孙　涛　周　晶　　参编

王淑清　钟立群

张玉芳

北京大学出版社
PEKING UNIVERSITY PRESS

内 容 简 介

本书结合我国加入世界贸易组织的实践需要和我国高校国际贸易教学实践,首次明确提出国际贸易教学存在技术和规则两个领域的观点,并在此基础上规划教学大纲。本书主要阐述了WTO规则和WTO对中国的影响两个方面的问题。在内容组织上采用模块组合方式,以适应不同层次、专业的教学需要。本书最大的特点是内容翔实、逻辑清晰、案例丰富、语言简明扼要。为了配合教学使用,每章开篇提出学习目标,各章结尾则精心筛选了练习案例和思考题,有助于读者对WTO知识的理解。

本书可作为高职高专学校国际贸易、国际金融等专业的必修教材,也可作为经济类其他专业选修课教材使用,此外还可作为从事外贸工作相关人员的培训教材和政府公务员普及WTO知识的读物。

图书在版编目(CIP)数据

WTO与中国对外贸易/余洪滨主编. —北京:北京大学出版社,2006.7
(21世纪全国高职高专国际贸易类规划教材)
ISBN 978-7-301-10026-4

Ⅰ.W… Ⅱ.余… Ⅲ.①世界贸易组织－规则－高等学校:技术学校－教材②对外贸易－中国－高等学校:技术学校－教材 Ⅳ.F752

中国版本图书馆CIP数据核字(2005)第132540号

书　　　名:	WTO与中国对外贸易
著作责任者:	余洪滨　主编
责 任 编 辑:	袁玉明　许振伍
标 准 书 号:	ISBN 978-7-301-10026-4/F·1291
出　版　者:	北京大学出版社
地　　　址:	北京市海淀区成府路205号 100871
电　　　话:	邮购部 62752015　发行部 62750672　编辑部 62765126　出版部 62754962
网　　　址:	http://www.pup.cn
电 子 信 箱:	xxjs@pup.pku.edu.cn
印　刷　者:	北京宏伟双华印刷有限公司
发　行　者:	北京大学出版社
经　销　者:	新华书店
	787毫米×980毫米　16开本　16.75印张　366千字
	2006年7月第1版　2011年3月第5次印刷
定　　　价:	26.00元

未经许可,不得以任何方式复制或抄袭本书之部分或全部内容。
版权所有,侵权必究
举报电话:010-62752024;电子邮箱: fd@pup.pku.edu.cn

总　　序

在世纪之初，我国成功地加入了世界贸易组织以后，全国的经济与贸易发生了翻天覆地的改变。对于我国外向经济型企业来说，急需一大批可与国际业务运作相接轨的应用型人才，以适应国际化的需要。对于高职高专的教育来说，主要是为国家培养各类战斗在第一线的人才，使他们拥有扎实的基础知识，了解 WTO 的规则，以便于有效地实施各种应对突发事件的方案。然而，事实上却存在着诸多问题，比如，有些老师只有理论知识，没有实践经验，不知外贸企业如何操作；很少有适合高职高专教育特点的教材，现有的教材也有诸多不尽如人意之处等；另外，在 2004 年 9 月，教育部等七部门又提出了高等职业教育基本学制逐步以两年制为主。由此可见，重新开发适合新世纪的高职高专教育需求的教材迫在眉睫。

在此情况下，北京大学出版社联合了全国三十多所学校的七十多位老师，一起承担了建设《21 世纪全国高职高专国际贸易类规划教材》的任务，在编写教材的时候尽量体现出"适用、实用、够用"的特点。

根据实际情况，本次共编写了如下 11 册教材：

《国际贸易》

《国际贸易实务》

《国际贸易单证实务》

《WTO 与中国对外贸易》

《国际金融》

《海关实务》

《商务谈判》

《国际货运与保险》

《国际商务函电》

《商务英语交际与写作》

《商务英语口语》

本系列教材有如下特点：

首先，与实践紧密结合，参与编写的老师基本上都是在教学一线的"双师型"教师，有些在企业担任过多年的总经理，对企业的运作非常熟悉，有着丰富的实践经验，同时拥有丰富的教学经验，他们愿意将自己的心血化为文字，以培养更多的有实战能力的学生。

其次，把握了"以学生为主体"的思想，牢牢站在学生的立场上来编写，并采用了多种方式，比如课件等多媒体工具，以达到"易教、易学、易懂、易上手"的目的。

再次，内容上力求创新，剔除了陈旧的内容，结合了资格考试内容，组合了新知识和新材料，体现了最新的发展动态。而且语言简洁凝练、概念明确、案例丰富、理论与实训安排得当，并采用富有弹性的模块式结构。

此外，还采用了适量的专栏或者案例，以帮助学生更好地在现实中理解和体会这些理论，更适合高职高专的学生使用。

在内容及版式的设计上还添加了一些新的元素，使整体风格活泼而不枯燥，且更具人性化。

本系列教材不仅可以供高职高专的学生使用，也可以供培训机构或学校采用，还可以供政府及企业相关人员和广大学习爱好者参考。

编委会
2006 年 1 月

前　　言

"WTO 与中国对外贸易"在高职高专层次的国际贸易、国际金融等相关专业教学中被列为必修课,非国际贸易专业的经济、行政管理等专业将其作为选修课。这种定位,主要是基于我国加入 WTO 后,在国际经济交往中的身份和地位所发生的变化。我们在培养高职高专人才的方向上要跟上这一变化,为国家和企业培养出有技术、懂规则的实用型人才。

"WTO 与中国对外贸易"在高职高专教学中有很强的针对性和必要性。2001 年 11 月 10 日我国正式加入世界贸易组织,成为世界贸易大家庭的一个成员。加入世界贸易组织为我国的经济发展带来了市场和机遇,同时也对我国的经济发展提出了挑战,可以说是机遇和挑战并存。为了抓住这一机遇,迎接挑战,我国政府和企业已经做了 10 年的努力。1995 年在世界贸易组织成立伊始,我国政府就郑重地承诺:中国将遵循世界贸易组织的规则,不断完善中国的市场经济体制,利用 10 年的时间逐步降低关税税率,取消进口配额限制。10 年来我国政府和企业做出了巨大的努力,取得了重大成果。今天我们看到在我国的汽车工业、电子产品、家用电器等领域,产品质量不断提高,价格不断下降,在国际和国内市场上均占有一定的份额,具有很强的竞争力。

然而,贸易例来是交易双方利益上的分配。有分配就必须有规则,也必然会产生矛盾。贸易摩擦不可避免,有摩擦就要解决,如何解决矛盾和摩擦必须认真对待。

以往我们遇到贸易摩擦,解决的方式是由我国政府来承担,靠让步来解决。这种一对一的解决方式大多数是以我国企业让步,由国家承担损失而告终。历史上我国的"出口转内销"现象,就是这种解决贸易争端方式的结果,这种结果损害了我国的国民利益。

如今,我们已经是世界贸易组织的成员国了,再也不能用采取"吃亏让人"的方式来解决贸易争端了。2005 年 5 月首次面对来自美国和欧盟对我国的纺织品和服装贸易的设限争端,勇敢地说"不",表明我国在国际贸易中已经能够平等地面对世界经济强国。为了适应国际贸易的新变化,要求我们必须培养出一大批懂得世界贸易组织规则,学会按世界贸易组织规则办事,用世界贸易组织规则保护自己的人才。

当今,随着中国开放型经济的逐步实现,中国与世界其他国家贸易互补,国际分工逐步形成,并且不断完善,国际贸易的数量不断增加。从事国际贸易,不外乎是懂得国际贸易规则和熟悉国际贸易操作技术两个方面。在我国高校国际贸易专业教学上受传统观念的影响,有重技术、轻规则的现象。大多数学校国际贸易专业的核心课程,重点放在国际贸易实务、国际贸易理论与实践、国际贷款、国际保险、报关实务等技术性课程,而对 WTO 规则方面不太重视。这样的教学设计,在我们没有加入 WTO 以前无可非议,但如果现在我们还不能及时调整，就会落伍。试想一个只懂汽车驾驶技术而不知道路交通行为规则的人，如何在现代都市里开车上路呢？同理，如果只懂国际贸易技术而不懂 WTO 规则，就不会利用 WTO 成员的身份，从事国际贸易交易，一旦发生贸易争端，也不知道运用 WTO 规则的武器来保护自己。2005 年年初，美国 DELL 公司的部分员工，给原 IBM 公司的客户发送短信息，要求他们不要再订 IBM 的货，理由是 IBM 的 PC 业务已经被中国的联想集团收购。DELL 公司的做法，对中国联想产生了损害，中国联想完全可以拿起 WTO 的武器，让 DELL 公司付出代价，但是，联想集团只发表了一个声明，表示遗憾。这个案例说明，我国企业对 WTO 规则尚不熟悉，没有学会用 WTO 的规则保护自己。因此，WTO 的知识不仅从事国际贸易的人要学，而且每一个从事经济工作的人、从事经济管理的人，都应当学习、应当知道，因为我们是 WTO 的成员。

WTO 的规则，内容十分丰富，涉及工业、农业、服务等各行各业。由于各行业之间差别较大，为了适应高职高专学生学时少、专业性强的特点，本教材采用模块设计方式，全书分为两大部分：一是 WTO 规则；二是 WTO 对我国的影响。为了便于教学使用，将这两部分内容按行业进行组合，便于不同专业的教学对象选用。国际贸易专业为了拓宽知识，增强适应性，可以全面讲授；对于非国际贸易专业，可以按专业对象选择相应的章节进行介绍。

总之，我国已经走进了 WTO，作为 WTO 成员国的国民，有必要了解和掌握 WTO 的知识和规则。正如游戏是快乐的，但要在游戏中获得快乐，就必须遵守游戏规则，而遵守规则的前提是必须学习。我们的责任是将游戏规则介绍给我们的学生，让他们能够成功地参加游戏，获得快乐，让人类社会更加文明、和谐。

本书由唐山职业技术学院余洪滨担任主编，负责全书总体结构设计、大纲的拟定、初稿的修改补充，并对全书进行统稿。本书由四川天一学院廖丽达老师编写第一章；四川天一学院秦洁老师编写第二章；中国海洋大学经济学院孙涛老师编写第三章；北京工业大学通州分校周晶老师编写第四章；河北能源职业技术学院王淑清老师编写第五章；唐山职业技术学院钟立群老师编写第六章、第七章；青岛职业技术学院张玉芳老师编写第八章、第九章；唐山职业技术学院余洪滨老师编写第十章、第十一章。在本书的编写过程中，得到了北京大学出版社、全国许多专家学者和参编学校领导的大力支持和热情帮助。在此对给予支持和帮助本书编写的领导和同仁表示衷心的感谢。另外，对本书所列参考书目的作者一并表示衷心的感谢。

由于本书编者水平有限，虽然在编写过程中我们做了最大的努力，但是难免存在疏漏和错误，恳请广大读者提出批评指正，以便我们不断提高水平。

编　者
2006 年 6 月

目 录

第一章 WTO 的背景与关贸总协定 ... 1
第一节 WTO 产生的背景与关贸总协定的诞生 ... 1
一、二战前后的世界经济 ... 1
二、世界三大组织的酝酿 ... 2
三、关贸总协定的诞生 ... 5
第二节 关贸总协定的 8 轮会谈经历 ... 10
一、关于关税减让的谈判 ... 11
二、关于非关税措施的谈判 ... 13
三、关于世界贸易组织成立一揽子协议谈判 ... 14
第三节 世界贸易组织的诞生 ... 17
一、世界贸易组织与关贸总协定 ... 17
二、世界贸易组织的宗旨 ... 18
三、世界贸易组织的机构与职能 ... 19
第四节 本章小结 ... 23

第二章 WTO 的基本原则 ... 25
第一节 非歧视（国民待遇）与互惠贸易原则 ... 25
一、国民待遇原则 ... 25
二、最惠国待遇原则 ... 30
三、互惠贸易原则 ... 36
第二节 公平竞争与逐步实现自由化原则 ... 37
一、公平竞争原则 ... 37
二、逐步实现自由化原则 ... 39
三、鼓励发展和经济改革 ... 40
第三节 其他法律原则 ... 40
一、贸易政策法规透明度原则 ... 40
二、一般禁止使用数量限制原则 ... 42
三、豁免和紧急行动原则 ... 43
第四节 本章小结 ... 43

第三章 WTO 关于货物贸易的规则 ... 46
第一节 关税在货物贸易中的作用 ... 46
一、关税的定义和特点 ... 46
二、关税的分类 ... 47
三、关税的有效保护 ... 50
第二节 非关税壁垒措施 ... 51
一、非关税壁垒的定义和特点 ... 52
二、主要的非关税措施 ... 52
第三节 WTO 关于货物贸易的若干规则 ... 59
一、纺织品与服装协议 ... 59
二、农业协议 ... 59
三、原产地、进口许可程序、装船前检验协议 ... 60
四、反倾销协议 ... 62
五、补贴与反补贴协议 ... 62
六、海关估价协议 ... 63
第四节 中国"入世"在货物贸易方面的承诺 ... 63
一、中国"入世"在货物贸易方面的承诺 ... 64
二、关于反倾销问题 ... 65
第五节 本章小结 ... 67

第四章 WTO 与中国农业的发展 ... 70
第一节 中国农业体制的改革 ... 70
一、中国农业体制的改革历程 ... 70
二、取得的成就与加入 WTO 后我国农产品贸易现状 ... 73
第二节 中国农产品市场开放 ... 76
一、"复关"与"入世"谈判 ... 76
二、中美农业协议的影响 ... 79
第三节 中国农业生产与贸易政策调整方向 ... 83
一、我国农业发展中存在的问题 ... 83
二、我国农业产业政策的调整方向 ... 85
三、我国应对农产品贸易争端的策略 ... 86
第四节 本章小结 ... 87

第五章 WTO 与中国主要工业的发展 ... 90
第一节 WTO 与我国石油化工工业 ... 90
一、我国石油化工工业发展及存在的问题 ... 90
二、"入世"对我国石油化工工业的影响与挑战 ... 92

三、"入世"加速我国石油化工工业的发展 95
　第二节　WTO与我国汽车工业 97
　　　一、我国汽车工业历史 97
　　　二、我国汽车工业的发展方向 99
　　　三、我国汽车产业政策的调整 103
　第三节　WTO与我国钢铁工业 105
　　　一、我国钢铁工业的竞争力与存在的问题 105
　　　二、"入世"对我国钢铁工业的影响 108
　　　三、我国钢铁工业的未来发展 109
　第四节　本章小结 113

第六章　WTO关于服务贸易的规则
　第一节　当代国际服务贸易的基本格局 117
　　　一、国际服务贸易的定义 117
　　　二、国际服务贸易的迅速发展 118
　　　三、当代国际服务贸易的基本格局 120
　第二节　《服务贸易总协定》的内容 123
　　　一、关于服务贸易与服务行业的划分 123
　　　二、《服务贸易总协定》概要 128
　　　三、《服务贸易总协定》的主要内容 132
　第三节　《服务贸易总协定》对中国的影响 133
　　　一、从第三产业到服务业 133
　　　二、我国服务业对外开放的现状 135
　　　三、"入世"对我国服务业的影响及对策 136
　第四节　本章小结 139

第七章　WTO与中国部分服务业的发展
　第一节　WTO对我国金融保险的影响 141
　　　一、《金融服务协议》产生的背景 141
　　　二、《金融服务协议》对金融服务的界定 143
　　　三、"入世"对我国金融保险业的影响及对策 145
　第二节　WTO与我国的电信服务 148
　　　一、《基础电信服务协议》的产生与主要内容 148
　　　二、我国电信业的发展现状 150
　　　三、"入世"对我国电信业的影响 152
　第三节　WTO与我国的旅游事业 155
　　　一、我国旅游业发展的特点 155

二、我国旅游业开放的现状与效果 157
　　三、"入世"对我国旅游业的影响 158
　第四节　本章小结 162
第八章　WTO 关于知识产权保护的规则 164
　第一节　知识产权的定义和法律特点 164
　　一、知识产权的定义 164
　　二、知识产权保护的意义 165
　　三、知识产权法律特征 166
　第二节　"乌拉圭回合"知识产权的协定 168
　　一、《与贸易有关的知识产权协定》概述 168
　　二、《知识产权协定》的主要内容 171
　　三、知识产权的实施与执行 175
　第三节　中国如何适应知识产权协议的要求 176
　　一、我国知识产权法律制度的建立与完善 176
　　二、WTO 与我国的商标法 176
　　三、WTO 与我国专利法 178
　　四、WTO 与我国的版权制度 181
　第四节　本章小结 185
第九章　WTO《与贸易有关的投资措施协议》 187
　第一节　《与贸易有关的投资措施协议》 187
　　一、《与贸易有关的投资措施协议》产生的背景 187
　　二、《与贸易有关的投资措施协议》的内容 188
　　三、《与贸易有关的投资措施协议》的法律性质和特点 189
　　四、《与贸易有关的投资措施协议》的缺陷 191
　第二节　我国贸易与投资相关法律的协调与调整 192
　　一、我国外资法与《与贸易有关的投资措施协议》的比较及问题 192
　　二、我国外资法的修改与调整 196
　第三节　我国的外商投资环境与外贸战略 199
　　一、"大经贸"战略 199
　　二、我国对外商投资企业所得税的优惠政策 202
　　三、利用外资与经济发展 205
　第四节　本章小结 207
第十章　WTO 解决争端的机制 209
　第一节　从 GATT 争端解决条款到 WTO 争端解决机制 209
　　一、关贸总协定争端解决条款的一般程序 209

  二、关贸总协定争端解决条款的成就与不足 211
  三、WTO 争端解决机制的改进 214
 第二节 WTO 争端解决机制的运行 217
  一、WTO 争端解决机制 217
  二、WTO 争端解决机制的一般原则 219
  三、WTO 争端解决机制的基本程序 220
  四、WTO 争端解决机制的特别程序 225
 第三节 利用 WTO 争端解决机制妥善解决外贸冲突 227
  一、"入世"后的中国直面外贸冲突 227
  二、善于利用 WTO 争端解决机制解决贸易争端 228
 第四节 本章小结 230
第十一章 中国加入 WTO 的历程 232
 第一节 中国的"复关"谈判 232
  一、"复关"谈判的过程 232
  二、"复关"谈判破裂的原因 235
 第二节 中国"复关"、"入世"的三项原则 236
  一、中国"复关"的三项原则与三个要求 236
  二、中国"入世"三原则 237
  三、中国坚持"复关"、"入世""三原则"的意义 241
 第三节 "入世"对中国经济的影响 243
  一、"入世"对中国经济的总体影响 243
  二、"入世"对中国产业的影响 246
  三、"入世"后给中国带来的挑战 248
 第四节 本章小结 249
参考文献 252

第一章　WTO 的背景与关贸总协定

学习目标　通过关税与贸易总协定（关贸总协定）和世界贸易组织（简称世贸组织，WTO）知识的学习，重点掌握关税与贸易总协定的基本原则、历次多边谈判的特点、关贸总协定的作用，以及世界贸易组织的概念、特点、作用等，并能运用这些知识解决国际贸易中存在的一些经济现象和问题。

2001年11月10日，这是一个历史性的庄严时刻。世界贸易组织第四届部长会议以全体协商一致的方式，审议并通过了我国加入世界贸易组织的决议。它不仅标志着我国成为当今全球最大、最具有代表性的国际经济组织的成员，而且标志着我国在融入经济全球化、参与国际经济竞争方面又迈出了一步，使我国的改革开放和经济发展从此进入一个崭新的阶段。

第一节　WTO 产生的背景与关贸总协定的诞生

一、二战前后的世界经济

（一）二战前的世界经济贸易

二战前后的世界经济贸易的表现是：高关税与国际贸易的严重萎缩。19 世纪初，美国在贸易保护理论的指导下，1816 年通过了第一个保护性关税法案。对进口的棉花、羊毛制品和一些铁制品征收高达 30%～40% 的关税，并在 1824 年和 1828 年两度提高关税；1862—1864 年又将关税的平均税率从 37% 提高到 47%；1890 年 10 月通过的《麦金利关税法》全面提高了进口税率，达到创记录的 49%。此后通过的涉及到关税法律的商品有890 种。美国的高关税引起了当时的欧洲大陆各国的抵制，其他国家也通过限制性关税对美国进行报复，停付对美国的战争欠款，从而引起了激烈的"关税战"。大危机加上《麦金利关税法》的通过，犹如雪上加霜，使世界经济陷入了严重的经济危机之中。

在危机期间，各国对外贸易普遍衰退，各主要资本主义工业国家的生产也急剧下降，生产停顿，大批企业破产，失业人数剧增。较之工业生产而言，全球贸易的萎缩更为惊人，国际贸易的交易量下降了 70%；资本的输出，从 1905 年的 10 亿美元下降到 1930 年的 10 万美元；货币方面，由于黄金的大量外流，客户纷纷向银行提取存款，整个银行信贷体系濒临崩溃。

为刺激国际贸易的增长,维护世界经济的正常秩序,1933年,美国总统富兰克林·罗斯福实行了全新的贸易政策,提出"建设一个自由的世界贸易多边体系"作为其对外经济政策的基本目标。

1934年6月12日,美国国会通过了《互惠贸易协定法》,该法规定与任何国家达成的关税减让结果可以适用于其他贸易伙伴,如最惠国待遇原则等。到1945年春,美国先后与古巴等32个国家签订了双边互惠贸易协定,在较大范围和程度上推行了具有自由化迹象的贸易政策。通过签订这些协定,使美国的进口关税降低了50%,各国的关税也有不同程度的下降,从而促进了国际商品贸易的发展。

(二)二战后世界经济体系的建立

第二次世界大战后期,美国及其他国家的国际政治学家及经济学家认为:两次大战期间的贸易保护主义不仅导致了经济灾难,也带来了国际性战争,国家与国家之间必须进行国际合作和政策协调,建立一个开放的贸易体系。因此在战后,各国政府便开始起草和平时期的国际贸易和国际货币支付的自由化计划。尤其是在美国,信奉自由贸易的国务卿霍尔认为:自由贸易将会带来经济繁荣和国际和平。

到20世纪40年代末,各市场经济国家对国际经济管理达成共识:创建并维持一个相对自由的经济体系,并从金融、投资、贸易三个方面重建国际经济秩序。这就要求建立一个有效的国际金融体系,减少贸易和资本移动的壁垒。一旦壁垒消除,稳定的货币体系建成,各国就会具有一个能够保证国家安定与经济增长的有利环境。因此,该体系的成员国必须通过排除贸易与资本移动的壁垒和创建一个稳定的金融体系来管理经济体系。在1944年7月,美国、英国等44个国家在美国的新罕布什尔州的布雷顿森林召开会议,讨论了建立国际货币金融体系的问题,并提出建立以稳定国际金融、间接促进世界贸易发展为目标的世界经济秩序。在金融方面,建立了国际货币基金组织,重建国际货币制度,维持各国间汇率的稳定和国际收支的平衡;在国际投资方面,建立了"国际复兴开发银行"(通称"世界银行")处理长期国际投资问题;在贸易方面,拟建立"世界贸易组织",以扭转贸易保护主义的歧视性贸易政策,促进国际贸易自由化,从而形成"货币—金融—贸易"三位一体的机构。

二、世界三大组织的酝酿

(一)联合国

1. 联合国的诞生。联合国是世界性政治组织。1943年10月30日,中、美、苏、英4国在苏联的莫斯科发表了《普遍安全宣言》,提出有必要建立一个普遍性的国际组织,即联合国(United Nationals,UN)。于是,在1944年8月到同年10月,苏、英、美3国和中、英、美3国先后在华盛顿橡树园举行了会谈,讨论并拟定了组织联合国的建议案。1945年

4月25日，来自50多个国家的代表在美国旧金山召开了联合国国际组织会议，并起草了《联合国宪章》。在中国、法国、苏联、英国、美国和其他多数签字国递交批准书后，《联合国宪章》开始生效，于是，联合国于1945年10月24日正式成立。1947年，联合国大会将10月24日定为"联合国日"（当时波兰没有派代表参加此次会议，但后来也签署了《联合国宪章》，所以也成为联合国51个创始会员国之一）。

"联合国"这一名称是由美国总统富兰克林·罗斯福设想出来的，该名称在1942年1月1日发表的《联合国宣言》时首次使用到。时值第二次世界大战进行期间，当时26个国家派出的代表都承诺其政府将继续共同与法西斯国家作战。

2. 联合国的宗旨和原则。联合国的宗旨是：维护国家和平与安全；发展国际间以尊重各国人民平等权利及自愿决定原则为基础的友好关系；进行国际合作，以解决国际间经济、社会、文化和人类福利性质的问题，并且促进对全体人类的人权和基本自由的尊重。

为实现上述宗旨，联合国应遵循下列原则。

（1）所有会员国主权平等。

（2）各会员国应该忠实履行根据宪章规定所承担的义务。

（3）各会员国应该以和平方法解决国际争端。

（4）各会员国在国际关系中不得以不符合联合国宗旨的任何方式进行武力威胁或使用武力。

（5）各会员国对联合国依照宪章所采取的任何行动应尽力予以协助。

（6）联合国在维护国际和平与安全的必要范围内，应确保使非会员遵循上述原则。

（7）联合国组织不得干涉在本质上属于任何国家内管辖的事项，但此项规定不应妨碍联合国对威胁和平、破坏和平的行为及侵略行为采取强制行动。

联合国组织有六个主要机构：大会、安全理事会、经济及社会理事会、托管理事会、国际法院和秘书处。

（二）世界银行

1. 世界银行的诞生。世界银行是一个国际性金融组织。1944年7月，在布雷顿森林会议上通过了《国际复兴开发银行协定》。依据协定，1945年12月建立了国际复兴开发银行（International Bank for Reconstruction and Development，IBRD），通称"世界银行"（World Bank）。它于1946年6月正式开业，次年被批准为联合国的专门金融机构，是世界上最大的政府间金融机构之一。它的总部设在美国华盛顿，并在巴黎、纽约、伦敦、东京、日内瓦等地设有办事处，此外还在二十多个发展中成员国设立了办事处。

世界银行实质上是一个包括发达国家和发展中国家在内的180多个成员国共同组成的国际发展组织，通过向它的贫困成员国（通常称为发展中国家）提供资金以减少贫困、促进经济发展和提高人民生活水平。

按规定，凡参加世界银行的国家必须是国际货币基金组织（International Monetary Fund，IMF）的会员国，但IMF的会员不一定都参加世界银行。目前，世界银行的成员国家与地区已有184个。

2. 世界银行的宗旨。

(1) 对用于生产目的的投资提供便利，以协助成员国的复兴与开发；鼓励较不发达国家生产与资源的开发。

(2) 利用担保或参加私人贷款及其他私人投资的方式，促进成员国的外国私人投资。当外国私人投资不能获得且条件合适时，运用本身资本或筹集的资金及其他资金，为成员国生产提供资金，以补充外国私人投资的不足，促进成员国内外国私人投资的增加。

(3) 用鼓励国际投资以开发成员国生产资源的方法，促进国际贸易的长期平衡发展，并维持国际收支的平衡。

(4) 在贷款、担保或组织其他渠道的资金中，保证重要项目或时间紧迫的项目，不管大小都能优先安排。

(5) 在业务中适当照顾各成员国国内工商业，使其免受国际投资的影响。

概括起来就是：担保或供给成员国长期贷款，以促进成员国资源的开发和国民经济的发展，促进国际贸易长期均衡的增长及国际收支平衡的维持。

3. 世界银行的机构设置。世界银行集团由5个机构组成：国际复兴开发银行、国际开发协会、国际金融公司、多边投资担保机构和解决投资争端国际中心。

(1) 国际复兴开发银行（IBRD）：主要负责向中等收入国家和借贷信用好的、较贫困的国家提供贷款和发展援助。其主要资金来源是国际资本市场上的债券收入。

(2) 国际开发协会（IDA）：主要在履行世界银行减贫使命方面起着重要职能。援助对象是世界上最贫困的国家，方式是提供无息贷款和其他服务。主要资金来源是较富裕的成员国，也包括部分发展中国家的捐款。

(3) 国际金融公司（IFC）：为私营部门提供投资资金，为政府和企业提供技术援助和咨询服务，促进发展中国家的经济增长。国际金融公司联合私人投资者向发展中国家的商业性企业提供贷款和股本融资。

(4) 多边投资担保机构（MIGA）：向外国投资者提供非商业性风险担保，促进发展中国家的外国投资；协助政府传播有关投资机会的信息。

(5) 解决投资争端国际中心（ICSID）：通过调停或仲裁的方式协助、解决外国投资者与东道国之间的投资争端。

截至2002年4月，世界银行拥有184个成员，雇员640人、顾问1 100人，分别来自165个国家，其中有经济学家、教育家、环保科学家、卫生专家、金融分析师、人类学家、工程师等。世界银行的年度预算14亿美元，总资金额达1 882.2亿美元。

世界银行的贷款项目涉及国民经济的各个部门，其中基础设施项目（交通、能源、工业、城市建设等）占贷款总额的一半以上，其余资金投向农业、社会部门（教育、卫生、社会保障等）、环保及供水和环境卫生等项目。这些项目对发展中国家的经济发展起到了积极的作用。

中国是世界银行的创始国之一，是迄今为止接受贷款项目最多的国家，也是世界银行最大的借款国，还是执行项目最好的国家之一。1981年，世界银行向中国提供第一笔贷款，用于支持大学发展项目。从此，世界银行与中国的关系日益加强，成为重要和成熟的发展合作伙伴。在2003财年（2002年7月1日—2003年6月30日）期间，世界银行向我国提供的贷款近11.45亿美元，用于六个项目的建设，主要是公路建设、水利工程和城市发展与环保，其中包括上海和天津的城市基础环境治理项目。2004—2005财年期间，世界银行对我国提供的贷款额达30亿美元，支持的贷款项目20多个。

每年秋天，作为世界上最重要的两个国际金融组织，世界银行与国际货币基金组织都会联合召开年会，主导二战后全球的经济、金融秩序。由于世界银行和国际货币基金组织一直是在美国主导下的，因此这两个最重要的国际经济组织虽已成立了半个多世纪，但其最高职位始终分别被美国人和欧洲人所把持。

（三）世界贸易组织

世界贸易组织（WTO）是一个国际性的经济组织，其前身为关贸总协定（GATT）。关贸总协定是世界历史上成立的第一个准国际贸易体系，它同国际货币基金组织和世界银行并称为调节世界经贸关系的三大支柱，在世界经济发展上的意义十分重大。1995年12月12日，关贸总协定的128个缔约方举行了最后一次会议，宣告自1996年1月1日起，世界贸易组织正式取代关税与贸易总协定，成为一个独立于联合国的全球性经贸机构。它的诞生对21世纪世界经济贸易的发展，无疑具有极其重要的作用。

三、关贸总协定的诞生

关税与贸易总协定（简称关贸总协定），于1947年10月30日由23个国家在日内瓦签订，1948年1月1日生效。截至1994年底，总协定已有正式缔约方120个，缔约方之间的贸易占世界贸易的90%以上。

（一）关贸总协定的主要内容

关贸总协定文本经过几次重大的修改后，除了序言外，现共分为4个部分，38条。另附有若干个附件和一份暂时适用议定书。

关贸总协定的第1部分包括第1条和第2条，是关贸总协定的核心条款。其中主要规定了各缔约方在关税和贸易方面相互提供无条件最惠国以及关税减让的事项。

关贸总协定第2部分包括第3条到第23条。其中主要是调整和规范缔约方的贸易和措施规定，包括自由过境、反补贴税、海关估价、取消出口补贴、一般例外与安全例外等规定。

关贸总协定的第3部分包括第24条到第35条。由本协定的使用领土范围，缔约国的联合行动，附加关税谈判，本协定与《哈瓦那宪章》的关系，本协定的接受、生效、登记，本协定的修正、退出、加入，以及对附件的说明组成。

关贸总协定的第 4 部分包括第 36 条到 38 条。这部分是 1965 年增加的,主要规定了发展中国家在贸易与发展方面的特殊要求及有关问题。

另外,关贸总协定的若干附件对其文本的条款做了注释、说明和补充。《临时适用议定书》规定,所有缔约方必须适用关贸总协定的第 1 部分、第 3 部分,对于第 2 部分,要求缔约方在"与其现行国内立法不相抵触的范围内最大限度地予以适用"。在"东京回合"谈判中,在关贸总协定条款基础上就非关税措施达成了一系列协议,称为"东京回合守则"。

(二) 关贸总协定的宗旨与主要职能

关贸总协定的宗旨是:缔约方各国政府,在处理它们的贸易和经济事务的关系方面,应以提高生活水平、保证充分就业和实际收入及有效需求的持续增长、扩大世界资源的充分利用以及发展商品生产与交换为目的,大幅度地削减关税和其他贸易障碍,取消国际贸易中的歧视待遇,并对上述目的做出贡献。因此,关贸总协定的具体职能可归纳为:

1. 组织多边贸易谈判,通过大幅度地削减关税,取消一般数量限制以及对非关税壁垒进行控制,形成一套一致同意的管理政府贸易行为的多边规则,实现或促进缔约方之间的贸易自由化,继而推动全球贸易自由化和经济发展。

2. 协调缔约方之间的贸易关系,解决贸易纠纷;通过开放国内市场,强化和延伸规则的适用范围、管辖范围,从而使贸易环境自由化和更具有可预见性。

3. 根据国际贸易发展的新情况,制订国际贸易新规章。

4. 研究和促进缔约方经济和贸易的发展。

(三) 关贸总协定的组织机构

1. 缔约国大会。这是其最高权力机构,一般每年举行一次会议,讨论和处理关贸总协定执行中的重要问题,保证关贸总协定条款的实施。

2. 代表理事会(缔约国全体的执行机构)。在大会休会期间负责处理关贸总协定的日常工作和紧急事务,下设专门委员会、贸易发展委员会和秘书处。

3. 委员会。包括常设委员会、专门委员会、贸易与发展委员会。

4. 工作组和专家小组。

5. 总干事。

6. 秘书处。

7. 18 国咨询组。

(四) 关贸总协定的基本原则

1. 非歧视原则(Rule of Non-discrimination)。这是关贸总协定最重要、最基本的原则,非歧视原则主要通过最惠国待遇和国民待遇原则来体现。它要求关贸总协定的缔约方在实施某种限制或禁止措施时,不得对另一个缔约方实行歧视待遇。这一原则体现在关贸总协定的最惠国待遇条款和国民待遇条款中。

但是,最惠国家待遇原则的适用范围是比较小的,仅适用于进出口商品的关税和费用的征收、征收的方式以及进出口的规章、手续等方面。另外,关贸总协定还规定了最惠国待遇的例外，主要是边境贸易、关税同盟和自由贸易区等。

总之，关贸总协定的最惠国待遇和国民待遇都体现了非歧视原则。

2. 关税保护和关税减让原则（Customs Duties as Means of Protection）。体现在序言、第 2 条、第 28 条及第 28 条附加款项中。

第 2 条中规定："一缔约方对其缔约方的贸易所给予的待遇，不得低于本协定所附的这一缔约方面的有关减让表中有关部分所列的待遇"。关税减让表是通过总协定内举行的关税减让谈判达成的协议，是关贸总协定的一部分。各缔约方应把关税限制在各自的减让表中，不得随意提高，也不能通过变更完税价格或货币的折算方法来损害关税减让的价值。

第 28 条中，明确规定了修改关税减让表的程序。规定每隔 3 年，只要减让的一方提出要求，便可以对约束关税进行重新谈判，但是一种商品税率的复升必须用其他商品税率减让来补偿，从而"使其对贸易的优待不低于谈判前的水平"。关贸总协定第 28 条附加款项对关税谈判做了规定。关贸总协定的关税谈判在双边基础上进行，根据最惠国待遇原则在多边基础上实施，即双边关税减让多边化，使贸易自由化的结果逐步扩散，从而使缔约方的关税水平逐步下降，促进了国际贸易的稳定发展。

为防止缔约方利用非关税措施来直接或间接地抵消关税减让的效果，所以关税保护原则要求严格限制非关税措施。但也有例外，即有些产品，如农产品、纺织品等，可以不受这个原则的约束；有些缔约国在某些条件下，可借助于保障条款，不遵守这个原则，缔约国中的发展中国家，也可以在关税减让方面享受非对等的优惠待遇。

3. 一般禁止数量限制原则（Rule of Crimination of Quantitative Restrictions）。关贸总协定的第 11 条规定："任何缔约方除征收税捐或其他费用外，不得设立或维持配额、进出口许可证或其他措施以限制或禁止其他缔约方领土的产品的输入，也不得其他缔约方领土输入或销售出口产品。"关贸总协定还对这一原则的例外情况做了相应的规定。

一般禁止数量限制原则还要求在实施允许使用的数量的限制时，应该非歧视地实施数量限制。第 13 条对此做了规定，即"除非对所有第三方的相同产品的输入或对相同产品向所有第三方输出同样予以禁止或限制外，任何缔约方不得限制或禁止另一缔约方领土的产品的输入，也不得禁止或限制产品向另一缔约方领土输出"。

实行数量限制必须通过协商，就限制的影响交换意见，并请国际货币基金组织就实行数量限制的国际收支状况提出报告，证实的确存在国际收支困难时，才能实施数量限制。

4. 公平贸易原则（Rule of Fair Trade）。关贸总协定认为倾销和出口补贴是不公平的贸易手段，允许缔约方采取措施来抵制倾销行为和出口补贴对进口国造成的损害。

在关贸总协定第 6 条、第 16 条中，对此做了详细的规定。所谓倾销就是指将一国产品以低于正常价值的办法在国外市场销售。所谓补贴就是指商品生产或出口时所直接或间接接受的任何奖金或补贴。倾销和补贴的效果是一样的。当某一缔约方利用倾销或补贴出口本国的产品，给进口国的国内工业造成重大损害或产生重大威胁时，或对某一国国内工业的新建项目产生严重阻碍时，进口国可采取征收反倾销税的方式和反补贴税来抵制这种不公平贸易的竞争行为,实现对本国工业的保护,维护公平竞争的贸易环境。

可以看出,征收反倾销税和反补贴税所应具备的条件是:倾销或补贴存在;损害或威胁事实存在;损害或威胁与补贴间存在因果关系。为防止滥用这一公平贸易的原则,达到保护主义的目的,关贸总协定规定反倾销税或反补贴税税额不得超过倾销幅度或补贴数额。

5. 豁免和紧急行动原则(Rule of Waiver and Emergency Action)。关贸总协定在第23条、第25条对豁免义务做了规定,当一缔约方在关贸总协定享受的利益正在丧失或受到损害时,全体缔约方可授权这一缔约方暂停实施其所承担的关税减让义务。但这种决定应以所投票数的2/3以上通过,而且,这一多数应该包括全体缔约者的半数以上。豁免义务的时间一般是临时性的。

关贸总协定的第29条中规定:当某种产品进口大量增加,使国内同类工业受到严重损害或造成严重威胁时,进口国可以采取临时性的紧急行动,全部或部分地免除关税减让义务或实施数量限制。这一条又称为"保障措施条款"。保障措施应是非歧视的,而且紧急行动前,必须向总协定秘书处书面通知,与重大利害关系缔约方进行磋商。在磋商未能达成协议时,某一缔约方也可以自由实施保障措施。这时,利益不同的各缔约方可以采取与报复、暂停对等的关税减让或其他义务等措施。

6. 磋商调解原则(Rule of Consultation and Mediation)。关贸总协定制定了一套磋商程序和利益丧失或损害时的申诉程序,以保证缔约国在关贸总协定体制下顺利地履行义务并享受权利。磋商调解的程序体现在总协定第22条和第23条规定中。

缔约方之间一旦发生争端,根据第22条的规定,首先由双方当事人进行协商解决。如果协商没有结果,根据第23条规定,任何一方可向关贸总协定理事会提出书面申诉,理事会根据情况成立工作小组或专家小组来处理,并依据小组调查的结论或建议做出裁决。若裁决双方都能接受,争端就解决了;若一方不能接受,关贸总协定可请小组进一步调查,或者授权另一方撤销或报复。

磋商调解的目的并非要保证争端的解决必须严格符合关贸总协定的规定,而是在于找到当事双方都能接受的争端解决办法。它强调通过协商,使双方自愿达成解决争端的协议。

因此,关贸总协定中解决贸易争端并不是简单地对一国违反协定的行为进行制裁,或予以惩罚,而是通过磋商调解来恢复缔约方之间贸易利益的平衡。

7. 对发展中国家特殊优惠原则。关贸总协定的第4部分,即第36至第38条对发展中国家的特殊优惠待遇做了规定。

关贸总协定第36条规定:"发达的缔约各方对它们在贸易谈判中对发展中的缔约各方的贸易所承担的减少或撤除关税和其他壁垒义务,不能希望得到互惠。"

这一条款,使发展中国家所享受的贸易优惠合法化,有利于发展中国家经济和贸易的发展,以及发展中国家之间的经济合作。

8. 透明度原则。这是指缔约国政府应提前公布与进出口贸易有关的法律和规章,未公布前不能实施。目的在于接受其他缔约方对其政策法规的检查,以保证符合关贸总协定规定,并为其他缔约方熟悉其政策提供方便。其作用在于防止缔约国之间的歧视性政策。

在关贸总协定的第10条规定:"各缔约方有效实施的有关关税及其他税费和有关进出口贸易措施的所有法令、条例和普遍采用的司法判例,以及行业规定,应迅速公布,使各国政府及贸易商熟知。一缔约方和另一缔约方之间缔结的影响国际贸易的协定,也必须公布。"

透明度原则不要求缔约方公布那些妨碍法令的贯彻实施、违反公共利益,或损害某一公私企业的正当商业利益的机密资料。

（五）关贸总协定对国际贸易发展的作用

关贸总协定从1948年1月1日临时实施至1995年1月1日终止,历时47年。在各国的努力下,经过8轮会谈,世界贸易组织终于成立了,关贸总协定结束了它的历史使命。在这47年中,关贸总协定的内容及活动涉及的领域不断扩大,缔约方不断增加,对国际贸易的影响日益增强。

1. 促进了国际贸易的发展和规模的不断扩大。在关贸总协定的主持下,经过8轮贸易谈判,各缔约方的关税均有了较大幅度的降低。发达国家加权平均关税产品从1947年的平均35%下降至4%左右,发展中国家的平均税率则降至12%左右。在第7轮、第8轮谈判中就一些非关税措施的逐步取消达成协议。这对于促进贸易自由化和国际贸易的发展做出了积极的贡献,国际贸易规模从1950年的607亿美元,增加至1995年的43 700亿美元。世界贸易的增长速度超过了世界生产的增长速度。

2. 发展成为一套国际贸易政策体系,成为贸易的"交通规则"。关贸总协定的基本原则及其谈判达成的一系列协议,形成了一套国际贸易政策与措施的规章制度和法律准则,这些成为各缔约方处理彼此间权利与义务的基本依据,并具有一定的约束力。关贸总协定要求其缔约方在从事对外贸易和制定或修改其对外贸易政策措施、处理缔约方的经贸关系时,均须遵循基本原则和一系列协议。因此,它成为各缔约方进行贸易的"交通规则"。

3. 缓和了缔约方之间的贸易摩擦和矛盾。关贸总协定及其一系列协议,是各缔约方之间相互谈判、相互妥协的产物,协议执行产生的贸易纠纷通过协商、调解、仲裁方式解决,这对缓和与平息各缔约方的贸易矛盾起到了一定的积极作用。

4. 对维护发展中国家利益起到了积极的作用。关贸总协定条款最初是按发达资本主义国家的意愿拟定的,但随着发展中国家的壮大和纷纷加入关贸总协定,也增加了有利于发展中国家的条款。因此,关贸总协定为发达国家、发展中国家在贸易上提供了对话的场所,并为发展中国家维护自身的利益和促进其对外贸易发展起到了一定的作用。

（六）关贸总协定的历史局限性

1. 有些规则缺乏法律约束,并缺乏必要的检查和监督手段。例如,规定一国以低于"正常价值"的办法,将产品输入另一国市场并给其工业造成"实质性损害和实质性威胁"就是倾销。而"正常价值"、"实质性损害和实质性威胁"都难以界定和量化。这很容易被一些国家加以歪曲和用来征收反倾销税。再例如,规定当进口增加对国内生产者造成严重损害或严重威胁时,允许缔约方对特定产品采取紧急限制措施。由于未规定如何确定损害和如何进行调查与核实,对"国内生产者"也没有下定义,所以给保障条款的实施造成困难。另外,争端解决的主要办法是协商一致,缺乏具有法律约束性的强制手段,容易使争端久拖不决,并使大国之间的贸易战旷日持久。

2. 关贸总协定中存在着"灰色区域"。关贸总协定的许多规则都有例外。某些缔约方利用"灰色区域",强迫别的缔约方接受某些产品的出口限制的事件层出不穷。例外过多,经常导致许多原则不能有效实施。例如,关贸总协定是反对非关税措施的,但是,缔约方推行的非关税措施却数以千计。

3. 关贸总协定的成员资格缺少普遍性。由于关贸总协定是以市场经济规则为基础的,因而,社会主义国家即"中央计划经济国家",长期被排斥在关贸总协定的大门之外。世界上人口最多、进出口贸易在国际贸易中占有重要地位的中国长期不能恢复其创始缔约方地位,就是一个例证。

4. 对出口额占世界贸易额比重将近30%的纺织品和服装贸易,却总是背离关贸总协定的规则,实行数量限制(即配额)。纺织品和服装是发展中国家出口换汇的主要产品。以配额为主要管理办法的"多边纤维协议"的长期存在,反映了关贸总协定的局限性和不完善性。农产品也长期背离关贸总协定规则。农产品的巨额补贴和高进口关税,造成了农产品市场扭曲,并经常导致贸易战此起彼伏。

5. "东京回合"守则只对签字方有效的做法,使关贸总协定形成两层结构,并导致缔约方权利和义务不平衡,中国是关贸总协定23个创始缔约国之一。1948年4月21日,当时的中国政府签署了《临时适用协议书》,同年5月21日,中国成为关贸总协定缔约方。1950年3月,在未得到中国唯一合法政府中华人民共和国中央政府授权的情况下,台湾当局擅自通知联合国秘书长,决定退出关贸总协定。虽然该退出决定是无效的,但由于受当时国内政治、经济环境的制约,我国未能及时提出恢复关贸总协定缔约国的地位。

随着我国1978年实行改革开放政策,经济飞速发展,我国经济与世界经济联系也日益紧密。从加快改革开放政策、进一步发展国民经济的需要出发,中央于1986年做出了申请恢复我国关贸总协定缔约国地位的决定。

1986年7月11日我国正式提出恢复缔约方地位,1987年3月关贸总协定成立了"中国工作组",开始中国的"复关"谈判。1995年1月WTO成立,当年7月起我国从复关谈判转为加入WTO的谈判。

第二节 关贸总协定的8轮会谈经历

自关贸总协定生效,到1994年初的40多年里,进行了8轮多边贸易谈判,发达国家的平均关税从36%减到4.7%,发展中国家和地区的平均关税在同期也下降到13%。其成员国之间的贸易占到世界贸易的90%以上。据不完全统计,在这8轮谈判中仅达成关税减让的商品就达10万种。与此同时,世界贸易的总额增长了10倍以上。

一、关于关税减让的谈判

关贸总协定从第1轮会谈开始到第6轮会谈,其谈判内容基本上是围绕着关税减让进行的。第1轮谈判是1947年在瑞士的日内瓦举行的,开创了世界贸易谈判的先河,这阶段的谈判直到1964年5月—1967年6月在瑞士的日内瓦举行的第6轮"肯尼迪回合"会谈结束。

(一)日内瓦多边贸易谈判

关贸总协定的第1轮多边贸易谈判于1947年4月—1947年10月在瑞士的日内瓦举行。

这一轮谈判,第一次实施关贸总协定的规则,制定了关税减让谈判原则,进行了削减关税的谈判。本轮谈判共达成45 000项商品的关税减让,使占资本主义国家进口值54%的商品平均降低关税35%,为战后资本主义经济、贸易的恢复和发展扫清了道路。

关税总协定的23个创始缔约方参加了本次谈判,并正式创立了关贸总协定。

(二)安纳西谈判

第2轮谈判于1949年4月—1949年10月在法国的安纳西进行,共有33个国家参加了谈判。在谈判期间,瑞典、丹麦、芬兰、意大利、希腊、海地、尼加拉瓜、多米尼加、乌拉圭、利比亚等国家就其加入关贸总协定进行了谈判,最后,有9个国家加入了关贸总协定。谈判的结果是达成了147项双边协议,增加关税减让5 000多项,使占征税进口值5.6%的商品平均降低关税35%。

(三)托奎谈判

第3轮谈判于1950年9月—1951年4月在英国的托奎举行,共39个国家参加。这次谈判又有4个国家加入关贸总协定。黎巴嫩、叙利亚和利比亚不再是关贸总协定的缔约方。中国台湾当局非法地以中国的名义退出了关贸总协定。

该轮谈判的方式与前两轮相同,谈判的进展缓慢。谈判共达成关税减让协议150项,涉及8 700多项商品,使应税进口值占11.7%的商品平均降低关税26%左右。

(四)日内瓦谈判

第4轮谈判于1956年1月—1956年5月在瑞士的日内瓦举行。日本在本轮会谈中加入了关贸总协定。由于美国国会对美国政府的授权有限,使谈判受到严重的影响。参加谈判的国家减少到28个,所达成的关税减让只涉及25亿美元的贸易额,共达成3 000多项商品的关税减让,使占进口值16%的商品平均降低关税15%。

(五)"狄龙回合"谈判

第5轮谈判于1960年9月—1962年7月在瑞士的日内瓦举行,共45个国家参加。这轮谈判因欧共体的建立而发动,并因为根据1958年美国《贸易协定法》(Trade Agreement

Act）建议发动本轮谈判的是美国副国务卿道格拉斯·狄龙（Douglas Dillon），故命名为"狄龙回合"（Dillon Round）。

这轮谈判先后分两个阶段，前一阶段自1960年9月至年底，是第4轮谈判结果的再谈判，并就1957年3月25日欧共体创立所引出的关税同盟和共同体农业政策问题与有关国家进行协商。后一阶段于1961年1月开始，就新减让的项目及新加入国的减让项目进行谈判，并因欧共体加入关贸总协定而展开了关于关贸总协定补充第24条第6款的谈判。根据这一条款，欧共体的统一关税约束取代了欧共体国别的关税约束，对由此导致的任何单一国家的收支失衡，欧共体都需予以补偿。关贸总协定工作组检查了欧共体实施统一对外关税的法律后，决定可按关贸总协定的第24条第6款进行谈判。

该轮谈判的结果达到了4 400百多项商品的关税减让，共涉及49亿美元贸易额，使占应税进口值20%的商品平均降低关税税率20%。欧共体六国统一对外关税也达成减让，平均税率降低6.5%，然而农产品和某些政治敏感性商品大都被排除在最后的协议外。

（六）"肯尼迪回合"谈判

第6轮谈判于1964年5月—1967年6月在瑞士的日内瓦举行，由于是当时的美国总统肯尼迪根据1962年美国《贸易扩展法》提议举行的，故称"肯尼迪回合"。

这是1973年以前关贸总协定所主持的所有谈判中最广泛、最复杂的一次谈判，共有占世界贸易额约75%的54个国家参加。

这轮谈判中，确定了削减关税采取一刀切的办法。在成员之间，工业品一律平均削减35%的关税，涉及贸易额400多亿美元。对出口产品较集中、单一的国家，如加拿大、澳大利亚、新西兰等做出了特殊安排；对17个发展中国家，根据特殊的、非互惠的优惠待遇原则，要求发达国家对其给予优惠关税待遇；41个最不发达国家缔约方可以按最惠国待遇原则享受其他国家削减关税的利益，但其本身不对其他国家降低关税。

此时，缔约方的组成发生了较大的变化：相继独立的发展中国家加入了关贸总协定，发展中国家和最不发达国家缔约方占了大多数。有鉴于此，关贸总协定正式将给予发展中国家的优惠待遇纳入其具体条款中，列在1965年关贸总协定的第4部分，并命名为"贸易与发展"，清晰地阐明了有关发展中国家指导本国贸易政策的总目标，旨在通过给发展中国家一定的贸易优惠待遇，从而促进其贸易和经济的发展。

另外，这一回合开创了让波兰作为一个"中央计划经济国家"参加关贸总协定多边贸易谈判的先例。

"肯尼迪回合"谈判历时3年多，使分别列入各国税则的关税减让商品项目合计达60 000项之多。工业品进口关税税率按减让表约束，自1968年1月1日开始，每年降低1/5，5年内完成。到1972年初，工业品进口关税税率下降了35%，影响了400亿美元的贸易额。

该回合第一次涉及非关税措施的谈判。尽管谈判主要涉及美国的海关估价制度及各国的反倾销法，但毕竟在非关税措施方面迈出了第一步。在海关估价制度方面，美国承诺废除以美国国内市场最高价格作为标准征收关税的制度；在反倾销措施方面，谈判各方在吸收各国反倾销法的经验和教训的基础上,最终达成《反倾销协议》,并于1968年7月1日生效。美国、英国、日本等21个国家签署了该协议,为关贸总协定第6条反倾销规定的实施提供了坚实的基础。

二、关于非关税措施的谈判

关于非关税措施的谈判是在日本东京会谈中进行的,是关贸总协定第7轮多边贸易谈判。这一轮谈判是1973年9月在日本首都东京举行的部长级会议上发动的,于1979年11月谈判结束。这轮谈判因始于日本东京,主要是关于非关税措施的谈判,故称为"东京回合"谈判。

(一)"东京回合"会谈的范围和议题

在"东京回合"部长会议宣言中,提出了一个关贸总协定有史以来范围最广泛、目标最庞大的贸易谈判安排。除了缔约国外,"东京回合"还向非缔约国开放。99个国家参加了谈判(含29个非缔约国)。"东京回合"谈判议题的范围包括:

1. 采用一般原则指导关税谈判,以达到减让、约束和消除壁垒的目的。
2. 减少、消除非关税壁垒,或减少、消除这类壁垒对贸易的限制及不良影响,并将此壁垒置于更有效的国际控制下。
3. 检查多边贸易保障制度体系,尤其是对关贸总协定第19条的引用。
4. 农产品贸易自由化的方法、特点和步骤。
5. 对热带产品予以优先考虑并给予优惠待遇。
6. 对某些"部类"的所有贸易保障予以减除。

(二)东京会谈的特点

1. 在限制非关税壁垒的措施上取得了成就。与前六轮谈判明显不同的是,"东京回合"在一些限制非关税壁垒的措施上取得了成功。伴随着多轮谈判的举行,进口关税的总水平大大降低。作为5年多以全面削减方式进行关税减让的结果,关税减让和约束涉及3 000多亿美元贸易额,世界上9个主要工业市场上制成品的加权平均关税率由7%下降到4.7%,减让总值相当于进口关税水平下降了35%,这一结果可与"肯尼迪回合"相媲美。发展中国家则以对其进口关税实行减让和约束39亿美元的形式,在削减关税方面做出了承诺。

2. 发展中国家的利益有了一定的保障。鉴于发展中国家反对关贸总协定规则适用范围的扩展,修改关贸总协定条款所需要的2/3多数票没有达到,"东京回合"达成的协议只能以"守则"的方式实施,即有选择地参加这些守则,守则只对参加的缔约方有约束力,没有参加守则的缔约方则不受其制约。这些守则包括:补贴与反补贴措施;贸易的技术性壁垒;政府采购;海关估价;进口许可证程序;修订"肯尼迪回合"反倾销守则。另外,还达成了牛肉协议、奶制品协议、民用航空器协议。

1979年11月,在关贸总协定召集的缔约国年会上,有4项重要决定通过并付诸实施。

（1）第 1 项决定给予发展中国家以差别及更优惠的待遇、互惠和更全面的参与。决定认为：发达国家给予发展中国家以及发展中国家之间相互给予发展优惠待遇是世界贸易制度的一个长期法律特征。这一"授权条款"包含了由发达国家向发展中国家延长提供普惠制的长期法律基础的条款。

（2）第 2 项决定是根据关贸总协定设计的，为保障本国的财政和对外收支平衡而采用的贸易限制措施的实践和程序。

（3）第 3 项决定给予发展中国家以更大的灵活性，允许其为维持基本需求和谋求优先发展而采取贸易措施。

（4）第 4 项决定则涉及了促进关贸总协定现行运转机制的通知、协商、争端解决及监督等事项。

三、关于世界贸易组织成立一揽子协议谈判

关于世界贸易组织成立的一揽子协议谈判是在"乌拉圭回合"谈判中进行的，也是关贸总协定的最后一轮谈判。"乌拉圭回合"谈判是为正式成立世界贸易组织而举行的"一揽子协议"的谈判，所以谈判时间最长，前后历时 8 年，是关贸总协定会谈中最为复杂、最艰苦的一轮会谈。

（一）"乌拉圭回合"谈判启动的背景

经过前 7 轮的谈判，大大降低了各缔约方的关税，促进了国际贸易的发展。但从 20 世纪 70 年代开始，特别是进入 20 世纪 80 年代后，以政府补贴、双边数量限制、市场瓜分和各种非关税壁垒为特征的贸易保护主义重新抬头。为了遏制贸易保护主义的抬头，避免全面贸易大战的发生，美国、日本等缔约方共同倡导发起了此次多边贸易谈判，决心制止和扭转现状，消除贸易扭曲现象，建立一个更加开放的、具有生命力的和持久的多边贸易体制。1986 年 9 月，关贸总协定部长级会议在乌拉圭的埃斯特角城举行，同意发起乌拉圭回合谈判。因此，第 8 轮谈判也称为"乌拉圭回合"。

（二）"乌拉圭回合"谈判的目标、主要议题

经过 7 年多艰苦的谈判，该轮谈判于 1994 年 4 月 15 日在摩洛哥的马拉喀什结束。在 1986 年启动的乌拉圭回合谈判的部长宣言中，明确了此轮谈判的主要目标：

1. 为了所有缔约方的利益，特别是欠发达缔约方的利益，通过减少和取消关税、数量限制和其他非关税措施与壁垒，改善进入市场的条件，进一步扩大世界贸易。

2. 加强关贸总协定的作用，改善建立在关贸总协定原则和规则基础上的多边贸易体制，将更大范围的世界贸易置于统一的、有效的多边规则之下。

3. 增加关贸总协定体制对不断演变的国际经济环境的适应能力，特别是促进必要的结构调整，加强关贸总协定同有关国际组织的联系。

4. 促进国际和国内合作，以加强贸易政策与其他影响增长和发展的经济政策之间的内

部联系。

乌拉圭回合谈判的议题：包括传统的货物贸易和新议题。

传统的议题包括关税、非关税措施、热带产品、自然资源产品、纺织品与服装、农产品、保障条款、补贴和反补贴措施、争端解决问题等。新议题则涉及服务贸易、与贸易有关的投资措施和与贸易有关的知识产权。

（三）"乌拉圭回合"谈判的作用

1．关贸总协定促进了战后国际贸易的自由化。主要表现在：

（1）通过历次多边贸易谈判，总协定缔约方范围内进口关税税率大幅度降低。自关贸总协定生效以来，通过前 7 轮的谈判，各发达缔约方平均进口关税税率已从 50%左右下降为 4.7%。

（2）1979 年第 7 轮谈判通过的"授权条款"使发达国家对发展中国家出口的制成品和半制成品给予普遍的、非歧视和非互惠的关税优惠。

（3）关贸总协定通过禁止数量限制以及"东京回合"中达成的非关税壁垒的协议和守则，大大削减了非关税壁垒对国际贸易的限制和阻碍，使贸易自由化的范围扩大了。

2．缓和了关贸总协定内外各方的矛盾。关贸总协定首先缓和了各缔约方的矛盾，关贸总协定的各种组织机构为各缔约方解决矛盾和争端提供了场所，而且它还建立了一套争端调解的程序和方法。这样使各方有机会就贸易争端等问题及时进行磋商和调解，并为各方调节贸易关系提供了法律依据，更好地保障了各方在总协定中的权利和义务。其次，它缓和了发达国家和发展中国家的矛盾，这主要体现在第 4 部分的增加及普惠制的实施。为解决普惠制与最惠国待遇之间的矛盾，1979 年通过"授权条款"，为普惠制提供了法律依据。这些都反映出发展中国家地位的提高，充分反映了发展中国家的利益，缓解了发展中国家与发达国家之间的矛盾。

3．建立了一套指导缔约方国际贸易行为的贸易准则。关贸总协定通过关税和贸易谈判两方面，规定了指导国际贸易行为的十大原则，以及在历次多边贸易谈判中达成的协议，形成了一套国际贸易的行为法典。它要求缔约方无论在从事国际贸易活动，还是制定国内对外贸易政策和措施，以及处理缔约方之间的贸易关系上，都应遵守这些原则和协议，促进贸易自由化和国际贸易的稳定发展。

"乌拉圭回合"是关贸总协定产生以来最复杂和最困难的一轮全球多边贸易谈判。其中发达国家，特别是美国和欧盟之间的矛盾（主要体现在农产品补贴的分歧方面）、发展中国家与发达国家之间的矛盾（如保障条款和纺织品谈判）十分尖锐。

"乌拉圭回合"标志着关贸总协定已进入一个新的阶段，它的谈判范围和新制定的多边规则已经从传统的货物贸易领域扩大到服务贸易等新领域，而全球经济一体化的进展迫切要求建立一个面向未来的全球性多边贸易组织——世界贸易组织。1994 年 4 月 15 日，谈判终于获得重大进展，并在摩洛哥签署了《世界贸易组织协定》。

(四）多边贸易谈判给世界贸易的格局带来的变化

通过前八轮的多边贸易谈判，世界贸易的格局发生了很大改观。主要表现为以下几个方面。

1. 关税壁垒大为降低。到1988年为止，发达国家工业产品的平均进口关税水平，已由20世纪40年代的54%下降到4.7%，发展中国家工业产品的平均进口关税水平也降为14%左右。在"乌拉圭回合"谈判使关税总水平在原有的基础上，再削减1/3。

2. 对非关税壁垒进行约束。非关税壁垒随着关税水平的下降而大量增加。据1968年的资料反映，非关税壁垒的措施大约有800多种，而据1988年的统计资料反映，非关税壁垒措施达到2 000多种。面对复杂、多样、实施范围广泛的非关税壁垒，关贸总协定采取了许多措施，达成了包括海关估价、反倾销、反贴补、贸易经济壁垒等多项消除非关税壁垒的协议。"乌拉圭回合"又定出了旨在减少和取消包括数量在内的非关税措施的目标。

3. 建立争端解决程序。40多年来，关贸总协定协调解决的贸易争端多达百余起。这些争端都适用于关贸总协定争端解决程序最后阶段的起诉。通过协调平息争端，在一定范围内制止了违反关贸总协定原则和法则的贸易措施的行为。

4. 使发展中国家获得某些优惠待遇。关贸总协定在第6轮"肯尼迪回合"中新增的第4部分及"东京回合"的"授权条款"，从法律上为发展中国家维护本国经济发展、稳定财政金融和实现收支平衡，而享受特殊和有差别的优惠待遇奠定了基础。由于在石油危机的影响下，发达国家的经济危机及其同发展中国家之间所存在的日益尖锐的经济矛盾，使发达国家认识到：离开了发展中国家的市场的扩大，发达国家的经济也将陷入困境。同时在国际社会中，联合起来的发展中国家已成为一股不可忽视的力量。在关贸总协定"普惠制"等优惠待遇的刺激下，许多发展中国家重视发展外向型经济，并上升为后期工业化国家。

5. 缔约方国家和地区增多，关贸总协定规则调节的范围不断扩大。截至1993年5月底，关贸总协定已有缔约方110个，还有处于加入关贸总协定工作组谈判进程中包括中国在内的8个国家和地区。另有28个实际适用关贸总协定规则的国家和地区。这也从一个侧面说明了战后自由化贸易在世界范围内的扩大。

6. 初步建立起世界经济贸易秩序。关贸总协定的多边、无条件、较为稳定的最惠国待遇，现已成为国际贸易制度中得到普遍接受的重要基本原则。而在"不平等之间实现的平等就是实质上的不平等"理论下建立的给予发展中国家特殊的、有差别的优惠待遇，是关贸总协定向平等贸易的国际经济新秩序前进的又一重大进步。

7. 增加贸易透明度。根据关贸总协定透明度原则，对如关贸总协定这样的多边贸易条约的实施进行有效地监督，需要缔约方在采用贸易法令、规章和措施方面具有透明度。而为了保证这种透明度，缔约方政府应将新颁布和实行的一些贸易法令、规章和措施通知关贸总协定，并通过关贸总协定通知到全体缔约国。这对稳定国际贸易秩序、促进世界经济的发展具有深远的意义。

关贸总协定为上述目标而进行的努力和取得的成果，使二战后国际经济秩序得到改善，资本主义世界尖锐对立的矛盾得到缓和,广大发展中国家获得了较好的发展环境。尽管局部冲突不断,但自 20 世纪以来,世界上从来没有出现过这样长期处于和平、繁荣和稳定的时期。在这一时期内,世界的贸易量增长了十多倍,世界贸易的发展速度长期超过了世界国民生产总值的发展速度,各国经济贸易关系得到空前的发展。

第三节 世界贸易组织的诞生

1995 年 12 月 12 日,关贸总协定的 128 个缔约方举行了最后一次会议,宣告其 47 年历史使命的终结。自 1996 年 1 月 1 日起,世界贸易组织正式取代关贸总协定,成为一个独立于联合国的全球性经贸机构。它的诞生对 21 世纪世界经济贸易的发展,无疑具有极其重要的作用。

一、世界贸易组织与关贸总协定

(一)世界贸易组织的成立

1994 年 4 月 15 日,"乌拉圭回合"参加方在摩洛哥的马拉喀什通过了《建立世界贸易组织的马拉喀什协定》,简称《建立世界贸易组织协定》。根据该协定,1995 年 1 月 1 日,世界贸易组织正式生效运转,1995 年 1 月 31 日举行成立大会。在 1995 年内与关贸总协定共存一年后,于 1996 年 1 月 1 日取代了原关税与贸易总协定(GATT),成为新的世界多边贸易体系的组织基础和法律基础。

世界贸易组织(World Trade Organization, WTO;世贸组织),自 1995 年 1 月 1 日启动以来,以其为核心的多边贸易体制不断发展,在世界经济和贸易中的作用日益扩大,在促进贸易自由化、规范世界贸易争端方面具有权威性和影响力。

世界贸易组织作为正式的国际经济组织在法律上与联合国等国际组织处于平等地位。它的职责范围除了关贸总协定原有负责组织实施的多边贸易协议、提供多边贸易谈判场所和作为一个论坛外,还负责定期审议其成员的贸易政策和统一处理成员之间产生的贸易争端,并负责加强同国际货币基金组织和世界银行的合作,以实现全球经济决策的一致性。

(二)世界贸易组织与关贸总协定的关系

WTO 的前身是关贸总协定(GATT),但它与关贸总协定有所不同,较关贸总协定的内容更丰富。关贸总协定有两个含义:一是指一个国际协议,其中包含了从事国际贸易所应遵守的规则;二指后来建立的用以支持该协议的国际组织。该协议的文本可以比作法律,而该组织就像将议会和法庭合二为一的机构一样。

关贸总协定作为国际组织机构已不存在,取而代之的是世界贸易组织,但关贸总协定作为协议仍然存在，但已不再是国际贸易的主要规则，而且已被更新。

经过修改，关贸总协定已成为新的世界贸易组织协议的一部分。更新后的 GATT 与《服务贸易总协定》（GATS）和《与贸易有关的知识产权协议》（TRIPS）并列，世界贸易组织使三者并入一个单一的组织，形成一套单一的规则，并使用单一的争端解决机制。

世界贸易组织与关贸总协定的主要区别在于：

1. 关贸总协定是临时性的组织，而世界贸易组织是常设的永久性国际组织。世界贸易组织具有独立的国际法人资格，良好的法律基础，因各成员国已经批准了世界贸易组织的协议，而且协议本身还规定了世界经贸组织如何运作；而关贸总协定是临时适用的协议，它从未得到过成员国立法机构的批准，其中也没有建立组织的条款。

2. 世界贸易组织拥有"成员"，关贸总协定拥有"缔约国"，这就说明了这样一个事实，即从正式角度讲，关贸总协定只是一个法律文本。

3. 关贸总协定只处理货物贸易问题；世界贸易组织管辖的范围除了传统的和"乌拉圭回合"新确定的货物贸易外，还包括长期游离于关贸总协定外的服务贸易和知识产权等领域。

4. 世界贸易组织成员必须以"一揽子"方式接受世界贸易组织的所有协定和协议；而关贸总协定的协议，缔约方可以接受，也可以不接受。

5. 世界贸易组织贸易争端机制与原关贸总协定体制相比，更具权威性，在动作上更具有效性，做出的裁决不会受到阻挠。

二、世界贸易组织的宗旨

世界贸易组织的基本原则和宗旨是通过实施市场开放、非歧视和公平贸易等原则，来达到和推动实现世界贸易自由化的目的。在世贸组织协议序言中开宗明义地阐明该组织的宗旨是："全体成员国在发展贸易和经济关系方面应当按照提高生活水平，保证充分就业、大幅度、稳步提高实际收入和有效需求，扩大生产和商品交易以及服务贸易，并为着持续发展的目的而扩大对世界资源的充分利用，寻求对环境的保护和维护，并根据它们各自需要和不同经济发展水平的情况，积极采取各种相应的措施。积极努力确保发展中国家尤其是最不发达国家在国际贸易增长中的份额与其经济发展需要相适应。为实现以上目标，有必要根据互惠和互利的安排，达到切实降低关税和其他贸易壁垒，并在国际贸易关系上消除歧视性待遇。"

从以上的表述中，我们可以将世界贸易组织的宗旨概括为："提高生活水平，保证充分就业和大幅度、稳步提高实际收入和有效需求，扩大货物和服务的生产和贸易"，"积极努力确保发展中国家，尤其是最不发达国家在国际贸易增长中的份额与其经济发展需要相称"。

世界贸易组织的以上宗旨是通过其所建立的法律原则和具体规则来实现的，其目的是促进各种要素的自由流通和有效利用，各种原则和规则在最惠国待遇基础上的普遍实施，实现效益的最大化。

由可见此，世界贸易组织的宗旨包括以下 4 个方面。

1. 提高生活水平，确保充分就业和大幅度、稳定地增加实际收入和有效需求。
2. 扩大货物和服务的生产和贸易。
3. 遵照可持续发展的目标和不同经济发展水平国家的需要，坚持走可持续发展之路，各成员应促进对世界资源的最优利用，保护和维护环境，并以符合不同经济发展水平下各自成员需要的方式，加强采取各种相应的措施。合理使用世界资源，保护和维持环境。
4. 积极努力以确保发展中国家，尤其是最不发达国家在国际贸易增长中得到与其经济发展水平相应的份额和利益。

世界贸易组织的目标是："建立一个完整的、更有活力和持久的多边贸易体系，包括关税与贸易总协定、以往贸易自由化努力的成果和乌拉圭多边贸易谈判的所有成果。"

三、世界贸易组织的机构与职能

（一）世界贸易组织管辖范围与权利义务

1. 世界贸易组织管辖范围。世界贸易组织协定是一项关于建立一个世界性经济与贸易政治的条约。它的内容主要是规定组织与机构方面的事项以及某些程序规则，从而弥补关贸总协定的缺陷。协定本身不直接涉及成员方在实体上的权利和义务。各成员方的权利与义务主要体现在各项具体协定或协议中。所以"乌拉圭回合"达成的各项协议以及修改后的"东京回合"的协议都是其框架之下的附件，这些附件都是世界贸易组织的管辖范围。附件可分为两类四项。

第一类为多边贸易协议（Multilateral Trade Agreements）。它包括：1994 年关税与贸易协定；农产品协议；卫生和植物检疫措施实施协议；纺织品服装协议；贸易技术壁垒协议；与贸易有关的投资措施协议；反倾销协议；海关估价协议；装运前检验协议；原产地规则协议；进口许可证程序协议；补贴和反补贴协议；保障措施协议；服务贸易协议；与贸易有关的知识产权协议。

第二类为诸边贸易有关的知识产权协议。它包括：民航设备贸易协议；政府采购协议；国际奶制品协议；国际牛肉协议。

2. 世界贸易组织成员的权利和义务。

（1）世界贸易组织成员基本权利。加入世界贸易组织后，世界贸易组织各成员应享有一定的权利和履行相应的义务。各成员应享受的基本权利主要有以下几点。

① 享有成员中多边的、无条件的和稳定的最惠国待遇。
② 享受其他世贸组织成员开放或扩大货物、服务市场准入的利益。
③ 发展中国家可享受一定范围的普惠制待遇，及发展中国家成员的大多数优惠或过渡

期安排。

④ 利用世贸组织的贸易争端解决机制和程序，公平、客观、合理地解决与其他成员的最惠国待遇问题。

⑤ 享有世贸组织成员利用各项规则，采取促进本国经济贸易发展的权利。

（2）世贸组织成员应尽义务。

在享受上述权利的同时，世界贸易组织成员也应根据世界贸易组织的规则履行相应的义务，主要表现在以下几个方面。

① 在货物、服务、知识产权等方面，根据世界贸易组织规定，给予其他成员最惠国待遇。

② 根据世贸组织有关协议规定，扩大货物、服务的市场准入程度，即具体要求降低关税和规范非关税措施，逐步扩大服务贸易市场的开放。

③ 按《知识产权协定》规定，进一步规范知识产权的保护措施。

④ 根据世界贸易组织贸易争端解决机制与程序，同其他成员公正地解决贸易摩擦，不能搞单边报复。

⑤ 增加贸易政策和有关法规的透明度。

⑥ 按在世界出口中所占比例缴纳一定会费。

考虑到发展中国家是一个较为宽泛的概念，因而关贸总协定并没有在其条款中规定什么是发展中国家，也没有具体判断缔约方是发展中国家的标准。与关贸总协定不同的是，世界贸易组织的许多协议中都有"发展中国家成员"的提法，并且有的条款是专门为"发展中国家成员"制定的。

（二）世界贸易组织的成员、机构及职能

1. 世界贸易组织的成员。世界贸易组织所有成员都是经过谈判而成为世界贸易组织大家庭一员的。在世界贸易组织这个大家庭里，每位成员都意味着权利和义务的平衡。作为这个大家庭里的"兄弟姐妹"，世界贸易组织绝不偏爱哪一方或冷落哪一个。它们可以享受其他成员给予的优惠待遇和贸易规则提供的安全。同时，它们也必须做出开放本国市场的承诺并遵守世界贸易组织的贸易规则。这些承诺当然是所有"兄弟姐妹"通过谈判确定的。世界贸易组织的成员又分为创始成员、初始成员和观察员3类。

（1）世界贸易组织创始成员（Founder Members）。大多数世界贸易组织成员的加入谈判是在原关贸总协定体系下进行的，并于1994年4月签署了"乌拉圭回合"协议。这些原关贸总协定缔约方在世界贸易组织成立时自动转为世界贸易组织成员，被称为世界贸易组织创始成员。

（2）世界贸易组织初始成员（Original Members）。初始成员包括两部分：一部分是在1994年4月之后世界贸易组织成立之前加入关贸总协定的成员，在世界贸易组织成立时它们就自动转为世界贸易组织成员；另一部分是参加了"乌拉圭回合"谈判，但在1995年世界贸易组织成立之后才完成其成员身份谈判的成员。世贸组织在接纳新成员时，必须在部长级大会上由 2/3 的多数成员投票表决通过。

（3）世界贸易组织观察员（WTO Observer）。就是正在申请成为世界贸易组织成员的国家或政府，被称为 WTO 观察员。截至 2000 年 11 月，世界贸易组织家族共有 140 个成员，28 个正在申请的成员。

2. 世界贸易组织的机构。根据《建立世界贸易组织协定》第 4 条规定，世界贸易组织设立以下几个机构：

（1）部长会议。部长会议（Ministerial Conference）是各成员国最重要的谈判场合，是世界贸易组织的最高决策权力机构，它负责履行世界贸易组织的各项职能，并为此采取必要的行动。部长会议有权对有关多边贸易协议的事项做出决定，但它不是一个常设机构，只是一个由各成员方部长参加，定期举行会议，并对国际贸易重大问题做出决策的会议制度。

（2）理事会。总理事会（General Council）也是一种会议制度。它是世界贸易组织常设的决策机构，由所有成员方代表组成，在认为适当的时候召开会议。在部长会议休会期间执行部长会议的各项职能。总理事会是除了部长会议之外，世界贸易组织的最高权力机构，负责世界贸易组织的日常领导与管理。

总理事会下设争端解决机构、贸易政策机制评审机构和其他附属机构，如货物贸易理事会、服务贸易理事会、知识产权理事会等最重要的理事会和贸易与发展、预算两个委员会，由所有成员方代表组成。每一理事会每年至少举行 8 次会议。总理事会还下设贸易政策核查机构，它监督着各个委员会并负责起草国家政策评估报告——对美国、欧盟、日本、加拿大每两年起草一份政策评估报告；对最发达的 16 个国家每四年一次；对发展中国家每六年一次，并负责对成员间发生的分歧进行仲裁。

（3）秘书处。秘书处（Secretariat）是世界贸易组织的日常办事机构，它由部长会议任命的总干事领导。总干事的人选由部长会议任命，其权力、职责、服务条件和任期也由部长会议通过规则确定。秘书处的其他工作人员由总干事任命，并根据部长会议的规定确定他们的职责和服务条件。总干事及秘书处工作人员的职责具有完全的国际性，即其工作不代表任何国家的利益，只代表世界贸易组织的利益，并服从部长会议和总理事会的安排。作为国际职员，他们不得接受任何政府及其他组织的指示，也不得做对其职务产生任何不利影响的事情；各成员方也应当尊重总干事及秘书处工作人员职责的国际性，不应对他们履行的职责施加任何影响。

3. 世界贸易组织的职能。世界贸易组织的职能主要有以下 3 项。
（1）制定和规范国际多边贸易规则。
（2）组织多边贸易谈判。
（3）解决成员之间的贸易争端。

（三）世界贸易组织在世界经贸发展中的作用

1. 世界贸易组织的主要特点。
（1）具有法律的权威性。世界贸易组织协定是经过各缔约国立法机构的批准。

(2) 组织机构的正式性。即是具有法律地位的正式国际经济组织。

(3) 管辖范围的广泛性。世界贸易组织制定的规则涉及货物贸易、服务贸易、知识产权保护和投资措施等。

(4) 贸易政策评审的固定性。即世界贸易组织规定，贸易额占世界前列的国家必须在规定年限内接受审议。

(5) 争端解决机制的有效性。即它有一套程序和各个环节上的相应规则。

(6) 与有关国际经济组织决策的一致性。目前，世界贸易组织与国际货币基金组织、世界银行成为维护世界经济运行的三大支柱，它与其他两个国际经济组织在决策方面的合作和协调，有利于国际经济贸易的进一步发展。

2. 世界贸易组织在世界经贸发展中的作用。

(1) 促进世界范围的贸易自由化和经济全球化。通过关税与贸易协定使全世界的关税水平大幅度下降，极大地促进了世界范围的贸易自由化。

(2) 使传统的贸易政策措施得到改观。世界贸易制度将进入协商管理贸易时代，各国的贸易政策将建立在"双赢"的基础上，"贸易保护"和"贸易制裁"的作用与含义都发生了很大的变化。

(3) 使世界市场的竞争方式与竞争手段改变。单一的竞争让位于综合式的竞争，即在竞争中把货物贸易、服务贸易投资、知识产权有机地结合起来；粗放式的竞争让位于集约式的竞争，即依靠拼价格、拼数量、拼优惠条件的竞争让位于非价格的优良投资环境、注意知识产权保护的竞争；企业金字塔式的组织机构让位于矩阵式灵活实用的组织机构；规模经济让位于规范经济。

3. 中国在世界贸易组织中的地位。在国际形势不稳定因素急剧增加、多极化趋势加速发展的态势下，中国坚持独立自主的和平外交政策，取得了丰硕的成果，国际地位快速提高。中国作为联合国安理会五个常任理事国之一，在国际政治生活中起着越来越重要的作用。

中国还是三大国际经济组织（世界贸易组织、世界银行、国际货币基金组织）的成员。随着中国综合国力的增强，中国承担越来越重要的责任，国际经济贸易往来频繁，同其他成员国的交往和合作日益扩大，在世界经济舞台上扮演着越来越重要的角色。

(1) 作为世界贸易组织的成员，中国的综合国力不断增强，在国际经济的地位迅速提高。2003 年，中国国内生产总值达到 116 694 亿元人民币，按可比价格计算，同比增长 9.1%，比 2002 年加快 1.1 个百分点，是 1997 年以来增长最快的年份。按现行汇率计算，2003 年国内生产总值相当于 1 4170 亿美元，人均国民生产总值首次突破 1 000 美元大关，达 1 090 美元，跨上一个重要台阶。这表明，中国经济已经结束了 1997 年亚洲金融危机爆发以来的调整恢复期，进入了一个新的快速增长期。

(2) 中国在世界贸易中的地位在不断上升。加入世界贸易组织后，中国对外贸易总额不断增长，2002 年中国进出口总值为 6 207.85 亿美元，同比增长了 21.8%。其中，出口 3 255.69 亿美元，同比增长 22.3%，进口 2 952.16 亿美元，同比增长了 21.2%，进出口顺差3 03.53亿美元，同比增长了34.6%。从关贸总协定的诞生到世界贸易组织的建立，前后共经历了近半个世纪的时间，世界贸易也得到了飞速发展。

第四节 本章小结

本章主要介绍了从关贸总协定演变到世界贸易组织的整个过程。二战前后，美国及其他国家的国际政治学家及经济学家认为：贸易保护主义不仅导致了经济灾难，也带来了国际性战争，国家与国家之间必须进行国际合作和政策协调，建立一个开放的贸易体系。因此在战后，创建并维持了一个相对自由的经济体系，并从金融、投资、贸易三个方面重建国际经济秩序。1944年7月，美国、英国等44个国家在美国的新罕布什尔州的布雷顿森林召开了会议，讨论了建立国际货币金融体系问题，并提出建立以稳定国际金融、间接促进世界贸易发展为目标的世界经济秩序。在金融方面，建立了国际货币基金组织，重建国际货币制度，维持各国间汇率的稳定和国际收支的平衡；在国际投资方面，建立了"国际复兴开发银行"（通称"世界银行"）处理长期国际投资问题；在贸易方面，拟建立"世界贸易组织"，以扭转贸易保护主义的歧视性贸易政策，促进国际贸易自由化。从而形成"货币—金融—贸易"三位一体的机构。世界银行、联合国和关税与贸易总协定先后产生，对世界贸易的发展起到了很好的促进作用。在随后47年的会谈中，关贸总协定先后经历了八次谈判，其主要内容涉及关税的减让。最终，由于关贸总协定的历史局限性，被世界贸易组织所取代。

世界贸易组织作为正式的国际经济组织在法律上与联合国等国际组织处于平等地位。它的职责范围除了关贸总协定原有组织实施多边贸易协议，提供多边贸易谈判场所和作为一个论坛外，还负责定期审议其成员的贸易政策和统一处理成员之间产生的贸易争端，并负责加强同国际货币基金组织和世界银行的合作，以实现全球经济决策的一致性。世界贸易组织所有成员都是经过谈判而成为世界贸易组织大家庭一员的。在世界贸易组织这个大家庭里，每位成员都意味着权利和义务的平衡。作为这个大家庭里的"兄弟姐妹"，世界贸易组织绝不偏爱或冷落哪一方，它们可以享受其他成员给予的优惠待遇和贸易规则提供的安全。同时，它们也必须做出开放本国市场的承诺并遵守世界贸易组织的贸易规则。中国作为联合国安理会五个常任理事国之一，在国际政治生活中起着越来越重要的作用。中国还是三大国际经济组织（世贸组织、世界银行、国际货币基金组织）的成员。随着中国综合国力的增强，中国承担着越来越重要的责任，国际经济贸易往来频繁，同其他成员国的交往和合作日益扩大，在世界经济舞台上扮演着越来越重要的角色。世界贸易组织成立是真正建立的一个完整的、更有活力和持久的多边贸易体系。世界贸易组织对21世纪世界经济贸易的发展具有重要的意义。

案例分析

一、案情简介

日本富士和美国柯达是世界胶卷业的霸主。在日本市场上，美国柯达每时每刻都在寻找机会击败对手。日本对彩色和黑白胶卷的进口关税承诺降到了 0，如美国柯达进入日本市场已经不存在任何障碍。在市场准入问题上，美国柯达也很难挑剔日本。

那么美国是如何利用世界贸易组织规则寻找打败对手的突破点呢？柯达使用了关贸总协定第 23 条第 1 款。美国说日本虽然没有违背世界贸易组织的某一特别的义务条款，实现了其在历次回合中关于关税减让的承诺。但是，日本政府关于胶卷销售的措施，却使美国因日本在"肯尼迪回合"、"东京回合"和"乌拉圭回合"中所做的关税减让应带来的好处正在丧失或减损，这一点违背了关贸总协定第 23 条第 1 款。

具体地说，美国是在指责日本所采取的限制流通的措施。日本不断鼓励并促进日本胶卷市场销售体制，从而使日本的胶卷市场从多种商标的大商场出售转变到单一商标的专卖销售，制约了进口胶卷的销售能力，妨碍了柯达胶卷的市场开拓能力。

最后，美国在该案中败诉。

二、案例分析题

1. 本案中美国为什么会败诉？依据是什么？
2. 本案给我们什么启示？

思考题

1. 关贸总协定的主要内容包括哪几个方面？
2. 关贸总协定的基本原则是什么？
3. 世界贸易组织由哪几个机构构成？它们的作用是什么？
4. 关贸总协定与世界贸易组织的联系和区别在哪里？
5. 请简述关贸总协定的八轮会谈的演变过程和特点。
6. 世界贸易组织的目标是什么？如何理解？

第二章　WTO 的基本原则

学习目标　通过本章学习，学生能够认识 WTO 的基本原则，了解并掌握从非歧视（国民待遇）与互惠贸易原则到其他的法律原则。

WTO 有一系列复杂和详尽的法律文件，但有一些基本的简单原则贯穿于 WTO 所有的协定之中，这些原则构成了多边贸易体系的基础。虽然这些规则散见于 WTO 的所有法律文本中，但它们都是以下两类基本原则的延伸，具体体现是：非歧视（国民待遇）与互惠贸易原则体现了各成员之间的平等待遇和权利、利益、义务共享关系；公平竞争和自由贸易原则体现了市场经济的开放性特征，维护国际贸易秩序、禁止不正当竞争的强制手段。

第一节　非歧视（国民待遇）与互惠贸易原则

一、国民待遇原则

在资本主义时期，正如马克思在《共产党宣言》中所说："不断扩大产品销路的需要，驱使资产阶级奔走于全球各地。它必须到处落户，到处开发，到处建立联系。"此时，高度发展的商品经济，不仅要求在一国境内通商自由，而且也要求通商的国际自由。因而，资产阶级要求打破闭关锁国、自给自足的封闭状态，力求改变外国人的无权地位，使其与一国国内的自然人、法人享有的权利无多大差异。为此，法国在 1789 年的《人权宣言》第 1 条中公开宣称"人生来是自由的，在权利上是平等的"。随后，在 1804 年《法国民法典》第 1 卷第 1 编第 11 条中规定"外国人在法国享有与其本国根据条约给予法国人的同样的民事权利"。它明确规定对外国人民事权利方面实行相互平等待遇原则，即所谓"国民待遇原则"。《法国民法典》对意大利、葡萄牙、西班牙、希腊、卢森堡、奥地利、挪威、瑞典等国产生巨大影响，这些国家的民法典和阿根廷的宪法均规定了类似的"国民待遇原则"。因此，国民待遇原则逐渐成为国际司法中公认的准则之一。

（一）国民待遇原则概述

WTO 成员国对其他成员方的产品、服务或服务提供者及知识产权所有者和持有者所提供的待遇，不低于本国同类产品、服务或服务提供者及知识产权所有者和持有者所享有的待遇。它包含以下 3 个要点。

1. 国民待遇原则适用的对象是产品、服务,以及与贸易有关的投资和知识产权领域,但不同领域的具体受惠对象不同,国民待遇条款的适用范围、具体规划和重要性也有所不同。国民待遇原则只涉及其他成员方的对象在进口成员方境内享有的待遇。

2. 国民待遇定义中"不低于"一词的含义是指,其他成员方应享有进口成员方同一领域的同等待遇。若进口成员给予出口成员方更高的待遇,并不违背国民待遇原则。

国民待遇是国际上关于外国人待遇的最重要的制度之一。传统的国民待遇所涉及的权利义务关系仅局限在民事领域,随着国际经济交往的日益频繁,其内容逐渐延伸到国际投资领域,并成为该领域普遍遵守的基本法则。作为对外国投资的待遇,国民待遇是指主权国家在条约或互惠的基础上,一国给予外国国民或法人在投资财产、投资活动及有关司法行政救济方面等同于或不低于本国国民或法人的待遇。国民待遇原则一般通过国内立法和国际条约来体现,由于该原则的适用直接关系到东道国本身的经济利益和经济安全,所以不同的国家会采取不同的对策。一般而言,发达国家既是资本输出国又是输入国,市场机制和经济发展水平较高,往往主张投资者平等竞争,普遍采取国民待遇原则;而发展中国家一般对国民待遇持比较谨慎的态度,更注重对外资采取政策和法律上的引导解释,对国民待遇采取诸多限制。由于各方利益难以协调,国民待遇原则作为一项国际法上的普遍原则一直难以得到广泛适用。直至1994年,世界贸易组织"乌拉圭回合"谈判达成《服务贸易总协定》(GATS)和《与贸易有关的投资措施协议》(TRIMs)两项协议,国民待遇原则才第一次以国际多边条约的形式引入国际投资领域。

国民待遇是对国民一种平等的待遇,它是实行市场经济的基本条件,是平等竞争的基础。国民待遇原则在互惠原则的前提下逐步适用于某些经济贸易领域,这不仅体现在有关国家之间签订的双边条约或贸易协定中,更由于关贸总协定将其作为一项重要的基本原则而得到国际社会的认同。尤其是在关贸总协定的"乌拉圭回合"的谈判中,国民待遇原则的适用范围得到了进一步的拓展。在"乌拉圭回合"谈判达成的有关文件中,如《服务贸易总协定》、《与贸易有关的投资协议》、《与贸易有关的知识产权协议》中都规定了各缔约国之间应在互惠前提下遵守国民待遇原则。取代关贸总协定的世界贸易组织(WTO)在三个主要协议中也都规定了国民待遇原则,即GATT第3条、《服务贸易总协定》第17条以及《与贸易有关的知识产权协议》第3条。

3. 国民待遇概念的实质可以通过以下两个关系来理解。第一,国民待遇原则与相互主义的关系。国民待遇是向外国的企业、产品、人提供与本国的企业、产品、人完全相同的待遇。同样,只要A国政府对本国的企业、产品、人等没有提供某项待遇,那么即使B国政府向A国的企业、产品、人提供了这项待遇,也不产生A国政府向B国提供该项待遇的义务。因此,国民待遇提倡的是"机会的平等",而不是"结果的平等"。第二,国民待遇原则与"自由化"的关系。世界贸易组织的宗旨是促进贸易自由化,但在原来的关贸总协定中,并未出现过"自由化"一词,理由很简单,因为在关贸总协定的框架下,一国是否推行贸易自由化,衡量的标准即是国民待遇原则。就是说,只要一国将赋予本国的企业、产品、人的待遇非歧视性地赋予外国的企业、产品、人，即被认为遵守了自由贸易原则、实施了"自由化"政策。在原来的关贸总协定中，国民待遇原则与"自由化"是同义词。

（二）国民待遇的适用范围

1. 货物贸易领域的国民待遇。

（1）《1994 年关贸总协定》国民待遇原则。

① 不能以任何直接或间接的方式，对进口产品征收高于对本国相同产品所征收的国内税或其他费用。

② 给予进口产品的有关国内销售、分销、购买、运输、分配或使用的法令、规章和条例等待遇，不能低于给予国内相同产品的待遇。

③ 任何成员对产品的混合、加工或使用实施国内数量管理（即产品混合使用要求）时，不能强制要求生产者必须使用特定数量或比例的国内产品。

（2）货物贸易国民待遇的例外规定。

① 政府采购的例外。《1994 年关贸总协定》第 3 条第 8 款 a 项规定，国民待遇规定不适用于有关政府采购的管理法令、条例或规定。但此处的"政府采购"指的是政府日常费用的商品采购，而不是为了商业性的再出售，也不能用于商业性再出售商品的生产。

② 差别运费的例外。《1994 年关贸总协定》第 3 条第 4 款规定了国民待遇原则不妨碍各成员方实施差别运费。但是差别运费的使用必须纯属基于运输工具的经济使用，而与所运输的产品的国别无关。

③ 特殊补贴的例外。根据《1994 年关贸总协定》第 3 条第 8 款 b 项的规定，国民待遇义务并不禁止单独支付给国内生产者的补贴，包括从按照国民待遇原则的规定征收国内税费所得收入中以及通过政府购买国内产品的办法，为国内生产者提供补贴。这种补贴不是对国内生产的产品进行直接销售或生产补贴，而是对生产者给予补贴，补贴的目的往往是让生产者改善环境，消除自然环境污染，鼓励生产者向特定地区或产业投资，属于间接性补贴，因而不能视为违背了关贸总协定中的国民待遇原则。

④ 对国外电影片放映数量的规定。成员方可要求本国电影院只能放映特定数量的外国影片。基于电影片作为商业产品的特殊性，关贸总协定允许各成员方对其他成员方的电影片实施国内数量限制，免除其国民待遇义务。根据《1994 年关贸总协定》第 4 条的规定，各成员方对进口电影片实施数量限制，应当采取符合以下要求的放映限额办法：放映限额可以规定，在一定时期（通常为 1 年）国产电影片的商业性放映时间在所有电影片放映时间内的一定最低比例，放映限额以每年或其相当时间内每一电影院的放映时间作为计算基础；确立了国产影片的放映限额后（放映时间比例的最低限额），其他的放映时间不能依照影片的不同来源进行分配；任一成员方应对来自其他任一成员方的影片保留一定最低比例的放映时间；放映限额的限制、放宽或取消，需经过谈判确定而且要遵守最惠国待遇的规定。

⑤ 世贸组织协议生效之日起的 5 年之内，允许发展中国家间对使用国内产品进行补贴。对于最不发达国家，这一期限延长为自协议生效之日起的 8 年。

2.服务贸易领域的国民待遇。随着世界贸易组织管辖范围从货物贸易延伸到服务贸易、知识产权和投资等领域,国民待遇也发展成为服务贸易领域的重要原则。在不违反本协定有关规定而与承诺细目表上的条件和要求相一致的条件下,一成员方应该在所有影响服务供给的措施方面,给予其他成员方的服务和服务提供者以不低于其给予国内服务或服务提供者的待遇。国民待遇条款形式上是互惠的、平等的,即国民待遇必须对等,不得损害对方国家的经济主权,并且限于一定的范围。但由于缔约国双方的经济实力和地位的不同,往往在实质上是片面的和不平等的。《服务贸易总协定》第17条规定,每一成员方应在其承担义务计划表所列的部门中和依照表内所述的各种条件和资格,给予其他成员方的服务和服务提供者的待遇,就影响服务提供的所有规定来说,不应低于给予其本国相同的服务和服务提供者。根据这一规定,缔约方提供国民待遇的义务,由其在减让表中的承诺所决定。在依据减让表内各种条件和资格列出的部门中,各缔约方从影响服务提供角度,给予其他缔约方服务和服务提供者的待遇,不应低于给予其本国同类服务和服务提供者的待遇。但是,这并非要求缔约方弥补有关服务或服务提供者因其本身的特性形成的竞争劣势。换句话说,一国只在减让表中列出的部门范围内履行国民待遇义务。

3.与贸易有关的知识产权领域的国民待遇。世贸组织规定,每一成员方向其他成员方的国民,就知识产权的保护提供的待遇,不得低于其给予本国国民的待遇。同时,允许各成员方在涉及工业产权的保护领域中,凡有关司法行政程序、司法管辖权问题的法律都可声明保留,不给予外国人以国民待遇。这也符合国际社会的通常做法。与国际知识产权保护组织的协议不同,世贸组织关于知识产权的国民待遇将重点放在对产品的国民待遇,而不是对作者的国民待遇上。

4.执行国民待遇的若干规则。

(1)原产地规则。国民待遇原则仅适用于原产于多边协议成员方境内的产品。因此,原产于非成员方境内的产品,即使是经某一成员加工或改装,但没有达到原产地规则要求的产品,仍属于非成员方的产品,不能享受国民待遇。相反,原产于某一成员方境内的产品,即使通过非成员方进入另一成员方境内(通过转口贸易进口的原产于成员方的进口产品),也应当享受国民待遇。

(2)产品。这里的产品应做广义解释。国民待遇不仅适用于"相同产品",而且也适用于"直接竞争产品或替代产品"。这是因为在国际贸易实践中,不仅相同的产品之间产生竞争,而且相类似的产品之间也产生会竞争。如果不将国民待遇原则适用于直接竞争或替代产品,那么进口成员方就有可能对进口产品的直接竞争或替代产品采取歧视措施,给国内产品提供各种优惠,从而造成不公平竞争,最终有利于国内产品。

(3)国内税。世界各国都对流通领域的产品征收国内税,然而,究竟何为"国内税"?由于各国税收制度中的税收机构、税项划分等不尽相同,因此对国内税下一个定义是非常困难的。1947年在日内瓦关贸总协定起草筹备会议上,有关缔约方代表曾试图给国内税下一个定义,即国内税是指除海关征收的关税以外的税款。这一定义立即遭到来自法国代表的反驳，因为在法国，营业税和奢侈品税是由其海关负责征收的。同时，1948年哈瓦那会议报告中指出，虽然进口国法律规定为国内税，但该国并没有给予这种税以国内税相同的地位，则可能是关税。可见，对国内税的定义，不仅仅要看到表面现象，而且要看这种税收的实质内容。总之，对一项税收是否为国内税，不能机械地以成员方征税机构的名称和性质为标准，也不能完全以成员方法律有关规定为唯一依据，而应根据实际情况来确定。但有一点是肯定的，即关税仅适用于进口产品，换言之，国内税不仅适用于国内产品，而且也适用于进口产品。因此《1994年关贸总协定》第3条国民待遇中的国内税定义为："成员方有关机构代表其国家，为实现国家一定的职能，凭借国家政治权力，按照法定标准，对所有产品强制性无偿征收的税款"。

（4）国内规章。由于国民待遇要求任何一个成员方在本国市场上对来自其他任何一个成员方的进口产品，在从其入境到被最终消费的整个过程中所给予的一切优惠都不得低于本国生产的同类产品，而国内优惠往往是通过法律、法规措施等规定的。因此，若对进口产品在海关、推销、销售、运输、购买、分配、使用、国内税收，以及对进口产品混合、加工等环节上，以法律、法规、措施等形式给予低于本国同类产品所享受的待遇，其实质是阻碍进口，保护国内生产的歧视性做法。除非这些做法符合关贸总协定的例外规定，否则应被列入禁止之列。所以这里的国内规章也应当做广义解释。

（5）关税约束。国民待遇不表示某一产品是否受到关税约束的事实。任何一个成员方不能以某种产品不受关税约束为由，对其征收更高的国内税。换言之，不能以某种进口产品获得了优惠关税待遇或免税待遇为理由，拒绝对其实施国民待遇。

（6）当某种产品在一国内不同地区享有不同待遇时，其中最优惠的待遇应给予进口相同产品。

1991年，发生美国石油歧视行为。美国环保局针对国内和国外炼油商提出了不同的标准，他们认为国外炼油商缺乏1990年检测的、足以证明汽油质量的真实数据，只能通过一个"法令的底线"显示它们汽油的质量。而国内炼油商可以通过3种可行方法制定"独立的底线"。这一标准对外国炼油商采取了歧视政策，造成市场竞争的不均衡，从而引起一场贸易纷争。委内瑞拉在给WTO的诉状中强调，美国石油标准违背了GATT中的最惠国待遇，因为它对从某一第三国（加拿大）进口的石油采用了"独立的底线"方案。同时，美国也违背了国民待遇，因为对美国国内石油公司采取了更优惠的待遇。最终裁决美国败诉。最惠国待遇和国民待遇是WTO给予各成员方的最基本的权利和义务。伤害国民待遇或最惠国待遇，就会引起贸易争端。WTO多个案例都运用了这一原则，说明一个看似简单易懂的原则却含有着最丰富的内容。这就要求我们在关税、政策、规则等各个层面进行调整，避免出问题。另一方面，我们还要学会"真正"运用国民待遇原则。这是因为过去我们一不留神就给了外资许多优惠政策，这些"超国民待遇"当然不妥。分析美国做法错误的原因，我国在对外贸易中如何避免出现此类的错误，对我们正确地运用WTO的贸易规则来保护自己，建立和维护好正常的国际贸易秩序十分重要。

二、最惠国待遇原则

最惠国待遇原则中"最惠国"一词首次出现是在17世纪。但是,最惠国义务可以追溯到11世纪。当时地中海沿岸的意大利各城邦、法国、西班牙城市的商人,在外国经商时开始想独占当地市场挤走竞争对手,一旦不能达到目的便寻求在该国市场上获取同等进入和竞争的机会。为此,北非的阿拉伯王子们曾一度发布命令给予他们与威尼斯、比萨等城邦以同样的特许权。12世纪威尼斯也向拜占庭当局要求享有与热那亚、比萨的商人同等的权力。15世纪和16世纪商业的发展,迫切要求在贸易关系中,订立具有最惠国型的贸易条约,但大多数类似的有最惠国性质的贸易条约,都是强国迫使弱国订立的结果。

随着国际贸易规模的扩大,商业关系的发展,导致了政治条约与通商条约的分立,开始了出现一些相互给予"最惠国待遇"的做法。在1713年英国与法国《乌特勒支通商条约》中规定:一方保证,应将它给第三国在通商与航运方面的好处同样给予另一方。1778年美国在自己对外签订的第一个条约中包括了一项"有条件的"最惠国条款(与法国签订)。19世纪这类条约在欧洲各国流行,但都是通行的"有条件的"最惠国待遇模式,即以受惠国做出与第三国承诺相当的承诺为条件。这种有条件,以互惠为基础的最惠国原则。在1860年发生了实质性的突破,1860年英法通商条约的签订,使现代意义的无条件的最惠国待遇才真正诞生。在随后的贸易关系中,虽几经波折,也曾出现过有条件最惠国原则的情况。但由英法通商条约所体现的自由贸易基础的"相互给予无条件最惠国待遇",也成了现代国际贸易中最惠国原则本身内涵的重要特征。"最惠国待遇条款是现代通商条约的柱石"成了各国贸易关系的一句名言。

第一次世界大战后,无条件最惠国待遇受到严重挑战。各国普遍倡导和实行以高关税为主要特征的贸易保护主义政策,纷纷对贸易加以限制,而20世纪30年代的大危机更是使保护主义泛滥,甚至连一直在全球范围奉行自由贸易的英国也放弃了无条件的最惠国原则而实行大英帝国特惠制度。尽管如此,在1920—1940年向全球范围所签署的含有最惠国待遇条款的条约共600多个。第二次世界大战后,关贸总协定在世界范围内把最惠国待遇原则纳入多边贸易体制之中,使最惠国待遇成为世界经济贸易的重要基石,实现了历史性的新突破。

(一)最惠国待遇概述

成员方将在货物贸易、服务贸易和知识产权领域给予任何其他国家(无论是否世界贸易组织成员)的优惠待遇,立即和无条件地给予其他各成员方。在国际贸易中,最惠国待遇的实质是保证市场竞争机会均等。它最初是双边协定中的一项规定,要求一方保证把给予任何其他国家的贸易优惠(如低关税或其他特权),同时给予对方。关贸总协定将双边协定中的最惠国待遇作为基本原则纳入多边贸易体制,适用于缔约方之间的货物贸易,"乌拉圭回合"将该原则延伸至服务贸易领域和知识产权领域。例如,日本、韩国、欧盟都是世贸组织的成员,则其相同排气量的汽车出口到美国时,美国对这些国家的汽车进口要一视同仁，不能在它们中间搞歧视待遇。如果美国的汽车进口关税是 5%，则这几个国家的汽车在正常贸易条件下，美国均只能征收 5%的关税，不能对日本征收 5%，而对韩国、欧盟征收高于或低于 5%的关税。最惠国待遇包含 4 个要点：

1. 自动性。这是最惠国待遇的内在机制，体现在"立即和无条件"的要求上。当一成员方给予其他国家的优惠超过其他成员方享有的优惠时，这种机制就启动了，其他成员方便自动地享有了这种优惠。在新成员加入世界贸易组织时，如果已有成员和新加入成员中的一方，或两个新加入成员中的一方，宣布不与对方适用《建立世界贸易组织协定》，则两者之间的贸易关系不受世界贸易组织规则约束，任何一方都不能自动地享有另一方给予其他国家的优惠。

2. 同一性。当一成员方给予其他国家的某种优惠，自动转给其他成员方时，受惠标的必须相同。

3. 相互性。任何一成员方既是给惠方，又是受惠方，即在承担最惠国待遇义务的同时，享受最惠国待遇权利。

4. 普遍性。指最惠国待遇适用于全部进出口产品、服务贸易的各个部门和所有种类的知识产权所有者和持有者。

(二) 最惠国待遇的分类

1. 无条件的与有条件的最惠国待遇。无条件的最惠国待遇是指缔约国（方）一方现在或将来给予任何第三国（方）的一切优惠、豁免或特权应立即无条件地、无补偿地、自动地适用于对方。无条件的最惠国待遇由于最早在英国与其他国家签订的通商条约中使用，所以又叫做"最惠国待遇条款"。有条件的最惠国待遇条款是指缔约国（方）一方已经或将来给予任何第三国（方）的优惠、豁免或特权是有条件的，缔约国（方）另一方必须提供同样的补偿才能享有这种优惠、豁免或特权。有条件的最惠国待遇最先是在美国采用的，所以又叫"美洲式"的最惠国待遇条款。由此可见，有条件的最惠国待遇和无条件的最惠国待遇的区别在于授予第三国（方）的优惠或豁免、特权是否附有条件，以及受惠国享有优惠和豁免、特权是否需要提供某种条件。因而"有条件"中的"条件"并不是有人认为的给予最惠国待遇是以对方给予为条件：你不给我，我也不给你。

2. 无限制的与有限制的最惠国待遇。无限制的最惠国待遇指对最惠国待遇的适用范围不加以任何限制，不仅适用于商品进出口征收关税及手续、方法，也适用于移民、投资、商标、专利等各个方面。有限制的最惠国待遇是将其适用范围限制在经济贸易关系的某些领域，规定仅在条约约定的范围内适用，在此范围外则不适用。

3. 互惠的与非互惠的最惠国待遇。互惠的最惠国待遇指缔约双方给予的最惠国待遇是相互的、同样的；非互惠的最惠国待遇则指缔约国一方有义务给予缔约国另一方以最惠国待遇，即单方面给予，而无权从另一方享有最惠国待遇。

(三) 最惠国待遇的特点

1. 普遍性。所谓普遍性，是指最惠国待遇适用于一切符合规定的产品的贸易，适用于所有根据关贸总协定成为贸易伙伴的成员间的相同产品的贸易。它主要体现在下述几个方面：

（1）参加多边贸易条约的任何成员方给予另一成员方或与另一成员方有确切关系的贸易商或贸易货物的各种优惠待遇，都应立即地、无条件地给予所有其他成员方或与其他成员方有确切关系的贸易商或贸易货物同等的优惠待遇。

（2）多边贸易条约的任何成员方给予任何非成员方或与该非贸易条约成员方有确切关系的贸易商或贸易货物的各种优惠待遇，也应立即地、无条件地给予所有其他成员方或与其他成员方有确切关系的贸易商或贸易货物同等的优惠待遇。

（3）非多边贸易组织成员方可以通过与多边贸易组织任何一成员方签订含有双边最惠国待遇条款的贸易协定，要求对方将给予多边的贸易条约成员方或与这些成员方有确切关系的贸易商或贸易货物的各种优惠待遇，也提供给该多边贸易条约非成员方或与该非成员方有确切关系的贸易商或贸易货物。当然，如在条约中另有特别规定的除外。

2．互惠性。互惠性是指最惠国待遇是贸易条约成员方之间相互给予的，而不是单方面提供或享受的。最惠国待遇通常是通过双边或多边国际条约相互给予，彼此在一定范围内，如贸易、投资、航海、服务等领域的利益、优惠、特权或豁免，而不是单方面只承担义务，即只为对方提供各种优惠而不享受相应的权利。

3．优惠性。优惠性是指这种待遇的性质是以提供利益、优惠、特权或豁免为内容，得到最惠国待遇的国家或进出口产品可以为有关国家或企业带来利益。

4．无条件性。无条件性是指关贸总协定最惠国待遇的提供，应当不附加任何条件。这里的无条件的最惠国待遇是与有条件的最惠国待遇相对应的。这里的"条件"是指"相应的补偿"，换言之，受惠国若想要享受给惠国现在或将来给予任何一个第三国的各种优惠或特权，受惠国必须提供"相应的补偿"回报给惠国，否则就享受不到各种优惠和特权。而关贸总协定的最惠国待遇原则强调无条件的最惠国待遇，即受惠国在享受各种优惠或特权时不需要提供"相应的补偿"，只要符合最惠国待遇原则的规定，就可以自动地得到有关优惠或特权。

（四）最惠国待遇的适用范围

1．货物贸易方面的最惠国待遇。即一成员对于原产于或运往其他成员的产品所给予的利益、优惠、特权或豁免都应当立即无条件地给予原产于或运往所有其他成员的相同产品。

货物贸易最惠国待遇的例外：对发展中国家给予优惠；经济一体化组织内部及边境贸易；动植物及人民的生命、健康、安全或一些特定项目；国家安全；《1994年关贸总协定》允许采取的其他措施，如反补贴、反倾销及在争端解决机制下授权采取的报复措施；多边贸易协议中的义务、政府采购、民用航空器贸易等。

2．服务贸易方面的最惠国待遇。《服务贸易总协定》第2条规定："每一成员方给予任何成员方的服务或服务提供者的待遇，应立即无条件地，以不低于前述待遇给予其他任何成员方，相同的服务或服务提供者"。这就是最惠国待遇原则在《服务贸易总协定》中的具体体现。

服务贸易最惠国待遇的例外有如下几项。

(1) 关于第 2 条豁免的附件。该附件是关于最惠国待遇豁免的规定，即一个成员在《服务贸易总协定》生效时可免除第 2 条第 1 款规定的义务条件。由于最惠国待遇第 2 条第 1 款规定了有寻求豁免的无限可能性，《服务贸易总协定》的普遍适用范围必将受到破坏。对可能任意提出豁免的限制只涉及现行措施。第 2 条第 2 款规定在《世界贸易组织协定》生效后适用的任何新豁免事项将在该协定第 9 条第 3 款中做出规定。第 9 条第 3 款是关于豁免权的授予和审查的规定，即规定"在特殊情况下，部长会议可决定豁免一个成员，承担本协定或任何多边贸易协定的义务，但此决定应由 3/4 成员批准……部长会议或总理事会应该每年对豁免权利进行审查"。根据上述规定，如果发展中国家在 1993 年 12 月 15 日以前，不能确定它们需要豁免的事项，它们就要满足《世界贸易组织协定》第 9 条的严格条件。几乎所有成员方，都开列了最惠国待遇例外清单，美国明确通知其他成员方，最惠国待遇不适用于海运、民航运输、基础电信和金融服务。美国希望通过双边互惠安排给予其他成员方市场准入，防止"免费搭车"。许多国家，在对外国银行发放进入市场许可证的规定时，仍实行互惠办法。互惠条件使一些国家在其本国的银行未获得与另一国的银行同样广泛机会的情况下，禁止对方银行进入本国市场。这种条件与最惠国待遇原则是相互矛盾的，但却被明确认为，是一个国家提出愿意遵守的管理制度的一个部分。因此，后续金融服务谈判的目标将是取消所有成员国管理制度中对外国银行的互惠办法。该附件第 6 段规定："原则上这类豁免不应超过 10 年。并且无论如何应在以后进行的各轮贸易自由化谈判中商定"。可见 10 年并非固定的时期，而是可以延长的。

(2) 政府采购。《服务贸易总协定》第 13 条第 1 款指出，第 2 条（最惠国待遇）、第 16 条（市场准入）和第 17 条（国民待遇）不适用于规范政府机构为实现政府目的而进行的服务采购、政府以非商业性再销售为目的的采购，或为非商业性再销售提供服务的采购，以及为非商业性销售提供服务的采购法规、规范和要求。第 13 条第 2 款提出《世界贸易组织协定》生效后 2 年内应举行服务贸易中关于政府采购的多边谈判。也就是说，《服务贸易总协定》所规范的国民待遇、最惠国待遇及市场准入条款，只适用于以商业销售为目的的商业再销售或提供服务的行为，而不适用为了政府使用目的的行为，即不适用于约束政府机构采购服务的法律、法规及要求。第 13 条还规定，在《世界贸易组织协定》生效后 2 年内，应就本协议项下的政府采购服务问题进行多边协商。实际上，1994 年 4 月 15 日通过的《政府采购协定》，已经将适用范围从货物采购扩大到服务采购，但是服务采购的门槛要高得多，就中央政府采购而言，货物采购的门槛价值为 13 万特别提款权，中央政府实体的货物采购门槛价值为 20 万特别提款权，公用事业实体的货物采购门槛价值大多为 35 万特别提款权，而在许多场合服务采购合同的门槛价值为 500 万特别提款权。这意味着各国在服务采购方面可以更多地优先采购本国服务。而且《政府采购协议》属复边协议，只对自愿参加的国家才有约束力，效力有限。有关统计表明，现在政府采购平均已占各国 GDP

的10%~15%，在经济贸易发展中有重要地位。发展中国家要善用政府采购中的差别待遇，为本国经济服务。

（3）经济一体化和劳动一体化。《服务贸易总协定》第5条规定，不阻止任何成员方成为双边或多边服务贸易自由化协议的成员或参与该类协议，不阻止任何成员方参加由双方或多个参加方，为建立劳动市场完全一体化而订立的协议。这意味着经济一体化和劳动一体化不适用最惠国待遇。对经济一体化组织外的任何成员方，不应提高各服务部门中，在组建一体化之前已实施的服务贸易壁垒水平。也就是说，经济一体化协议不应对一体化组织外的成员方构成新的服务壁垒。经济一体化协议的参加方对其他成员方，从此项协议中可能增获的贸易利益不得谋求补偿。

（4）毗邻国家间服务生产和消费的交换。《服务贸易总协定》第2条第3款规定，任何成员方与其毗邻国家仅限于为了方便彼此边境毗邻地区，而交换当地生产和消费的服务所提供或赋予的利益，不适用最惠国待遇。

（5）其他例外。《服务贸易总协定》第14条规定："本协定的规定不得解释为阻止任何成员方采用或实施以下措施：（A）为保护公共道德或维护公共秩序的需要；（B）为保护人类、动物或植物的生命或健康的需要；（C）为服从与本协议规定不相抵触的法律和规定的需要"。第14条附则规定了协定不得解释为影响国家安全的服务。也就是说，影响公共道德、公共秩序、人类生命健康、动植物生命、国家安全的服务不适用最惠国待遇。其中，（A）项涉及一国的内政，带有较强的政治色彩，一般各国都较少运用，而最常用的是（B）项，随着经济的发展和人类文明的进步，各国纷纷运用技术标准来达到保护人类、动物或植物的生命、健康和实行贸易保护主义双重目的，尤其是西方发达国家利用技术上的优势，实行严格的技术标准，对发展中国家有较大影响。

3. 与贸易有关的知识产权方面的最惠国待遇。知识产权方面的最惠国待遇可以例外：双边司法协助协议规定的一些待遇；按《保护文学艺术作品的伯尔尼公约》1971年文本或罗马公约规定的按互惠待遇提供的待遇；没有规定的表演者权、录音制品制作者权及广播组织权；世界贸易组织成立前已经生效的知识产权保护的国际协议。

（五）最惠国待遇条款实施中的几个问题

1. 原产于，"是界定某种'产品'与'某国'确定关系"时，即确定产品原产地的标准用语。对于某种产品的原产地规定，国际上通常用两种标准加以衡量：一种是加工标准，一般规定原料或零件的税目和利用这些原料或零件加工后的商品税目发生了变化，就认为是经过了高度加工，发生了实质性转变，发生这种实质性转变的国家就是该产品的原产国；另一种是增值标准，即以最后一个出口国增加该产品一定百分比的价值为标准。

2. 任何其他国家是有别于"缔约方"的，它有两层含义：一是指第三国的用语，这在双边最惠国待遇条款中经常见到；二是指第三国中既可能是"缔约方"又可能不是缔约方的"国家"。这里要注意在第二层含义中隐藏任何一个总协定缔约方给予非缔约方的优惠都要同时给予所有缔约方。据此，如果某一非缔约方与某总协定缔约方之间所签订双边最惠国待遇条款时，该非缔约方作为该双边协议的受惠国，就可获得该缔约方作为总协定成员所享有的全部权力，而不需承担任何总协定规定的缔约方应尽的义务。这也是"搭便车"的表现。不过，如上所述，"任何其他国家"拓展了总协定的法律范围，即突破了总协定仅限于缔约方之间的局限，对非缔约方加入总协定起示范作用。同时也导致缔约方之间的利益被外溢，而又使非缔约方加入总协定的积极性受到影响的后果。因为只要非缔约方与总协定缔约方缔结有双边最惠国待遇条款，这些缔约方又是其主要经济贸易伙伴，则它是否加入总协定无关紧要，它可以"搭便车"。

3. 相同产品在总协定有关条款中有所体现，但并未有确切的定义。在总协定的实践中逐步形成一种共识，此词在不同条款中有不同层次的含义，在使用时应联系某一条款的宗旨与目的加以解释。在涉及反倾销、反补贴的安全以及作为取消数量限制例外的有关规定中，应严格限制相同产品范围，从窄理解，"使其实际上等同"，而在保障条款中又要从宽理解。总协定第1条则居于其中，既不过分严又不过分宽。为此，将第1条第1款与关税分类法加以共同考虑，力图使关税税率表中的商品分类搞得更细，凡表中列为同项者就可视为"相同产品"。

（六）最惠国待遇原则在我国的适用

目前，我国最惠国待遇的基本形式是双边互惠无条件的，它通过双边协议中的最惠国条款给予规定，这些条款主要适用于外国人在华投资和贸易等经济领域以及航运方面。在投资方面，我国与外国签订的70多个双边投资保护协定，要求缔约双方给予对方在其境内的投资者，在投资与投资有关的活动中以最惠国待遇，以及由于战争和革命造成的损失给予补偿等方面的最惠国待遇。在贸易与航运方面，我国与意大利、澳大利亚、加拿大、日本、美国、泰国、马来西亚、巴西以及其他国家签订了百余个通商、航海条约、贸易协定以及贸易和支付协定或议定书。这些条约、协定或议定书中均载有最惠国条款。

我国加入WTO后，在GATT的无条件最惠国待遇的保障下，我国的对外货物贸易在更广阔与更公平的空间内展开。而GATS（服务贸易总协定）的最惠国待遇严格按照无条件方式贯彻实施，也将给我国的某些优势服务产业，诸如劳务输出、旅游业、娱乐业等不受歧视地进入更为广阔的世界服务业投资市场创造机会。当然，我们应当看到GATS（服务贸易总协定）确立的是有条件的最惠国待遇，其基本理由在于避免"不公平的免费搭车"现象，即如果实施无条件的最惠国待遇，许多发展中国家就能在不对等开放服务市场和对等提供较高服务业贸易和投资的待遇下，自动享受发达国家更高水平的市场开放和服务贸易及投资待遇。由于GATS（服务贸易总协定）的实际运作过程中，将最惠国待遇与各国关于市场准入和国民待遇的具体承诺结合起来，使各国具体承诺的市场准入和国民待遇构成最惠国待遇的具体内容。因此，对于我国国内相对落后的服务业投资者来说，也是机遇，使我国落后的服务业有更多的时间进行调整，以适应全球竞争的需要。

现实中最惠国待遇的"欧盟进口香蕉案"就是例子。1993年7月1日生效的欧盟"香蕉共同市场政策"对于来自外部不同国家的香蕉进口实行不同的政策。根据《洛美协定》

的规定,欧盟对参加该协定的"非—加—太"国家(非洲—加勒比—太平洋地区的发展中国家)实行单方面的贸易优惠。按照这一规定,欧盟对来自"非—加—太"国家的香蕉进口采取非常优惠的政策,既给予单列的、稳定的配额,又实行免税。但是,对来自其他国家的香蕉进口却采取歧视性的政策,给予这些国家的香蕉进口配额少、没有保证,并征收一定的关税。这明显损害了"非—加—太"国家之外的其他香蕉出口国特别是中南美洲香蕉出口国的利益。因此,1995年9月28日,危地马拉、洪都拉斯和墨西哥联合把欧盟告到了WTO。由于中南美洲国家的许多香蕉种植园均由美国公司投资,美国也同时成为第4个申诉方。后来,厄瓜多尔和巴拿马也相继加入了申诉方的行列。

1996年5月8日,负责解决该争端的专家小组成立。经过调查,1997年5月22日,专家小组认定欧盟的香蕉进口政策违背了WTO的最惠国待遇原则和其他有关规则。欧盟不服裁定,到上诉机构上诉。9月9日,上诉机构做出报告,基本维持专家小组的裁定。9月25日,WTO争端解决机构通过了专家小组和上诉机构的报告,要求欧盟改变其香蕉进口政策,以符合WTO协定。1998年1月14日,欧盟制定了香蕉进口政策修正案,但申诉方不满意,要求WTO争端解决机构再次审议欧盟新的香蕉进口政策,并要求实行报复。WTO争端解决机构分别于1999年4月19日和2000年5月18日,授权提出申请的美国和厄瓜多尔对欧盟实行报复。7月27日,欧盟声明执行争端解决机构的裁定,并继续与有关各方协商合作,直到问题得到圆满解决。

三、互惠贸易原则

(一)互惠贸易原则概述

互惠互利是多边贸易谈判,也是建立世贸组织共同的行为规范、准则过程中的基本要求。尽管在关贸总协定及世贸组织的协定、协议中没有十分明确地规定"互惠贸易原则",但在实践中,只有平等互惠互利的减让安排才可能在成员间达成协议。

(二)互惠贸易原则形式

1. 通过举行多边贸易谈判进行关税或非关税措施的削减,对等地向其他成员开放本国市场,以获得本国产品或服务进入其他成员市场的机会,即所谓"投之以桃、报之以李"。

2. 当一国或地区申请加入世贸组织时,由于新成员可以享有所有老成员过去已达成的开放市场的优惠待遇,老成员就会一致要求新成员必须按照世贸组织现行协定、协议的规定缴纳"入门费"——开放申请方商品或服务市场及强化知识产权保护。在现实中,一国或地区加入世贸组织后,其对外经贸体制在符合《1994年关贸总协定》、《服务贸易总协定》及《知识产权协定》规定的同时,还要开放本国的商品和服务市场。

3. 互惠贸易是多边贸易谈判及一成员贸易自由化过程中与其他成员实现经贸合作的主要工具。任何一个成员国在世贸组织体系内不可能在所有领域都是最大的获益者,也不可能在所有领域都是最大的受害者。关贸总协定及世界贸易组织发展的历史充分说明,多边贸易自由化给某一成员国带来的利益要远大于一个国家自身单方面实行贸易自由化的利益。因为一国单方面自主决定进行关税、非关税的货物贸易自由化及服务市场开放时，所获得的利益主要取决于其他贸易伙伴对这种自由化改革的反应，如果反应是良好的，即对等地也给予减让，则获得的利益就大；反之，则较小。相反，在世贸组织体制下，由于一成员国的贸易自由化是在获得现有成员开放市场承诺范围内进行的，自然这种贸易自由化改革带来的实际利益有世贸组织机制作保障，而不像单边或双边贸易自由化利益那么不确定。因此，多边贸易自由化要优于单边贸易自由化，尤其像中国这样的发展中大国。

第二节　公平竞争与逐步实现自由化原则

一、公平竞争原则

世界贸易组织是建立市场经济为基础之上的多边贸易体制，其规则体系的一项基本原则是鼓励公开、公平和无扭曲竞争。

（一）公平竞争概述

竞争者之间进行公开、平等、公正的竞争。公平竞争对市场经济的发展具有重要的作用，它可以调动经营者的积极性，使它们不断完善管理，向市场提供质优价廉的新产品。它可以使社会资源得到合理的配置，并最终为消费者和全社会带来福利。在国际贸易中，一些国家为了保护本国的产业和市场，采取一些不公平的限制进口和鼓励出口的措施；一些从事贸易的企业采取假冒或低价倾销等手段，获取不正当的利益。这些行为对正常的贸易活动都产生了不利的影响。因此，世界贸易组织在倡导自由贸易的同时，始终注意对公平竞争的维护，并将其作为制定各项协议的主要原则。从世界贸易组织管辖的三个主要领域来看，公平竞争原则都有体现。

（二）公平竞争适用范围

1. 货物贸易领域。倾销和补贴一直被认为是典型的不公平贸易行为。倾销是指以低于正常价值的价格在国外销售产品，从而对外国的产业造成了损害；补贴是由于政府的资助而使某些产品增加了竞争优势。在外国产品进行倾销和补贴的情况下，国内产业便处于不利的竞争地位，因而世界贸易组织允许成员采用征收反倾销税和反补贴税的方法，以抵消这两种行为对国内产业所产生的不利影响。但世界贸易组织《反倾销协议》和《补贴与反补贴措施协议》在做出这种授权的同时，也在防止另外一种倾向，即反倾销和反补贴措施本身成为公平贸易的障碍，也就是政府滥用这两种手段，以达到保护国内产业的目的。为此，世界贸易组织为采取反倾销和反补贴措施规定了严格的程序。例如，对于反倾销，世界贸易组织规定了如何认定进口产品正在倾销，如何认定倾销的进口产品正在对国内产业造成损害或威胁造成损害，以及发起调查、收集信息、征收反倾销税和终止征收反倾销税等方面所应遵循的程序。事实上,以《1994年关税与贸易总协定》为代表的多边货物贸易协议,始终在遵循公平竞争的原则。例如,关税与贸易总协定所采取的关税减让谈判,是为了减少关税给外国产品带来的不利影响;取消数量限制和实行国民待遇,是为了使外国产品与本国产品处于平等的竞争地位;实行最惠国待遇,可以使来自不同国家的产品受到同等的待遇。即使某些产品不得不由国家企业经营,或不得不把经营的专有权和特权授予某些企业,而从事这些垄断经营的企业也必须遵守非歧视的原则,即这些企业的买卖活动应服从商业上的考虑,使其他成员的企业能够进行充分的竞争。货物贸易的其他具体协议也体现了公平竞争的原则。《农业协议》提出,农产品贸易的目标是"建立一个公平的、以市场为导向的农产品贸易体制",而实现这些目标的手段是"持续对农业支持和保护,逐步进行实质性削减,从而纠正和防止世界农产品市场的限制和扭曲"。具体说,就是在市场准入、国内支持、出口竞争和动植物卫生方面达成协议,鼓励公平竞争。例如,在出口竞争方面,除该协议规定和在减让表中列明外,各成员不应以其他方式提供补贴。保障措施是一国在进口增加而对国内产业造成严重损害时所采取的保护性措施,它所针对的并不是倾销和补贴这样的不公平贸易行为,所以保障措施的采取,很可能会形成对国际市场竞争的限制。为了防止出现这个问题,《保障措施协议》对成员实施保障措施进行了严格的规定,其中特别禁止采取自愿出口限制和有序销售安排等"灰色区域措施",防止成员钻多边贸易体制的空子。

2. 服务贸易领域。在服务贸易领域,世界贸易组织鼓励各成员通过相互开放服务贸易市场,扩大和加强公平竞争的领域和范围。因此,《服务贸易总协定》就是以逐步开放服务贸易市场为目标,来建立服务贸易原则和规则的多边框架。另外,《服务贸易总协定》要求各成员方取消限制竞争的商业做法,即使允许对国内某些行业实行垄断和专营服务,服务提供者的行为也不得违背该成员方的最惠国待遇义务及做出的具体承诺,即不能滥用其垄断地位。这一规定与《关贸总协定》中有关国营贸易的规定是类似的。在国民待遇的规定方面,《服务贸易总协定》明确规定,如果一种待遇改变了竞争条件,使本国服务提供者处于较为有利的地位,则这种做法就是违反国民待遇的。

3. 知识产权领域。对知识产权进行有效地保护,有利于创造公平竞争的市场环境。在市场竞争中,如果一个企业投入大量资金、耗费大量时间创造的一项发明被其他企业轻而易举地仿造生产,一个企业苦心经营多年所创造的名牌产品被其他企业仿冒,或者一个企业投巨资拍摄的电影被他人盗版,势必会使拥有知识产权的企业处于不公平的竞争地位。因此,世界贸易组织通过《与贸易有关的知识产权协定》,加强对知识产权的保护,维护正常的竞争秩序。此外,反不正当竞争一直是知识产权保护的一个重要方面。例如,《保护工业产权巴黎公约》就要求各国采取措施,制止不正当竞争行为。《与贸易有关的知识产权协定》除了多次援引《保护工业产权巴黎公约》的有关规定外,还专门对协议许可中限制竞争的行为做出了规定。该协定明确说明,一些限制竞争的有关知识产权的许可活动或条件可能对贸易产生不利影响,并会妨碍技术的转让和传播,所以各成员国可以采取适当措施,以防止或控制排他性返授条件、阻止对许可效力提出质疑的条件和强制性一揽子许可等商业做法。

1998年的美国反果汁倾销案，是美国企业诉中国果汁倾销。接到美方的反倾销诉讼时，中国湖滨果汁有限责任公司联合山东省烟台北方安德利有限公司、中鲁果汁集团公司和陕西海升果汁有限公司等9家国内企业经过充分的准备欣然应诉。在应诉过程中，中国企业一方面对国际市场上倾销价格的认定和技术处理方面做出了有利于我方的安排。另一方面，在中国相关法律技术人才奇缺的情况下，特地聘请了具有25年反倾销办案经验的美国资深律师为主办律师来办理此案。

经过艰难的应诉，美国国家贸易委员会做出最终裁决，对来自中国的浓缩苹果汁增收51.74%的反倾销税，比起美国企业最初要求的91%，不能不说是大获全胜了。

二、逐步实现自由化原则

为了提高生活水平，保证充分就业，保证实际收入和有效需求的持续增长，扩大世界资源的充分利用以及发展商品的生产与交换，世界贸易组织确立了一系列基本原则。其中，贸易自由化是一个极其重要的原则，也是一个根本性的原则。所谓贸易自由化原则，从本质上来说，就是限制和取消一切妨碍和阻止国际间贸易开展与进行的所有障碍，包括法律、法规、政策和措施等。关贸总协定的这一原则，在其之后进行的8轮多边贸易谈判以及在与贸易保护主义的斗争中，不断得到进一步加强和更广泛的发展。尤其是"乌拉圭回合"的成功结束，在其达成的众多协议中，贸易自由化不仅在其传统的货物贸易范围内得到进一步加强和发展，而且在《服务贸易总协定》中明确提出了服务贸易逐步自由化的原则，并希望通过成员方的努力和谈判，将服务贸易自由化推向更新阶段，早日取得成功。世界贸易组织的贸易自由化原则在历次达成的各项独立的协议中，包括"乌拉圭回合"的许多协议中都得到较充分的体现。世界贸易组织的贸易自由化从根本上来说，是通过削减关税、弱化关税壁垒以及取消和限制形形色色的非关税壁垒措施来实现的。因此，这一原则又是通过关税减让原则、互惠原则以及取消非关税壁垒原则（如一般取消数量限制原则）等来实现的。

2000年开始，美国对澳大利亚与新西兰羊羔的进口设限，将澳大利亚与新西兰的羊羔进口额度分别定为17 500吨与14 500吨。每年澳大利亚与新西兰供应美国市场90%的需求，美国因屈于本国畜牧业者的压力而采取此项限额措施，使新、澳两国畜牧业者损失惨重。

虽然世界贸易组织规定各国可在某产品的进口大幅增加的情况下暂时设定限额以减少对本国产业的冲击，但美国却将加拿大、墨西哥与其他同美国签订自由贸易协定的国家排除在进口羊羔限额的规定之外，因此世界贸易组织认定此项做法违反自由贸易原则，判决美国违反了自由贸易原则。

三、鼓励发展和经济改革

多边贸易体制高度重视发展问题,并已认识到发展中国家,尤其是最不发达国家履行义务的灵活性和特殊需要,所以WTO沿袭了GATT中关于发展中国家和最不发达国家优惠待遇的相关协议和条款,并在世贸组织的相关协议、协定和条款中加以完善。经济学家、贸易专家以及各成员政府也都认为,WTO体制有助于各国和世界的经济发展,经济发展又能促进国际贸易的增长,否则就不会有那么多的国家和地区愿意加入WTO了。WTO所进行一系列贸易谈判活动都是在促进经济发展这一根本性的理念展开的,这种理念被称为WTO鼓励经济发展的原则。另一方面,人们也普遍认为,经济改革是促进经济发展的一种重要方式。因此,鼓励经济发展的原则又被扩称为鼓励经济改革和发展的原则。根据这一原则,WTO允许为发展中国家提供特别援助,给予发展中国家优惠和差别待遇,向经济转轨国家提供特别支持,以帮助发展中国家和经济改革国家进行经济改革和发展本国经济。

第三节 其他法律原则

一、贸易政策法规透明度原则

(一)贸易政策法规透明度原则概述

WTO成员方应公布所制定和实施的贸易措施及其变化情况(如修改、增补或废除),不公布的不得实施,同时还应将这些贸易措施及其变化情况通知WTO。它的主要内容包括贸易措施的公布和贸易措施的通知两个方面。

(二)贸易措施的公布

1. 需要公布的内容有如下几项。

A. 海关法规,即海关对产品的分类、估价方法的规则,海关对进出口货物征收的关税税率和其他费用。

B. 进出口管理的有关法规和行政规章制度。

C. 有关进出口商品征收的国内税、法规和规章。

D. 进出口商品检验、检疫的有关法规和规章。

E. 有关进出口货物及其支付方面的外汇管理和对外汇管理的一般法规和规章。

F. 利用外资的立法及规章制度。

G. 有关知识产权保护的法规和规章。

H. 有关出口加工区、自由贸易区、边境贸易区、经济特区的法规和规章。

I. 有关服务贸易的法规和规章。

J. 有关仲裁的裁决规定。

K. 成员国政府及其机构所签订的有关影响贸易政策的现行双边或多边协定、协议。

L. 其他有关影响贸易行为的国内立法或行政规章。

2．对公布的要求。WTO 规定所有与贸易有关的法律、法规、政策和其他措施最迟应在生效之时公布或公开，在公布之前不得提前采取措施。但如果公开后会妨碍法令执行、违反公共利益，或损害某一企业的利益，则可以不要求公开。

3．对统一性的要求。即中央政府统一颁布有关政策法规，地方政府颁布的有关上述事项的法规不应与中央政府有任何抵触。但是，中央政府授权的特别行政区、地方政府除外。

（三）贸易措施的通知

1．通知的范围。涉及货物贸易、服务贸易和知识产权领域，具体包括 19 项。

2．按通知的期限。

（1）不定期通知。主要适用于法律、法规、政策、措施的更新。

（2）定期通知。包括两种情况：一种是一次性通知；另一种是多次通知。

3．成员方还可进行"反向通知"。即其他成员方可以将某一成员方应通知而未通知的措施向 WTO 通知。

WTO 增强机制透明度。2005 年 9 月 12 日 15 日，"欧盟诉美国——继续终止在欧盟荷尔蒙争端中的减让义务案"（案号 DS320）和"欧盟诉加拿大——继续终止在欧盟荷尔蒙争端中的减让义务案"（案号 DS321）的专家组到瑞士日内瓦世界贸易组织（WTO）总部召开听证会。与以往不同的是，应当事方的申请，专家组同意通过闭路电视公开他们 2005 年 9 月 12 日、13 日和 15 日的听证会。首次公开审理案件，表明 WTO 争端解决机制的透明度加强，也意味着 WTO 各成员方及公众更加关注 WTO 争端解决案件。

我国自 2001 年加入 WTO 以来，广泛参加了 WTO 的争端解决事务。作为这两个案件的第三方，中方将向专家组提交法律意见。

据了解，欧盟自 1980 年开始实行禁令，禁止含有促进生长的荷尔蒙的肉制品进口。1996 年 4 月，欧盟颁布了 96/22/EC 号指令，该禁令继续禁止当局饲养含有荷尔蒙的动物，同时禁止含有促进生长的雌二醇 17β、黄体酮、睾酮（雄性激素）、滋养层抗原、赤霉烯酮、美仑孕酮、醋酸盐肉制品进口。1998 年，美国和加拿大将欧盟的禁令措施告到 WTO（案号：DS26 和 DS48），DSB 争端解决机构（Dispute Settlement Body），裁定欧盟的措施违反了《实施卫生与植物卫生措施协定》（简称 SPS 协定），要求其执行 DSB 的建议和裁决。但欧盟未能在合理期限内执行该裁定。1999 年，美国、加拿大取得了 DSB 的授权，对欧盟开始中止减让的报复措施。2003 年 9 月，欧盟通过的 2003/74/EC 号指令修改了其 96/22/EC 号指令。根据做出的风险评估，永久禁止含有雌二醇 17β 的肉制品。对于其他 5 种荷尔蒙，由于没有充分的信息进行恰当的风险评估，因而临时禁止进口含有后 5 种荷尔蒙的肉制品。欧盟向 DSB 进行了通知。

2004 年 11 月 8 日，欧盟请求和美国、加拿大磋商，讨论加拿大继续中止减让的问题，但双方没有达成一致结果。2005 年 1 月 13 日，欧盟请求设立专家组，认为美国、加拿大违反了 DSU《关于争端解决规则与程序的谅解书》(Dispute Settlement Zlnolenstanding) 第 23.1 条、第 23.2 (a) 条和 (c) 条、第 3.7 条、第 22.8 条、第 21.5 条以及 GATT 1994 第 1 条和第 2 条。2005 年 6 月 6 日，WTO 总干事指定了三人专家组审理这两个争端。澳大利亚、巴西、加拿大、中国、印度、墨西哥、新西兰、挪威和中国台北为该案第三方。

二、一般禁止使用数量限制原则

(一) 一般禁止使用数量限制原则概述

进出口数量限制是指进出口成员国通过对进出口商品规定一定额度加以限制的措施，主要包括进口配额制、进出口许可证和自动出口限制等方式。进口配额是指进出口国在一定时期内（1 年、半年或 3 个月），对某些产品的进口规定一个数量上或者金额上的限度，在限度以内予以进口；超过限度则不准进口，或者要征收较高的关税。进出口许可证制度是指政府规定的，要求公司或者个人只有向政府指定的部门申请，并取得证书后才能进口某种商品的一种行政措施。该证书即被称作进口许可证。自动出口限制是指进口国通过施加压力，迫使出口国与其私下达成限制进口的协议，由出口国"自动"执行。数量限制措施简单易行，效果明显，是国际贸易中最主要的非关税措施。

取消数量限制原则是世贸组织的基本原则。世贸组织协议规定任何成员方除征收关税外，不得设立或维持配额、进出口许可证或其他措施，以限制或禁止其他成员方的产品的输出或向其他成员方输出或销售出口产品。根据世贸组织的精神，各成员国对本国的产业只能通过关税来加以保护，对于进口限制及许可证制度等保护措施均列入禁止范围。

关贸总协定中规定，有关货物贸易的多边体制目的在于，为不同成员的工商企业创造一个稳定的和可预见的环境，这样它们可以在公平的竞争条件下相互进行贸易。这一开放和自由的贸易体制有望通过增加贸易来促进投资、生产和就业，从而加速所有成员方的经济发展。虽然关贸总协定代表自由贸易，但它同时认识到各成员方都会有保护国内产业免受国外竞争的意愿。因而关贸总协定促使这些成员方将这一保护维持在较低的合理水平，且通过关税手段提供保护。关税保护的原则是通过禁止成员方对进口货物实施数量限制的条款来实现的。

但是，许多成员方并不遵守关贸总协定只通过关税进行保护的原则。如在农业部门，许多发达国家维持的数量限制远远超过了关贸总协定规定的例外情况，欧盟成员对进口温带农产品还适用可变税率；在纺织部门，大多数发达国家对纺织品贸易不适用禁止数量限制的原则，而纺织贸易的开放对发展中国家具有特殊的利益。

世贸组织法律体系在取消对进口货物的数量限制和其他非关税措施方面发生了重大变化，有了明显进展。如根据农产品协议规定，世贸组织成员应取消数量限制和其他各种税收体系，一律用关税来代替。新的关税税率由关税化来确定，即计算出数量限制和其他措施对进口产品价格的影响幅度，加在当前实施的关税上。这样关税化的结果使得各成员只能通过关税的手段保护国内农业。又如在纺织品和服装领域，《纺织品与服装协议》规定，还在采用数量限制的成员必须在4个阶段内逐步取消限制，到2005年1月1日完全取消。世贸组织法律体系还使得减少数量限制、主要运用关税手段来保障本国国际收支平衡这一基本原则得到了进一步加强。

（二）"一般禁止"使用数量限制的3个重要的例外

1. 为防止或缓和粮食或其他必需品的"严重缺乏"，而临时实施的禁止出口或限制出口。该项要求以此为理由的限制必须是临时实施。这与美国最初的提案也是相似的。"防止"措施是指在"严重缺乏"出现前才可采取的行为。"严重缺乏"包括粮食这类季节性的商品，由于国外的价格上升而导致价格的"大幅度上涨"这类情况。由于对"严重"和"必需"都由主观加以判断或确定，因此关贸总协定要求在援引该项的例外时，要与特定的相关国家联系起来加以判定。

2. 用于国际贸易实施分类和分级标准必需的禁止或限制。该项在关贸总协定的第20条"一般例外"中也有所体现，不同的是本项更强调的是出于国际贸易而不是出于国内政策的需要实施的限制或禁止。

3. 对任何形式的农渔产品有必要实施的进口限制。"任何形式"指只经过初加工和仍属易腐坏状态的同一产品。这类例外还要受到以下3个条件的限制：第一，只有本国的产品或本国销售的产品也同样受到限制；第二，应按与进口产品大致相同的比例对国内产品实施限制，否则不得对该进口产品实施限制；第三，要求缔约方预先公布可允许进口的数量，并要求当有缔约方提出疑义时，实施这类限制的缔约方应与相关方磋商解决。

三、豁免和紧急行动原则

由于某种特殊原因，成员方可经过成员方的批准免除WTO规定的某项义务。除此之外，还有紧急行动原则。当某一产品进口突然大量增加，导致国内同类工业受到严重损害，造成严重的利润下降、开工不足或倒闭的危险时，进口国可采取临时性的紧急行动，实行数量限制或中断关税减让，这就是保障条款。这种保障措施应该是非歧视性的，不加区别地适用于所有国家。

第四节 本章小结

本章讲述的WTO的基本原则包括非歧视（国民待遇）与互惠贸易原则、公平竞争与逐步实现自由化原则、贸易政策法规透明度原则、一般禁止使用数量限制原则、豁免和紧急行动原则。WTO的基本原则是在继GATT关税与贸易总协定，关贸总协定）基本原则的基础上，进行必要的补充和修改而来的。它们源自于1994年的GATT、《服务贸易总协定》和历次多边贸易谈判所达成的一系列协议。

从 WTO 的基本原则中可以看到，入世后，能使中国的产品在 WTO 成员中享有多边的、比较稳定的最惠国待遇、国民待遇以及其他给予发展中国家的特殊照顾。这有利于实现国际资源合理配置，有利于我国消除在国际贸易中遇到的歧视性待遇，推动我国经济和对外贸易的发展。同时，加入 WTO 也使中国面临严峻挑战：一方面，按照 WTO 的互惠原则，中国作为 WTO 的成员要给予 WTO 其他成员贸易上优惠待遇，具体来说，要同样给予各成员方最惠国待遇、国民待遇，并削减关税，放宽对外资的限制，开放银行、保险、运输、建筑等服务业，这些情况将对一些部门和企业造成很大冲击；另一方面，按照 WTO 的有关透明度原则，要求各成员方的有关政策、措施都必须及时公开，这对我国经济管理方式也提高了要求。

案例分析

一、案情简介

1995 年 1 月，世界贸易组织成立伊始就受理了一起非常棘手的贸易争端，称为 WTO 第一案——委内瑞拉申诉美国。事情的起因是，1993 年，美国环保署根据国会 1990 年《清洁空气法》修正案制定的"汽油规则"，要求自 1995 年 1 月 1 日起在美国销售的汽油必须符合新的清洁度标准。在美国污染严重地区只允许销售法定清洁汽油（精炼汽油），在其余地区销售的常规汽油不得低于 1990 年所售汽油的清洁度。关于 1990 年清洁度标准的确定，分为两种情况：在 1990 年营业 6 个月以上的国内供应商可自行确定本企业的标准，而国外供应商和在 1990 年营业不足 6 个月的国内供应商必须执行法定标准。美国的这一政策公布后，遭到了作为美国重要的国外汽油供应商委内瑞拉的反对，认为该政策违反了世界贸易组织的规则，严重损害了委内瑞拉的经济利益。于是，委内瑞拉便把美国"告到"了世界贸易组织。随后不久，巴西也加入了对美国的申诉。这便是所谓的"WTO 第一案"。最终，世界贸易组织的争端解决机构裁定美国修改汽油政策，使其与世界贸易组织的规则相一致。美国接受了裁决，并应委内瑞拉的要求，自 1996 年 5 月 20 日起的 15 个月内修改其汽油政策。1997 年 8 月 19 日，美国签署了新的汽油政策，"WTO 第一案"也最终得到了圆满解决。

二、案例分析题

1. 本案中美国为何会败诉？
2. 本案对于加入 WTO 后的中国有何启示？

思考题

1. 概述国民待遇原则。
2. 概述最惠国待遇原则。
3. 货物贸易领域的国民待遇原则有哪些例外？

4. 如何理解透明度原则？它有哪些措施？
5. 什么叫自由贸易？实施自由贸易原则有哪些规则？
6. 结合中国实际，中国在加入 WTO 后应如何遵循这些基本原则？

第三章 WTO 关于货物贸易的规则

学习目标 通过本章学习，使学生能够认识 WTO 为我国提供参与国际公平竞争机会的重要意义，了解关税的特点、按照不同标准划分的关税种类、普惠制的定义与主要原则、关税的经济效应，掌握关税的定义和有效保护率的计算、非关税壁垒的定义和特点、主要的非关税壁垒措施，培养学生使用 WTO 关于货物贸易的规则来分析入世后中国的新情况和新问题的能力。

中国是一个有 5 000 年历史的文明古国，对外贸易的历史源远流长。早在先秦时期，我们的祖先就将丝绸等货物辗转运往境外，而汉武帝时开拓的陆海丝绸之路将中国与世界紧密的联系在一起。建国后，我国的对外贸易揭开了崭新的一页，经历了近 30 年的曲折发展，终于在改革开放以后迎来了对外贸易的腾飞，贸易伙伴增多，贸易额不断上升。如今，我国已经成为对外贸易大国，在世界舞台上扮演着重要的角色，发挥着越来越重要的作用。

第一节 关税在货物贸易中的作用

一、关税的定义和特点

（一）关税的定义

所谓关税（Customs Duties；Tariff）是进出口货物经过一国关境时，由该国政府凭借主权所设置在关境的专门机构，向其经营商所征收的税收。这个专门机构，通常被称为海关。

关税是体现一个国家主权的重要象征，也是一个国家的重要税种，是国家财政收入的一个重要组成部分。它与其他税收一样，具有强制性、无偿性和预定性。

征收关税是海关的重要任务之一。海关征收关税的领域叫关境或关税领域，它是海关所管辖、执行有关海关各项法令和规章的区域。一般来说，关境和国境是一致的，但有些国家在国境内设有自由港、自由贸易区和出口加工区等经济特区，这些区域不属于关境范围之内，这时关境小于国境。

（二）关税的特点

1. 以进出国境或关境的货物和物品为征税对象。关税的征税对象是进出国境或关境的货物和物品。属于贸易性进出口的商品称为货物；属于入境旅客携带的、个人邮递的、运输工具服务人员携带的，以及用其他方式进口个人自用的非贸易性商品称为物品。

2. 关税是一种间接税。关税不同于因商品交换或提供劳务取得收入而课征的流转税，也不同于因取得所得或拥有财产而课征的所得税或财产税，而是对特定货物和物品途经海关通道进出口征税。因为关税主要是对进出口商品征税，其关税负担可以由进出口商垫付，然后把它作为成本的一部分加在货价上，在货物出售给买方时收回这笔垫款。这样，关税负担最后便转嫁给了买方或消费者承担。

3. 关税是主权国家对进出国境或关境的货物和物品统一征收的税种。在封建社会里，封建割据，关卡林立，重复征税，所以那时的关税主要为国内关税或内地关税，它严重地阻碍着商品经济发展。资本主义生产方式取代封建生产方式之后，新兴资产阶级建立起统一的国家，主张国内自由贸易和商品自由流通，实行统一的国境关税。进口货物征收关税之后，可以行销全国，不再征收关税。

4. 实行复式税则。关税的税则是关税课税范围及其税率的法则。复式税则又称多栏税则，是指一个税目设有两个或两个以上的税率，根据进口货物原产国的不同，分别适用高低不同的税率。复式税则是一个国家对外贸易政策的体现。目前，在国际上除极个别国家外，各国关税普遍实行复式税则。

5. 关税具有涉外统一性，是对外贸易政策的重要手段。关税措施体现了一国对外贸易政策。国家征收关税不单纯是为了满足政府财政上的需要，更重要的是利用关税来贯彻执行统一的对外贸易政策，实现国家的政治经济目的。在我国现阶段，关税被用来争取实现平等互利的对外贸易，保护并促进国内工农业生产发展，为社会主义市场经济服务。

6. 关税由海关机构代表国家征收。关税由海关总署及所属机构具体管理和征收，征收关税是海关工作的一个重要组成部分。《中华人民共和国海关法》规定："中华人民共和国海关是国家的进出关境监督管理机关，海关依照本法和其他有关法律、法规，监督进出境的运输工具、货物、行李物品，征收关税和其他税费，查缉走私，并编制海关统计和其他海关业务。"监督管理、征收关税和查缉走私是当前我国海关的3项基本任务。

二、关税的分类

关税种类繁多。按照不同的标准，主要可分为以下几类。

（一）按征收的对象或商品的流向分类

1. 进口关税（Import Duties）。即对国外输入本国的货物所征收的一种关税。一般是在货物进入国境（关境）时征收，或在货物从海关保税仓库转出，投入国内市场时征收。进口关税是当前世界各国征关税的最主要的一种，在许多国家已不征出口关税与过境关税的情况下，它成为唯一的关税。

2. 出口关税（Export Duties）。对本国出口货物在运出国境时征收的一种关税。由于征收出口关税会增加出口货物的成本，不利于本国货物在国际市场的竞争，目前西方发达国家都取消了出口税。还在征收的主要是发展中国家,目的是取得财政收入与调节市场供求关系。我国目前对少数货物还征收出口税。

3. 过境关税(Transit Duties)。即对外国经过一国国境(关境)运往另一国的货物所征收的关税。由于过境货物对本国工农业生产和市场不产生影响,而且还可以从交通运输、港口使用、仓储保管等方面获得收入,因而目前绝大多数国家都不征过境关税,仍在征收的只有伊朗、委内瑞拉等少数国家。

(二)按征税的目的不同分类

1. 财政关税(Revenue Tariff)。即以增加财政收入为主要目的的关税。其基本特征是对进口产品与本国同类产品征同样的税,或者征收的关税既不引导本国生产该种产品,也不引导生产能转移该种产品需求的代用品。

2. 保护关税(Protective Tariff)。即为保护本国工农业生产而征收的关税。保护关税政策始于重商主义,现代各国关税保护的重点有所不同。发达国家所要保护的通常是国际间竞争性很强的商品,发展中国家则重在保护本国幼稚工业的发展。

(三)按计税标准不同分类

1. 从价税(Ad Valorem Duties)。所谓从价税,即以货物的价格为计征标准而计算征收的税。从价税是关税的主要征收形式。从价关税的优点主要有:从价税的征收比较简单,对同种商品可以不必因其品质的不同,再详加分类;税率明确,便于比较各国税率;关税负担较为合理,关税收入随货物价格的升降而增减;在税率不变时,税额随商品价格上涨而增加,既可增加财政收入,又可起到保护关税的作用。其不足之处是在征收从价关税的过程中,较为复杂的问题是确定进口商品的完税价格。

完税价格是经海关审定作为计征关税的货物价格,是决定税额多少的重要因素。因此,确定完税价格是十分重要的。资本主义国家所采用的完税价格很不一致,大体上可概括为4种:

(1)以成本、保险费加运费价格(到岸价格,CIF)作为征税价格标准。

(2)以装运港船上交货价格(离岸价格,FOB)为征税价格标准。

(3)以法定价格作为征税价格标准。

(4)以实际成交价作为征税价格标准。

从价税额的计算公式如下:

$$从价税额 = 商品总值 \times 从价税率$$

2. 从量税(Specific Duties)。从量税是以货物的计量单位(重量、数量、体积)为计征标准而计算征收的一种关税。从量税的优点是,无须审定货物的价格、品质、规格,计税简便,对廉价进口商品有较强的抑制作用。其缺点是,对同一税目的商品在规格、质量、价格相差较大的情况下,按同一定额税率计征,税额不够合理,且在物价变动的情况下,税收的收入不能随之增减。此外,采用从量税的方法征收进口税,在商品价格下跌的情况下,加强了关税的保护作用,相反则作用不大。

大多数国家是以商品的重量为单位来征收，也有的按商品的净重计征，有的按商品的毛重计征，有的按法定重量计征。例如，美国对薄荷脑的进口征收从量税，普通税率每磅征50美分，最惠国税率每磅征17美分。

从量税额的计算公式如下：

从量税额＝应税商品数量×每单位从量税额

3．混合税（Mixed or Compound Duties）。混合税又称复合税，即对同一种进口货物采用从价、从量两种标准课征的一种关税。课征时，以从价税为主，加征从量税；或以从量税为主，加征从价税。混合税计征手续较为繁琐，但在物价波动时，可以减少对财政收入的影响。

混合税额的计算公式如下：

混合税额＝从量税额＋从价税额

4．选择税（Alternative Duties）。所谓选择税就是在税则中对同一税目规定从价和从量两种税率，在征税时可由海关选择其中一种计征。一般是选择税额较高的一种。选择的基本原则是，在物价上涨时，使用从价税；在物价下跌时，使用从量税。

（四）以对进口货物的转出国的差别待遇为标准分类

1．进口附加税（Import Surtaxes）。进口附加税（Import Surtaxes）也称歧视关税，是指对某些输出国、生产国的进口货物，因某种原因（如歧视、报复、保护）和经济方面的需要等，使用比正常税率高的税率所征收的关税。在进口附加税中，使用较多的是反倾销税和反补贴税。

（1）反倾销税（Anti-dumping Duties）。反倾销税是指进口国海关对被认定构成出口倾销，并对其国内相关工业构成损害的进口产品所征收的一种临时进口附加税。

（2）反补贴税（Counter Vailling Duties）。反补贴税是对于直接或间接接受任何津贴和补贴的外国商品在进口时所征收的附加关税。

2．差价税（Variable Levy）。差价税又称差额税。当某种本国生产的产品国内价格高于同类的进口商品价格时，为了削弱进口商品的竞争能力，保护国内生产和国内市场，按国内价格与进口价格之间的差额征收关税，就叫差价税。由于差价税是随着国内外价格差额的变动而变化的，因此，它是一种滑动关税。

3．特惠税（Perferential Duties）。特惠税是对有特殊关系的国家，单方面或相互间按协定采用特别低的进口税率，甚至免税的一种关税。其优惠程度高于互惠关税，但只限于对有特殊关系的国家适用。特惠税有的是互惠的，有的是非互惠的。

特惠税开始于宗主国与殖民地附属国之间的贸易。第二次世界大战后，西欧共同市场与非洲、加勒比和太平洋地区一些发展中国家之间也在实行特惠税。

4．普遍优惠制（Generalized System of Preferences，GSP）。普遍优惠制简称普惠制，是经济发达国家对发展中国家或地区输入的商品，特别是制成品和半制成品，给予普遍的、非歧视和非互惠的一种关税优惠制度。普惠制是广大发展中国家长期斗争的结果，它对打破发达国家的关税壁垒,扩大发展中国家货物进入给惠国市场,增加发展中国家或地区的外汇收入,促进发展中国家或地区工业化,加速发展中国家或地区的经济发展等方面都起了重要作用。但在实施中,普惠制遇到了发达国家为了自身的经济利益设置的种种障碍。

现已实行普惠制的国家有,欧洲联盟15国、日本、新西兰、挪威、瑞士、加拿大、澳大利亚、美国、捷克、斯洛伐克、保加利亚、匈牙利、波兰和俄罗斯等国家。接受普惠制关税优惠的发展中国家或地区达到了190多个。

三、关税的有效保护

(一) 名义关税和有效关税

按照关税保护的程度和有效性可以将关税分为名义关税和有效关税两种。

1. 名义关税(Nominal Tariff)。名义关税是指某种进口商品进入该国关境时,海关根据海关税则征收的关税。在其他条件相同和不变的条件下,名义关税税率越高,对本国同类产品的保护程度也越高。

2. 有效关税(Effective Tariff)。有效关税是指对每个工业每单位产品"增值"部分的从价税率,其税率代表着关税对本国同类产品真正有效的保护程度。

(二) 有效保护率的计算方法

关税的有效保护率不同于名义关税率,它是对某种产品生产增加值提供的一种保护率,是某一产品相对于自由贸易下单位增加值提高的比率(W.M.Corden,1966)。从这个意义上说,有效保护率(ERP)就是通过关税手段可能实现的,某一产品实际价格的相对增加量,而不是名义价格的变化。例如,棉布的名义关税税率为30%,而纺织品的最终产品"增值"部分为40%,则该种产品的有效关税保护率应为75%。其计算公式如下:

有效关税保护率=进口最终产品的名义关税税率/该行业的最终产品的增值比率

如果一个进口国由于本国原材料不足,而必须进口原材料进行加工制造成最终产品。在这种情况下,进口原材料的名义关税税率高低及其在最终产品中所占比重也影响着有效关税保护率。这可以用以下的公式计算:

$$E = (T - P \times t) / (1 - P)$$

式中:E——有效关税保护率。

T——进口最终产品的名义关税税率。

t——进口原材料的名义关税税率。

P——原材料在最终产品中所占的比重。

根据上述公式计算,有效关税保护率将会出现以下的变化。

1. 当进口最终产品的名义关税税率高于所用的进口原材料的名义关税税率时,有效关税保护率超过最终产品的名义关税税率,即 $E > T$。

2. 当进口最终产品的名义关税保护率等于所用的进口原材料的名义关税税率时,有效关税保护率将等于最终产品的名义关税税率,即 $E=T$。

3. 当进口最终产品的名义关税保护率小于所用的进口原材料的名义关税税率时,并且所用的原材料价值在最终产品中所占的比重很小时,有效关税保护率可能大大低于最终产品的名义关税税率,即 $E<T$,甚至出现负有效关税保护率,即 $E<0$。

由此可见,有效关税保护率受到进口国最终产品的名义关税税率、进口原材料的名义关税税率和所用的原材料在最终产品中所占比重大小的影响。因此,各种进口商品的名义关税税率虽然相同,但这些进口商品的有效关税保护率则有所不同。由于发达资本主义国家对进口商品普遍采用累进的关税结构,结果使这些国家所制造的最终产品的有效关税保护率大大超过名义关税税率,这实际上进一步起到了限制商品进口的作用。

(三)关税的经济效应

从以上有效保护率的计算中很容易得出以下几个结论。

1. 一个国家可以建立起这样一种关税梯度结构:对越低加工阶段的产品课征越低的名义关税率。

2. 要防止负的有效保护率的出现。如果对这个最终产品的中间投入课征的关税过高,以至使它不仅抵消了对最终产品课征的关税,而且中间成本的上升还消除了最终产品价格与中间投入价格之间的差距,那么这时该产品的实际价格就会变成负的。这种情况在实践中是较少的,因为当一个产品的实际价格是负或者为 0 的时候,这种产品的国内生产就不可能继续下去。

3. 过度保护会使某种产品原本在自由贸易中负的实际价格转变为正的实际价格(注:这种情况在本文量模型中难以测算出来,但根据初步判断这种情形是存在的,应该引起特别重视)(W.M.Corden,1971)。

例如,某最终产品在自由贸易中的实际价格是负的,其每单位最终产品的自由贸易价格为 100 美元,但生产这种产品所需的每单位投入的自由贸易价格却要 120 美元,实际价格为负的 20 美元。但如果对最终产品征 100%的关税,而对中间投入仅征 10%的关税,就会形成一个课征关税后正的 68 美元的实际价格。这时的国内生产如果用自由贸易价格来衡量,其产品生产呈负增加值,中间投入成本大于最终产品价格,但由于贸易保护使国内生产成为有利可图的正的增加值。

第二节 非关税壁垒措施

非关税壁垒是指除关税以外的限制贸易的措施,故又称为非关税措施。形式多样,且更为隐蔽。根据美国、欧盟等世贸组织成员贸易壁垒的实践,非关税壁垒主要表现为 13 种形式:通关环节壁垒;对进口产品歧视性征收国内税费;进口禁令;进口许可(包括配额管理）；技术性贸易壁垒；卫生与植物卫生措施（又称为绿色壁垒）；贸易救济措施；政府采购中对进口产品的歧视；出口限制；补贴；服务贸易方面的壁垒；与贸易有关的知识产权措施；其他壁垒（如"反恐壁垒"等）。随着国际间贸易竞争的加剧，非关税壁垒的名目不断增加，现已逐步成为各国进行贸易战的重要手段之一。

一、非关税壁垒的定义和特点

（一）非关税壁垒的定义

非关税壁垒（Non-Tariff Barriers，NTBs）是指关税以外的各种直接或间接限制商品进口或出口的法律和行政措施的总称。例如，进口许可证、商品技术标准、特许产地等。如果说关税限制是采用的经济手段，则非关税壁垒就是采取法律手段或政治手段。因此，非关税壁垒，比关税壁垒更加严厉。

（二）非关税壁垒的特点

关税壁垒和非关税壁垒都有限制进口的作用。但是，非关税壁垒与关税壁垒进行比较，非关税壁垒具有以下特点。

1．非关税壁垒比关税壁垒具有更大的灵活性和针对性。关税税率的制定必须通过立法程序，要求具有相对的稳定性。这在需要紧急限制进口时往往难以适应。而非关税壁垒措施的制定则通常采取行政程序，比较便捷，能随时针对某国的某种商品采取相应的措施，较快地达到限制进口的目的。

2．非关税壁垒比关税壁垒能更有效地限制进口。关税壁垒是通过征收高额关税，提高进口商品的成本和价格，削弱其竞争能力，从而间接地达到限制进口的目的。但如果出口国采用出口补贴、商品倾销等办法来降低出口商品的成本和价格，关税往往难以起到限制商品进口的作用。但一些非关税壁垒措施，如进口配额等预先规定进口的数量和金额，超过限额就直接禁止进口，这样就能有效地起到限制进口的作用。

3．非关税壁垒比关税壁垒更具有隐蔽性和歧视性。关税率确定以后，要依法执行。任何国家的出口商都可以了解，但一些非关税壁垒措施往往并不公开，而且经常变化，使外国出口商难以对付和适应。此外，一些国家往往针对某个国家采取相应的限制性的非关税壁垒措施，这就大大加强了非关税壁垒的差别性和歧视性。

二、主要的非关税措施

根据对进口限制的作用不同，非关税壁垒可分为直接的非关税壁垒和间接的非关税壁垒。直接的非关税壁垒，主要指由海关直接对进口商品的数量、品种加以限制的措施，如进口配额制、进口许可证制、关税配额制，以及自动出口限额制等；间接的非关税壁垒，主要通过对进口商品制定严格的海关手续或通过外汇管制，间接地限制商品进口，其主要措施有：实行外汇管制、对进口货物征收国内税、制定购买国货和限制外国货的条例、复杂的海关手续、繁琐的卫生安全质量标准以及包装装潢标准等。

（一）直接限制措施

1. 进口配额制。进口配额（Import Quotas）是一国政府对一定时期内某种商品的进口数量或金额所规定的限额。在规定的限额以内商品可以进口，超过限额就不准进口，或征收较高的关税或罚款。进口配额主要有绝对配额和关税配额。

（1）绝对配额（Absolute Quotas）。绝对配额是指在一定的时期内，对某种商品的进口数量或金额规定一个最高额，达到这个数额后，不准进口。在实施中又分为全球配额和国别配额。

① 全球配额（Global Quotas）。属于世界范围内的绝对配额，对于任何国家和地区的商品一律适用。主管当局通常按进口商申请先后或过去某一时期的实际进口额批给一定的额度，直至总配额发完为止，超过总配额就不准进口。

② 国别配额（Country Quotas）。是在总配额内按国别或地区分配给固定的配额，超过规定的配额便不准进口。为了区分来自不同的国家或地区的商品，进口商必须提交原产地证书。实行国别配额可以使进口国根据它与有关国家或地区的政治经济关系分配给不同的额度。通常，国别配额可以分为自主配额和协议配额。

- 自主配额（Autonomous Quotas），又称单方面配额，是由进口国完全自主地、单方面强制规定一定时期内从某个国家或地区进口某种商品的配额。这种配额不需征得出口国的同意。自主配额一般参照某国过去一定时期内的出口实绩，按一定比例确定新的数量或金额。由于各国或地区所占比重不一，所得的配额有差别，所以进口国可利用这种配额贯彻国别政策。
- 协议配额（Agreement Quotas），又称双边配额（Bilateral Quotas），是由进口国家或出口国家政府或民间团体之间协商确定的配额。如果协议配额是通过双方政府的协议订立的，一般需要在进口商或出口商中进行分配；如果配额是双方的民间团体达成的，应事先获得政府许可方可执行。

一般来说，绝对配额用完后，就不准进口。但有些国家由于某种特殊的需要和规定，往往另行规定额外的特殊配额或补充配额，如进口某种半制成品加工后再出口的特殊配额、展览会配额或博览会配额等。

（2）关税配额（Tariff Quotas）。关税配额是对商品进口的绝对数额不加限制，而对在一定时期内，在规定配额以内的进口商品，给予低税、减税或免税待遇；对超过配额的进口商品则征收较高的关税，或征收附加税或罚款。

① 关税配额按商品进口的来源，可分为全球性关税配额和国别关税配额。
② 按征收关税的目的，可分为优惠性关税配额和非优惠性关税配额。
- 优惠性关税配额是对关税配额内进口的商品给予较大幅度的关税减让，甚至免税；而对超过配额的进口商品则征收原来的最惠国税率。如西欧共同市场在实行的普遍优惠制中所采取的关税配额就属于这一类。

- 非优惠性关税配额是在关税配额内仍征收原来的进口税，但对超过配额的进口商品，则征收极高的附加税或罚款。

2. "自动"出口配额制。"自动"出口配额制（Voluntary Export Restraints）是出口国在进口国的要求或压力下，"自动"规定在某一时期内某种商品对该国的出口配额，在限定的配额内自行控制出口，超过配额即禁止出口。它是在二战后出现的非关税壁垒措施，出口限制实际上是进口配额制的变种，同样起到了限制商品进口的作用。它的重要特点就是带有明显的强制性。"自动"出口限制往往是出口国在面临进口国采取报复式贸易措施的威胁时被迫做出的一种选择。"自动"出口配额制一般有以下两种形式。

（1）非协定的"自动"出口配额。即不受国际协定的约束，而是出口国迫于进口国的压力，自行单方面规定出口配额，限制商品出口。这种配额有的是由政府有关机构规定配额，并予以公布，出口商必须向有关机构申请配额，领取出口授权书或出口许可证才能出口。有的是由本国大的出口厂商或协会"自动"控制出口。2005年5月14日，中国政府宣布，提高75种出口纺织品的出口关税，就是属于非协定"自动"出口配额。

（2）协定的"自动"出口配额。即进出口双方通过谈判签订"自限协定"或有秩序的销售协定。在协定中规定有效期内的某些商品的出口配额，出口国应根据此配额实行出口许可证或出口配额签证制，自行限制这些商品的出口。进口国则根据海关统计进行检查，"自动"出口配额大多数属于这一种。目前最大的"自动"出口配额制是《多种纤维协议》。

3. 进口许可证制。进口许可制度（Import Licence System）是一国海关规定某些商品的进口必须申领许可证，没有许可证海关不予进口的制度。这是世界各国进口贸易行政管理的一种重要手段，也是国际贸易中一项应用较为广泛的非关税措施。

进口许可证制度作为一种行政手段，具有简便易行、收效快、比关税保护手段更有力等特点，因而成为各国监督和管理进口贸易的有效手段。但是，进口许可证制是与关贸总协定的基本原则相违背的，这种做法运用不当不仅会妨碍贸易的公平竞争、国际贸易流量，又容易导致对出口国实行歧视性待遇。

从进口许可证与进口配额的关系上看，进口许可证可以分为两种：一种是有定额的进口许可证；一种是无定额的进口许可证，即国家在个别考虑的基础上，决定对某种商品的进口是否发给许可证。由于这种个别考虑没有公开标准，所以能起到更大的限制进口作用。

从进口商品的许可程度上看，一般可分公开一般许可证和特种进口许可证两种。

（1）公开一般许可证（Open General Licence）。公开一般许可证又称为公开进口许可证、一般许可证、自动进口许可证。它对进口国别或地区没有限制，凡列明属于公开一般许可证的商品，进口商只要填写公开一般许可证，即可获准进口，只是一种申报程序。因此属于这类许可证的商品实际上是"自由进口"商品。

（2）特种进口许可证（Specific Licence）。特种进口许可证又称为非自动进口许可证，进口商必须向政府有关当局提出申请，经政府有关当局逐笔审查批准后才能进口。这种进口许可证，多数都指定进口国别或地区。由于非自动进口许可证受到了政府有关机构的严格监督和控制,所以各国政府可以通过自动许可证管理,而不需要很多人力财力就能得到进口统计数字和其他必要的情报。

4. 进口最低限价制和禁止进口。

进口最低限价制(Minimum Price)是指由一国政府规定某种商品的最低进口价格,凡进口商品的价格低于最低限价时,就征收进口附加税,甚至禁止进口以达到抵制低价商品进口的目的。

禁止进口(Prohibitive Import)是指当一些国家感到实行进口数量限制已不能走出经济与贸易困境时,往往颁布法令,公布禁止进口的货单以禁止这些商品的进口。

5. 进口和出口国家垄断。进口和出口国家垄断是指在对外贸易中,对某些或全部商品的进出口规定由国家机构直接经营,或者是把某些商品的进口或出口的专营权给予某些垄断组织。

发达资本主义国家的进口和出口的国家垄断主要集中在以下3类商品上面。

第一类是烟和酒。这些国家的政府机构从烟和酒的进出口垄断中,可以获取巨大的财政收入。

第二类是农产品。这些国家把对农产品的对外垄断销售作为国内农业政策措施的一部分。像美国的农产品信贷公司,就是资本主义世界最大的农产品垄断贸易企业。它高价收购国内的"剩余"农产品,然后以低价向国外倾销,或按照所谓"外援"计划向缺粮国家,主要是发展中国家大量出口。

第三类是武器。资本主义国家的武器贸易多数是由国家垄断。

(二)间接限制措施

1. 外汇管制(Foreign Exchange Control)。外汇管制是指一国政府通过法令对外汇的收支、结算、买卖和使用所采取的限制性措施。在外汇管制下,出口商必须把它们出口所得到的外汇收入按官方汇率(Official Exchange Rate)卖给外汇管制机关;进口商也必须在外汇管制机关按官方汇价申请购买外汇,本国货币的携出入境也受到严格的限制等。这样就达到了限制进口商品品种、数量和进口国别的目的。外汇管制的方式较为复杂,一般可分为以下3种。

(1)数量性外汇管制。所谓数量性外汇管制,是指国家外汇管理机构对外汇买卖的数量直接进行限制和分配,旨在集中外汇收入、控制外汇支出、实行外汇分配,以达到限制进口商品品种、数量和国别的目的。一些国家实行数量性外汇管制时,往往规定进口商必须获得进口许可证后,方可得到所需的外汇。

(2)成本性外汇管制。所谓成本性外汇管制,是指国家外汇管理机构对外汇买卖实行复汇率制度(System of Multiple Exchange Rates),利用外汇买卖成本的差异,间接影响不同商品的进出口。复汇率制是指一国货币的对外汇率不止一个,而是有两个以上的汇率。其目的是利用汇率的差别来限制和鼓励某些商品进口或出口。

(3)混合性外汇管制。所谓混合性外汇管制,是指同时采用数量性和成本性的外汇管制，对外实行更为严格的控制，以影响和控制商品进出口。

2. 进口押金制度。进口押金制度（Advanced Deposit）又称进口存款制。在这种制度下，进口商在进口商品时，必须预先按进口金额的一定比率和规定的时间，向指定的银行无息存入一笔现金，方能获准进口。这种办法增加了进口商的进口成本，影响了资金的流转，从而起到限制进口的作用。例如，巴西的进口押金制规定，进口商必须按进口商品船上交货价格缴纳与合同金额相等的为期360天的存款，方能进口。意大利、芬兰、新西兰等国也实行这种措施。

3. 歧视性政府采购政策。歧视性政府采购政策（Discriminatory Government Procurement Policy）是指国家通过制定法令，规定政府机构在采购时要优先购买本国产品，从而导致对外国产品的歧视和限制。许多资本主义国家都有类似的制度。英国限定通信设备和电子计算机要向本国公司采购；日本有几个省也规定，政府机构需用的办公设备、汽车、计算机、电缆、导线、机床等不得采购外国的产品。

4. 专断的海关估价制度。海关估价制（Customs Valuation）是指海关按照国家有关规定，对申报进口的商品价格进行审核，以确定或估定其完税价格。专断的海关估价是指有些国家不采取通常的海关估价办法，而独断地提高某些进口商品海关估价，以增加进口商品的关税负担，阻碍商品的进口。

用独断的海关估价来限制商品的进口，以美国最为突出。为防止外国商品与美国同类产品竞争，美国海关当局对煤焦油产品、胶底鞋类、蛤肉罐头、毛手套等商品，按"美国售价制"（American Selling Price System）这种特殊估价标准进行征税。这4种商品都是国内售价很高的商品，按照这种标准征税，使这些商品的进口税率大幅度的提高，有效地限制了外国货的进口。

5. 技术性贸易措施。技术性贸易措施英文是 Technical Barriers to Trade。我们经常会听到到把 Technical Barriers to Trade 译成"贸易技术壁垒"或"技术贸易壁垒"，甚至简称为"技术壁垒"的说法，是不准确的，也是不妥当的，规范的译文应该为"技术性贸易壁垒"，其含义应是利用技术性细节构筑贸易壁垒。这类壁垒以大量的技术面目出现，披上合法外衣，但这是字面上的、表面上的技术，实际上属于人为的、技巧性的，而不是实质上的、自然科学意义上的技术。

技术性贸易壁垒简单地说，是进口国家有意识地利用复杂苛刻的产品技术标准、卫生检疫规定、商品包装和标签规定等来限制商品的进口。它主要是由货物进口国家所制定的那些强制性和非强制性的技术法规、标准以及检验商品的合格评定程序所形成的贸易障碍，即通过颁布法律、法令、条例、规定，建立技术标准、认证制度、检验检疫制度等方式，对外国进口商品制定苛刻繁琐的技术、卫生检疫、商品包装和标签等标准，从而提高进口产品要求，增加进口难度，最终达到限制进口的目的。

战后，发达国家对于许多制成品在进口时规定了严格的，甚至繁琐的技术标准，商品只有符合这些要求才允许进口，这就构成了技术壁垒。它是非关税壁垒的一个重要组成部分。具体地说，技术壁垒由以下 3 个环节组成。

(1) 制定强制性的技术法规和标准。凡不符合这一标准的产品，不予进口。20 世纪有过这样的例子：由意大利菲亚特公司生产的 500 型汽车有一个特点，它的车门是从前往后开的，为了不进口这种汽车，德国禁止生产和使用车门从前往后开的汽车；法国一度禁止进口含有红霉素的糖果，这项技术规定实际上是针对英国的，因为英国的糖果在制造过程中曾普遍使用红霉素作为糖果染料染色；法国还曾禁止含有葡萄糖的果汁进口，这项规定一时为人们所不解，后来大家才弄清楚，原来它是针对美国有关货物的，因为在美国这类产品是经常添加这种添加剂的；美国规定，凡不符合美国联邦食品、药品及化妆品相关法规的食品、饮料、药品及化妆品，都不予进口。法国的做法就是对美国的回应。

(2) 在实施本国的技术法规和标准时，对外国产品的进口和销售设置各种障碍。比如在进口游艇方面，日本海关官员曾得到授权，为了检查牢固性，可以把外国游艇从几公尺高的平台上抛下来，而日本制造商则只需把游艇模型送审就可以了。据英国报刊透露，在小汽车的进口方面英国规定，日本输往该国的小汽车可由英国派人到日本检验，如发现什么地方不符合英国的技术安全规定，可在日本检修或更换零件；但日本方面却规定，英国输往日本的小汽车运到日本后，需由日本人检验，如有不符合日本有关规定的地方，需由英方在日本雇人检修。

(3) 用不透明的、隐蔽的方式公布技术法规和标准，给外国出口商了解和执行有关的法规和标准增添困难。这方面在国外被广泛引用的一个例子是法国关于进口录像机特定港口的规定。1982 年 10 月，法国政府宣布：凡录像机进口都必须经过一个叫普瓦蒂埃的口岸。乍一看，这只是一个普普通通的海关决定，实际上却是一项严厉的保护措施。普瓦蒂埃是一个名不见经传的内地小镇，离最近的港口有数百英里。该镇的海关人员很少，海关手续又特别复杂，大批录像机被海关人员搬出箱子，查对数量和型号、查看使用说明书是否为法文，结果极大地延迟了过关的时间，加上要求在该口岸过关的消息是在一个不为人注意的小报上公布的，使许多外国出口商没有看到这条消息，还是把货物运到了原来的口岸，再转运到普瓦蒂埃的口岸，从而浪费了大量的时间和金钱。

6. 绿色壁垒。自 1997 年 12 月我国对新闻纸第一次发起反倾销调查以来，特别是在我国加入 WTO 之后，中国已成为世界上使用反倾销调查措施的主要发展中国家之一。20 世纪 90 年代以来，贸易壁垒方面的一个重要变化是，以保护有限资源、环境和人类健康为名，制定一系列苛刻的标准，限制国外产品和服务的进口。WTO 的有关协议明确规定，不得阻止任何国家采取必要的措施来保护人类、动物或植物的生命和健康，保护环境，但发达国家却以此作为构筑绿色壁垒的借口。

(1) 绿色壁垒的分类。目前，许多发达国家实施的绿色壁垒主要有"环境贸易壁垒"和"卫生检疫壁垒"两种，其中"环境贸易壁垒"的涵盖面最广，影响也最为深远。

由于"环境贸易壁垒"是以保护环境的名义构筑的，它常常同"绿色技术标准"联系在一起。比如，欧盟新的环境保护标准要求，到 2008 年欧洲市场销售的所有轿车，其 CO_2 排放量要比 1995 年下降 25%。德国则要求在 2005 年前就把 CO_2 排放量至少降低 25%。这些规定都有限制日本和韩国汽车进口的目的，因为，在欧洲市场出售的日本轿车以高级休闲车和大型轿车为主，其平均的 CO_2 排放量比当地生产的车要高出 10% 以上。另一个问题是节能问题，从 1999 年 4 月起，日本开始实施歧视性的《节能修正法》新法案，它规定到 2010 年，在日本市场上销售的各种类型的汽车都必须达到相应的节能标准，以减少废气的排放。由于日本在本国市场销售的主要是轻型和微型车，所以受节能的影响没有进口车那么大。

2000 年，欧盟在"环境贸易壁垒"方面采取的一个重大行动是：出台了关于废旧家电、电子产品和通信用品回收的具体规定。它于 2006 年 1 月正式开始执行。在这个规定中，有关的标准分为 10 大类，其中冰箱、洗衣机、洗碗机、微波炉等家用电器的回收再生率要达到 75%；吸尘器、电熨斗、烤面包片机、煮咖啡用具、电动剃须器、电动牙刷等家庭小型电器的回收再生率要达到 60%；计算机机箱、打印机、键盘、复印机、打字机、传真机、电话机、手机等的回收再生率要达到 75%；收音机、电视机、摄像机、录像机、录音带、录像带等的回收再生率要达到 60%；工具、玩具的回收再生率要达到 60%；照明器材一类回收再生率要达到 80%；医疗仪器类、控制器械仪表类一类回收再生率要达到 70%；自动售货机回收再生率要达为 75%。上述物品的回收再生率凡低于规定比率的一律不许出售和进口。

20 世纪 80 年代末以来，美国和欧洲等发达国家开始盛行一种所谓的"绿色设计"，又称"为拆卸而设计"。它要求设计的产品可以拆卸和回收，使拆卸下来的零部件可以重新使用或安全地处理掉而不造成环境污染。比如照相机，20 世纪 80 年代西方流行过一种拍完就扔的一次性相机，一时销路很好，但因易对环境造成污染，受到环境保护主义者的反对。1990 年底，柯达公司将这种相机改为可回收相机，用过后由柯达公司的回收中心回收，内核经过测试可重复使用 10 次以上，塑料零件则被压碎后重新用于制造相机。

虽然，目前国际上在"绿色设计"方面还没有制定出统一的法规和标准，但专家估计，到 21 世纪头 10 年末，发达国家生产的所有产品都将按照"绿色设计"来生产。相信这种观念不仅会改变人们的思想、生产和生活，也成为一种客观存在的绿色屏障，所以说这一道无形的绿色壁垒可能比某一个具体的技术标准所发挥的作用更大，也更为严格。

(2) 绿色壁垒对我国出口的影响。我国是服装、农产品和家用电器的出口大国，但目前我们对绿色壁垒的影响认识不足。实际上，我国出口的茶叶曾因农药残留量超标而被退回、出口的花生因黄曲霉素含量超过标准而遭销毁、一次性餐具因无环境标志而被拒绝进口的事，已是屡见不鲜。据统计，国内目前真正生产环保型服装的厂家只有百余家，规模都不大，也缺乏统一的国家标准。当然在绿色产品出口方面，我们也有做得好的例子，如海尔集团生产的电冰箱，过去由于没有得到有关国家的环境标志，基本上没有进入欧洲等市场。1990 年 11 月，海尔集团获得了德国的"蓝色天使"环保证书，仅 1992 年就向德国出口了 4 万台冰箱。但总的来说，我国出口厂商的环保意识仍然有待加强，目前还是对国外的绿色壁垒缺乏了解和认识。

非关税壁垒范围广泛，形式多样，隐蔽性强，除了上述分类之外，这些非关税壁垒还可分为行政性壁垒、法律性壁垒、技术性壁垒、环境贸易和社会壁垒,其中技术性壁垒、环境贸易和社会壁垒又称为新贸易壁垒。

第三节 WTO关于货物贸易的若干规则

WTO在关贸总协定8轮多边贸易谈判的基础上,各成员的关税已逐步大幅度的降低。各成员为了保护国内市场越来越多地采用非关税壁垒措施管理对外贸易,构成对其他成员的歧视与不公平。为此,WTO制定了一系列的规范非关税壁垒的规则,以促进贸易的自由化发展。这些协议有:海关估价协议、原产地规则协议、技术性贸易壁垒协议、装运前检验协议、进口许可证程序协议和实施动植物卫生检疫措施的协议等。"同国际惯例接轨"曾经是国内一度流行的套话。然而,国际惯例并不是科学的真理,世界贸易组织与所有规则都是多边贸易谈判中主要谈判方调和的结果,其中包含了长期贸易实践的经验总结,也掺杂了大国利益争夺、妥协的成分。

由于历史的原因和一些主要发达国家的阻挠,农产品和纺织品一直未纳入关贸总数量的一般货物贸易协议框架。为此,"乌拉圭回合"就这两个特定贸易领域进行了谈判,达成了《纺织品与服装协议》和《农产品协议》。

一、纺织品与服装协议

纺织品和服装协定包括10个条款和1个附件。协定的最终目的是把纺织品和服装部门纳入关贸总协定,并规定给最不发达国家以特殊待遇。协定的主要内容包括:把纺织品、服装贸易全部纳入关贸总协定的过程,也称为一体化过程;纺织品和服装贸易实施自由化的过程;过渡期保障条款;反规避条款;设立纺织品监督局的规定;协定所适用的产品范围在附录中列出。

它不仅确定了纺织品和服装协定的一般原则,而且对于协议的生效、贯彻和执行协议的限制、过渡期如何保障各成员的利益,以及肩负监督职能的纺织品监督局的机构设置都做了详细规定。

二、农业协议

中国是有5 000年历史的文明古国,对外贸易的历史源远流长。早在先秦时期,我们的祖先就将丝绸等货物辗转运往境外,汉武帝以来开拓的陆海丝绸之路将中国与世界紧密地联系在一起。"入世"后我国进一步加强了与世界各国的联系。世贸组织的农业协议允许各成员国政府对本国农业给予支持,但最好是采取那些对贸易扭曲程度小的政策。协议允许在实施承诺的方式上可以有一些灵活性，发展中国家削减补贴和降低关税的程度不必等同于发达国家，发展中国家被给予更多的时间完成义务。针对粮食供应依赖进口的国家和最不发达国家的利益，协议做了特殊规定。

该协议共分 13 个部分 21 条。第 1 部分第 1 条是术语定义、第 2 条是产品范围；第 2 部分第 3 条是减让和承诺的并入；第 3 部分第 4 条是市场准入、第 5 条是特殊保障条款；第 4 部分第 6 条是国内支持承诺、第 7 条是国内支持的一般纪律；第 5 部分第 8 条是出口竞争承诺、第 9 条是出口补贴承诺、第 10 条是规避出口补贴承诺的防止、第 11 条是加工产品；第 6 部分第 12 条是出口禁止和限制的纪律；第 7 部分第 13 条是适当的克制；第 8 部分第 14 条是动植卫生检疫措施；第 9 部分第 15 条是特殊和差别待遇；第 10 部分第 16 条是最不发达国家和粮食净进口发展中国家；第 11 部分第 17 条是农业委员会、第 18 条是对承诺执行情况的审议、第 19 条是磋商和争端解决；第 12 部分第 20 条是改革进程的继续；第 13 部分第 21 条是最后条款。概括地说，农业协议中具体涉及以下 4 大条款。

1. 市场准入条款。要求各方承诺在实施期限内，将减让基期的关税削减到一定水平。减让基期为：1986—1988 年；实施期限为：从 1995 年开始，发达国家为 6 年，发展中国家为 10 年；减让承诺为：从 1995 年开始，发达国家将以 1986—1988 年为基础，按简单算术平均计算的税率削减 36%，发展中国家削减 24%，每项产品的关税税率至少削减 15%（发达国家至少削减 24%，发展中国家削减 10%）。

2. 国内支持条款。协议认为各国（地区）采取措施支持农业生产，既有其必要性，但又是造成国际农产品贸易不公平竞争的主要原因之一。因此，协议对国内支持条款中不引起贸易扭曲的政策，称之为"绿箱"政策，可以免除减让承诺；对产生贸易扭曲的政策，称之为"黄箱"，协议要求各方综合支持量来计算其措施的货币价值，并以此为尺度，逐步予以削减。

3. 出口补贴条款。协议要求明确出口补贴减让承诺、列入减让承诺的出口补贴措施范围、减让基期、控制补贴扩大等制约条款。也对发展中国家的特殊与差别待遇、农产品加工品做出了明确规定。

4. 动植物卫生检疫措施条款。不得以环境保护或动植物卫生为理由，变相限制农产品进口；对进口农产品的卫生检疫措施必须以科学证据（国际标准或准则）为基础，但在科学证据不充分时，成员方可根据已有的有关信息，采取临时卫生检疫措施；所有这类进口限制措施都必须在充分透明的前提下实施。

三、原产地、进口许可程序、装船前检验协议

（一）原产地规则协议的主要内容

协议中规定了原产地规则的宗旨，缔约国需要保证遵守的纪律，机构、通告、审议和争端解决的程序安排，以及协调工作的管理方式等。

除了前言，它由4个部分、2个附录所组成。第1部分是定义与适用范围；第2部分是关于实施原产地规则的规定；第3部分是通知、审查和争端解决的程序安排；第4部分是原产地规则的协调；附录1是原产地规则技术委员会；附件2是关于优惠性原产地规则的共同宣言。

（二）进口许可证程序协议

1. 关贸总协定对进口许可证的规定。协议主要由序言和5个条款构成：第1条为总则；第2条为进口自动许可证；第3条为非自动进口许可证；第4条为机构、协商和争端解决；第5条为最后条款。

关贸总协定原则上反对实行进口许可证制度，但考虑到各缔约国经济发展水平不同，进出口商品结构的差别，以及发展社会经济所需外汇资金不足等方面的因素，又在原则规定外制定了许多例外条款和前提条件，以协调各缔约国的不同利益。但是，关贸总协定对进口许可证的实施细节未做详细规定，因而在实施过程中经常出现争端。在"东京回合"中制定的进口许可证程序协议，弥补了总协定的不足。

2. "东京回合"中制定的进口许可证程序协议。"东京回合"中制定的进口许可证程序协议与关贸总协定是相互独立的，对已接受或加入该协议的各国政府生效。因此，接受进口许可证程序协议的国家不多，到"乌拉圭回合"时，继续把进口许可证作为多边贸易谈判的内容之一，对"东京回合"制定的进口许可证协议进行了修改，通过了进口许可证协议。协议主要由序言、第1条总则、第2条进口自动许可证、第3条非自动进口许可证、第4条机构、第5条通知、第6条协商和争端解决、第7条复查、第8条最后条款组成。从"东京回合"进口许可证协议的5条扩展为8条。

（1）保留原进口许可证协议的主要目标，重申了关贸总协定的各项规定同样适用于进口许可证程序。使用进口许可证不能有悖于关贸总协定的各项原则和义务。

（2）保留原进口许可证协议的基本原则，对申请期限以及减少申请人同过多的行政管理机构交涉等问题追加了新的规定。

（3）保留原自动进口许可证程序，对非自动进口许可证程序的第3条第7款和第3条第5款（b）项进行了修改。

（4）机构、协商和争端解决方面没有变更，增加了第5条通知条款。

（5）在复查方面，原协议规定由许可证委员会负责协定实施情况的审查，现协定追加了"进口许可证调查表"的规定。

（6）最后条款取消了原协定的接受、加入、保留，以及生效等规定。

（三）装船前检验协议

协议主要由效力范围、使用方政府的义务、出口国政府的义务、独立审核程序、通告、检查、磋商、争议的解决和最终条款等9个部分组成。

该协议适用于在契约方领土上所进行的装船前检验活动，明确了使用方和出口国政府的义务及独立审核程序。该协议要求对装船前检验的任何变更都要立刻通知关贸总协定秘书处，秘书处再通知给缔约各方；要求缔约各方结合目的和经验对协议的执行及运行情况进行检查，对影响本协议作用的情况自行进行磋商；对争议的解决依据总协定条款的第13条；要求缔约各方采取必要措施来执行现协议，并保证各自的法律规定不会与本协议的条款相抵触。

四、反倾销协议

反倾销是WTO允许的世界各国均可采用的维护公平贸易秩序，抵制不正当竞争的重要手段之一。反倾销法律已成为WTO成员方贸易法律的重要组成部分。它包括：反倾销的主要环节和要素。反倾销的调查程序包括申请的提出、进口国当局立案审查和公告、反倾销调查过程、裁决和行政复审5个程序。WTO建立了由成员方代表组成的反倾销实施委员会，委员会主席经选举产生，每年至少举行两次会议。委员会履行反倾销协议或成员方授予的职责，组织成员方之间的磋商。WTO秘书处同时也是反倾销实施委员会的秘书处。各成员方应尽快向委员会报告其采取的所有的反倾销行动。各成员方还应通知委员会，其国内由哪一个主管部门负责反倾销调查，以及该调查的国内程序。争议解决成员方之间涉及倾销与反倾销而产生的争议，可提交WTO争端解决机制处理，其主要争议包括：成员方认为进口成员方实施反倾销措施影响其直接或间接利益；一成员方认为进口成员方的反倾销措施妨碍了WTO反倾销协议目标的实施，并且经协商未达成满意的结果；一成员方认为进口成员方所采取的临时反倾销措施违反了WTO反倾销协议的规定。

五、补贴与反补贴协议

出口商品在生产、运输、买卖的过程中接受的来自政府或同业协会的直接或间接的补助、奖金称之为补贴。其中，向国内出口商提供的支持其扩大出口的补贴称为出口补贴；向国内出口商品生产者提供的提高其增值性产品的生产和出口能力的补贴，称为国内补贴或生产补贴。补贴与反补贴措施协议由11个部分32个条款和7个附录构成。

第1部分为"总则"，包括第1条和第2条，它们分别是"补贴的定义"和"专向性"。第2部分为"禁止的补贴"，包括第3条和第4条，它们分别是"禁止"和"补救"。第3部分为"可申诉的补贴"，由第5条、第6条和第7条组成，它们分别为"不利的影响"、"严重侵害"和"补救"。第4部分为"不可申诉的补贴"，由第8条、第9条构成，它们分别是"不可申诉补贴的定义"和"磋商与授权补救"。第5部分为"反补贴措施"，包括第10条、第11条、第12条、第13条。第14条、第15条、第16条、第17条、第18条、第19条、第20条、第21条、第22条和第23条。它们分别是"1994年关贸总协定第6条的使用"、"调查的发起和后续"、"证据"、"磋商"、"按接受补贴者利益计算补贴量"、"损害的确认"、"国内产业的定义"、"临时措施"、"承诺"、"反补贴税的施加与征收"、"追溯"、"反补贴税和承诺的期限与审查"、"公告和裁定的解释"、"司法审查"。第6部分为"机构"，由第24

条构成,即"补贴与反补贴措施委员会和附属机构"。第 7 部分为"通知与监督",由第 25 条和第 26 条构成,分别是"通知"和"监督"。第 8 部分为"发展中国家成员方",由第 27 条构成,即"发展中国家成员方的特殊和差别待遇"。第 9 部分为"过渡性安排",由第 28 条和第 29 条构成,即"现有的计划"和"向市场经济转变"。第 10 部分为"争端解决",即第 30 条,它规定了除本协议外,WTO 争端解决机制适用于本协议引起的争端。第 11 部分为"最后条款",由第 31 条和第 32 条构成,分别为"临时适用"与"其他最后条款"。

7 个附录分别为"出口补贴说明表"、"生产过程投入物消费的准则"、"退税作为出口补贴制度替代的认定准则"、"从价补贴总量的计算"、"收集有关严重侵害情况的程序"、"第 12 条第 6 款的现场调查程序"、"第 27 条 2(a)款中的发展中国家成员方"。补贴与反补贴措施协议主要涉及补贴的定义与分类、反补贴措施的范围与进行、负责的机构与成员方的差别待遇等。

六、海关估价协议

海关协议的基本宗旨在于,通过要求海关在确定完税价格时接受进口商提供的在具体交易中的实付价格,以保护诚实商人的利益。这一点不仅适用于正常交易,同时也适用于有关联的买卖双方之间的交易。协议承认不同进口商就同一产品所谈妥的价格有可能不一样,不能仅凭某一进口商的报价低于其他进口商进口同类产品的报价为理由,而拒绝接受成交价格。海关只有在有理由对进口商品报价的真实性和准确性表示怀疑时,方可拒绝接受成交价格。即使在这种情况下,海关还应该给进口商为其申报价格进行解释的机会。如果进口商的解释仍未被接受,海关应以书面形式通知进口商海关拒绝接受成交价格,以及转而采取其他估价方法来确定海关估价的理由。此外,通过给予进口商在海关估价的全过程中获得协商的权利,协议确保海关客观地使用其在审查申报价格方面的权限。

《海关协议》由关贸总协定"东京回合"上达成的《海关估价守则》修改而来,并充分考虑到了商业惯例,由 4 个部分,24 个条款,3 个附录构成。该协议的基本规则是,海关估价应是货物出口到进口方时实付或应付的价格(如发票价格),并视情况进行调整,包括由买方支付的某些费用,如包装费和集装箱费、辅助费用、专利费和许可证费。它要求各成员将各自国内有关立法与该协议协调一致,确保这些规则在实际操作中的统一性,使进口商在进口之前就可以有把握地判断应缴纳多少关税。

第四节 中国"入世"在货物贸易方面的承诺

中国加入 WTO 符合国家的根本利益,有利于中国加快经济市场化改革、扩大对外开放的步伐,以及不断提高人民生活水平、保证充分就业、保证实际收入和有效需求的大幅稳定增长。一方面,中国作为一个负责任的成员,会信守自己的入世承诺;但另一方面,中国也会在履行承诺的同时充分考虑自己履行承诺的能力和国家的根本利益,这是完全符合WTO的基本理念和原则的。

一、中国"入世"在货物贸易方面的承诺

(一)关税水平进一步降低

我国平均关税水平持续下降,到2005年把15%的平均关税水平降低到10%。"乌拉圭回合"谈判结束后,各参加国都按自己的承诺实施关税减让计划。我国与之相比关税水平明显偏高。货物贸易是中国贸易的重要组成部分,在中国加入世贸组织议定书中,中国承诺逐步降低进口商品的关税总水平。从1992年1月起,我国单方面降低了225种进口商品的关税率,并取消了全部的进口调节税。1997年10月1日的降税涉及4 874个8位数税号的商品,占税目总数的73.33%,关税水平从23%降至17%,降幅约为26%。2002年,我国又下调5 000多种商品的进口关税,关税总水平从2001年的15.33%降至12%。降低关税后,工业品的平均税率为11.63%,农业品(不包括水产品)为15.83%,水产品为14.3%。在工业品中,原油及成品油的平均税率为6.1%,木材、纸及其制品为8.9%,纺织品和服装为17.6%,化工产品为7.9%,交通工具为17.4%,机械产品为9.6%,电子产品为10.7%。水产品、原油及成品油、木材、纸及其制品、化工产品、交通工具、机械产品和电子产品的平均降税幅度都超过了25%。中国将按照双边市场准入谈判的承诺,逐步调整关税税率。2005年,关税总水平降至10%,其中工业品平均关税下调到9.3%;汽车及部件的关税,2006年7月1日分别降至25%和10%;部分化工品的关税减让到2008年结束;加入信息技术产品协议,2005年前取消所有ITA产品的关税;农产品关税降至15%,某些农产品的降税幅度甚至走在世贸组织确定的时间表前。

(二)逐步取消配额限制

非关税壁垒不断减少,到2005年,我国全部取消了400种产品的进口配额;取消了部分摩托车及其关键部件、汽车及关键部件、照相机及手表等产品的进口配额、许可证和特定招标管理。

(三)执行海关估价协议

《海关估价协议》是WTO法律框架中的一个重要组成部分,其核心内容是要求海关在确定进口货物的完税价格时,要以货物的成交价格为基础,如果成交价格无法确定,要按照规定的方法和程序估定货物的完税价格。《海关估价协议》的制定是建立在进口商诚信守法的基础之上的,而目前我国正处在完善市场经济机制时期,海关执法环境欠佳,进出口环节的价格瞒骗是不法分子偷逃税款以牟取暴利的重要手法之一。为了有效遏制价格瞒骗行为,海关先后采取过最低限价和海关参考价格等办法,为防止国家税收流失起了重要

的作用。但实施《海关估价协议》后，不能再简单地以参考价格或者价格资料作为完税价格征税，必须制定一整套既符合《海关估价协议》规范要求，又能有效防范我国海关所面对的严重价格瞒骗管理风险的管理机制，这是我国海关应对入世工作中一项最直接和最具挑战意义的任务。我国的海关价格管理制度可以概括为4个方面：实行价格申报制度、加强价格信息工作、引入估价风险管理机制、加强价格后续管理。

二、关于反倾销问题

实行反倾销税是目前国际上，特别是发达国家通常使用的限制进口的手段。反倾销是WTO允许成员国采取的保护本国产品和市场的一种手段，但它正被发达国家所滥用。入世带动了中国经济加速融入世界经济，使我国对外贸易迅猛发展。但是，贸易摩擦的日益加剧与我国加入WTO以来的巨大成就相伴而至，尤其是反倾销问题仍然十分严重。我们最紧迫的一项任务就是要做好反倾销工作。

目前中国企业申请反倾销立案的依据主要是《中华人民共和国反倾销和反补贴条例》。按照条例的规定，反倾销各主要环节由申请人的资格、国内产业的构成、何谓相似产品、申诉书应包括的内容、征收反倾销税和价格承诺的期限、复审、退税和反规避措施8个方面组成。

（一）中国出口产品遭反倾销指控的原因

从1979年8月欧盟对中国出口的糖精钠和闹钟提起反倾销调查以来，对华反倾销案件呈逐年上升趋势。1979年以来，我国企业被外国提起的反倾销指控达600多起，自1995年来，我国一直"稳居"遭受反倾销调查数量榜首，截至2004年11月底，国外共对我国约4 000种产品发起反倾销调查，涉及五金化工、机电、轻工、纺织、食品土畜等多个行业。值得注意的是，农产品、纺织品等已逐步成为国外对我国反倾销的热点。加入WTO后，随着我国对外贸易的高速增长，我国逐渐进入贸易摩擦多发期，成为国际贸易保护主义的重灾区，已连续9年成为全球遭受反倾销调查最多的国家。我国加入WTO以来至2004年11月底，国外共对我发起反倾销调查137起，涉案金额约35亿美元。其原因主要是：中国的进出口贸易总额增长迅速，对世界贸易的影响力逐渐加大，这是根本原因；欠缺合理的外贸出口结构是频遭反倾销调查的重要原因；反倾销作为世贸组织允许的保护国内相关产业不受冲击的法律武器，被一些国家滥用；"入世"后仍存在"入市"问题；出口企业国际营销战略的失误；我国企业对反倾销诉讼消极应对。以上原因表明，我国必须重视世界贸易组织的规则，积极应对。

（二）我国应对国外反倾销的法律策略

我国加入WTO几年来，虽然国际上的贸易保护主义有所抬头，我国产品频繁遭遇反倾销，但通过我国有关部门进一步加大了组织应诉、法律指导、经费支持等方面的工作力度，反倾销应诉工作成效显著，据统计近几年的绝对胜诉率（无税和无损害结案）达到

37.5%。由此可见，只要策略对、方法得当，我们还是可以取得一定成效的。以下就是一些具体的法律策略。

1. 用 WTO 争端解决机制来解决反倾销争端。在正式成为 WTO 成员之前，我们的企业只能寄希望于精通外国反倾销法的律师，尽量减轻非市场经济地位的危害，减少损失；我们可以诉之争端解决机构 DSB（Dispute Settlement Body），迫使对方纠正其错误行为。

2. 完善相关法律，增加谈判筹码。一些国家将我国视为非市场经济国家，但却认定了俄罗斯的市场经济地位，这些国家无视我们的改革开放所取得的成果，无视这些年来经济建设所取得的巨大成就，这无疑是对社会主义国家的一种歧视。对我国而言，虽然短时期内非市场经济地位无法改变（实际上新西兰、马来西亚、新加坡和东盟整体确认我国为完全的市场经济国家，美国和欧盟也把确认我国为市场经济国家的问题提上了议事日程，截至 2004 年底已有 30 个国家、地区公开宣布承认我国市场经济地位），但这并不意味着中国的每一个企业或者行业都因此注定遭到反倾销调查，只要我们的企业能够证明其产品的成本和价格结构按市场原则来运作，是能够获得市场经济地位的承认。事实上已经有很多国家早已在反倾销中认定了某些中国企业的市场经济地位。

3. 发挥商会、行业协会的积极作用。商会及行业协会在沟通政府与出口企业的关系上有着承上启下的桥梁和纽带作用，在反倾销调查中具有政府及企业不可替代的规范和协调作用：通过规范本行业企业行为，尽可能减少败诉案件的发生；通过组织本行业涉案企业应诉，尽可能减少败诉案件的发生。

4. 提高企业应诉积极性，打好 WTO 官司。以往对华反倾销案件中，中国企业应诉率低的原因很复杂，但怕打"洋官司"或希望别人应诉，自己搭便车的想法是最主要的因素。鉴于此，我们的相关部门应制定具体的操作规则，对积极应诉的企业给予奖励，贯彻"谁应诉谁受益"原则。另外，具体应诉中，企业除了要聘请精通 WTO 规则、国际法和国际贸易知识的律师抗辩外，关键是做好举证工作，就被诉企业情况、国内市场、起诉国销售情况、生产成本等内容，在律师指导下填写问卷调查。这也有赖于国内反倾销律师和专业队伍的建设，有赖于国内反倾销基金的尽早设立。

5. 修改现行反倾销法律。我国的《反倾销和反补贴条例》需要不断完善，与国际反倾销法律接轨。首先，我国的《反倾销和反补贴例》已经增加了累计评估等新内容；其次，反倾销调查期限应该缩短。我国规定自立案调查决定公告之日起至最终裁定公告之日止为 12 个月，特殊情况可以延长至 18 个月，这与一些国家或地区的立法有差距。欧洲委员会立案的调查期一期在 6～8 个月内结束，最长不得超过 1 年。调查时间相对短一些，可以裁定倾销存在的可能性就大些，可以控制倾销者规避法律的行为；再次，我国反倾销的主管机构复杂，涉及到国家商务部、国家经贸委及海关总署，商务部同海关总署进行倾销和倾销幅度的调查，国家经贸委员会同国务院有关部委进行损害的调查，这种方式造成了资源浪费，增加了协调难度，降低了效益。

6. 企业要加强财务管理，完善、规范会计资料。企业应加强财会工作，使企业会计资料符合国际规则，在进口国的反倾销调查中能够提供完善且符合规范的有关会计资料。我国的一些应诉企业在反倾销诉讼中败诉，部分原因就是不能提供有关商品生产的会计资料。

7. 利用 WTO 规则解决国外对华反倾销中不公正待遇。利用 WTO 反倾销委员会成员的身份，对其他成员实施反倾销法提出自己的意见。作为第三方，在参与另两个成员间的争端解决程序时，向 WTO 工作组提交自己的法律意见及陈述。与其他发展中国家一起，努力争取 WTO 成员在采取反倾销措施时给予发展中国家更多的保护。

8. 做好"自己的"反倾销工作。就反倾销问题，龙永图表示反倾销是符合 WTO 规则的合法贸易措施，没有什么大惊小怪的。中国在遭到外国反倾销的同时也对国外产品进行反倾销，比如我们成功地对某些国家出口到中国的新闻纸和钢材采取了反倾销措施，保护了国内的产业。我们反对的是有些国家滥用反倾销条款，并不是我们要在反倾销问题上实行双重标准，只许我们反别人，不许别人反我们。

改革开放 20 多年来，我国的外贸事业有了飞速的发展，已经成为一个名副其实的"贸易大国"，但是离"贸易强国"的目标还有不小的距离。要使中国从贸易大国变为贸易强国就要从现在开始，借助加入 WTO 的契机，参与制定 WTO 规则；利用世贸组织规则，积极行使成员的权利，争取为中国外贸发展创造更好的环境。

第五节 本章小结

本章主要讲述了关税在货物贸易的作用、非关税壁垒措施、WTO 关于货物贸易的若干规则及中国加入 WTO 在货物贸易方面的承诺。

关税是体现一个国家主权的重要象征，也是一个国家的重要税种，是国家财政收入的一个重要组成部分。它与其他税收一样，具有强制性、无偿性和预定性。关税种类繁多，按照不同的标准，主要有 3 种分类：按征收的对象或商品的流向分类，可把关税分为进口关税、出口关税和过境关税；按征税的目的不同，关税可以分为财政关税和保护关税；按计税标准不同，关税可分为从价税、从量税、混合税和选择税。

关税的有效保护率不同于名义关税率，它是对某种产品生产增加值提供的一种保护率，是某一产品相对于自由贸易下单位增加值提高的比率（W.M.Corden，1966）。

有关非关税措施、进口配额制、"自动"出口配额制、进口许可证制、外汇管制、技术性贸易壁垒，以及如何应对限制性非关税措施等内容也做了重点介绍。

WTO 在关贸总协定 8 轮多边贸易谈判的基础上，各成员为了保护国内市场越来越多地采用非关税壁垒措施管理对外贸易，构成对其他成员的歧视与不公平。为此，WTO 制定了一系列的规范非关税壁垒的规则，以促进贸易的自由化发展。这些协议有：海关估价协议、原产地规则协议、技术性贸易壁垒协议、装运前检验协议、进口许可证程序协议、实施动植物卫生检疫措施的协议等。"同国际惯例接轨"曾经是国内一度流行的套话。然而，国际惯例并不是科学的真理，WTO 与所有规则都是多边贸易谈判中主要谈判方调和的结果，其中包含了长期贸易实践的经验总结，也掺杂了大国利益的争夺、妥协成分。

为了完全符合 WTO 的基础理念和原则，作为一个负责任的成员，中国不仅需要信守自己的入世承诺，而且在履行承诺的同时也需要充分考虑自己履行承诺的能力和国家的根本利益。因此"入世"以来，中国政府在货物贸易的关税减让、非关税壁垒减少、服务贸易的市场开放以及与贸易产品有关的知识产权保护方面的承诺基本兑现，有些承诺甚至还提前履行，这都说明了中国政府的重视和中国经济实力的提高。随着入世承诺的履行和中国企业内外部经营环境的改善，中国在世界货物贸易中的地位不断上升，同时也带动了中国经济的发展。

案例分析

一、案情简介

巴西发展工业外贸部网站 2005 年 8 月 11 日晚公布消息：组成巴西外贸委员会的 7 位部长在本周四（8 月 11 日）下午的委员会会议上通过一项措施，决定将进口量高于同行业平均进口水平的 4 种鞋的进口关税从原来的 14% 提高至 35%。这一关税的调整是通过"南共市共同关税例外表"完成的，因为巴西可有 100 种商品采取不同于共同关税的税率，并可对其中的 20 种商品进行增删调整。

巴西每 6 个月对"例外表"进行一次调整，巴西此次在表中增加了 4 种鞋产品，分别是特定种类的橡胶鞋、塑料鞋、天然皮鞋和运动鞋。提高后关税的有效期至 2005 年 12 月 31 日为止，到时例外表将取消。已包含在例外表中的其他种类鞋的关税高达 25%～35%。外贸委员会执行秘书马里奥·穆格纳尼称，这一措施将于过几天在巴西联邦公报公布外贸委员会决定之时生效。

穆格纳尼表示，例外表的使用是政府满足行业投诉的最灵活的一种手段。巴西制鞋行业埋怨中国产品以低价竞争。据他称，南共市共同关税的调整尚待巴政府内部的充分研究之后，方能向南共市其他成员国提议。

除了提高上述 4 种鞋的进口关税外，外贸委员会决定将用于生产肥料的 6 种原材料进口关税 4% 降为 2%。穆格纳尼称，这是由巴西农业部提议的，目的是降低受今年干旱影响的巴西南部农民的农业生产原料价格。

7 位部长还决定对中国产的自行车轮胎再次进行反倾销立案调查。中国于 2004 年被巴西排除出该产品的反倾销对象国，但由于巴西 60% 的进口轮胎均来自中国，故又被列入其中。穆格纳尼称，这些中国产品的进口对巴西本国工业造成了影响，因为其价格比巴国内产品的价格低。从现在起，中国轮胎进入巴西需纳进口税 0.15 美元/千克。

二、案例分析题

1. 试析巴西所采用的关税措施，"例外表"是否属于非关税措施。

2．如何理解"例外表的使用是政府满足行业投诉的最灵活的一种手段"。

3．试分析向占巴西出口轮胎 60%的出口国——中国征收进口税，会对巴西国内工业产生何种影响？

思考题

1．简述关税的特点。

2．比较非关税壁垒与关税壁垒。非关税壁垒具有哪些特点？

3．简述中国入世在货物贸易方面的承诺。

4．什么是技术性贸易措施？通常由哪几个环节组成？

5．反倾销的主要环节有哪些？

第四章　WTO 与中国农业的发展

学习目标　通过本章的学习,能够认识 WTO 与中国农业的关系,了解中国农业体制改革及我国农业在复关与入世过程中的历程,掌握我国农业政策的调整方向,培养学生全面认识 WTO 规则的能力。

改革开放以来,我国的农业经济有了长足的发展。党的十六届五中全会,提出的我国"十一五"国民经济发展规划中,确定我国国民经济的发展开始进行改革开放以来的第二步,创建文明和谐社会,由一部分人先富裕起来,转向全民共同富裕。从"十一五"开始我国将进行工业反补农业,增加农业投入,加快农业发展步伐。在很长一段时间,农业依然是我国国民经济的基础产业。加入 WTO 对我国的农业必然产生很大影响,我们必须重视这种影响,调整我国农业政策,加快我国农业的发展步伐,推动国民经济稳定健康发展。

第一节　中国农业体制的改革

一、中国农业体制的改革历程

我国农业体制经过 20 多年的改革和发展,逐步由计划经济体制向社会主义市场经济体制过渡。这期间所取得的成就,是世人有目共睹的。中国农业摆脱了长期短缺的局面,实现了在粮食需求与供给总量上的大体平衡,甚至供给有余。然而,这一过程是曲折而艰辛的,每一个改革阶段所取得的成绩背后,都会出现种种弊端以及由于历史局限性所带来的负面影响。在此,我们来共同回顾一下,我国从建国初到入世后的今天,农业体制的改革历程。

(一)改革前,"三个为主"的农业体制阶段(20 世纪 50 年代中后期——1978 年)

有史以来,中国都是一个农业大国。到目前为止,我国农村人口占全国总人口数的 2/3,农业产值占国内生产总值的 17.7%,但用于农村的财政支出仅占全国财政支出的 10%。因此,我国还不是农业强国。

在建国后相当长的一段时期内,国人能吃饱饭一直成为亟待解决的问题。在改革前,我国农业的基本特征是"三个为主",即农业以种植业为主,种植业以粮食生产为主,粮食生产以提高产量为主。此时的农业政策所追求的核心目标就是提高粮食产量。实际上,农业除了种植业还包括畜牧业、林业、渔业等多个方面,而种植业除了粮食作物,还包括经济作物及其他作物。但当时我国的农业生产结构是单一的粮食型结构。从 1952—1978 年，26 年间种植业在整个农业生产的比重仅从 85.2%下降到 80%，降幅不足 6%，种植业中的粮食作物比重仅从 89.2%下降到 85.5%，降幅不足 4%。

以粮食生产为主的产业结构本应解决粮食的供需平衡，但是一直到 1978 年，我国的粮食供给还是全面紧张。这里存在着不可忽视的客观因素，如自然灾害、国内外的政治因素等。但除此之外，劳动生产率的低下也是粮食供给不足的主要原因。农民自发的发展多元化经营，受到当时农业体制的约束，其结果是大量的劳动力被束缚在粮食生产上，单纯依靠劳动投入来促进粮食产量的增长。结果粮食产量增长低于劳动人口的增长，使每个劳动者提供的商品粮食数量下降。1952 年的总劳动生产率为 806.8 元/（人·年），1978 年的总劳动生产率为 502.8 元/（人·年），1978 年仅为 1952 年的 63%。再看每个劳动者人均提供商品粮的数量，1952 年为 225kg，1978 年为 176kg，1978 年仅为 1952 年的 78.2%。无论是总劳动生产率还是每个劳动者人均提供商品粮，1978 年比 1952 年都大大降低了。此外，硬性规定的单一生产结构，使产业链无法得到健康的发展，各产业部门之间的有机联系受到阻碍，造成了资源利用的低效性。在此期间，我国农村长期实行由政府组织安排生产的人民公社计划经济的生产制度，严重地阻碍了农业生产力的发展。

（二）计划经济向市场经济改革过程中的农业结构变化。（1978—2001 年）

1978 年改革开放以后，我国首先对农业生产体制和生产结构进行了调整，这一调整过程大致经过了 4 个阶段。

1. 第一阶段（1978—1984 年），农业生产体制改革阶段。由于该阶段是改革初期，所以它的特点是速度慢、幅度小，却意义重大。人民公社制度严重阻碍了农业生产力的发展。全国人口的粮食供应不足，农村人口的贫困，农产品种类单一等种种问题都冲击了旧的农业结构。从 1956 年到 20 世纪 70 年代改革前夕，各种"包产到户"的经营方式屡见不鲜，但是由于受到政治因素的影响，一直没有固定下来。直到 1978 年开始，在我国的广大农村推行"家庭承包责任制"之后，才冲破了我国旧的农业体制，把农业从"生产粮食"上解放出来，使陷入崩溃边缘的农村经济摆脱了困境，促进了我国农业生产的迅速发展。农业生产体制的变革提高了农业的贡献率。"1979—1984 年农作物产值增长 42.23%，其中家庭承包责任制改革带来的增长达 19.8%，贡献率为 46.89%。"总之，这项改革解放了生产力，将家庭经营引入到农业生产中，激发了劳动者的劳动积极性，发挥了他们的创新热情，克服了原有体制僵化，运行费用高昂等弊端，提高了资源的利用率。据统计，从 1978—1984 年，中国在农林牧渔业方面的总产值由 1 018.4 亿元人民币增加到 2 295.5 亿元人民币，打破了粮食短缺的局面。

此外，该阶段的农业发展还得益于政府开始鼓励发展多种经营。《中共中央关于加快农业发展若干问题的决定》明确规定要有计划地逐步改变我国农业结构和人们的食物构成，把只重视粮食种植业，忽视经济作物和林牧渔业的状况改变过来。虽然在此阶段，各产业在结构上的比值变化不大，但效果明显。此项改革，不仅缓解了长期以来的农产品短缺状况,而且突破了长达20年之久的"农业—种植业—粮食"这种"三个为主"的运作模式,使农业结构逐步进入了良性循环阶段,创造了我国农业史上辉煌的一页。

2. 第二阶段(1985—1988年),新旧体制交替矛盾突现阶段。该阶段已由改革初期进入了高速发展时期,其特点是:发展幅度最大、速度最快,矛盾突出。这一阶段的主要问题是以下几个方面。

(1)"卖粮难"问题,引发的政策与意识变革(由于第一阶段农业体制改革措施的实施,粮食短缺的局面有所扭转)。在1984年又出现了"卖粮难"的现象,使相关部门错误地认为农产品生产已过剩,所以出台了一系列抑制种植业增长的措施,但粮食安全问题并没有得到彻底解决。这一时期,国家对农业的基本投资1985年比1979年减少了36.3%,是建国后的最低水平。此外,"卖粮难"也抑制了农民对改革能带来高收入的预期。

(2)此阶段,农民的收益相对下降,农用生产资料多次涨价,成本显著上升;农产品合同定购价格低于市场价格,甚至低于统派统购的价格,所以从事粮棉业生产的农民的收益相对下降。由于上述原因,在政策允许的条件下,农民开始把劳动力和农业资源转移到第二产业、第三产业上来。数字显示,1984—1988年,按可比价格计算,第二产业平均每年增长14%,第三产业平均每年增长14.3%。这一时期农业结构的年平均变化率是1978—2001年最大的。其中,畜牧业、渔业在农业总产值中的比例迅速上升,而粮食、棉花、油料等主要农产品的产量出现持续下降的局面。粮食产量1985年比上一年减产2 800万吨,1988年又减产1 000万吨,粮食供给出现缺口。因此粮价上涨,1988年上涨18%,次年上涨38%。在这一阶段,农业生产的内部结构比例变化巨大,外部结构也出现了第二产业、第三产业替代第一产业的情况,可谓"此消彼长"。

3. 第三阶段(1989—1991年),治理整顿时期。1984—1988年,国民经济三大产业的发展速度之比为1:6.1:5.3,农业发展处于停滞阶段。在第二阶段,虽然牧、渔业的发展有了起色,乡镇企业也成为时代的主角,但粮食产量下降,使农业无力支持第二产业、第三产业的发展。此外,粮价上涨引发了改革开放以来的第一个物价上涨年,通货膨胀导致了商品抢购风潮,这些现象最终使国民经济进入了改革后的治理整顿时期。与此同时,农业结构也经历了一个为期3年的治理整顿阶段。

鉴于第二阶段出现的问题,这一时期的政策调整重点是再次以农业发展为主,促使生产要素流向农业,有意识地压低第二产业、第三产业的发展速度。因此这一时期农业改革的特点是:幅度较小、速度较慢、在平稳中求增长。在20世纪90年代初,农业生产基本上全面恢复,1990年粮食总产量比上一年增长约4 000万吨,粮食总供给量比总需求量多2 500万吨,真正弥补了粮食需求缺口,但在一些地区又重新出现了"卖粮难"的现象。

4. 第四阶段(1992—2001年),相对平稳的发展阶段。在我国农业经过了大起大落的变革后,从1992年开始进入了相对平稳的发展阶段。经过1989—1991年的政策调整,农产品生产全面恢复。农产品的流通体系进入了前所未有的发展阶段,各类农产品市场的开放程度大大提高,统收统购的粮食政策已被逐渐淡化,更多的农民把手中的农产品直接推向市场，此时买方市场环境逐渐显现。消费者需求的多样化，导致了农业生产的品种多样化。农业经济改革促使了农业经营主体的多元化，极大地提高了农业劳动生产率，使农村出现了大量的剩余劳动力。自 20 世纪 90 年代初，每年约有 6 000～8 000 万农民进城打工，到 2005 年初全国进城打工的农民约有 3 亿。农民由务农转为务工，减少了农村的剩余劳动力，同时他们也成为农村城市化进程中的主力军。

此外，由于国际经济政治环境的影响，1994 年我国由粮食进口国转为出口国，粮食需求增大，所以在 1993－1994 年，粮食再次供给不足。为了保证国内粮食供给的数量与质量，政府出台了菜篮子工程，这使粮食生产能力大幅提高。1996－2001 年 5 年粮食平均产量突破 5 亿吨。除种植业外的其他农业部门也是供给充足。在 2001 年入世前，我国农业一直保持平稳的发展势头。

（三）加入 WTO 后对中国农业改革的影响

2001 年 11 月 10 日，我国正式加入 WTO，为我国农产品真正走上国际市场搭建了平台，这意味着我国农产品市场将逐步开放，也意味着我国农产品将与国际农产品直接竞争，更意味着我国需进一步进行农业改革。

我国是一个地域广大，人口众多的国家，但是人均资源紧缺。虽然目前基本解决了温饱问题，但是与经济发达国家相比，农业劳动生产率不高。农业基础薄弱、农业经营不上规模都是引起生产能力低下的原因。产权不清、流通体制不健全，宏观调控体制不完善等因素都影响着我国农产品的国际竞争力。

我国农业经过 20 多年的改革，完全是在实践中摸索经验，所以现有的农业体制中在许多方面还不完善。在加入 WTO 后为了迎合世贸组织的要求，为了提高我国农产品的国际竞争力，深化我国农业体制改革势在必行。该部分内容将在本章的第三节做详细介绍。

二、取得的成就与加入 WTO 后我国农产品贸易现状

（一）农业体制改革的历史成就

1. 突破了传统的农业模式，农业结构得到了合理化调整。1978 年至今，我国农业发展已从种植业为主向农林牧渔全面发展和综合经营转换。改革以来，除林业产值变化不大外，其余各业皆发生了重大变化。其中，种植业内部的构成也由以粮食作物播种为主体转向发展各种经济作物，使农业产业结构逐步进入良性循环。

2. 农业劳动生产率得到提高。研究结果表明，在农业生产中，农业产业结构的调整也带动了农业生产率的提高。经过改革后 20 多年的几次农业政策的大调整，我国农业的平均劳动生产率也已经大幅度的提高。

3. 新兴农业部门顺应国情，健康发展。我国的国情是地少人多，自 20 世纪 90 年代初，虽然进城务工的农民数量不断增加，但有占全国 2/3 人口的仍是农民，其中有相当一部分是农村的剩余劳动力。与种植业相比，畜牧业、果业、蔬菜业和林业等新兴农业部门所能

吸纳的劳动力更多，而且这些产业所带来的附加值也高于种植业。事实上，农业新兴部门不仅吸纳了农村的剩余劳动力，它作为一个整体，也是一个高速增长的部门，并能够适应国内外市场需求的发展，带动农产品商品化的提高。

（二）我国农产品贸易现状

加入 WTO 是我国对外开放进入新阶段的重要标志，农产品贸易又是我国对外贸易的重要组成部分。加入 WTO 后，我国农产品贸易出口快速增长、竞争能力也快速提高。

1．我国农产品在有利的国际环境下发展。由于农业一直是中国加入 WTO 谈判中争议最大的产业之一，作为加入 WTO 的承诺，《WTO 农业协议》及《美国关于中国加入 WTO 的协议》的签署为中国加入 WTO 扫清了重大障碍。它有利于我国农产品贸易，特别是为农产品出口创造了稳定的国际环境。自 2001 年加入 WTO 以来，我国就已经开始享受 WTO 现有成员所享有的好处，改善了农产品的出口环境，享受了所有成员方无条件的最惠国待遇，从而改变了我国对某些国家依赖过大的局面。此外，我国可享受 WTO 各成员国对发展中国家的优惠待遇，分享"乌拉圭回合"农业谈判带来的贸易机会和益处。

"乌拉圭回合"谈判后，WTO 成员按规定取消了非关税措施，并对关税进行了减让，对重要的农产品贸易实施关税配额制来进行管理。

我国加入 WTO 后，就自然享有了"乌拉圭回合"谈判的成果，可以分享 WTO 多边谈判带来的市场准入机会。例如，在"乌拉圭回合"谈判中，日本、韩国在压力下终于同意将有限度地开放本国大米市场，但美国等成员方提出只有 WTO 成员国才有权向日、韩出口大米。我国的大米在日韩市场是具有竞争力的，加入 WTO 后，我国享受"乌拉圭回合"谈判的成果，拥有了大米的出口权。

多边贸易的有利之处是任何单边的贸易优惠与双边的贸易协定都无法比拟的。中国加入 WTO 的目的是想利用国际上的游戏规则来开拓市场和规范国内政策。有人认为，我国的农业和整个经济的发展，未必需要依靠 WTO，只要与其他国家搞好关系，一样可以争取到有力的国际环境。但所谓的"搞好关系"，并不受到游戏规则的约束，是不具有可靠性和稳定性的。因此任何的单边贸易优惠都是靠不住的。比如，一个国家可能暂时获得了另一个国家所给予的优惠政策，但在日后的贸易交往中，很难保证该政策持续不变。比如加入 WTO 前，我国每个夏天都要等待着美国对我国审批下一个年度的最惠国待遇。同样，双边贸易关系也是极不稳定的。俗话说"国家之间没有永恒的朋友"，两国之间的关系往往是建立在利益之上的。而利益又会受到很多不可知因素的影响。我国加入 WTO 后，可依据 WTO 规则回避这些不稳定因素，在多边贸易体制下享受其应有的权利。通过 WTO 的多边谈判机制，我国与其他成员的农业纠纷可以得到较为公正的解决；通过新一轮的贸易谈判，我国的合法利益得到了保障，摆脱了"别人制定规则，中国被动参与"的局面；其他国家取消对我国实行的不同程度的歧视政策。我国作为非 WTO 成员经常遭受歧视性的待遇，加入 WTO 后就可以最大限度地减少其他国家对中国的出口产品实施的歧视性待遇。

2．农产品贸易经营主体与经营内容多样化。加入 WTO 后，我国农产品贸易经营主体向多元化发展。近年来,我国农产品贸易主体出现了结构上的变化:农产品进出口贸易已从国有外贸企业垄断经营逐渐转变为私人企业、外资企业和国有企业多元经营的局面。2000年,国有企业农产品出口总额为151.7亿美元,占全国农产品出口总额的65.1%,到2002年底,即在加入WTO 1年后,此比例下降为46.5%,国有外贸企业的出口份额下降了18.6个百分点。

《WTO农业协议》及《美国关于中国加入WTO的协议》保证了市场经济贸易实体的贸易份额,结束其进出口垄断状态,极大激发了各种贸易经营主体的主动性。多元主体的互动关系,为我国农产品贸易体制的变革、运作都提供了强有力的监督机制,保持了农产品贸易体制的透明性和可预见性,为农产品贸易的发展提供了良好的环境。

我国的农产品贸易内容也有所扩大,在经历了3年多的过渡期后,我国将逐步批准外国企业参与进口农产品的分销业务,并在以生产为主的基础上逐步发展与之相关的服务业。

在这样一个明朗的环境下,我国农产品贸易呈现出如下特点:农产品进出口贸易额迅速增长,到2004年我国已跻身于世界5大农产品出口国之一;大宗农产品出口快速增长,2003年累计出口粮食2 200.4万吨,同比增长48.3%;农产品进出口顺差继续增长;农产品进出口市场比较集中,我国农产品出口市场主要集中在亚洲、欧洲和美洲地区,加入WTO后,进口市场主要集中在南北美洲和亚洲地区。

(三)加入WTO后,我国在农业方面做出的承诺

在享受权利的同时,也必须要承担责任。加入WTO后,我国在农业方面做出的承诺的主要方面有以下几个方面。

1. 进口方面。

(1)进一步减让关税。《WTO农业协议》要求各方在承诺的实施期限内,将减让的关税削减到一定水平。我国的农产品关税率在1999年时已减至21.2%。根据中国加入WTO议定书规定,我国在1999—2004年的5年过渡期内,逐年降低我国农产品关税。到2004年,我国农产品平均关税水平将由1999年的21.2%降到15%,降幅为20%。

(2)提高关税配额。关税配额是指,在配额准入量以内的进口产品享受低关税,超过进口准入量的进口农产品要缴纳较高的关税。加入WTO后,我国对小麦、大米、玉米、棉花、植物油、食糖、羊毛、天然橡胶等重要农产品实行配额管理,其中粮食(小麦、大米、玉米)的关税配额量为1 830.8万吨,2004年后为2 215.6万吨。配额内税率为1%~10%,配额外税率为65%~80%。植物油(豆油、棕榈油、菜籽油)2002年配额量为579.69万吨,2004年为709.8万吨,配额内税率为9%,配额外税率为9%~63%。大豆执行现行3%的税率,不采用关税配额制。

(3)不使用特保条款。特保条款即如果一国某农产品进口量猛增或国内价格猛跌,则该国可采取征收进口附加税等形式加以限制,但需事先通知WTO农业委员会和受此政策影响的国家。这也是美国、欧洲、日本等国比较常用的保护手段。但我国在WTO谈判中承诺,对所有农产品均不会使用该条款。

（4）确定动植物检疫检验规则。《WTO 农业协议》允许各个成员国采取正常的以保护人类健康、动植物生命安全及其生长为目的的措施，但这些措施不应构成不公正的歧视。我国在中美农业协议中承诺，解除长期以来对美国部分地区小麦、柑橘和肉类的进口禁令。例如，1999 年 4 月中美达成的《中美农业合作协议》中，我国同意解除美国西部 7 个州小麦进口的禁令，双方确定了"矮腥黑穗病"小麦允许入境的标准。

2. 出口方面。

（1）不恢复使用出口补贴。WTO 农业协议要求，各成员国必须逐步削减出口补贴，包括削减对农产品出口的直接支付、出口奖励和为降低营销成本而提供的补贴。我国从 1990 年开始，取消了农产品出口补贴，并承诺不再恢复使用出口补贴措施，包括价格补贴、实物补贴以及发展中国家可以享有的对出口产品加工、仓储、运输等补贴。这将使我国农产品特别是玉米、大米和棉花等因失去获得补贴的机会，而处于不利的地位，我国农产品出口竞争力将面临越来越严重的挑战。

（2）特别承诺和让步。在加入 WTO 的进程中，我国政府做出了特别承诺和让步，允许其他国家在我国加入 WTO 的 15 年内，对我国农产品适用"非市场经济国家"倾销准则，即可适用第三国的价格或成本计算损害程度，除非能证明这个产品的生产、制造和销售过程具备市场条件。在我国加入 WTO 的 12 年内，其他国家可以针对我国出口引起或可能引起市场混乱的特定产品实施保障措施，其有效期可延续 2 年。

3. 国内支持。国内支持指 WTO 成员通过各种国内政策，对农民和农业所进行的各种支持措施。《WTO 农业协议》把国内支持分为两类：一类是对国际贸易产生扭曲的政策，被称为"黄箱"政策；另一类不引起贸易扭曲的政策，被称为"绿箱"政策。对于"黄箱"政策，WTO 要求必须减少；对于"绿箱"政策，WTO 则要求可以不免让。《WTO 农业协议》规定发展中国家的"黄箱"政策不超过 10%，发达国家不超过 5%，超过了就要削减。我国在加入 WTO 的农业谈判中确定，中国农业价格补贴、投资补贴和投入补贴最高可达到农业产值的 8.5%。

第二节 中国农产品市场开放

一、"复关"与"入世"谈判

无论是在 GATT 还是在 WTO 的规则框架下，农产品贸易一直都是争议最多的部门。人类自农业社会以来，一直把农业视为"一国之本"，因为一国的农业会影响其他经济产业的发展，农业是一个国家稳定和增加收入的重要保障，更是确保本国粮食安全之根本。因此，世界绝大部分国家的政府对农业都进行了直接干预。在进入工业社会后，农业收入占国民收入的比重逐年下降，但是农业部门的政治影响力仍不容小觑。因而，规范农业规则是一项曲折而又艰巨的工作。

(一) 游离于多边贸易规则之外的农产品贸易

"乌拉圭回合"谈判之前,农产品贸易一直被列于多边贸易规则之外,是货物贸易中最大的例外产业之一。这与农业本身所固有的特殊性有关。

首先,从经济学角度出发,按照古典主义即西方主流经济学的观点,政府干预农业市场是有碍于经济发展的。但同其他商品相比,粮食的价格收入弹性较低。人们不会因为粮食价格上涨而减少对粮食的消费量,也不会因为收入增加而大幅度地提高对粮食的消费量。因此,粮食的消费受价格和收入的影响较低。

其次,从政治角度出发,农业是一国之根本,它影响着一国经济的方方面面:粮食安全、国际收支、其他经济产业的发展。此外,粮食的短缺还可能成为影响国家政局的不安定因素,容易导致暴乱、革命和战争。坦桑尼亚总统尼雷尔曾经说过,如果他要买鞋子,而种族制度下的南非是他买到鞋子的唯一地方,他不会去南非;但是如果他需要玉米,而能买到的唯一地方是种族主义制度下的南非,他就会去那里。此例足以说明农产品贸易在货物贸易中的重要性和特殊性,也说明了各国政府采取不同措施在不同程度上对本国农产品进行干预的原因。

政府对农产品贸易的干预,发达国家要甚于发展中国家,其干预措施主要有两种:一是设置贸易壁垒,限制进口以保护本国农产品的生产。各种贸易壁垒既可以限制外国农产品对本国农产品的替代,使本国农业生产者与销售商不受冲击,又可以提高国内农产品价格,使之脱离于国际价格体系,增加农民的收入。例如,日本和欧盟的农产品价格通常是国际农产品市场价格的两倍;二是采用农业补贴政策。发达国家政府一般通过制定目标价格、优惠信贷和财政补贴等方式来增加农民收入。美国政府在1996年到2000年间向农民支付了616亿美元的现金补贴,1999年和2000年的支出额均超过了200亿美元。

发展中国家也对农业也进行了干预,但是与发达国家相比,其干预程度较弱,补贴流向与发达国家刚好相反。许多发展中国家干预农业的目的不是为了增加农民收入,而是对城市中的消费者进行食品补贴。从而保证本国工业化对廉价农产品的需要。其手段通常为国家统一定价,由国家垄断部门统购统销。

这种国内、国际市场割裂的现象,严重干扰了世界农产品贸易的秩序。因此需要一个有效的国际规则来规范国际农产品的贸易。于是在1947年的《关贸总协定》中有4点是针对农产品贸易的规定。遗憾的是这些规定与农产品实现自由贸易背道而驰,而是鼓励国家干预。如关贸总协定中的第6条规定,在关贸总协定成立之初,对农产品的低价倾销持鼓励态度。再如,第21条的规定,为缔约各方采取非关税壁垒来抵制其他国家农产品的进口提供了法律依据。

(二) "乌拉圭回合"农业谈判(1986—1994年)

"乌拉圭回合"谈判即关贸总协定第8轮多边贸易谈判,可谓一波三折。总体谈判结束的期限也因农业谈判陷入僵局而一拖再拖。在这轮谈判中农产品作为首要问题与亟待解决的焦点,贯穿了整个谈判过程。最终经过多方努力,直到1994年4月在摩洛哥马拉喀什,各缔约方最终达成了以市场准入、国内支持和出口竞争这三大支柱为核心的包括《农业协议》在内的一揽子协议,这也标志着WTO农业规则的诞生。

1. WTO农业规则的基本内容。WTO农业规则包括4个协议:《农产品协议》;《马拉喀什议定书》所附国别减让表关于农产品的承诺;《实施植物卫生检疫措施协议》;《关于改革计划对最不发达国家和粮食净进口发展中国家可能产生相继影响的措施的决定》。在上述协议中,影响到国际农产品贸易的国内政策和边境措施基本被纳入多边规则,第一次就农产品国内补贴和出口补贴的问题制定了规范。其基本内容有:(1)市场准入规则,包括:非关税措施的关税化、削减农产品进口关税、关税配额制、特殊保障措施的实施;(2)国内支持规则,包括:"绿箱"政策、"黄箱"政策;(3)削减农产品出口补贴,包括:政府提供的直接补贴、价格支持、优惠贷款、间接补贴;(4)植物卫生检疫措施。

2. WTO农业协议有待进一步完善。"乌拉圭回合"农业谈判在农业贸易史上是不可忽视的,它首次将农业纳入多边规则,但仍有很多条款需要进一步完善。

(1)农产品市场准入条件有待改善。从关税来看,尽管按照规则,各国关税的平均水平都有所下降,但整体的关税水平仍然很高。市场准入壁垒林立,限制性关税、关税高峰(即税率超过12%的产品占总税目的比重)和关税升级等仍影响着市场准入条件。

(2)发达国家的国内支持与出口补贴严重威胁了发展中国家的农业利益。发达国家实施的国内支持和出口补贴、出口信贷等出口支持措施严重扭曲了国际农产品贸易。这些补贴虽然维护了本国农业的利益,但却给其他成员国的农业带来了危害。欧盟是全球最大的出口补贴使用者,1995-1998年,其出口补贴占全球出口补贴的90%。这种做法,无论是对欧盟的农产品市场还是世界农产品市场都有着巨大影响。

(三)《农业协议》之后的既定议程谈判

经过"乌拉圭回合"艰苦谈判达成的《农业协议》规定了该协议的实施期限,发达国家截止到2000年12月31日,发展中国家截止到2004年12月31日。新一轮多边贸易谈判未能在1999年底的WTO西雅图部长级会议全面启动,农业谈判于2000年初率先开始。

该次谈判分为两个阶段。

第一阶段(2000年初—2001年3月),在该阶段各成员方向大会提交议案、澄清立场,并对所提议案进行了讨论和商定。在此谈判中,各成员方所设计的议题范围较为广泛。其中在"乌拉圭回合"中就已经讨论过的议题,如市场准入、国内支持、出口竞争等问题,在此做了深层次的讨论与磋商。此外,还涉及了一些新的议题,如转型经济、和平条款、发展中国家待遇、食品质量等,其涉及面之广泛是前所未有的。

第二阶段(2001年3月—2002年3月),该阶段谈判期为1年,以非正式磋商为谈判形式。深入广泛地讨论了10个议题:关税、关税配额、"黄箱"支持、出口补贴、出口信贷、国营贸易、出口限制、食品安全和乡村发展。与"乌拉圭回合"谈判形势基本相同。在谈判过程中,以美国和中小农业出口成员方为代表的阵营赞成农产品自由贸易,提倡完全取消各种出口补贴,各国对农业进行的支持政策应仅限于不扭曲农业贸易的"绿箱"政策等国内支持政策。而以欧盟为代表的另一阵营则拒绝让农业也适用于自由贸易原则,他们的理由是农产品不同于其他货物。

事实上,各国的农业基础与农业政策存在着很大的差别。因此在谈判中彼此坚持不同的立场也很正常。各阵营所持观点都有着理论和事实作为有利的根据。但归根结底,农产品是货物的一种,任何非市场经济的作用都会导致资源配置的浪费和生产率的低效。在经济一体化的今天,以维护本国利益为核心的农产品保护政策必将被自由贸易体制所取代。本次谈判,尽管仍然存在着诸多分歧,但它推进了世界农产品贸易的自由化进程。

(四)坎昆会议

WTO第5次部长会议于2003年9月10日至14日在墨西哥坎昆举行。此次会议的核心是农产品贸易自由化,但不同以往的是,矛盾主体由美国与欧盟转移到了发达国家与发展中国家。其主要矛盾主要表现在以下几个方面。

(1)国内支持方面。美国和欧盟在谈判中同意将"黄箱"补贴逐步转变成"绿箱"补贴。而大多数发展中国家根本没有能力对农业进行大规模任何种类的补贴。因此,发达国家与发展中国家仍然处于不平等地位。

(2)出口补贴方面。对于出口补贴,发展中国家的意见是力争取消所有形式的出口补贴。但目前,美国主要采取出口信贷形式,欧盟主要采取出口补贴形式,直接或间接地给予自己国家的农产品出口补贴。欧美之间达成协议,同意双方按照各自的方式进行补贴。

(3)市场准入方面。目前发展中国家的关税普遍高于发达国家,若按规则降低关税,发展中国家对农业的保护将大幅度下降。农业是多边贸易谈判的难点,"乌拉圭回合"谈判一拖再拖;既定议程谈判与坎昆会议的未果最终显示出农业谈判的艰苦性与曲折性。在农业谈判中,既有出口国与进口国的利益冲突,也有发达国家与发展中国家的矛盾。但是,农产品贸易正一步一步地进行着实质性的改革。

二、中美农业协议的影响

(一)美国的农业政策

当今的美国是世界上最大的工业国,但农业在世界上也一直名列前茅。美国自建国以来对农业的政策可以分为两个阶段。

1. 自由放任政策阶段。从南北战争到20世纪20年代末,美国政府对农产品市场的价格采取了不干预不介入的自由放任政策。但是并非政府对农业不闻不问,而是采取了一系列的投资政策,间接地鼓励农产品市场的发展。如美国政府大力投资铁路与运河的修建,从而降低农产品的运输成本,使本国的农产品在外国市场上更具竞争力。1862年,林肯总统签署了《大学法案》和《宅地法》,从而开始了联邦政府实行一系列鼓励农业发展的政策。1862—1892年,30年间,美国农业部的支出以年均13.2%的速度增长。总的来说,在1929

年以前，美国政府对农产品市场所采取的措施是不干预政策。

2. 政府干预政策阶段。自1929年农业销售法是美国农业保护起点的标志。1929年起，联邦政府开始对国内农业采取财政补贴和直接干预等一系列措施。

（1）罗斯福新政。在一次大战与大萧条期间，美国农业经历了前所未有的低潮期。1919年美国农业的总纯收入达93亿美元。1921年，该数字便降至37亿美元，恢复到了一战初期的水平。此后，美国的农业收入有所回升，但大萧条期间又陡降至19亿美元，美国进入了农业危机时期，社会上不稳定的因素增加。

罗斯福政府的主要任务之一，就是救助农业。导致农业危机的直接原因是农产品价格大幅度下降。罗斯福政府所采取的农业政策，就是通过政府来干预农产品价格。其具体做法是：休耕。政府对休耕给予现金补贴，利用耕地减少，来控制粮食的供给量，提高粮食价格；在贷款方面，农户以谷物作为抵押，由政府向农户提供等价贷款；政府通过粮食库存来控制市场上的粮食数量，从而间接地控制粮食价格。

（2）现金补贴政策。从20世纪70年代起，美国政府开始向农户发放现金补贴。在此之前农产品价格支持政策的目的是提高农产品的市场价格，从而增加和稳定农业生产者的利益。但随着各国之间农产品贸易的发展，较高的国内市场价格无疑会削弱农产品的目标价格。为了实现目标价格，政府按市场价格与目标价格的差额，向农户支付现金补贴。现金补贴政策的实施使美国农产品的贸易条件大为改善。1971年，美国农产品贸易盈余为19亿美元，到了1981年增加至270亿美元。

（3）自由农业法。1996年4月，美国总统克林顿签署了《1996年联邦农业完善和改革法案》（又称自由农业法）。法案规定到2003年，美国政府将完全放弃农产品价格支持政策，首次从法律上把政府对农业的支持和补贴，同农产品价格脱钩。该法案规定政府向农民的补贴将减少。但实际上美国政府从1996年到2002年这7年间，所支付的农业现金补贴，大大高于其所预计的360亿美元。事实是，美国农业政策的重大改革，仅仅是在保护的形式上改革。美国政府并没有放弃农业保护的基本政策。因为在施行自由农业法后，克林顿总统又签署了一系列由美国国会通过的农业救急紧急法案。

（二）中美农业合作协议

1. 《中美农业合作协议》的内容。在我国加入WTO的谈判过程中，农业问题一直是我们踏进WTO的最大障碍之一。作为加入WTO的承诺，《中美农业合作协议》的签署无疑是在中国入世整个历程中的一座里程碑。它有利于我国农业走向国际市场，特别是为农产品出口创造了稳定的国际贸易环境。但从协议内容上看，我国在谈判过程中的"市场准入"问题上做出了很大的让步。在很多规定中，我国的承诺，并没有利用自身发展中国家的地位，以及WTO对发展中国家所给予的优惠政策。

《中美农业合作协议》实质上只解决了一个"市场准入"问题。美国力争要求我国放弃数量和地域限制，以市场规律来调节两国农产品的贸易数量和贸易品种。美国的最终目的，是实现我国农产品市场的完全开放。中美农业协议的签署，使美国多年来追求的目标得到了部分满足。在中美两国所达成的农业协议中，我国政府就农产品进口等农业政策做了如下承诺。

（1）在我国加入 WTO 之后，农产品进口体制当中以关税为管理手段，取消一切非关税壁垒。如对奶制品进口，施行单一的关税管理制度，撤销与 WTO 规则不符的一切非关税壁垒。

（2）降低农产品进口关税的总体水平。我国农产品的进口关税从 22% 下降到 17%，对重要农产品平均税率从 31% 下降到 14%；鱼类进口关税税率，从 2000 年的 25.3% 逐步调整到了 2005 年 1 月 1 日的 10.6%。

（3）改革关税配额管理体制。对棉花进口实行关税配额制。棉花进口初始配额为 74.3 万吨，配额内关税税率为 1%，配额外关税税率为 76%。到 2004 年，配额量达到 89.4 万吨，配额外关税税率降至 40%。协议规定对某些敏感农产品采用此政策，而且在协议的附加条款中明确规定，非国有贸易企业应参与到配额分配中来。这一规定主要是为了避免国家垄断专营和促进贸易经营主体的多元化。

（4）入世三年内向所有贸易实体，开放农产品市场。国内外的实体均有权在我国从事农产品的销售，以及与其相关的服务活动。

（5）停止农产品出口补贴。

（6）减少并逐步取消可能扭曲农产品贸易的国内补贴。

（7）遵守 WTO 有关农产品卫生的协议。我国将解除美国所有带有美国药物管理署（USDA）安全卫生证明的肉类、家畜的出口禁令。但是，我国有权随时对以上产品，进行相关检验与检查。

2.《中美农业合作协议》与美国农业政策对我国农业的影响。

（1）大量地进口粮食将有损于我国农业生产者的利益。在我国长期以来，粮食供给存在缺口，因此要进口粮食。而同时又有很多农民手里攥着粮食而没有销路，构成了"卖粮难"问题。我国的粮食成本，正以每年 10% 的速度上涨，而美国通过对粮食生产给予大量直接或间接的补贴，而使其粮食的价格一降再降。按照《中美农业合作协议》的规定，我国粮食准入的门槛也会一降再降。大量廉价的粮食将会涌入我国，这无疑会给我国农民带来冲击。

（2）卫生和动植物检疫方面的承诺，可能影响我国的粮食生产。在入世后 30 天内，我国将开始遵守 WTO 关于卫生和动植物检疫方面所有的法律规则。其中涉及了柑橘、小麦和肉禽类等的动植物检疫问题。我国在这些规定中解除了很多进口禁令。虽然这种做法属于减少了非关税贸易壁垒，提高了农产品贸易自由化的程度。同时也是我国对美国增加出口的筹码。但这无疑会给我国的粮食安全带来威胁，病虫害侵入的可能性增加。比如《中美农业合作协议》中规定，我国解除美国 TCK 小麦对我国出口的限制，这就可能给我国带来"矮腥黑穗病"，使我国小麦面临减产。专家称"矮腥黑穗病"（TCK）是一种小麦病害，其传播途径广泛，难以根除。我国一直是小麦的生产大国，若我国小麦被传染此病害，其后果的严重性难以估量。我国在《中美农业合作协议》中的承诺也为我国农产品出口争取了一些有利条件。在我国解除对美国加州等四州柑橘进口的禁令时，美国承诺进口中国的园艺产品。

（3）美国的农业政策给我国农产品贸易带来影响。我国与美国农产品之间相互的吞吐量都很大，两国之间的农业关系也越来越紧密。因此美国农业政策的改变会影响两国之间的农产品贸易关系。我国对美国的进口依存度较大，我国每年从美国进口的农产品无论是数量还是金额都是巨大的。有的农产品甚至95%以上都是从美国进口的。为了确保我国与美国的农产品贸易的稳定，我国农产品政策将依据美国的农产品政策做出必要的调整，以灵活的贸易政策来应对挑战。

此外，美国农业政策也影响着我国农产品的贸易结构。美国政府对用于土地保护的开支一增再增，这使我国原本具有比较优势的劳动密集型产品的地位减弱。我国主要水果的价格和禽肉以外的肉类价格都低于国际市场，在国际农产品市场上也极具竞争力，但在美国不断增加农业支持的情况下，这种优势将会越来越少，我国农产品的出口结构也将受其影响。

（4）对美国粮食进口的依存度过高，易使我国受制于人。当今的世界农产品市场属于买方市场，农产品的国际市场价格受供求关系影响。我国是一个粮食进口的大国，而进口国又以美国为首，我国巨大的粮食进口量会直接影响国际市场的粮价。尤其是美国进口到我国的粮食价格，而我国又会受制于这种价格。1995 年，我国粮食的进口量高达 2 081 万吨，由此引发世界粮食价格的大幅上涨。到了 1996 年，世界粮食价格涨至 242 美元，涨幅高达 35%，而当年我国粮食的进口量仅为 1 223 万吨。

3．我国应采取的对策。

（1）减少粮食进口，增加国内粮食供给。大量地进口粮食不仅损害了我国农民的利益，而且也易使我国粮食进口受制于人。在减少粮食进口的同时，要增加国内粮食供给，大力发展高效农业，提高科技对农业的支持。把高科技更多地运用到农业生产中，可以使粮食品种增加、产量提高。目前科技在我国农业生产中的贡献率不高，许多发达国家的科技贡献率远远高于我国。

改善流通体制，解决我国农民"卖粮难"的问题，保护农民种粮的积极性。在鼓励其增产的同时，保证其增收。在粮食流通体制改革中，我国已明确规定，要敞开收购农民的粮食。

（2）做好防"疫"工作。在《中美农业合作协议》中，我国承诺对有"疫情"的农产品撤销进口禁令。但我国仍有权随时通过动植物检疫，在入口港对进口的美国产品进行检查。我国有关的卫生检验建议部门应加大工作力度，坚决地把"疫"情拒之于国门之外。

（3）增加农产品的国内支持。从欧、美、日等发达国家的历史经验来看，在发展工业的同时，要对农业采取措施，在农业基础设施、农村教育上加大投入。我国现行的农业政策，大多数符合农业协议所规定的"绿箱"政策，如一般政府服务、粮食的公共储备、国内食品援助、救急自然灾害支持、地区援助计划等。在 WTO 规则允许的范围内，还应调整国民收入和社会资金分配结构,增加对农业的投入。

（4）促进我国农产品出口。在保持国内粮食生产和消费基本平衡的同时,应努力扩大我国粮食的出口量。只有保持我国粮食进出口处于长期平衡的状态,才能保证我国的粮食安全。加入 WTO 前,我国农产品贸易处于顺差;入世后,随着我国农产品关税税率的降低,贸易顺差逐渐减少。从 2003 年 4 月开始,出现了逆差。因此,我们要大力发展农产品的营销体制,从而促进我国农产品的出口。

中美建交以来,双边贸易得到了迅速发展。在 WTO 多边贸易体制下,中美之间的经济合作不断加强。在农产品贸易中,中美的合作越来越紧密,其之间的矛盾也层出不穷。但两国的目标一致,即在和平条件下,争取最大的利益。

第三节　中国农业生产与贸易政策调整方向

一、我国农业发展中存在的问题

（一）我国政府对农业发展的管理体制面临挑战

国际农产品竞争,不仅是质量的竞争,科技的竞争,也是管理体制的竞争。我国现行的农业管理体制,是在传统农业和农产品短缺时期形成的,其体系凌乱、条块分割。而现在农业的重要特征是把产前、产中、产后紧密地融为一体。因此,我国农业管理体制,很难适应农业发展的要求,更难适应农业国际化的要求。目前存在的问题主要是:

1. 劳动力严重过剩,劳动生产率低。目前我国仍有 2/3 的人口,被束缚在有限的土地上,而美国从事农业的劳动力已不足美国人口的 2%。这与农业生产的机械化程度有着直接的关系。农业生产的机械化程度又依赖于我国农业生产的规模和组织结构。

2. 传统小农经营方式,经营规模过低,效率提高的空间狭小。改革开放以来,我国农业竞争力弱的格局并未发生根本性改变。经营规模小、生产成本高、商品质量差、加工程度低、组织化程度严重不足、贸易环境不利等诸多因素,在短期内很难改变。因此我国在今后一个时期内需要对国内农业进行支持,加强农业结构调整,全面提高全行业的竞争力。

3. 缺乏现代化的产品流通体制。相对于计划经济体制下,农产品统购统销的制度而言,我国农产品流通体制改革取得了突破性的进展。但是,相对于整个农村经济市场化改革的整个进程而言,农产品流通体制改革还很滞后,流通环节中的高成本、低效率依然是阻碍农业发展的主要问题之一。进入 20 世纪 90 年代以后,我国多次出现粮食难买、难卖的现象。造成这种供求不平衡的原因,除了有粮食供给过剩,以及消费结构不合理外,流通不畅也是主要原因之一。我国农产品在流通过程中,主要遇到了两大障碍。第一,是信息失灵。农民不能按照市场信息,来组织具有一定规模的生产。因此,农民的生产与市场的实际需求之间存在着较大差异。第二,是市场流通渠道不畅通。流通渠道不畅大大增加了农产品的销售成本。流通能力低,使许多产品不能及时输送到消费者手中,以至于大量积压,甚至大量变质。

4. 缺乏现代化的农业服务体系和风险保障体系。我国政府目前对农业的投资还是以基础设施建设为主,而对各种配套服务的支持还远远不够。我国目前还没有建立完善的质量监督体系,没有对各种类型的农产品规定专业部门来保证农产品的质量与安全。也没有专门针对国际市场和增强农产品国际竞争力的研发体系。缺少农产品推广体系,来促进农民与市场的有机衔接。我国的农业信贷机构虽然发挥了一定作用,但对农业的支持还远远不够。要想真正地使农产品走向国际市场,一定要完善与农业生产相关的配套服务。农业生产周期长,自然风险大。在我国,长期以来农民一直靠天吃饭。农业生产中的所有风险均由农民自己来承担,缺乏抗风险的保护措施。农业生产者的利益和农业生产的稳定发展均得不到保护。美国政府为参加保险的所有农作物提供 30%的保险费用补贴,投保农民的农作物减产 35%以上,可以取得联邦保险公司的高赔偿金额,这种做法既不违背 WTO 规则,又起到了保护农业的作用这一措施,值得我们借鉴。

(二)我国农产品贸易中存在的问题

1. 技术壁垒影响着我国农产品的出口。加入 WTO 后,我国农产品出口遭遇技术性贸易壁垒,有增加的趋势。随着国际农产品贸易中技术性壁垒的种类不断增多、水平不断提高,我国农产品在国际贸易中所遭受的技术性贸易壁垒,也越来越多、越来越复杂,更多的农产品被拒之门外。由于我国是发展中国家,粮食生产的技术水平低于发达国家,在产品质量方面确实存在着许多问题。因此,技术性贸易壁垒将长期影响着我国农产品的出口。

2. 我国农产品出口中"非市场经济国家"倾销标准问题。按美国《1998 年综合贸易与竞争法》的规定,"非市场经济国家"是指计划经济以及一些市场经济不发达国家。由于"非市场经济条款"在倾销价格的确定上将我国视为非市场经济国家,运用替代国价格,即选定一个进口国,与该非市场经济国家在经济水平上相似的市场经济国家作为替代,以该替代国的国内市场价格,作为确定"正常价格"的基础。由于替代国的不确定性,我国在对外出口农产品时,是否构成倾销行为难以确定。因而,该制度带有明显的歧视性,致使我国的农产品出口很容易被判定为"倾销"。

在我国加入 WTO 议定书中有两个重要条款,其一是"非市场经济条款",它的适用期为 15 年;其二是"特保条款",它的试用期为 12 年。普通保障措施的实施条件对产业影响的认定是"严重损害",并针对所有的进口国加以实施,这一条款为非歧视性条款。而"特保条款"的实施条件对产业影响的认定是"市场扰乱",并只针对我国。因此"特保条款"对我国农产品出口起到了很大的限制作用。

3. 国外大企业的进入给我国农产品市场带来冲击。我国加入 WTO 之后,在我国农业政策方面鼓励农业贸易主体的多元化,国际跨国公司有机会进入我国的农业领域。目前,我国农业出口企业,普遍规模小、实力弱,国际竞争力低,抵抗出口市场风险和突破技术壁垒的能力不强,农产品行业协会发展滞后。不少出口企业为了争订单,竞相压价,进行低水平的无序竞争。在具体贸易活动中,我国农民的信用意识比较低。而管理体制健全、技术水平高、规模大的国际跨国公司纷纷进入我国后,无疑会冲击着我国的农产品的国际竞争力。如美国 ADM 公司在我国持股的大豆榨油企业有 9 家,其生产能力能满足我国消费量的 1/3,已能操纵我国市场,并将其发展战略逐步渗透到我国。这仅仅是农产品国际竞争中的序幕。

二、我国农业产业政策的调整方向

我国农产品已逐步进入到了国际市场,其中大宗产品的贸易更是受国际市场的影响,对国际市场上的形势反应也较为迅速、敏感。发达国家的农产品竞争力较强,并且有控制国际市场的趋势,我们必须充分地认识到这一点,想办法提高我国农产品的国际竞争力。

(一)提高农产品产业化经营水平

我国在农业上的小规模生产,很大程度上制约了农业生产的专业化、现代化、社会化和商品化。我国农产品市场信息成本高、交易效率低、农业资本利用率低,这些因素造成了我国农产品的成本与同期国际市场上农产品生产成本相比逐步升高。农产品的竞争从宏观来讲是国家之间的竞争,从微观来讲实际是企业之间的竞争。为了提高我国农产品的国际竞争力,国家应适当改变经营方式,降低成本。完成这一目的的手段之一,就是要建立农村合作经济组织,推进农业产业化经营,大力发展在国际市场上具有较强竞争力的龙头企业和名牌产品。以此来降低生产成本和交易成本,节约资本,扩大规模,取得规模效益,提高国际竞争力。

此外,建立各种农产品行业协会,加强行业协会与农产品出口商之间的合作,发挥组织之间的联合作用,制定行业标准和行业规章,加强行业内部的自律性、规范行业的经营秩序,共同协调在农产品贸易中出现的各种问题。这样不但能够保证农产品生产向产业化方向发展,而且也能保证农产品的经营管理向产业化方向发展。农业行业协会和出口企业具有一定规模并形成体制后,能够以更为积极的方式与国外同行业及有关部门进行交流与沟通,积极应对国外歧视性反倾销、反补贴、保障措施及其他限制措施等。

(二)增加农业生产中的科技投入

在现有的客观条件下,只有加强对国内农业生产的支持,提高农业的科技含量,提高农业技术水平,发展"高产、高效、优质"的"两高一优"农业,才能真正提高农业的竞争力。加强农业科学技术研究,围绕影响农业发展的重大技术问题,集中力量,力争突破;积极引进难以突破,而又在短期内急用的关键技术,开发和研究农业高新技术,发展高新技术企业,推动科技成果商品化、产业化。要进行农产品中新品种的开发,并培育适销对路的优良品种;推广现代生物技术、精深加工等实用技术;促进科技成果迅速转化为生产力,促进产品的快速增值。

在对农业科技投入时,切忌"舍本逐末",农业基础设施的建设不能忽略。因为,良好的基础设施是农业生产产业化的前提条件,产业化的农业生产是科技化农业生产的基础,而科学技术又促进着产业化的形成。根据 WTO 农业协议规定，农业基础设施属于 WTO 农业协议的"绿箱"政策。这方面的政策将不会扭曲农产品贸易，不受 WTO 规则约束。我国要加强农田水利设施、大江大河治理、防灾减灾、气象服务等基础设施的建设；应加大对农业基础研究和公益性项目投入的力度。如动植物品种资源和基因工程的研究，以此为科技创新创造条件。

（三）对优势农产品区域布局规划，建设标准化生产基地

我国地域广阔，每个地区有不同的农产品优势。山东、广东、辽宁、浙江、福建等地是我国农产品出口的主要省份之一，山东自 2000 年超过广东，成为了我国最大的农产品出口省。政府要充分发挥农产品区域的比较优势，大力发展优势农产品，突出产业化、生产标准化和科技性、安全性、信息灵通性等方面的发展，重点培育、扶优扶强。

选择一批生产条件好，有出口优势的地区给予重点支持。支持出口企业和农户按国际市场标准建设出口生产基地，将"公司＋农户"模式，转向"公司＋基地"模式。建立农产品出口加工试点，给予税收、信贷、基础设施建设等方面的优惠，设立专项建设资金，在基地内实行专业化生产、标准化管理、产业化经营；将建设资金集中投入到优势产品与优势产区的建设中，开展国家优质农产品产业工程，提高农产品生产能力。

（四）建立健全农产品质量标准体系

质量安全问题，是目前影响我国农产品出口的一个突出问题。提高农产品质量是我国进一步发展农业的客观要求。目前，发达国家对食品质量和安全性有较高的要求，而且有完备的质量标准和认证体系。我国相应的工作很不完善。为了加快与国际接轨的步伐，应建立健全农产品质量安全检验监测体系，对动植物检疫和防疫、农产品质量安全施行国家法定检验检疫制度。大力推行农业标准化生产，加快出口农产品的产地环境、生产技术规范和产品质量安全标准的制定。对出口产品要率先实行全程检验。

建立健全我国农产品的质量标准体系有利于提高农产品的质量，有利于提高我国农产品的国际竞争力，有利于进口检疫和质量标准与国际标准接轨，有利于促进公平竞争，有利于农产品在国际市场上的流通。

三、我国应对农产品贸易争端的策略

"入世"后，我国和一些国家的经济交往增加，贸易摩擦也必然增多，一些国家为了保护本国的既得利益，对我们挥舞贸易保护主义的大棒。在经济全球化的大背景下，我们一定要明白，贸易竞争和摩擦不可回避，只有正视它，才能解决它。在应对农产品贸易争端时，我们一定要坚持原则，站稳立场，运用一切可以利用的条件和手段，以和平的方式解决争端。

（一）运用世贸组织的争端解决机制

从世贸组织的争端解决机制的实际运作结果来看，它确实起到了公平、公正解决争端的作用。凡是涉及发展中国家的争端，解决结果还是比较公道的。世贸组织解决的第 1 例

争端是委内瑞拉以原告身份状告美国，结果委内瑞拉胜诉。在世贸组织所解决的争端中约有60%涉及到了发展中国家，而这些争端都得到了公正的解决，得到了当事国的认可。

（二）充分发挥行业协会的作用

在贸易争端中，行业协会往往充当着冲锋陷阵的作用，是政府和企业无法替代的。大量的WTO事务都需要政府和民间两条渠道共同参与，配合行动。一些发达国家在处理WTO事务时，正是由行业协会出面协调，妥善地解决争端和应对各种挑战。行业协会的组织成员正是涉案的当事人，其维护合法权益的心情更迫切，对内部情况了解得更细致，因此在解决争端时会更具有说服力。

农业行业协会可以作为反倾销、反补贴申诉的提诉人，与应诉人参与农产品贸易争端的解决。从各国实践看，行业协会作为提诉人的案件占绝大多数，而以政府反倾销机构或各个企业作为提诉人的情况十分少见。行业协会主要负责收集、整理、研究农产品在国内外反倾销、反补贴和保障措施等情况，组织协调农业产销单位，遭受国外反倾销、反补贴、保障措施调查的应诉工作，报送应诉案件进展情况及最新动态；负责提出与农产品有关的价格承诺建议，进行农产品出口价格的协调，维护出口秩序；负责采集、分析和上报本行业产业损害预警数据和动态情况，组织参与农业产业损坏调查，建立预警机制。

（三）规范国内农业市场规则

目前，我国农产品贸易争端在整个贸易争端中的比重较大。其中，相当一部分是由于国外对我们实行了歧视性待遇。但是，我国国内市场也存在着秩序混乱、信誉度不高的情况。我们应该努力提高农业生产能力，提升对外贸易农产品结构的档次，这样才能避免和同一档次的发展中国家竞争附加值的农产品。同时，还要注意出口多元化、产品差别化，增加附加值。全面提高利用国内外两种资源和两个市场的能力，参与国际经济大循环，以面向世界和国际化的视野制定发展战略，积累应对国际贸易战的经验。这样，我们的出口产品才能在国际市场站稳脚跟，即使有风险，也使损失尽可能地降到最低。减少贸易摩擦，首先应从我们自身做起，逐步提高我国农产品在国际市场上的声望。

第四节 本章小结

本章主要介绍了WTO与我国农业的关系。首先介绍了我国农业体制的改革历程。我国农业体制经过20多年的改革和发展，逐步由计划经济体制向社会主义市场经济体制过渡，取得的成绩有目共睹。从改革前的"三个为主"的农业体制阶段，到市场经济改革过程中的农业结构变化，再到中国加入WTO之后的农业政策改革，其间取得的成绩很大。同时，还介绍了我国农产品的贸易现状及入世后我国在农业方面做出的承诺。其次，简述了农业的地位，我国农业和农产品贸易在复关与入世过程中的经历。无论是在GATT还是在 WTO 的规则框架下，农产品贸易规则一直都是争议最多的部门之一。人类从农业社会以来，一直把农业视为"一国之本"。因此，世界上绝大部分国家的政府对农业都进行了直接或间接干预，农业规则的规范化成为了一项曲折而又艰辛的工作。本章以几轮谈判为着眼点，介绍了农业规则在国际上的规范过程及其发展变化过程。本章还详述了中美农业协议对中国农产品贸易的影响。从美国的农业发展背景谈起，着重介绍了中美农业协议的具体内容；该协议与美国农业政策对中国农业的影响以及我国应采取的对策。

面对入世，中国农业生产与贸易政策调整方向一直是人们关注的重点。从我国的农业改革伊始到入世后的今天，我国农业生产与农产品市场的变化可谓翻天覆地，但与发达国家相比，我国农业的整体发展水平还不高，仍然存在很多问题。如：我国政府对农业发展的管理体制面临着挑战；农产品贸易中的技术壁垒；我国农产品出口中的"非市场经济国家"地位；国外大企业的进入等问题都是我国在农产品贸易中遇到的阻碍。为了提高我国农产品在国际市场中的地位，我国农业政策应进行积极的调整：提高农产品产业化经营水平；增加农业生产中的科技投入，对有优势的农产品区域布局规划，建设标准化生产基地，建立健全农产品质量标准都是我们应该努力的方向。入世后，我国与国外的经济交往增多，更多的贸易摩擦也随之而来。在应对农产品贸易争端时，我们一定要坚持原则，站稳立场，运用一切可以利用的条件和手段，以和平的方式解决争端。如运用世贸组织的争端解决机制、充分发挥行业协会的作用、规范国内农业市场规则。

案例分析

一、案情分析

2000 年 12 月 22 日，日本宣布对大葱、鲜香菇、蔺草席等三种从中国进口的产品进行设限调查。有专家分析说，日本挑起贸易摩擦原因有二：一是日本国内经济一直低迷，在经济不景气的情况下，政府往往会采取贸易保护措施；二是日本当时执政党的选民大都在农村，为了拉到更多的选票，他们对本国农民的要求不敢轻视。2001 年 4 月 11 日，日本驻华使馆致函中国政府，通告将于 4 月 23 日对从中国进口的三种农产品实施临时保障措施。4 月 12 日中国外经贸部新闻发言人高燕宣布，中方对日方从中国进口的三种农产品实施临时保障措施表示坚决反对。4 月 17 日，日本政府内阁会议正式决定从 4 月 23 日起，对从中国进口的三种农产品实施临时保障措施，期限为 200 天。4 月 23 日日本启动临时保障措施，对从中国进口的三种农产品实施关税配额管理，超过配额限量的进口征收高额关税。同一天，中国外经贸部新闻发言人高燕表示，中方要求日方取消临时保障措施，否则将采取相应措施。

6 月 22 日，中国开始对日本汽车、手机和空调实施 100% 的惩罚性关税。6 月 26 日，中国外经贸部提出希望中日双方通过磋商妥善解决贸易争端。6 月 27 日，日本政府提出访华，就相关事宜进行磋商，中国政府表示同意。

7 月 3 日至 7 月 4 日，中日两国政府在北京为解决贸易争端举行局级正式磋商。10 月

17日中国外经贸部部长石广生与日本经济产业省大臣平沼赳夫在上海亚太经合组织会议期间举行会谈,表示双方均愿意从维护两国经贸大局出发,协商解决有关问题。

11月1日,中日两国政府在北京再次举行局级磋商,虽未达成协议,但商定尽早进行民间磋商。11月8日,中日民间磋商在东京结束,未能达成协议。日方200天临时保障措施期满,但在12月21日前仍可启动正式保障措施。中方表示,在日方正式宣布取消对中国农产品的进口限制之前,中方不会取消特别关税报复措施。

二、案例分析题

(1) 若中日协商未果,12月21日,日方启动正式保障措施,我国应如何应对?

(2) 在国际贸易摩擦中,采用报复性行为的利弊。

思考题

1. 为了提高我国农产品的国际竞争力,在农业政策方面应该做哪些调整?
2. 简述我国农业体制在改革开放后的发展变化。
3. 我国在农产品贸易中主要存在哪些问题?
4. 美国的农业政策给我国的农业改革带来哪些启示?
5. 美国对农业给予大量的补贴,其原因主要有哪些?
6. 具体说明"入世"后,我国在农业方面做出的承诺有哪些?这些承诺对我国农业的影响是什么?
7. 试述农产品贸易与其他货物贸易相比的特殊性有哪些?
8. 关注近期中国与其他国家间的农产品贸易有哪些摩擦?试就其中一起事件,讨论其原因及解决争端的办法。

第五章　WTO 与中国主要工业的发展

学习目标　通过本章学习，学生能够认识 WTO 与中国主要工业（石油化工工业、汽车工业、钢铁工业）发展的关系，并且能够认识到中国石油化工工业、汽车工业、钢铁工业走向国际化是发展的必然趋势。了解我国石油化工工业的发展及现状；我国汽车工业历史；我国钢铁工业的竞争力与存在的问题。掌握入世对我国石油化工工业的影响与挑战，及"入世"后我国石油化工工业的发展方向；我国汽车工业的现状和入世对汽车产业的影响以及我国汽车产业的发展方向和我国汽车产业政策的调整；加入 WTO 对我国钢铁行业的影响和我国钢铁工业的发展未来。培养学生理论联系实际的能力，用发展的眼光看问题，具体问题具体分析的能力。

加入 WTO 使我国工业企业在更高层次上投身于国际市场的竞争，这就意味着竞争范围和竞争力度的空前加大，我国的工业企业需要进一步调整和完善，以适应国际竞争。本章就 WTO 与中国主要的工业，即石油化工工业、汽车工业、钢铁工业等的发展情况进行详细分析。

第一节　WTO 与我国石油化工工业

石油化工工业是我国重要的支柱产业。石油化工产品既是重要的原材料，又是直接进入消费市场的重要产品。加入 WTO 后，作为国家支柱产业的石油化工工业将面临新的机遇和挑战。

一、我国石油化工工业发展及存在的问题

（一）我国石油化工工业的发展及现状

我国的石化行业从 20 世纪 50 年代开始起步，经过 60 年代、70 年代的自力更生、艰苦奋斗和引进国外先进生产技术，逐步缩小了与世界先进水平的差距。20 世纪 80 年代，经济与管理体制的改革极大地促进了石化工业的发展，主要石化产品跃居世界前列。20 世纪 90 年代，石油石化企业进行了改制和重组，中国石油集团和中国石化集团已经成为世界石油石化界具有重要影响力的企业。中国石化集团已进入世界 500 强，中国石油股份有限

公司成功地在全球发售股票，这些都标志着中国石油石化行业已经开始走向世界。

1. 主要产品生产能力和产量位居世界前列。目前，我国石油化工工业发展的现状是：经过了几十年的发展，我国已经进入世界石化大国之列。原油产量、炼油能力、乙烯生产能力等关键性指标迅速提高，在世界上的位次也有所上升。我国石油的总产量由1952年的44万吨提高到2004年的1.6亿吨，人均产量也由1952年的0.77公斤提高到2004年的129.61公斤。天然气总产量由1952年的0.08亿立方米提高到2004年232.8亿立方米。目前，我国石油储量940亿吨，天然气储量13 669亿立方米，现有产油井72 255口。化肥、染料、化纤、合成氨的产量已居世界第1位；农药、纯碱产量居世界第2位；硫酸、烧碱产量居世界第3位；原油产量居世界第5位；合成树脂产量居世界第6位。此外，乙烯、轮胎、涂料产量也居世界前列。现在，我国已经拥有年产原油500万吨以上的油气田5个，年加工原油500万吨以上的石化企业22个，年产合成氨30万吨以上的化工厂19个，年产纯碱50万吨以上的化工厂5个，年产乙烯30万吨以上的企业5个。这些大企业已经基本接近或达到合理的规模，代表了我国石油石化行业的规模经济和水平。

2. 石化产业在国民经济中占有重要地位。目前，石化行业在我国国民经济中占有重要地位。2004年全国石油和化学工业完成工业总产值（不变价）6 646.96亿元，占全国工业完成总产值的11.5%；完成工业增加值2 963.98亿元，占全国完成工业增加值的15.2%；工业资产总额15 432.82亿元，占全国工业资产总量的14.18%。2004年化工产品和油品进出口总额达438.98亿美元，占全国进出口总额的18.55%。经测算，2004年广义石化行业（包括石油天然气开采、石油加工及炼焦业、化学原料及产品制造业、化学纤维制造业、橡胶制品业和塑料制品业）的经济总量在我国工业经济总量中约占17.5%；狭义的石化行业（包括石油天然气开采、石油加工及炼焦业）约占7%。在行业内的所有制结构上，依然以国有经济为主导力量。根据全国第三次工业普查数据公报，在石油和天然气开采业、石油加工及炼焦业和化学原料及化学制品制造业的工业总产值中，国有工业分别占95.4%、83.1%和48.5%。

3. 石油石化产品消费稳定增长。目前我国年原油产量约为1.6亿吨，年消费量约为2.0亿吨，各种石化产品基本供不应求。随着国民经济的发展和人民生活水平的提高，石油及石化产品的消费量会进一步提高。尤其是石油天然气在能源消费中比例不断提高。我国能源生产总量中原油的比重已由1952年的1.3%，上升到2004年的18.5%；天然气的比重由1965年的0.8%，上升到2004年的2.4%。石油和天然气在我国能源消费中的比重已经达到21%。预计这一比例今后还会继续稳定增长。根据预测，我国在"十五"时期，国民经济增长速度仍可能保持在7%~8%左右，石油产品（汽油、柴油、煤油、润滑油等）需求量的年均增长速度在4.5%左右，乙烯需求量的年均增长速度在6.5%左右，合成纤维需求量的年均增长速度在3.5%左右，合成橡胶需求量增长将达到5.5%左右。另外，我国石化产品人均占有量低，增长潜力巨大。2004年，我国塑料的人均占有量仅为世界人均水平的25%；合成橡胶的人均占有量为世界人均水平的22%。

(二)我国石油化工工业存在的主要问题

1．总量依旧不足，产品结构不合理。虽然我国主要石化产品的产量居世界前列，但由于我国经济增长速度较快，对石化产品的需求增长快于供给的增长，因此我国石化行业长期存在供求缺口，国内供求不平衡，大量依赖进口。行业内产品结构不尽合理，基本有机原料供给不足，三大合成材料之间比例不协调，行业内部投入产出平衡水平低。2004年我国净进口原油1.23亿吨与2003年相比有较大幅度增加。

2．生产效率较低、微观效益不高。与世界先进水平相比，我国石化企业管理体制落后，生产效率较低，销售利润率偏低。1998年，中国石化的人均营业收入和人均利润仅相当于美国埃克森公司的2.25%和0.2%，营业利润率仅相当于美国埃克森公司1/10。从1998到2005年，我国成品油的价格一升再升，但是，主要经济指标落后于世界先进企业的局面，仍然没有改变。

我国炼油的各项成本基本都高于国际水平，仅有直接工资一项稍有优势，反映了我国行业工资水平低于其他国家，但综合的人工成本却高于其他国家，这说明我们体制的原因和隐性成本使我们的人工费用比较高，人力资源使用效率偏低。综合来看，我国石化企业的国际竞争力仍然比较低。

3．产销脱节，一体化效应不明显。石化行业内部有上游、中游和下游之分，其规模效益很大一部分来自上、中、下游一体化和产供销一体化的规模经营。从国际大公司的经验来看，产供销一体化可以在内部消化成本，降低价格波动的风险，控制各环节的产量和利润总额，从而实现规模经营的效益。因此，国际上大石油公司基本上都在内部实现了产业一体化，而独立的石油公司很难对市场产生重大影响，并且经营的风险也比较高。目前，我国陆地石化虽然已经划分为中国石油和中国石化两大集团，但集团内部的体制尚未理顺，资源配置的整合和优化过程还没有完成。产油、炼油、加工、销售的一体化网络尚未形成，炼油、化纤、化肥、化工的比例协调发展也没有实现。产业链的衔接不合理，产销脱节，内外贸分离；面对最终需求的变化和石油价格的变化，企业内调整的灵活性不强，时滞比较长，这都制约了规模效益的实现。

4．管理水平、技术水平较低，物耗水平高，浪费严重。虽然改革开放以来，石化工业的体制创新、管理创新和技术的引进与创新都有所突破，但目前与发达国家的差距仍旧很大。由于国内引进的技术消化吸收与国内自主开发结合不够，技术开发创新能力较弱，物耗、能耗、开工率、检测维修周期均与国外先进水平有较大差距。目前，炼油工业技术水平能够达到发达国家90年代初期水平，而石化工业技术水平只相当于发达国家70年代、80年代的水平。我国加入WTO后，石油化工工业成为受"入世"影响最大的行业之一。

二、"入世"对我国石油化工工业的影响与挑战

(一)经济效益受到较大冲击

虽然中国石油石化工业是国家的支柱产业之一，在国民经济各部门中也是优势产业之

一,但是把中国石油石化工业放到国际范围中比较,尤其是面对国际石油石化大型跨国公司逐步形成的全球性集团,中国石油石化工业因其资金和技术密集的特点反而处于弱者地位,而且缩小技术和资金差距的难度也很大,难以在短时间内取得整体上的竞争优势。1998年中国石油集团公司和中国石化集团公司的资产利润率都不到1%,远远低于国外石油石化大公司8%的水平,清楚地表明了我们国际竞争力弱的这一现实。

加入WTO后,中国石油石化工业将面临新的经济发展环境和更为复杂的市场竞争环境,关税减让、取消配额许可证,以及给予外国公司贸易权和分销权等,是加入WTO所必须履行的义务,这就导致大量石油石化产品进口,市场价格下跌,严重影响中国石油石化工业的经济效益。以中国石化集团公司为例进行测算,如果保持2004年产销量不变,按2004年进口产品到岸价,加上加入WTO后的预计关税计算产品价格,则销售收入比实际减少约113亿元。按上述销售收入下降情况,考虑了成本费用总额中进口原油计零关税,以及国内原油与国际价格接轨带来的相应成本费用降低的影响后,即按加入WTO的条件,重新计算2004年石化集团公司的盈亏情况,石化集团公司在维持2004年潜亏基数的基础上,还要发生更大的亏损。

(二)市场占有率进一步下降

据统计,国外石油石化产品在中国的市场份额如下:成品油、润滑油、液化气目前分别达到20%、25%、50%,合成树酯从1990年的33%上升到目前的52%,合成橡胶从1990年的9%上升到目前的44%,合纤原料和化纤目前达到了53%。因以下问题的存在,加入WTO后国产石油石化产品的市场占有率可能进一步下降。

1. 部分产品缺乏价格竞争力。在不考虑需求自然增长的条件下,成品油因取消非关税保护,恢复汽、柴油进口,其市场占有率会降低。将产品成本与进口产品到岸价加预计关税进行比较,中国石化集团公司1998年部分聚乙烯、聚丙烯、涤纶短纤、尿素和全部涤纶长丝缺乏价格竞争力。

2. 新产品开发能力弱、质量性能不能完全满足用户需要。三大合成材料的新产品研制开发能力弱,产品技术品种储备不足,缺乏科研与应用一体化的品种开发机制,缺少有竞争优势的产品。如中国石化集团公司合成纤维作为技术储备的产品牌号,与生产的品种牌号之比,大大低于日本。此外,产品的质量性能落后于进口产品。合成树酯产品的性能不稳定,部分性能指标达不到加工要求,批次间差异较大,尤其是专用树酯的问题更为突出,影响了产品的推广应用。合成橡胶的质量标准体系标准低,与国际不接轨,如果不能及时按市场和用户的要求对质量标准体系进行调整,产品将难以进入外资橡胶加工企业,从而导致失去用户。

3. 营销体制不适应市场的变化,市场开拓能力差。中国石油石化企业在市场营销和技术服务上与国外差距较大,销售手段不灵活,没有形成相对稳定、可靠的产品销售网络。生产企业缺乏加工应用的研究,研究中心单纯搞科研,没有结合本企业的生产与销售,不能及时反映用户的具体要求。加入WTO后,国外公司以先进的设备、灵活的经营手段和较高的管理水平进入国内市场,将带来很大冲击。

4. 聚烯烃生产能力增长不足。以中国石化集团公司口径统计,1990年聚乙烯和聚丙烯市场占有率分别为40.8%和46.1%,2003年下降为29.7%和38.9%,2004年分别为28.4%和41.1%。按现有竞争力水平,由于需求的增长,若要保持聚烯烃的市场占有率不变,则其生产能力需要扩大,如果仅以目前所拥有的生产能力,其市场占有率将下降近10个百分点。

(三)投资风险将增大

在工业化阶段,因技术不断进步和竞争不断加剧,重要基础产业只有不断把利润和信贷资金追加到再生产过程中去,才能保持产业发展和市场占有率。但当基础产业走过上升阶段,市场趋于饱和时,产业利润率通常会迅速下降到利息率以下,部分信贷资金很容易沉淀为不良债务。这是工业化进程中固有的规律。加入WTO后中国市场进一步开放,国内石油石化产品市场饱和以至于过剩的局面更趋严峻。当然,我们也应抓住中国石油石化工业整体重组、债转股以及低利率的有利时机,集中财力加大核心事业的投资力度,争取在21世纪初可能出现的周期高峰阶段形成新的生产能力。此举的关键在于确保投资项目的效益和竞争力达到一流水平,确保规模扩大与竞争力的提高保持同步。

(四)利用外资和引进技术的难度加大

与我们利用外资和引进技术相关的国际环境发展将有3个重大趋势。一是在国际资本过剩而世界迈入知识经济的时代,国际超级跨国集团将从过去的资本垄断逐步转向技术垄断;二是随着国门进一步开放,外商将进一步了解中国国情,将遵循着从单纯向中国出口产品到中国合资办厂,更倾向于在中国独资建厂这样的轨迹转变;三是在目前全球生产过剩的情况下,发达国家力图转嫁他们严重的过剩危机,市场成为远比技术、资产以及自然要素更为稀缺的资源,经济全球化发展的最终结果,必然加剧全球市场的竞争,必然推动全球性集团在全球范围谋求寡头垄断的战略实施。基于上述判断,我们得出如下结论:第一,中国市场必是列强争夺的目标,石化集团公司将与列强在中国市场上成为短兵相接的竞争对手,石化集团公司对外合资与引进技术的难度可能增加,利用外资的代价可能提高;第二,在我国石油化工工业处于竞争劣势的情况下,需要适当的市场保护,没有适当的市场保护,也就不再能以市场换资本、以市场换技术;第三,我们自己要抓紧市场网络建设,建立起市场进入壁垒,抓紧自主技术的研发,摆脱在技术上受制于人的被动地位,这样才能最终不依赖国家袒护而立于不败之地。

(五)人才安全问题凸现

市场竞争归根结底是人才的竞争。高级专门人才,对于国家以及企业的安全有着重要的意义,争夺高级专门人才,已成为当今世界最为激烈的竞争领域。加入WTO后,外商进入中国后的第一要务就是网罗人才,由于中外企业人才激励机制存在着巨大差距,中国石油石化高级专业人才的安全将遇到前所未有的挑战,这是一个极其严峻的问题。因为在未来的竞争中,谁能拥有人才谁就可能获胜,否则将一败涂地。因此,如何培养人才、招揽人才、留住人才、激发人才的最大能动性是必须及早研究解决的重大课题。

（六）有利于推动体制改革

中国的改革发展到今天，已经进入触及深层次问题的攻坚阶段。中国的改革基本上是自上而下地进行，难度很大，阻力也很大，仅靠行政力量是远远不够的，改革的主要动力应来自于竞争。加入 WTO 后，更大程度地引入外国企业的竞争，将大大增强改革的推动力，只要开放适度，将会加快中国自主改革的进程。企业改革的关键在于建立适应市场经济体制的企业制度和激励机制，这是根本问题、核心问题。没有竞争，这个问题不会自动解决，而这个问题一旦解决了，其产生的政策效应将是巨大的，是单纯的投资措施和技术措施的效应无法比拟的。对中国石油石化工业而言，这是加入 WTO 最重要的正面影响。

三、"入世"加速我国石油化工工业的发展

（一）"入世"给石油化工工业带来竞争压力与发展机遇

1. 企业将获得良好的国际经贸环境。中国可以和 WTO 成员中 100 多个国家和地区，在最惠国待遇的原则下进行国际贸易，消除了"入世"前进行国际贸易的许多障碍，享受到其他国家和地区关税减让和非关税减让的好处，便于扩大出口。尤其是石油石化行业利用两种资源、两种资金，开拓两个市场和对外合资、合作提供了良好的机遇，更有利于引进国外资金和技术，加速石油石化工业发展。

2. 有利于更新观念，增强与世界接轨的紧迫感。加入 WTO 将推进整个石油石化行业加速调整产业结构，转换经营机制，深化内部改革，提高管理水平和竞争能力。

3. 由于关税降低，使引进技术、进口设备和原材料费用进一步降低，有利于企业降低生产成本；同时，可缓解严重走私带来的压力，有利于规范国内原油、成品油和石化产品的市场秩序。

4. 有利于与国际市场接轨，扩大对外交流和合作，发展和扩大国际化经营。

（二）我国石油石化工业应采取的措施

1. 进一步加快石油、石化两大集团公司的改革与重组。我国石油、石化两大集团企业长期积累的一系列深层次矛盾没有从根本上加以解决，经营机制还没有根本转变，结构性矛盾比较突出，扭亏解困任务艰巨，企业冗员较多，劳动生产率较低，部分资产闲置。要解决这些矛盾和问题，必须在管理体制和经营体制上进行重大改革和调整，以适应经济全球化、市场国际化要求。

2. 进一步降低生产和经营成本，提高竞争能力。据 2004 年按营业收入排序的世界前500 强企业显示，中国石化集团公司名列第 73 位，并位居中国 5 家入围企业之首。在世界最大的石油石化公司中，中国石化集团公司按营业额排在第 6 位。但是，按照销售利润率排序，中国石化集团公司只能排在第 22 位，这说明我国石化企业的生产和经营成本仍然较高。为此，加强企业的运作管理，提高设备开工率，降低财务费用、人工成本、节能降耗、优化资源配置，加快技术改造和技术更新，全方位地降低企业成本，是提高我国石油石化

企业在国际市场竞争力的必由之路。

3. 优胜劣汰,坚决关停并转低效企业,淘汰落后生产力。关停并转低效企业是提高行业整体竞争力的重要步骤。例如,美国 1986 年－2004 年共关闭小炼厂 78 家,经过关停,使美国总炼油厂开工率由 78%提高到 97%,经济效益明显改善。我国炼油石化企业也面临着结构改组的重大任务。

4. 加强营销系统的运作管理。加大营销力度,提高营销水平,对市场开拓十分重要。国际上非常重视营销系统,因为它是效益主要的和直接的产生者。我们同国外公司的竞争就是争市场、争份额。中国已准备在加入 WTO 后放开零售市场,外国公司进入国内市场后,终端销售就是各方争夺竞争的焦点。在目前石油零售市场尚未对外开放的情况下,外国公司已千方百计通过各种渠道钻了进来。例如,我国现有加油站约 86 000 多个,石油石化只占了其中的 17 000 多个,其他近 70 000 个被系统外力量瓜分,外国公司的加油站也不在少数。我国零售市场一旦放开,外国公司将可能利用其资金优势高价收购社会加油站和我们争夺零售市场。为此,形成布局合理、标识统一、服务优良的零售网络是赢得市场和提高占有率的必然选择。

5. 进一步加大技术创新和技术进步的力度。采用新技术、新工艺必然会降低成本、推出新产品。例如,重组联合的 BP-阿莫科公司,其甲醇羰基合成法生产醋酸技术已占世界醋酸市场 70%以上,近年又推出了 Cativa 新技术,它采用新催化剂和新助剂,使生产费用可削减 30%,节约扩建改造费用 50%。现已推向工业化应用,BP-阿莫科与马来西亚石油公司(Petronas)合资新建的 400 千吨/年醋酸装置,也将采用 Cativa 技术把产量进一步扩大到 600 千吨/年。我国与 BP-阿莫科合资的扬子江乙酰公司 200 千吨/年醋酸装置也拟采用 Cativa 技术进一步改造扩能。

6. 加快兴建大型石化合资联合企业进程,使其成为我国石化行业新的经济增长点。经过近几年的反复磨合,我国新的大型石化合资项目已初显轮廓。加快这些大型合资项目的建设进程,将有利于调整我国石化行业缺乏竞争能力的产业结构,步入国际大市场的竞争行列,有利于我国实现石化工业中长期发展的目标。

7. 建设原油战略储备库。最近国际油价的持续攀升,影响我国炼油企业效益的现实,充分说明了建设我国原油战略储备库的重要性。2005 年布伦特原油价格曾一度突破每桶 70 美元大关。如此高的油价给一些炼油企业造成了巨大压力。2004 年下半年,中国石化集团公司原油加工成本因原油价格上涨而增加几十亿元。如果目前建有几千万甚至上亿立方米的原油储备库,应付国际油价波动的影响将好得多。美国、日本等都十分重视原油战略储备,美国有 4 座原油储备库,储油量约 7 亿桶,主要用于应对原油中断时期石油市场所受的冲击。2005 年美国墨西哥遭受"卡特里娜"飓风袭击,政府仅向市场投放 37.6 万桶战略储备油,就抵御了这场灾难。我国没有战略储备和专门从事油气储运的管道储运公司,其原油的储备能力不足 2×10^6 立方米。我国 1993 年以来已经转变为原油净进口国,在坚持进口原油多元化的同时,必须改变当前这种现用现买的状况,加快原油储备库的建设。这同时也是"入世"后与国外石油企业竞争的需要。即使在平常情况下，依靠原油储备库也可利用国际油价的波动从事一些国际贸易取得较大效益。

第二节　WTO与我国汽车工业

一、我国汽车工业历史

新中国成立以后，经过近半个世纪的努力，中国汽车工业从无到有，形成一个产品种类比较齐全、基本满足国内需求的产业部分。中国汽车工业的发展历程大致划分为3个阶段。

（一）起步初创阶段

我国汽车工业的起步是通过国家集中投资和全方位技术引进的方式实现的，其标志是第一汽车制造厂的建设和投产。建国后，由于国内汽车专业人才缺乏，当时国家重工业部于1950年8月决定聘请苏联专家，承担我国汽车制造厂的整体设计规划工作。1953年，在国家领导人的亲自推动下，第一汽车制造厂破土动工。经过短短的3年时间，便建成投产，成为中国第一个汽车工业生产基地。这种全盘引进的方式，不仅为一汽的建设提供了物质和技术条件，而且为中国学习和迅速掌握汽车生产技术、积累经验提供了捷径。一汽建成后，我国先后发展了4吨解放牌载重车、2.5吨越野车、红旗牌轿车等产品，并形成了一定的生产能力。

1958年以后的大跃进期间，全国范围企业下放，各省市纷纷利用汽车配件厂和修理厂仿制和拼装汽车，形成了中国汽车工业发展史上第一个"热潮"。到20世纪50年代末，中国的汽车制造厂迅速增长到16家，汽车改装厂增加到28家，汽车（特别是载货汽车）产量迅速稳步增长，达到2万多辆的水平。中国各地方发展汽车工业的积极性，一方面，丰富了中国汽车产品的品种，建立了比较完整的载货汽车生产体系（具备轻型、中型、重型载货汽车和各种专用改装汽车的生产能力），满足了国民经济的多种需要，对当时我国工业化建设起了积极的作用。另一方面，这一时期汽车工业投资的严重分散和浪费、布局混乱，重复生产的"小而全"畸形格局，为以后汽车工业的发展留下了隐患。此外，中国汽车工业未能达到独立开发和研制汽车新产品的能力，零部件生产也比较薄弱。

（二）摸索成长阶段

我国汽车工业从1960年到1980年，跨越了4个"五年"计划，以第二汽车制造厂、四川汽车制造厂和陕西汽车制造厂的建设为主线，经历了漫长的摸索成长阶段。

第二汽车制造厂是中国汽车工业的第二个生产基地，1965年开始筹划，由于各种因素的干扰，到1975年才建成投产，建设周期长达10年之久。不过，第二汽车制造厂是完全依靠中国自己的力量建成的，开创了中国汽车工业以自己的力量设计产品、确定工艺、制造设备、兴建工厂的历史,标志着中国汽车工业上了一个新台阶。第二汽车制造厂建设中所需的2万多套设备,100多条自动化生产线,只有1%的关键设备是从国外引进的,其他均由国内自行研制生产,所以第二汽车制造厂的建设对促进我国汽车行业及相关产业技术进步,特别是机床行业的技术开发能力发挥了重要作用。

20世纪60年代后期,为了满足重型载货汽车的需求,四川汽车制造厂和陕西汽车制造厂,以及一大批配套厂先后投入建设。进入20世纪70年代,在全国汽车供不应求和国家再次下放企业到地方的推动下,中国汽车工业的发展进入第二个高潮。到1976年,全国汽车制造厂增加到66个,专用车改装厂增加到166个,其中上海汽车制造厂形成年产5 000辆以上的小规模生产能力。一批零部件和附配件厂也得到快速发展。到1979年,中国汽车产量已经达到年产19万辆,形成了以载货车和越野车为主体的汽车产品体系。

由于这一时期中国经济处于孤立于世界经济发展潮流之外的封闭发展状态,加上计划经济体制的束缚和受以强调战备为代表的若干次重大决策失误的影响,中国的汽车工业在总量增加,体系完善的同时,低水平重复建设导致的汽车生产厂家规模小,技术水平低等问题进一步恶化。另外由于多数汽车厂的建设选择在交通不便和无工业基础的山区,专业厂之间的布局也过于分散,不仅增大了建设成本,也制约了企业进一步的发展。

(三)快速全面发展阶段

进入20世纪80年代以后,中国汽车工业进入调整、提高和快速发展的阶段。

20世纪80年代初期,中国汽车工业不但产品数量不能满足需求,产品结构也以中型载货车为主,"缺重少轻,轿车几乎空白"。为适应市场需求的变化,汽车工业及时调整了产品结构,注重了微型车、轻型车和重型车的产品开发,先后建立了1个微型车生产基地(天津汽车厂),2个装配点(柳州拖拉机厂和国营伟建机械厂)和4个轻型车生产基地(东北、北京、南京和西南),并集中投资建成了上海大众、一汽大众、东风神龙、天津夏利等具备生产15万辆或15万辆以上规模的轿车生产基地,形成了比较完整的产品系列和生产布局。到20世纪80年代中后期,中国的载货汽车产量和品种基本满足了国内市场的需求,轿车市场的供需矛盾也得到一定程度的缓解。

到21世纪初,中国汽车生产能力比20世纪70年代末几乎增长了10倍,1992年全国汽车年产量首次超过100万辆。2004年汽车产量262.8万辆,世界排名第10位,其中商用车生产212.1万辆,世界排名第3位;轿车生产50.7万辆,世界排名第14位。1992—2004年,全国生产汽车累计984.7万辆,其中轿车234.8万辆,基本满足了国内对汽车快速增长的需求。另外,中国汽车工业基本车型,形成了6大类120多个品种的较完整体系,各类改装汽车、专用汽车750多种。到2004年全国商用车(货车加客车)产量的轻(包括微)、中、重型车比例为78.5:17.8:3.7,轻型车和微型车比重大幅度上升;全国载货车产量的轻(包括微)、中、重型车比例为67.0:27.7:5.3;全国载货车与乘用车(轿车加客车)的产量比例为40.6:59.4,基本上扭转了改革开放初期汽车产品结构的不合理局面。

1981年至2004年底,汽车工业总投资额约2 560亿元人民币。"八五"期间(1991—

1995年)是汽车工业的投资高峰期,全行业投资额达到756亿元人民币,约占全国投资总额的1.18%。"九五"期间(1996—2000年),继续保持强劲的投资势头,累计投资达到994.8亿元人民币。从投资方向看,后期投资力求集中,形成了几个大型企业集团,改变了生产分散的局面。

20世纪80年代以后,随着中国改革开放的不断深入,中国汽车生产企业的经营管理体制也发生了重大变化。汽车生产企业的产品开发、生产和市场营销,基本上从计划经济格局转变为面向市场、面向用户、开拓经营的市场经济格局。汽车工业的行业管理体制基本上从自律性行业管理入手,逐步建立了适应市场需求的营销网络和方便用户的售前、售中、售后服务体系。目前,正致力于创造良好的社会环境和使用条件,进一步完善营销体系和服务功能,治理和规范市场秩序。在此过程中,汽车工业的宏观管理体制几经调整,正向市场化方向迈进。

(四)我国汽车工业在国民经济中的作用

我国汽车工业的发展对中国经济的发展做出了巨大贡献,特别是改革开放后的20年里,汽车工业的快速增长使其成为拉动中国经济快速增长的主导产业之一。中国汽车工业的产值占工业总产值的比重稳步上升。虽然1998年到2000年这一比重有所下降,其原因主要在于中国经济的过热增长在一定程度上掩盖了汽车工业的稳定增长势头。中国汽车产量,从1990年到2001年增长了近2倍,就能说明这一点。进入21世纪初,中国经济买方市场特征日益突出,多数行业增长趋缓,汽车工业总产值比重却从2001年开始重新进入稳步增长阶段,这充分说明汽车工业对经济增长具有稳定而有力的带动作用。

改革开放以来绝大多数年份,汽车工业增加值的增长趋势,高于国民经济的总体增长趋势。特别是2000年以后,汽车工业的增长趋势,明显超过了国民经济总体增长趋势。有关统计数据显示,这一时期汽车工业增加值增长速度,高出同期GDP平均增长速度约4到5个百分点。

汽车工业是劳动密集型产业。据统计,2004年中国汽车工业职工人数197.8万人,相关制造业部门约25万人,能源及材料部门202万人,汽车及其相关产业劳动力总数占全部劳动力的4%左右。如果再考虑与汽车服务业有关的就业人数,这一比例还要大些。所以,汽车工业的发展对中国工业化过程中的就业问题和劳动力的转移也发挥着重要作用。

二、我国汽车工业的发展方向

(一)我国汽车工业的现状

1. 汽车生产规模小。汽车生产是一个需要规模生产的行业,但是长期以来,我国对汽车工业一直施行进口许可制度和高关税保护政策。对国内市场过度保护的结果,刺激了各地方大量投资建厂,形成了目前的汽车工业布局零散,生产规模小这样一个先天不足的局面。中国的汽车工业仅占全国工业总产值的1%左右,称汽车工业是我国国民经济的支柱产业显然名不副实。再看看拥有奥迪、奔驰、宝马、大众等世界著名品牌的德国汽车工业，他的税收占全国税收的 1/4，出口的 1/5，工业总产值的 1/6，在德国经济中的比重是惊人的。据业内人士分析，年产 20 万辆是企业盈亏的分界点，30 万辆以上才具有价格优势，2004 年全球 21 家汽车生产厂的产量占世界 72%，美国占 22.7%，而中国仅相当于美国的 13.3%。

2. 汽车生产厂家多。中国目前汽车的生产厂家有 125 个，日本只有 11 个，美国仅有 3 家，中国的汽车生产厂家之多，应该名列世界之最，而像第一汽车制造厂这样的厂家 2000 年所有类型、品牌加起来的年产量才有 30 万辆，一般在世界上具有竞争力的厂家，年产量至少应达到 100 万辆左右，销售额在 100 亿美元以上。在世界上，看汽车企业的竞争力强不强，主要是看轿车生产能力，而我国的轿车生产根本不具备可比性。1998 年，我国的轿车产量是 51 万辆，当年美国的通用汽车公司的产量是 878 万辆。2002 年，我国的汽车产量才突破了 100 万辆。

3. 中国轿车价格过高是制约中国轿车工业发展的因素之一。美国的福特汽车创始人老福特曾经说过，他们必须把轿车的价格降到 1 万美元以下，这样才能使每一个美国人都买得起轿车。现在美国的人均 GDP 是 3.2 万美元，而购置一辆普通福特轿车大约在 1 万美元，也就是说美国人可以用他年收入的 1/3 来购买轿车。在中国，到 2005 年城镇居民可支配收入约 1 万元人民币，而中国市场的经济型轿车也在 5 万元人民币以上，也就是说中国人要用 5 年的全部收入才能买得起轿车。难怪全球的 8 亿辆轿车中，有 2 亿辆在美国。当今发达国家每 2 个人就拥有 1 辆轿车，而中国人每 2 000 人只有 1 辆轿车，因此世界各国的跨国公司都认为中国是世界上最大又是最后的汽车市场。

4. 高关税保护下的竞争意识薄弱。在中国，进口轿车一直被高关税挡在国门之外，而国内市场对轿车存在着巨大的需求饥渴，厂家无论生产什么样的产品都能销售出去。中国的企业没有竞争的压力，也就自然没有了发展的动力。而且，我国的轿车在质量上也不具备竞争力，国内现有的近 10 种车型，绝大多数是国外 20 世纪 80 年代的产品，20 世纪 90 年代的产品仅有 3 种，而轿车的生命期只有 10 年左右，在不具备整车开发的情况下，品牌竞争处于劣势。

5. 中国的轿车没有自己的自主知识产权。从 20 世纪 80 年代初开始，中国的轿车产业就被绑在了国际汽车业的战车上。目前，我国 9 家轿车定点生产厂家，绝大多数是合资或合作企业，生产的轿车绝大多数都是国外的品牌。可这个"国际化"的道路，并没有改变我国轿车生产技术落后的局面，到现在，我们很少有自主开发整车的能力。由于缺乏自主开发能力，我们的轿车厂只能受外国方面的牵制。

6. 中国轿车价外收费不合理。长期以来对汽车的税收存在不合理的状况，比如现在对汽车征收的消费税是从汽车特别消费税演变而来的，以前征收它是为了控制公款买车，而今天私人购车已经成为主角，这项税收无疑会对私人购车起到抑制作用。养路费征收不合理，改为燃油税对消费者来说，更公平合理。

7. 轿车发展的配套工作不到位。在交通问题，尤其是城市的道路交通上，进步应该说是比较慢的。一方面政府提倡轿车进入家庭，另一方面更多的家庭在买车之前看到的是满眼的蜗牛前行的车队，他们的信心就化为乌有，只有期待着道路顺畅了以后再作打算。而且上牌过程复杂，中国的购车者在买到自己中意的车以后，最着急的莫过于让它尽早出去，而上牌照的过程却较为复杂。

（二）"入世"对汽车产业的影响

对中国汽车产业面临的危机作了一番彻底的分析，和对中国"入世"以后汽车工业的走向进行认真、全面地考虑后，我们会发现入世以后，对汽车产业既有利的一面，也有不利的一面。

1."入世"对中国汽车产业带来的有利的方面包括以下几个方面。

（1）有利于中国汽车产业的结构调整。中国汽车产业中规模小、效益低、产品价格高的小企业在地方保护主义的保护下存在，"入世"后随着通用、奔驰等国际著名大企业进入中国市场，必然会把这些规模小、效益低的企业淘汰出局，使他们最终走兼并、破产、重组的道路，中国汽车产业结构就会出现合理的状态。中国轿车企业在中国加入WTO以后，真正要和外国的同行展开激烈的竞争，要求我们的企业在组织结构、整体素质、规模经济、技术水平、企业文化和经营战略等方面都要有重大的进步，唯有这样才能进一步培养先进企业的竞争力。

（2）加速中国汽车产业的现代化进程。国际上重量级企业进入中国，能够带动我国的汽车工业技术水平和开发能力的进步，他们先进的发展思路、高超的营销技巧、生产和科研的高度结合等，都会很快被中国的汽车产业所接受，并在最短的时间内学会它。我们加入WTO，加大国际大公司进入中国市场的信心，今天我们能够成为这些跨国公司最好的合作伙伴，明天才有可能和他们并驾齐驱。在目前，我们和发达国家的汽车产业存在相当距离的情况下，引进还是最好的学习方式。

（3）为高技术人才提供新的就业机会。按照跨国公司员工本地化的发展思路，随着大量的跨国公司进入，他们会为中国汽车产业自身培养新型人才。从汽车设计到生产及营销环节都需要大量的中国熟练工人，而且已经进入中国的三资企业为了和新进入的跨国公司竞争，也必然会扩大生产规模，加大对中国国内的采购。这些都会不断刺激我们的就业。

（4）推进中国汽车消费环境的改善。由于中国的汽车产业原来一直是卖方市场，中国的消费环境不理想，轿车要发展主要寄希望于轿车要进入家庭，而轿车进入家庭必须要改变购买、使用过程中税费过高、过重的现状。只有过高的收费降下来，才能使我们的汽车面对外国汽车具有一些价格优势。同时，还需要我们在售前、售后服务上多做一些文章。

2."入世"对中国汽车产业带来的问题包括以下几个方面。

（1）中国汽车产品的高价格、低质量的问题凸现出来。降低进口汽车的关税会使进口汽车更具价格优势，我们的汽车生产企业会不得不面对更加残酷的竞争。尤其是国外汽车企业在中国投资的限制被取消，他们就会在中国获得更大的市场份额，我国的汽车企业面临的局面会更加严峻。

(2) 我国汽车服务也必然会遭到冲击。由于中国在服务贸易领域中开放的大动作，使得我们在"入世"后的某一天会突然发现，国外的汽车服务商出现在中国的大街小巷。我国的汽车服务水平还处在初级阶段，而且国外汽车生产过程始终和服务是联系在一起的，服务水平的高低也是汽车行业竞争的重要组成部分。

(3) 汽车发展一旦遇到困难必然会影响我国政府和地方的财政收入。汽车工业是我国机电行业中经济效益比较好的行业，在一些地方，汽车工业就是当地的支柱行业，如果汽车行业萎缩，必然会影响到地方财政。加入WTO后国产汽车的价格有所下降，但国产汽车生产和销售的增长速度一定要高于价格的下降速度，否则就会出现财政收入下降的后果。

(4) 汽车工业的从业人员会有一个较大的调整。我国汽车工业的从业人员有200万人，其中45%在大企业，55%在小企业。但在利润总额中，大企业占70%，中小企业只占30%。可见在中国汽车工业中，中小企业的就业比重大、经济效益低。而加入WTO后，首当其冲受到冲击的就是这些中小企业，他们中的一些非熟练职工就会失业，有相当多的中小企业会被淘汰出局。

(三) 我国汽车产业的发展方向

综合考虑我国汽车产业现状和入世对汽车产业的影响，总结出未来我国汽车产业的发展方向主要有以下几点。

1. 联合兼并重组进程加速。发达国家的汽车工业发展史，同时又是一部生产集中程度越来越高的联合兼并史。汽车工业的技术特点和产品特点和生产特点就决定了汽车工业本身必须实行集团化经营。目前，世界汽车大公司（含零部件公司）之间的联合兼并已经成为汽车行业的现实，而且这种合并的趋势还在继续发展。未来的世界汽车工业将形成几家大公司主宰世界市场的局面。

现代汽车工业发展的特点表明：汽车工业升级为支柱性产业的前提是建成一批在国际上具有竞争力的大集团公司。中国的汽车产业要提高竞争力，就必须进行资产重组，以实现优势互补和规模化经营。因此，加快集团化进程既是汽车工业自身发展的需要，也是应对WTO的需要。

可以预见，随着竞争的日益激烈，中国汽车产业的整合步伐必将加快，企业间的联合兼并重组进程将进一步加速，规模化经营的程度将大大提高。

2. 积极参与全球化进程。进入21世纪初，在世界各国产业结构调整和贸易及投资自由化迅速发展的带动下，各国的经济交往日益密切，极大地促进了各国经济的分工与合作，世界汽车工业的全球化走势也日益明显。主要表现在3个方面：首先，汽车跨国公司为扩大市场，积极与发展中国家合作，采用的方式有合资经营、委托生产和当地设厂生产等；其次，发达国家的汽车公司相互持股，或分别在对方国家设厂生产；再次，主要大公司均推行零部件全球采购政策，从而进一步推动了汽车生产全球化这一趋势。

对中国汽车工业来讲，卡车是中国汽车工业的起步车型，改革开放以来也陆续引进了多个国家的技术和车型，但主体还是本土技术和资本。从长远来看，由于与国外技术质量差距较大，大规模引进国外技术和生产方式是在所难免。国内外汽车工业发展的现状与趋势表明，未来我国轿车工业必将参与全球化，在产品、市场、生产经营、资本和技术等方面逐步实现全球化运作，只有这样才能迎接汽车工业贸易与投资自由化的挑战。

3. 模块化生产和系统化供货将成为发展潮流。在世界汽车界，模块化生产和系统化供货已经成为不可阻挡的发展潮流。模块化生产、系统化供货有助于整车厂商提高质量、降低成本、提高劳动生产率。这对单个零部件生产和供应的传统模式，提出了具有划时代意义的挑战。同时，零部件模块化生产将使汽车零部件工业的地位发生根本性变化，整车厂将不仅在产品上，而且在技术上依赖配件厂，使得零部件厂商成为决定未来汽车工业发展的重要力量。

对于国内汽车企业来说，国内小规模的模块化生产方式已由局部开始运用，正处于起步阶段。国内企业应积极应用这种先进的生产配套方式，提高模块化生产的比率，促进中国汽车工业发展。对于中国汽车工业来说，加入世界贸易组织后降低关税措施，使中国的国内市场国际化程度日益加深，要提高中国汽车的市场竞争力，必须要采用系统化供货、模块化生产这种世界流行的采购方式。可以预见，在不久的将来，随着国内汽车市场的竞争日益激烈，国内各大汽车整车企业利用模块化方式采购的零部件比例将不断提高。

4. 低污染、节能汽车是发展方向。当前，环境污染、能源紧缺已成为全世界共同关心的重要问题。在世界汽车业，低污染、节能型汽车已经成为世界各大汽车公司竞争的一个焦点。许多世界知名汽车厂家已经渐次推出具有高科技水平的环保概念车，志在领导世界汽车新潮流。

在我国，随着城市汽车保有量的增加，汽车尾气对城市环境的污染日益严重，减低汽车尾气对城市环境的污染已经刻不容缓。环保是我国的基本国策之一，由于我国排污控制的整体水平相对落后，因此控制汽车排气污染，发展环保型汽车迫在眉睫，成为我国汽车工业发展面临的一个重大课题，同时也是汽车工业技术进步的动力。

5. 轿车逐步进入家庭。从世界各国汽车工业发展的经验来看，只有轿车大量进入家庭，才能支撑起汽车工业的大发展。目前，世界发达国家的年轿车销售量中，家庭私人用车占绝大部分，家庭用车已经成为推动汽车工业发展的主要动力。

三、我国汽车产业政策的调整

在今后一个时期，政府管理体制和政策改革的重点应放在两个调整上，即战略性调整和适应性调整。所谓战略性调整就是从经济全球化和汽车产业发展的基本趋势和规律出发，主动实施调整措施；适应性调整则是为适应 WTO 国际通行规则的要求所进行的体制和政策性调整。

（一）战略性调整

1. 放松行政性进入限制，取消项目审批制，加快推行型式认证制度。结合政府职能转换，在财政资金不再投资于汽车产业情况下，政府应取消投资项目的行政审批制，加快向项目备案制过渡，为各种所有制形式的投资主体提供一个公平与便捷的市场准入机会。在生产企业和产品许可制度上，应全面取消目录管理制，积极创造条件，尽快由目前的公告制向型式认证制度过渡。以汽车产品的安全、环保、节能等法规认证作为产品市场准入的客观标准。

2. 创造与维护统一、公平、竞争的市场环境和竞争秩序。当前最重要的任务是打破地区封锁和行业垄断，促进全国统一市场的形成，为所有企业提供一个公开与公平的竞争平台。特别是通过逐渐完善的资本市场来整合与优化产业组织结构。政府还须加大保护知识产权的力度，严厉打击各种假冒整车、零部件和品牌的不法行为，建立和维护良好的市场竞争秩序。

3. 以企业为主体，推动产业重组，优化产业组织结构。在整车市场上，针对不同车型的市场结构，采取横向合并式重组与纵向分拆式重组相结合的战略。对于轻型载货车、轻型客车等，应通过合并式重组，促使市场结构向寡头型过渡；对于轿车等高成长性和高集中度的市场结构，应推动纵向分拆，打破目前"大而全"的格局。在零部件市场上，应改变目前受企业集团和地域限制的状况，使有条件的企业加快兼并重组、壮大实力，从而转变为全国性供货商。同时，积极参与跨国重组，借助跨国公司的全球采购和销售网络，成为全球性的供货商。在重组政策的选择上，可以从放松进入限制、引外企业入境、运用资本手段和结合企业改制等方面入手，推动汽车企业重组。必须指出的是，在产业重组过程中，政府应充分尊重企业的自主决策，避免"拉郎配式"的行政性重组。

4. 调整财税政策特别是消费政策。在产品和项目选择上要向经济型轿车和比较具有竞争优势的微型车、农用车倾斜，鼓励这些产品的生产与消费。可采取加速折旧、资助及实施出口退税等优惠政策。加快调整汽车消费政策，改革税费结构，将部分税费征收由购销环节向使用过程转移；取消不合理税费和价格歧视，保证税费的统一透明；适时推进费改税（燃油税）改革；对普及型产品（如经济型轿车和农用车）实行低消费税，高档豪华车实行高消费税；在城市轿车行驶中，取消车型歧视；将地方政府公务用车纳入全国统一采购体系。

5. 大力发展汽车贸易与服务业。改变目前汽车生产与销售脱节的现状，允许企业销售融资；规范与发展二手车市场；发展汽车租赁市场，并以此来带动新车销售；统一汽车售后服务的基本标准；实施缺陷产品的召回制度。

此外，政府还应加快投融资体制、财税体制、国有资产管理体制和企业制度改革，规范政府采购制度，调整城市规划思路，加快城市基础设施建设，并有计划地实施产业调整援助政策，帮助产业界加快结构转型过程。

（二）适应性调整

1. 调整贸易管制政策。在货物贸易领域，政府要根据 WTO 协议中有关汽车及零部件的关税减让表和配额安排，调整关税及非关税措施。过渡期内可保留配额和许可证限制措施,但要符合透明度原则和非歧视原则。在汽车服务与贸易领域,政府应为外资进入汽车销售和融资领域提供市场准入机会,取消对外国供应商数量、服务贸易总额和资产总额,以及进出口挂钩等方面的限制。

2. 清理、调整与完善有关法律法规,增加透明度。需要清理和调整的法律法规主要是《外资企业法》、《外商合资经营企业法》、《外商合作经营企业法》、《汽车工业产业政策》、《外商投资产业指导目录》等。需要补充完善的法律法规主要涉及汽车安全、环保、节能和质量技术标准等内容。调整与补充后的法律法规,应充分体现公开透明的原则,为汽车产业的健康发展提供一个稳定的法律环境,并以此防止滥用行政性干预手段。

3. 调整投资政策。一是要解决"欠国民待遇"问题,即按照与贸易有关的投资措施协议(TRIMs条款)调整外资的股权比例、当地成分和外汇平衡等政策要求;二是要解决"超国民待遇"问题,取消给予外资的各种优惠政策(如税收优惠),为内资企业创造一个公平的竞争环境。

第三节 WTO与我国钢铁工业

一、我国钢铁工业的竞争力与存在的问题

钢铁是国民经济的基础,是实现全面小康社会必不可少的物质条件。1949年建国初期,我国年钢产量仅为15.8万吨,经过几十年的发展,到1996年突破1亿吨大关,2004年钢产量超过2亿吨,连续几年跃居世界第1位,成为名副其实的钢铁大国。在钢材品种和质量方面,已经逐步形成能冶炼包括高温合金钢、精密合金钢在内的1 000多个品种。轧制和加工包括板、带、管、线、丝和异型等各种形状的4万多个品种规格的钢材。我国钢铁企业经过几十年的发展,取得了一定的成绩。

(一)我国钢铁工业竞争力

1. 钢产量增长速度加快。据2003—2004年,中国钢铁行业发展研究报告提供的资料显示:2002年我国产钢18 225万吨,比2001年增加2 959万吨,增长19.38%;2003年产钢22 234万吨,比上年增加4 009万吨,增长22%;2004年产钢27 279.79万吨,比上年增加5 046万吨,增长22.69%。由此可见,我国钢铁企业钢产量的增长势头强劲,增长速度加快。

2. 技术水平明显提高。近年来,我国钢铁企业坚持以老企业改造为重点的方针,通过对大中型钢铁企业的改造,促使了钢铁企业产能增长和结构优化,提高了技术装备水平。如平炉钢产量,已由1990年的19.83%下降到1999年的1.44%,到2000年全部淘汰;连铸比由22.3%提高到76%,目前已提高到85%以上。现阶段我国钢铁企业已建成一批具有国际和国内先进水平的生产线,宝钢、天津无缝钢管厂、珠江钢厂等工程已达到国际先进水

平,缩短了与发达国家的差距。

3. 产品结构调整较快。目前我国急需的钢材品种如重轨、造船板、集装箱板、镀锡板等已经可以在国内解决;镀锌板、石油管、热轧薄板、冷轧薄板等品种的生产能力及市场占有率有大幅度提高;钢材自给率显著提高,已经达到90%以上。此外,由于国产钢铁产品竞争力的不断提高,出口量也在不断增加。2003年钢铁出口量达到696万吨,同比增长27.5%;钢坯出口量达147万吨,同比增长10%;材坯出口量达843万吨,同比增长24.3%。另外据有关数据显示,目前我国钢材产品中有50%～60%的产品,已经具备国际市场的竞争能力,30%左右的产品随着技术改造进一步深化,也将具备国际市场的竞争能力。

4. 技术经济指标改善明显。1999年我国重点大中型钢铁企业高炉利用系数为2.0立方米/吨铁,比1995年的1.79立方米/吨铁提高了11.73%;同一年重点大中型企业转炉炉龄为2 715炉,比1995年的1 081炉增加1 634炉;吨钢新水用量从1999年28.79立方米/吨,降低到2002年的15.05立方米/吨,吨钢工业水用量从1996年的232立方米/吨铁降低到2002年的159立方米/吨铁;水重复利用率从82.01%提高到90.87%;吨钢可比能耗从1990年的0.997吨标准煤降低到2002年的0.715吨准标煤,在钢产量增长1倍(由6 535万吨增长到1 2764万吨)的基础上,总的能源消耗只增加了31%;吨钢废水排放量下降了58%,年排尘量下降了29%。

5. 企业组织结构调整卓有成效。我国钢铁企业除各主要大企业内部进行组织整合,2003年又有几家钢铁企业进行了组织结构的调整。如2003年8月,南京钢铁集团暨南钢联挂牌成立,实现了经营机制的重大转变;东北老工业基地辽宁、黑龙江特钢进行了跨省重点行业的战略重组,组建了全国最大的特钢生产企业;上海宝钢集团公司分别与首钢总公司和武钢公司签署了战略合作意向书,通过走联合之路增强抵御市场风险的能力(合作内容包括:铁矿石等大宗原材料的联合采购和运输环节的整合,以求降低采购和运输成本;新产品、新技术和新工艺的联合研发,以求缩短开发周期、降低开发成本;市场营销的合作,以求市场资源配置更协调,避免恶性竞争)。目前,我国钢铁企业经过组织结构的调整,现已组建了一批具有一定国际市场竞争能力的大型企业集团。

我国已经是世界公认的钢铁大国,但并不是钢铁强国。虽然目前我国钢铁行业的国际地位和竞争力有所提高,但与世界钢铁强国如日本、韩国、美国以及欧洲的一些国家相对还比较弱,无论在企业规模、品种结构、产品质量、能源消耗、劳动生产率,还是在技术装备、工艺水平等方面还存在明显的差距。

(二)我国钢铁工业存在的问题

1. 钢铁生产可利用资源方面存在的问题。据中国钢铁工业协会2004年9月发布的《钢材市场需求预测及钢铁工业发展战略的若干建议》这一报告公布的数据表明,我国钢铁企业可利用资源已经出现短缺现象,特别是铁矿石。2004年我国产钢量虽然突破2亿吨,但我国国产铁矿石供求缺口越来越大,铁矿石进口每年都以20%以上的速度增加。据预测,到2010年我国将进口2.2亿吨铁矿石,将占世界总贸易的45%左右。这将在国际货源、国内港口运输、矿石价格以及企业生产安全等方面，给我国钢铁行业的发展带来更多的困难和不确定因素。目前，由于我国钢铁生产的快速增长，已造成铁矿石、焦炭、焦煤等原燃料供应紧张，价格和海运费暴涨，部分地区电力供应短缺，铁路运输和港口装卸能力不足，制约我国钢铁工业发展的矛盾日益突出。

2．平均技术装备水平方面存在的问题。我国现有技术装备平均单机能力小，技术水平低，部分生产能力和工艺技术不配套，使得生产消耗高、效率低、质量差。目前，我国落后的技术装备仍占较大的比重。有关统计资料显示，我国有竞争力的装备约占总产能的50%左右，而其余50%的能力则需改造和淘汰。如炼铁高炉中约有4 500万吨的生产能力属于落后，约占总能力的35%，其中约有3 000万吨生产能力是100立方米以下的小高炉，属于限期淘汰；炼钢设备中，转炉约有1 200万吨是属于落后的生产能力，占目前转炉生产能力的12%，电炉约有1 000万吨属于落后的生产能力，占电炉能力的34%，都属于限期淘汰；轧钢设备中，除新建的薄板和热轧无缝钢管轧机外，具有国际先进技术水平的装备不到50%，而处于国内一般水平和落后水平的设备超过50%。总之，我国钢铁企业的整体装备水平参差不齐，既有较好的宝钢、武钢，也有较差的民营企业。

3．钢铁产品质量和结构方面存在的问题。质量与国外相比，我国钢质纯净度较低，有害气体和杂质含量较高，性能的均匀性、一致性较差，外观质量和包装质量低劣，并且生产标准相对较低，能达到国际同类产品先进实物质量标准的钢材产品数量相对较小。产品结构方面虽然近几年来调整较快，但还存在许多不足，如钢铁的板带比值为42%，而发达国家这一比值为60%～80%；高端板材与高新技术和制造业的市场需求相差7个百分点，需要进口。

4．钢铁产品生产专业化方面存在的问题。虽然目前我国钢铁产品在专业化方面有一定的改善，但总体来说，我国钢铁企业大多数是"万能型"工厂，板、管、棒、线、型材等都生产，产品专业化生产程度低。特别是特钢企业缺乏明确的产品定位和主导产品，专业分工不明确，产品生产的专业化程度低，直接影响到生产成本的降低，质量和效率的提高，以及钢铁工业的技术进步。

5．劳动生产率方面存在的问题。按吨钢消耗的工时计算，国外发达国家生产每吨钢需人工时均低于5小时，而我国钢铁企业生产每吨钢平均高达20小时，从业工人平均劳动生产率相当于美国的1/7。劳动生产率低下使我国钢铁企业低劳动力成本的竞争优势无法体现，加上能源消耗比日本等国高20%左右，钢铁产品生产成本上竞争优势不大。

6．钢铁企业集中度方面存在的问题。我国的钢铁工业布局散乱，有很多分布在全国各地区县甚至乡镇。中国最大的钢铁企业——上海宝钢，2004年年钢产量为2 000万吨，不足世界最大的钢铁企业阿塞罗钢年产量的1/2。目前我国现有钢铁企业2万余家，其中近50家的大中型企业年平均钢产量不足200万吨，而日本6家钢铁企业钢年产量就达1亿吨，韩国浦项一家钢年产量就达2 600万吨，其企业集中度远远高于我国。另外，据2003—2004年中国钢铁行业发展研究报告结果显示：2003—2005年，我国钢铁企业中规模大的协会会员企业的高炉炼铁能力增长35%，而非会员企业增长78%，高出会员企业43个百分点；2003—2005年，企业规模大的协会会员，企业炼钢能力增长35%，而非会员企业增长122%，高出会员企业87个百分点。钢铁企业集中度低，直接影响到钢铁行业的品种结构调整，无法形成能引领和主导市场的规模能量，降低了市场组织化程度，不适应钢铁企业向垄断竞争发展的市场格局平稳、健康地发展。

二、"入世"对我国钢铁工业的影响

（一）加入WTO对我国钢铁行业的有利影响

1. 有利于充分利用国外原料资源。我国铁矿石资源并不丰富，且现有的大部分铁矿品位不高。矿山老化引起的自然衰退导致矿石进口量逐年增加。加入WTO后，我国铁矿石资源不足的问题可得到缓解。同时，国外充足的废钢资源也可用来补充国内炼钢所需，从而有利于我国钢铁企业提高效益和产品质量。

2. 我国特有的金属资源继续在国际竞争中发挥优势。我国资源比较丰富的合金元素有钨、铝、钛、钒、铌、稀土。一些企业因拥有独特金属元素资源，其产品能够在国际市场上保持竞争优势。

3. 有利于铁合金出口。我国是世界铁合金第二出口大国，虽然行业装备水平总体来说比较落后，铁合金产品质量也不高，但是我国主要出口的硅铁、铝铁和硅锰合金是冶金初级产品，低廉的劳动力成本和大出口量，使得这种具有劳动密集型特点的产品在国际上具有较强的竞争实力。虽然加入WTO后，东南亚一些国家的高质量铁合金产品也能进入我国市场，但总体来看，国际市场开放程度的提高能够促进我国铁合金产品出口，国内主要铁合金企业和上市公司将不同程度地受益。

4. 对建筑用钢、普通钢材市场影响不大。我国的钢材产品以普通小型线材等建筑用钢为主，这部分钢材价格经过5年持续下跌，国内市场销售价已与国际市场接近。我国大部分企业产品以普通钢材和建筑、工程用钢为主，像上市公司中的邯郸钢铁、莱钢、唐钢、韶钢等企业不会受到明显的负面影响。

5. 有利于钢丝绳企业产品出口。我国金属制品中钢丝绳出口具有较强优势。目前，国内主要钢丝绳生产企业如法尔胜、新华股份、宁夏恒力等，多为近年新建企业，其主体生产设备为国外引进，所生产钢丝、钢丝绳、钢绞线的质量与国外差距不大，这些产品将保持目前出口优势。国际市场的进一步开放在一定程度上可以促进该产品出口。

（二）加入WTO对我国钢铁行业的不利影响

1. 不利于我国短缺品种的发展。目前我国部分钢铁产品因不具备生产能力，或因质量低劣不能满足国内市场需求，这部分产品主要依赖进口解决。最近几年进口的主要有：镀锌薄钢板、石油油井管、冷轧硅钢片、汽车工业和耐用消费品工业（如洗衣机、电冰箱、饮料罐头）用的高质量冷轧板材、彩电用的阴罩带钢、磁屏蔽钢、弹簧不锈钢等。大直径高压锅炉管、液压用冷拔精密无缝管、高强度可焊接板、不锈钢板等也依赖进口。加入WTO 后，由于这部分产品市场被国外厂家占领，阻碍了我国企业发展此类产品。这一影响是行业性的影响。

2. 对高质量和高附加值产品的冲击最大。我国的钢铁市场具有需求多层次、多样化的特点，需求增长以高质量产品为主。高质量产品主要是各种优质钢和特殊钢：一类是注重表面质量的钢材，如装饰用不锈钢板；另一类是表面质量和使用质量并重的结构钢材。机械工业的发展对钢材的内在质量、表面质量和性能不断提出更高的要求，钢材产品质量问题将会严重影响我国钢铁产品的市场竞争力。加入 WTO 后，除部分价格优势较大的钢材外，那些钢材质量对产品影响重大的机械产品，如工程机械、造船、汽车等，为了保证自己产品的高质量和竞争力，有些企业宁愿多花钱也采用国外的钢材。因此，我国在高质量钢材产品生产方面受到了强有力的挑战。

3. 无论短期还是长期，特钢企业将面临严峻局面。加入 WTO 后，对我国钢铁业冲击最大的是生产特殊钢企业。目前，我国特钢企业布局分散、专业化程度低，没有形成规模优势。其特钢产品总体价格高于国际价格，质量与国外有很大的差距。国外发达国家特钢产品性能稳定，使用寿命长，表面尺寸精度高，交货及时。以优质碳结构钢为例，我国特钢企业生产成本一般不低于 3 000 元/吨，这在国内外均无优势，更谈不上与发达国家竞争。加入 WTO 后使特钢企业所遇到的问题将非常严重。加入 WTO 后，国家对钢铁业的某些保护措施不会立即取消，因而近期不会产生明显影响。但随着这种保护的减弱，企业逐渐参与国际市场竞争，将面临不断增加的竞争压力。一些企业要被迫停产，一些企业可能被兼并或联合，行业发展以优胜劣汰为主要形式，结构调整与企业分化加速。

由于冶金工业建设（改造）投资大、周期长、资金回报率不高，多数企业面临资金短缺的问题。同时，国内外钢材市场竞争加剧、价格总体下滑、行业长期低利润率，在此情况下，那些具有资源优势、规模优势、工艺装备优势的企业，如邯郸钢铁、新钢钒、宝钢、莱钢、唐钢、武钢、韶钢等有进行技术改造的能力的企业获得优先发展的机会。

三、我国钢铁工业的未来发展

我国已经加入 WTO，就必须遵守 WTO 有关非歧视、市场放开、公平贸易和权利与义务平衡的基本原则，按照 WTO 的规则进行经营活动，这必然会对我国钢铁行业的发展产生重大的影响。加入 WTO，一方面给我国钢铁企业提供了良好的发展机遇，但同时也带来了巨大的挑战。

（一）我国钢铁工业面临的机遇

1. 可充分利用国际资源和市场。在铁矿石方面，我国现已探明的铁矿石储量中 97.5%为贫矿，平均含铁量为 32.7%（比世界平均品位低 11%），而且大部分铁矿储量已被开发利用。铁矿石作为钢铁企业生产的支撑条件，国内铁矿石产量不能满足钢铁生产增长的需要，需要加大进口补充,如 2000 年全国铁矿石原矿产量 2.4 亿吨,进口铁矿石 6 997 万吨,2004 年我国全年进口铁矿石 14 812 万吨,同比增长 32.87%。由于进口铁矿石的大幅增长,我国炼铁生产依靠进口矿石的比重有所上升。加入 WTO 后,国外有大量的铁矿石和废钢资源可补充国内生产需要,解决炼钢资源不足的问题,有利于我国钢铁企业的发展。另外,加入 WTO 后,我们可以利用国际市场扩大铁合金和钢丝绳的出口,提高我国钢铁产品的国际市场竞争力。

2. 促进我国钢铁企业的技术进步和结构调整。加入 WTO 后,发达国家技术壁垒减弱,有利于引进国外先进技术和装备,加快现有落后工艺、落后设备的淘汰,加速有生存价值的生产工艺的改造。这无疑会促进我国钢铁工业技术改造速度的加快,有利于钢铁企业的科技进步。同时为加强与国外钢铁企业的竞争力,促进我国钢铁企业通过组织结构和存量资产的调整,实现钢铁产品生产的专业化,提高我国钢铁产品生产的专业化水平。

3. 有利于钢铁企业降低成本、转变经营模式和提高经营管理水平。加入 WTO 后,国内市场和国际市场向一体化方向发展,钢材市场价格将趋于一致。有数据统计,目前世界钢产量已达 10 亿吨,需求仅为 8 亿吨,世界性的钢材显然过剩。随着世界钢铁企业技术水平的不断提高,钢铁生产成本呈下降趋势。我国钢铁企业的发展与国际钢铁市场的竞争紧密相连,这对转变行业和企业管理层的经营意识,加快传统管理模式的转变,以及提高经营管理水平都有极大的促进作用。

4. 加快国有企业的改革进程。加入 WTO,进一步促进了国家金融体制、产权制度的改革,进而加快了国有大中型钢铁企业产权关系的明晰,促进企业股份化改制的进程。企业间资本的流通、联合投资与合资合作的发展,提高了企业投入产出效益,减少了企业投资风险。

5. 有利于钢材市场秩序和资本市场的建立。加入 WTO 有利于我国建立健全良好地钢材市场进出口秩序、流通秩序、价格秩序、交易秩序和竞争秩序,以及完善钢材市场规则,抑制钢材市场的不正当竞争,促进优胜劣汰。同时,国外跨国公司对我国的直接投资有所增加,金融、保险业将进一步开放,资本市场进一步活跃,各种投、融资方式和渠道进一步扩大,融资条件得到改善。这将为钢铁企业加强资本运营、筹措发展资金、降低筹资成本及实现投资主体多元化提供更多的机会。

(二)我国钢铁工业面临的挑战

1. 对我国钢铁企业贸易政策和贸易管理体制产生不利影响。

(1)非关税壁垒。我国在 1992 年签署的《中美市场准入谅解备忘录》中承诺取消钢铁产品配额和许可证,原则上不使用任何形式的进口数量限制。加入 WTO 后,以行政手段调控进出口贸易的做法将难以执行,钢材的进口量将会增加,这对我国钢铁市场产生较大的冲击。

(2)贸易权。我国从 1994 年 7 月 1 日起实施的"进口商品经营管理暂行办法"中规定对钢材等 12 种商品实行核定经营。在加入 WTO 以前,核定经营一直是我国控制钢铁产品进口的有效手段。但我国承诺加入 WTO 后 5 年内取消钢铁产品的核定经营,即在 2004 年取消钢铁产品的核定经营,任何有外贸经营权的企业都可以从事钢铁贸易,随着核定经营的逐步取消,钢材进口量将会相应增加。

(3)以产顶进。以产顶进是我国旨在鼓励钢材出口的政策,对缓解市场的供求矛盾、改善品种质量、增强企业竞争力、提高企业效益具有重大意义。但这项政策不符合WTO的规则,将难以再延续。

2.高质量、高附加值产品受到严重挑战。我国钢铁产品的结构相对落后,高科技含量、高附加值产品从产量和质量方面仍然难与西方发达国家相比,导致国内市场对进口产品需求增加,对国内产品需求下降的局面。主要表现在线材、螺纹钢、中小型材、普通中板、焊管等产品严重供过于求;但钢板类、油井管、不锈钢、工具钢等品种钢材生产不足,每年又需进口700万吨以上。加入WTO后,国外的这些产品将大量涌入我国,挤占我国市场。由于国外的技术已经成熟,而我国处于研制开发阶段,所以在这方面会受到市场竞争的严峻挑战。

3.对我国特钢企业的挑战。如前所述我国特钢企业布局分散,规模小,产品专业化程度低,技术装备水平落后,没有形成规模优势,其特钢产品总价格高于国际市场。目前发达国家特钢产量约占钢材总量的15%~20%,而我国只占5%~6%,我国每年需要进口的钢材中将近1/4是特钢。另外,国外发达国家特钢产品具有性能稳定,使用寿命长,表面尺寸精度高的特点。在这种形势下,国内企业很难与国外同行竞争,部分劣势企业将被淘汰出局。我国特钢发展势头不容乐观,在激烈竞争的市场中面临更加严峻的挑战。

(三)我国钢铁工业的未来发展

目前我国钢铁企业在工艺技术水平、平均技术装备水平、钢铁产品质量、产品生产专业化、劳动生产率、技术经济指标和钢铁企业集中度等方面都比较低下或滞后,再加上加入WTO后对我国钢铁企业带来的诸如对钢铁贸易、高质量和高附加值产品、特钢企业和短缺品种的不利影响,我国钢铁工业面临严峻的考验。在我国钢铁企业所处的现状和加入WTO后对我国钢铁企业带来巨大挑战的背景下,为了实现我国钢铁企业在竞争激烈的国际市场上与世界钢铁企业强国进行竞争并取得竞争优势,实现钢铁强国的目标,应从以下几个方面发展。

1.加快调整资源配置,优化企业结构。面临我国钢铁企业的困境和加入WTO后对钢铁企业带来的负面影响,我国钢铁企业必须采取有效的措施,通过国有资产战略重组,组建大型、特大型钢铁企业集团,以提高产业集中度。引导企业在联合、兼并的基础上形成有竞争力的专业化分工。搞好钢铁企业的结构调整,搞好关系到全行业发展的技改项目,促进产品的升级换代,努力增加国际市场需要的或国内长期依赖进口的,以及高附加值产品的质量和数量。

2.走品种、质量效益型的发展道路。国际钢铁市场的竞争主要包括品种、质量、成本和交货期等方面的竞争。而目前这些方面的竞争对我国钢铁企业而言都是弱项,特别是品种质量和数量的竞争,与西方发达国家钢铁企业相比还有一定差距。因此,今后我国钢铁企业在品种方面的重点应放在发展冷轧薄板、镀锌板和涂镀层板、不锈钢薄板、冷轧硅钢片、热轧薄板等目前进口数量较大的关键钢材品种，严格控制大中型钢材、焊管、热轧窄带钢、镀锡板等品种。

3．促进科技进步，提升企业技术装备和工艺水平。经过近几年的技术改造，我国钢铁工业在工艺上有了进步，技术装备水平也有不同程度的提高。但是，与世界发达国家的钢铁企业相比较，我国钢铁工业技术装备水平、工艺水平还很落后，我国还没有几条真正现代化的、工艺上有竞争力的生产线。由于技术装备水平和工艺水平长期在低水平上徘徊，从而造成能源和资源浪费，产品质量低，经济效益差。面对加入 WTO 后的挑战，我国钢铁企业必须尽快扭转这种局面。首先，要建立促进科技进步的运行机制和考核指标体系，使得企业新增效益中科技进步的因素逐步扩大；其次，推广先进成熟技术，优化企业的生产工艺流程，鼓励有条件的企业工艺技术设备逐步实现大型化、连续化和自动化；再次，要推行"清洁生产"，投资向节能降耗、环境保护和资源综合利用方向倾斜。

4．钢铁企业要向集中化、专业化和联合化方向发展。由于目前我国钢铁企业存在专业化水平低、企业规模过小、投资分散的特点，导致我国钢铁企业经济效益差，缺乏竞争力。特别是加入 WTO 以后，面对激烈竞争的局面，我国钢铁企业的弱点更加突出。因此，今后我国钢铁企业要加快组建企业集团，走集中化、专业化和联合化发展的道路，组成中国钢铁行业"联合舰队"或"航空母舰"，以实现短期内迅速扩大生产能力，达到合理经济规模，拥有拳头产品和先进工艺技术。面对强大的国外竞争对手，那些占全国钢铁工业总数99%的地方中小企业，只有走联合经营之路才能形成较大的经济规模，有较强竞争实力。具体措施是：优化区域结构，提高钢铁产业集中度；优化组织结构，引导企业在联合、兼并基础上形成有竞争力的专业化分工；优化工艺结构，抓好关系钢铁全行业的技改项目；优化产业结构，淘汰落后生产能力，促进产业转换与结构升级，解决市场需求量大、进口量多的高附加值产品的国产化问题。

5．提高产品质量、生产高附加值产品。由于我国钢铁企业高附加值产品产量和质量落后，今后我国钢铁企业要坚持科技进步与技术创新，不断提高工艺装备水平和技术操作水平，大力开发高附加值产品；同时采用引进、消化与自主开发相结合的措施，大胆吸收国外开发高附加值产品的先进技术和先进管理方法，提高国产化率，改变我国钢铁企业高附加值产品和短缺品种钢的发展。

6．向"绿色制造"的方向发展。我国钢铁工业仍未完全摆脱粗放的发展模式，钢铁行业对环境污染较严重。"绿色制造"强调综合考虑资源、能源消耗和环境影响的现代制造模式，目标是使产品从设计、制造、包装、运输和使用到报废处理的整个生命周期对环境负面影响最小，资源利用率最高，并使企业的经济效益、环境效益和社会效益同时提高。所以，它不仅仅是清洁生产，还体现了生态工业的思想和循环经济的思想，即 3R——"减量化（Reduce）、再利用（Reuse）、再循环（Recycle）"。1999 年 12 月 27 日，我国冶金工业局下发了《国家冶金工业局关于开展冶金行业清洁生产试点工作的通知》（国冶发[1999]521

号）文件，明确提出冶金行业要走可持续发展的道路，实现经济效益和环境效益的统一。目前，首钢总公司、上海宝钢集团、鞍山钢铁集团公司、武汉钢铁集团公司等多家企业已向"清洁生产"的方向发展。如武钢近几年提出了"品种、质量、环境、效益"的发展思路，在发展生产的同时，不断加大环保投入力度，先后投入14.2亿元用于环境治理，建成了一批污水处理、粉尘治理和噪音控制设施，使武钢的环境质量不断提高。面对加入WTO后的挑战和世界钢铁工业发展的新规则，我国钢铁企业必须按照可持续发展原则，把保护环境放在重要位置，依靠科技进步和技术改造，进一步加强环境治理工作，强调科学的发展观。把企业的可持续发展与环境保护结合起来，实现企业经济效益、社会效益和环境效益的协调优化。

我国已加入WTO，世贸大门已经打开，全球化浪潮席卷而来。这些变化对我国钢铁企业利用国际资源和市场，促进我国钢铁企业的技术进步和结构调整，降低成本，转变经营模式和提高经营管理水平，加快国有企业的改革进程，以及建立钢材市场秩序等方面提供了良好的发展机遇，拓展了我国钢铁企业走向世界国际市场的空间。同时也带来了巨大的挑战，对我国钢铁企业贸易政策、高质量和高附加值产品，以及短缺品种钢等产生负面影响，再加上我国钢铁企业落后的现状，致使我国钢铁企业的发展遇到诸多问题。面对经济全球化竞争激烈的国际市场，我国钢铁企业必须从所处的背景出发，结合自身实际，通过调整资源配置，走品种和质量效益型的发展道路，以科技进步提升企业技术装备和工艺水平，以及向集中化、专业化和联合化方向发展的战略和"绿色制造"的道路，真正提高我国钢铁企业在国际市场上的竞争实力。

第四节　本章小结

本章主要论述了WTO与中国主要的石油化工工业、汽车工业、钢铁工业3个主要的工业的关系，分别从历史、现状、未来发展方向等方面进行了论述。

石油化工工业是我国重要的支柱产业，石化产业在国民经济中占有重要地位，我国石油化工工业的主要产品的生产能力和产量位居世界前列，石油石化产品消费稳定增长。但是我国石油化工工业存在着总量不足，产品结构不合理；生产效率较低，微观效益不高；产销脱节，一体化效应不明显；管理水平、技术水平落后；物耗水平高，浪费严重等主要问题。加入WTO后，这些问题越来越突出，而加入WTO给石油化工业带来竞争压力的同时也带了发展机遇。如：企业将获得良好的国际经贸环境；有利于更新观念，增强与世界接轨的紧迫感；由于关税降低，使引进技术、进口设备和原材料费用进一步降低，有利于企业降低生产成本；同时可缓解严重走私带来的压力，有利于规范国内原油、成品油和石化产品的市场秩序；有利于与国际市场接轨，扩大对外交流和合作，发展和扩大国际化经营等。我国石油石化工业为了尽快与国际接轨,应采取措施:进一步加快石油、石化两大集团公司的改革与重组;进一步降低生产和经营成本,提高竞争能力;优胜劣汰,坚决关停并转低效企业,淘汰落后生产力;加强营销系统的运作管理;进一步加大技术创新和技术进步的力度;加快兴建大型石化合资联合企业进程,使其成为我国石化行业新的经济增长点;建设原油战略储备库迫在眉睫。

汽车工业是加入 WTO 后影响较大的行业之一,在分析了我国汽车工业历史和现状的基础上,对我国加入 WTO 以后汽车工业的发展方向进行了详细地描述,指出了今后我国汽车工业必须走联合兼并重组,积极参与全球化进程,模块化生产和系统化供货等国际化之路,生产低污染、节能型汽车是一个发展方向,使轿车逐步进入家庭。我国汽车产业政策调整主要从战略性调整和适应性调整两个方面进行。

我国的钢铁工业面对 WTO 有其自身的竞争力,如:钢产量增长速度加快;技术水平明显提高;产品结构调整较快;技术经济指标改善明显;企业组织结构调整有成效等。但同时也存在着钢铁生产可利用资源方面、平均技术装备水平方面、钢铁产品质量和结构方面、钢铁产品生产专业化方面、劳动生产率方面和钢铁企业集中度方面的问题。加入 WTO 对我国钢铁行业有有利影响也有不利影响,通过分析我国钢铁工业面临的机遇与挑战,明确我国钢铁工业的发展未来:加快调整资源配置,优化企业结构;走品种、质量效益型的发展道路;促进科技进步,提升企业技术装备和工艺水平;钢铁企业要向集中化、专业化和联合化方向发展;提高产品质量、生产高附加值产品;向"绿色制造"的方向发展。

案例分析

一、案情简介

日本工业起步较晚,汽车工业同样也起步较晚。一开始的时候也是以轿车为主,但很快侵略战争开始了,所有的汽车厂都要为军方生产卡车,因此丰田等厂家也不得不转产卡车。

20 世纪 30 年代以及战争期间,日本生产的卡车并不成功,因为没有基础,"急用先学,立竿见影"式的上马,质量谈不上,产量也非常有限。因此日本军队机械化程度很低,基本与八路军差不多,以步行与畜力为主。

解放初期,中国仍然是"万国汽车博览会"的局面,但是日本汽车很少,因为极少进口,缴获日军的也不多。从那以后,国人再也不知道日本汽车的消息。日本战后经济停滞了很长时间,饭都没得吃,更何谈买车,因此汽车工业也低迷了许多年。经济复苏后,这才重新开始二次创业,但是他们没有回归到造轿车的老路,而是轿车与卡车并进,都有了很大的长进。

一直到 20 世纪 70 年代初,日本汽车第一次合法地进入中国,说来有段故事。当时中国与日本同参加一个交易会,日本厂商恶意出低价,以排挤中国的解放汽车。没有想到周总理指示:把他们的汽车都买下来。新中国从来没有买过资本主义国家的东西,当时"自力更生"也是压倒性的口号，日商做梦也没有想到中国会买下他们的产品，只能哑巴吃黄连。这批汽车是"三面翻"的平头矿用车，是日野生产的。现在"日野"这个名称极少听到了，估计这一批三面翻的矿用车也没有人收藏到。

从这一批矿用车人们见到了久违的日本汽车。从那以后，日本商人认真地与中国谈判，做成了许多交易，中国进口了不少日本汽车。主要有日野 KM400 型平头货车，这种车数量不小，载重 4 吨，然而与解放、交通等国产车明显不同的是它采用规格为 7.50-16 小轮胎，货箱底离地面近，这一点令中国人惊奇。当时中国这种轮胎规格只用在 2.5 吨的跃进系列车上，这样的小轮胎，当然适合城市内运输。

此外，还有为数不多的日野 TE21 货车，与解放类似的外形，载重 7 吨，也让国人开了眼界。国人已习惯了载重 8 吨大黄河的壮观，一辆外观不大的货车，能装 7 吨，领先一筹。还有一种自卸车叫"依士兹"，载重 8 吨，长头，进口数量也不小，这种车外观与如今的大解放非常相似，但是大解放与它毫无关系。现在的新式大解放，实际上在 1964 年样车就已经造出来了，只是没有生产而已。20 年后的 80 年代才生产，取代了前苏联图纸的老解放。

再以后，日本汽车源源不断地进口，品牌繁多。值得一提的是 20 世纪 70 年代中期，进口了第一批丰田柴油轿车，当时一个省不超过 10 辆。为什么进口日本车？中日建交后，很快进入蜜月期，当时关系好得不能再好。田中角荣本身就是一个很不错的、令人怀念的忠厚人，毛泽东从自己书架上拿下一套自己读的线装《楚辞》送给他，而后成了日本国宝。田中首相家失了一回火，媒体先不谈有几人受伤，而关心的是这套书，知道安然以后，日本国民才放了心。而当时美国仍然在封锁中国，不卖东西给我们，西欧也看美国的眼色不敢妄动，因此日本几乎是唯一与我国做交易的资本主义国家。当时进口的日本产品，除了汽车还有成套的化纤设备，装备了 9 个大型石化厂，国人才普及了"的确良"、"维尼纶"。还有工程机械，例如"小松制作所"的大马力推土机，今天国内工程机械厂仍在与小松合作。

正因为有这些历史，20 世纪 80 年代中国开始合资制造汽车的时候，一厢情愿地以为与日合资是顺理成章的事，主动找日本洽谈，但没有想到短视的日本企业一口拒绝，他们认为以中国的发展水平，投资根本没有前途，不可能获利。中国碰了一鼻子灰，想请的请不到，尴尬的时候，不请自来的德国大众却一腔热忱地找上门来了。等德国占领了市场，日本企业还不信，仍然旁观，最后试探性地来投了点"小卡、小面"。等到他们相信中国市场的时候，大势已去，似乎已经没有插足之地。不过经过双方努力，日本还是挤了进来，而且日本汽车越来越红火，这也算是一个奇迹。其实不是日本太精明，而是我们自己，包括大众不够努力。

　二、案例分析题

　1. 分析中国汽车贸易的发展历史。

　2. 通过本案例分析中国汽车贸易的发展方向。

思考题

1. 简述加入 WTO 给石油化工业带来竞争压力与发展机遇。
2. 加入 WTO 后，我国石油石化工业为了尽快与国际接轨，应采取的措施有哪些？
3. 简述我国汽车产业的发展方向。
4. 论述加入 WTO 对汽车产业的影响。
5. 论述加入 WTO 对我国钢铁工业的影响。
6. 描述我国钢铁工业的未来发展是什么样的？

第六章　WTO 关于服务贸易的规则

学习目标　通过本章学习，能够认识当代国际服务贸易的基本格局和我国服务贸易的发展与经济发达国家之间存在的差距。了解《服务贸易总协定》产生的背景，以及国际上关于服务贸易与服务行业的划分，掌握《服务贸易总协定》的主要内容和《服务贸易总协定》对中国的影响，培养学生能够根据我国国情适应 WTO 规定，参与国际服务贸易竞争的能力。

服务贸易是现代社会发展很快的一个领域。随着生产力的发展，大到国家之间的国际贸易，小到国家内部的企业贸易，都在不断从产品竞争、价格竞争，转向服务竞争。服务贸易在社会经济生活中所占比重越来越大，规范化程度越来越高，附加值越来越多。为了适应当前国际服务贸易的变化，我们必须熟悉 WTO 关于服务贸易的规则。

第一节　当代国际服务贸易的基本格局

一、国际服务贸易的定义

关于国际服务贸易的概念，目前说法没有统一。不同的国际组织，对其定义有所不同，了解这些不同的定义，有助于我们尽可能全面地认识国际服务贸易。

（一）国际收支统计的定义

统计学家以国民收入、国际收支平衡为出发点，将国际服务贸易中的服务出口定义为将服务出售给其他国家的居民；服务进口则是本国居民从其他国家购买服务。这个定义是以国境为界划分的，对于统计学家在进行服务出口和进口的计算及分类比较有利的。但境外公司的服务进出口，有一些"灰色区域"仍然难以界定。例如，设在中国的一家美国旅游公司，为在中国的德国游客提供服务，从统计角度看是中国对德国出口服务。但是，如果这家旅游公司在英国办理发票并在美国纽约拥有法律权力，那么，这家美国公司在中国销售的服务也就成为美国和英国对中国的服务出口。

（二）联合国贸发会议的定义

联合国贸易与发展会议利用过境现象阐述服务贸易。将国际服务贸易定义为：货物的加工、装配、维修以及货币、人员、信息等生产要素，为非本国居民提供服务并取得收入的活动，是一国与其他国进行服务交换的行为。这个定义有狭义和广义两种解释。狭义的国际服务贸易是指有形的、发生在不同国家之间，并符合于严格的服务定义的直接的服务输出与输入。广义的国际服务贸易既包括有形的服务输入和输出，也包括在服务提供者与使用者在没有实体接触的情况下发生的无形的国际服务交换。

一般我们所指的服务贸易都是广义的国际服务贸易概念，只有在特定情况下"国际服务贸易"或"服务贸易"才是狭义的"国际服务贸易"的概念。本书的"服务贸易"及"国际服务贸易"均指广义的"国际服务贸易"概念。

（三）WTO 的定义

关贸总协定主持下的"乌拉圭回合"谈判，在 1994 年 4 月签订的《服务贸易总协定》对服务贸易作了如下定义："服务贸易指：从一成员的国境向另一成员的国境提供服务；从一成员的国境向另一成员的服务消费者提供服务；通过一成员的（服务提供实体）法人在另一成员的商业存在（Commercial Presence）提供服务；由一成员的自然人在另一成员境内提供服务。"这个定义是被各国普遍接受的、权威性的定义。

总结以上各分定义，可以看出国际服务贸易与国际货物贸易比较具有以下显著的特点。

1. 服务贸易是无形的，具有不可触摸性、不可储存性和不易运输性。
2. 服务的生产与消费往往是同时发生的。
3. 服务贸易的对象主要是智力。
4. 服务贸易更多地依赖于生产要素的国际移动和服务机构的跨国设置。
5. 对服务贸易的监控不能通过海关监督和征收海关关税的方式进行，而只能通过国家立法和制定行政法规来达到目的。
6. 在有些项目下出口的服务，进口国消费者不能在本国国内消费，而只能到服务出口国去消费。

二、国际服务贸易的迅速发展

（一）国际服务贸易的迅速发展

第二次世界大战前，服务贸易随着交通运输、金融、通信等行业的发展而有所发展。但是其发展速度和规模，在世界经济中的地位和作用都不那么突出。第二次世界大战后，尤其是 20 世纪 60 年代以后，科学技术革命推动了生产力的发展，促进了社会分工的扩大和深化，加强了各经济部门之间和各经济部门内部的相互依赖，这种情况要求有一种非生产的"要素"加入到生产过程中，以便协调各个生产经营活动环节之间的关系，合理配置生产要素。服务行业应运而崛起，成了生产经营活动不可缺少的成分。经济的发展及物质生活水平的提高，也刺激了人们对高消费服务的需求。这些因素使战后服务贸易有了惊人的增长。世界服务贸易总额从 1967 年的 700 亿~900 亿美元猛增到 1980 年的 6 500 亿美元。

1992年世界服务贸易总额达到9 800亿美元，1997年达13 200亿美元，2002年突破20 000亿美元。这种服务贸易额的跃增，已经成为许多国家新的经济增长点，服务贸易成为推动各国经济发展的新动力。

（二）国际服务贸易迅速发展的原因

1. 服务业在各国经济中的地位上升。服务贸易的迅速发展反映了服务业交换的扩大，是服务业在国民生产总值或国内生产总值比重上升的客观反映。上个世纪80年代以来，无论是发达国家还是发展中国家，这一比值都有不同程度的提高。因此，随着各国国民经济服务化的加强，国际间相互提供的服务也日益活跃起来。

2. 国际分工的深化与发展。许多服务行业从制造业分离出来，形成独立的服务行业，其目的是应付国内和国际市场上激烈的竞争。如知识密集型服务，日益起着把技术进步转化为生产能力和国际竞争力的作用。在生产的各阶段不断出现对专门服务的需求。生产的"上游"阶段，要投入专门性服务有可行性研究、风险资本、产品概念与设计、市场研究等；在生产的"中游"阶段要投入专门服务，有的服务与商品生产本身相结合，如质量控制、设备租赁、后勤供应、保存和维修，也有的服务与生产并行出现，如公司运行需要的会计、人事管理、电信、法律、保险、金融、安全、伙食供应等专门服务；在生产"下游"阶段，需要广告、运输、销售、人员的培训等服务。这样，一个生产企业在世界市场上保持竞争地位的关键是对"上游"、"中游"、和"下游"3个阶段服务的反馈。

此外，服务已成为产品增值的主要来源之一。生产"下游"阶段的服务既有助于竞争能力的提高，又是产品增值的来源之一。在当今世界市场上，影响资本和消费品竞争地位的主要因素是服务的支持，如产品/服务一揽子协议使顾客难以离开供应者，使新供应商难以进入该产品领域。高技术产品的出口刺激了知识密集型服务的出口，反之亦然。例如，资本货物的出口伴随着咨询服务的出口，而飞机的出口导致训练和维修协议的达成。

3. 世界商品贸易的增长和贸易自由化的迅速发展。整个世界商船吨位从1970年的2.17亿吨提高到1995年的7.35亿吨，1997年海上运输量达到50多亿吨。1996年全球商品贸易额达51 000亿美元，2003年达到56 500亿美元。国际商品贸易的发展带动了保险、银行、咨询、运输等服务的需求及发展。

4. 跨国公司的迅速发展，加强了服务的国际化。跨国公司的迅速发展，提高了服务国际化的速度。信息技术的发展使投资者更快捷地获得外国市场的信息，实现规模经济。许多跨国公司在金融、信息和专业服务上都是重要的供应者，并面向全球出售服务。

5. 国际服务合作的扩大促使服务贸易扩大。国际服务合作是指拥有工程技术人员和劳动力的国家和地区，通过签订合同，向缺乏工程技术人员和劳动力的国家和地区提供所需要的服务，并由接受服务的一方付给报酬的一种国际经济合作。国际服务合作主要有：承包外国各类工程；各种技术性服务出口或生产技术合作；向国外出租配有操作人员的各种大型机械；向国外提供咨询服务。这种经济交往，一方面有利于服务输入国的经济发展，另一方面也有利于服务出口国的经济发展和科学技术水平的提高。国际服务合作已成为世界各国进行国际交往的重要方式和内容。

6. 旅游业的发展加速了世界服务贸易的扩大。第二次世界大战以后,旅游业的发展速度超过了世界经济中的许多部门,成为蓬勃发展的行业。自 1970 年以来,国际旅游业成为仅次于石油和钢铁工业的第三大产业。出国旅游人数从 1980 年的 2.85 亿人次增加到 1985 年的 3.25 亿人次。同期,旅游总收入从 925 亿美元提高到 1 048.5 亿美元。1996 年,出国旅游人数达 5.92 亿人次,旅游收入达 4 231 亿美元。

7. 发展中国家积极发展服务贸易。20 世纪 70 年代中期以来,石油输出国对各种服务项目的需求不断增加。新兴工业化国家与地区服务业发展加快。

8. 各国政府的支持是国际服务贸易发展的催化剂。越来越多的国家和地区,把服务贸易的发展提到重要的战略高度,制定一系列的政策措施促进其发展。

三、当代国际服务贸易的基本格局

随着国际服务贸易的发展,国际服务产品市场日益完善,国际服务产品市场不断呈现出新的特征,对国际服务贸易中的国际分工格局,以及贸易参加国政府的经济政策等均产生重要的影响。

(一)发达国家是国际服务贸易的主体,发展中国家国际服务贸易迅速增长

20 世纪 60 年代以后,世界经济结构的重心开始转向以服务业为主,服务业成为经济增长的主要动力,也成为增加国民收入和提高就业率的重要手段。服务业的发展必然推动国际服务贸易的增长。服务贸易总额 1970 年为 700 多亿美元,1980 年为 3 800 亿美元,1990 年为 8 660 亿美元,2002 年则上升到 154 000 亿美元,年平均增长速度达 6.4%,超过了同期货物贸易 5.9% 的增长速度。服务贸易日渐成为世界各国获取外汇收入,改善本国国际收支状况的重要手段,在很大程度上决定了一国国际贸易的发展状况和在国际市场上的竞争能力。

1. 在国际服务市场上发达国家是国际服务贸易的主体。在国际服务贸易中,发达国家占有决定优势。发达国家国际服务贸易的发展,具有如下特征。

(1)国际服务贸易呈现以欧美为主的格局,美国在国际服务贸易中所占比重最大。2002 年,全球十大服务贸易出口国(地区)依次是:美国、英国、法国、德国、意大利、日本、西班牙、荷兰、比利时、卢森堡和中国香港;十大服务贸易进口国(地区)依次是:美国、德国、日本、英国、意大利、法国、荷兰、比利时、卢森堡、中国、加拿大。另外,区域性国际服务贸易发展迅速,发达国家之间的经济组织等纷纷成立,并获得快速发展。区域内市场的扩大使贸易趋势增强,贸易规模扩大,国际服务贸易也得到迅速发展。

(2)国际服务贸易对象的技术含量越来越高。国际服务贸易的发展以高新技术为核心,以技术进步为动力。由于信息技术的发展,国际服务贸易在世界范围内的发展呈整体上升趋势。尽管参与国际服务贸易的成员发展状况不平衡,但以发达国家为主体的贸易结构,使服务产品的技术含量不断提高,发达国家在新兴服务贸易中占据重要地位。

（3）发达国家的服务贸易壁垒，呈现逐步降低的趋势。近年来，在多边贸易体制的推动下，国际服务贸易壁垒有所降低。发达国家在服务贸易许多项目中，都具有绝对或相对优势。为了扫清存在于服务贸易的壁垒，便利其打开世界服务市场，发达国家率先削减了本国服务贸易壁垒。如在电信领域，欧盟开放了基本电话服务市场，并对雇用人员的本地化要求降低了标准。

2. 发展中国家的国际服务贸易也得到发展。发展中国家虽然在资本、技术密集型服务行业，较发达国家明显滞后，但在资源、劳动密集型服务领域中，发展中国家则具有一定的优势，因此发展中国家的服务贸易也得到迅速发展，服务出口占世界服务出口总值的比重不断增加。2002年服务贸易出口额前30名的国家和地区中，作为发展中国家的中国、印度、泰国、土耳其、马来西亚、墨西哥、波兰，分别占国际服务贸易出口额的2.4%、13%、1%、0.9%、0.9%、0.8%、0.6%；在进口贸易中，中国、墨西哥、泰国、印度尼西亚、马来西亚、印度、巴西，分别占国际服务贸易进口额的2.9%、1.1%、1.1%、1%、1%、1%、0.9%。

在服务贸易商品结构方面，发展中国家在普通劳动力输出、建筑工程承包、部分旅游服务业等领域占有较大的优势。如马来西亚、泰国等发展中国家的国际航空公司，在世界优秀航空企业排名表上常常名列前茅。不少发展中国家的旅游资源十分丰富，旅游人数和旅游收入有较大的增长。一些技术、经济实力较强的发展中国家也开始发展技术层次较高的服务贸易，如印度、印度尼西亚、菲律宾、墨西哥等国正着力推进通信业、信息业的建设，泰国正努力将曼谷变为区域性金融中心等。然而，与工业发达国家相比，发展中国家的服务业和服务贸易的规模仍然较小，大部分发展中国家和地区服务业不发达，尤其是现代服务项目不具有竞争优势。

（二）国际分工基于各国的竞争优势

通过对国际服务贸易国别结构的分析我们可以看出，不同国家在国际服务产品市场上处于不同地位，同时也使不同国家或地区在服务贸易利益分割中占有不同的比例。这是各国发挥竞争优势的必然结果。

国际服务贸易的分工基于各国的绝对优势。从历史发展的角度看，国际服务贸易是从属于货物贸易的，在货物贸易高速增长的带动下，同货物进出口直接相关的生产性服务贸易项目得到发展，服务贸易资源的不可替代性、不可移动性等特征，构成一国服务贸易的基础。

绝对优势并不是决定一国服务贸易的唯一因素。从服务贸易结构的变化可以看出，第二次世界大战以前，服务贸易的主要项目是劳工输出、运输服务等，战后随着第三次产业革命的发生和完成，电信、金融、运输、旅游以及各种信息产业、知识技术等的迅速发展，服务业也加快向这些领域的扩展，新兴服务贸易的比重不断提高。

20世纪90年代后国际运输服务贸易比重明显下降，从1990年的33.8%下降到2002年的30.6%。其他服务贸易所占比重迅速上升，由37.6%上升到47%。这主要是由于金融、保险、信息等产业的迅速崛起及其快速进入服务贸易领域所造成的，是新兴服务贸易行业发展的必然结果。随着社会经济生活越来越国际化，国际服务贸易得到了长足的发展。这种变化说明传统的服务贸易优势，即绝对优势在当代国际服务贸易分工格局中的地位相对下降。如以自然历史文化等资源为基础的传统服务行业，在当前国际服务贸易分工格局中的优势相对降低。

国际服务贸易的发展取决于各国的比较优势。服务作为一种特殊商品，它同一般商品一样，是在一定的生产要素结合下提供和生产出来的。服务的基本要素是：资本、劳动力和知识技术（即人力资本）。不同的服务产品依赖于不同的生产要素。实物资本与运输服务的优势在于直接的联系；人力资本与保险、金融服务等优势在于密切的联系。旅游方面的优势则在较大程度上取决于自然资源。由于不同服务使用的要素结合不同，加上服务部门的多样性，它的范围从高技术行业（如信息处理）到简单的劳动力输入与输出，这就使发展程度不同的国家都可能在某些服务项目上，拥有比较优势。发达国家由于资本丰富，在国际投资、国际运输服务、金融服务、专业服务等项目上拥有比较优势；而发展中国家由于人口众多，劳动力资源丰富，在劳务输出、建筑工程承包等方面拥有比较优势。各个国家的比较优势不同，于是形成了今天的国际服务贸易格局。

影响服务贸易的要素除了前面提到的自然条件、历史文化、技术水平外，还有资本规模、管理水平，等等。服务产品竞争能力形成于各种要素的组合能力。如在"自然人流动"贸易方式方面，有些发展中国家就充分利用了本国劳动力资源丰富、价格低廉的特点，在"自然人流动"方面得到迅速发展。尽管我国有丰富的劳动力资源，有利于建筑、运输等行业的劳务输出，但由于劳动力整体素质低，使得劳动力资源丰富、成本低的优势难以充分发挥。要素优势未能转化为竞争优势，也影响了我国服务贸易的发展。

由于服务业的不可替代性，服务业的国际分工在很大程度上受一国政府对外经济政策的影响。现代服务业的国际竞争是技术、知识、资本的竞争，服务业的竞争能力影响着各国在国际贸易中获取利益的能力。由于服务贸易的发展空间和盈利空间都很大，所以在服务业具有较强垄断竞争力，或相对竞争力的国家和地区会通过各种贸易组织来推动贸易的自由化和全球化。而服务业落后的国家经常是被动地参与国际服务贸易分工，它们开放本国服务市场的条件是以服务换产品，所以服务业国际分工的形成和发展，比货物贸易更依赖政府的推动和政府间的合作。

（三）国际服务贸易政策具有两重性

由于国际服务贸易不同于货物贸易的特殊性，政府的经济政策及双边和多边贸易协议对服务贸易的发展有着重要影响。加之服务贸易还涉及到一国的经济安全和社会稳定，所以服务贸易的自由化程度会受到多种因素的影响。以国内立法、各种非关税壁垒的形式出现的贸易保护主义，将成为服务贸易政策的主流。与此同时，国际服务贸易竞争的直接结果还表现为国际服务贸易自由化的进程。20世纪以来，服务贸易自由化趋势首先表现在多边性国际公约或协定的签署。第二次世界大战以来，世界经济贸易中，区域一体化和贸易集团化的趋势加强，一些区域集团协议相继达成。如1957年《罗马条约》、1973年《关于建立加勒比共同市场条约》、1975年《关于西非国家经济共同体条约》、1983年《关于建立中非国家经济共同体条约》以及1992年《北美自由贸易协定》等，使得各区域在服务一体化方面，产生突破性进展。1995年随着WTO的成立和《服务贸易总协定》的签署，服务贸易的自由化程度发展到了一个新的阶段。WTO成员方在服务贸易方面做出的承诺，为国际服务贸易的发展奠定了基础，自由化程度显著提高。

总之，在多边贸易体制的推动下，服务贸易壁垒逐步降低，各贸易参加国为顺应这一趋势不断调整国内经济政策。一方面，积极推动服务贸易的自由化，率先削减本国服务贸易壁垒。一些新兴的工业化国家和地区在某些服务行业也取得了相当优势，如新加坡的航空运输业、韩国的建筑承包业、泰国的国际旅游业等，它们有能力降低部分服务部门的壁垒，以引进一定数量的外国服务和服务提供者，为其新兴服务业提供发展必要的资金和技术支持。另一方面，国际服务贸易的保护程度实际上也在变相提高。各国从本国发展服务贸易的相对劣势出发，通过国内立法或非关税壁垒的形式，对服务贸易设置障碍，影响国际服务贸易的发展。

第二节 《服务贸易总协定》的内容

一、关于服务贸易与服务行业的划分

由于国际服务贸易的多样性和复杂性，目前尚未形成一个统一的分类标准。许多经济学家和国际经济组织为了分析方便和研究的需要，从各自选择的角度对国际服务贸易进行划分，下面对有代表性和有影响的分类加以扼要评述。

（一）民间对国际服务贸易的分类

1. 以"移动"为标准。R·M·期特恩在1987年所著的《国际贸易》一书中，将国际服务贸易按服务是否在提供者与使用者之间移动分为4类。

（1）分离式服务。它是指服务提供者与使用者在国与国之间不需要移动而实现的服务。如民用航空运输服务，一家航空公司可以为另一国家的居民提供服务，但并不需要将这家航空公司搬到国外去，也不必要求乘客到这家航空公司所在国去接受服务。

（2）需要者所在地服务。它是指服务的提供者转移后产生的服务。这种服务一般要求服务的提供者需要与服务使用者在地理上毗邻或接近。例如，英国的一家银行要想占有日本的小额银行业务的市场份额，它必须在日本开设分支机构，所以要求在英国与日本国之间存在资本和劳动力的移动，形成一种投资形式。

（3）提供者所在地服务。它是指服务的提供者在本国国内为外籍居民和法人提供的服务。这种服务一般要求服务消费者跨国界接受服务。例如，外国游客到中国游览长城，接

受中国旅游服务。此时，中国的服务提供者并不跨越国界向服务消费者出口服务。对服务提供者而言，也不存在生产要素的移动。

（4）流动的服务。它是指服务的消费者和生产者相互移动所接受和提供的服务，服务的提供者进行对外直接投资，并利用分支机构向第三国的居民或企业提供服务。例如，设在意大利的一家美国旅游公司在意大利为德国游客提供服务。流动式服务，要求服务的消费者和提供者存在不同程度的资本和劳动力等生产要素的移动。

以上分类方法以"移动"作为划分国际服务贸易类型的核心，其本质在于涉及到资本和劳动力等生产要素在不同国家间的移动问题。

2. 以行业为标准。鉴于国民经济各部门的特点，经济学家以服务行业各部门的活动为中心，将服务贸易分为6大类。

（1）金融服务。金融服务是服务贸易中较重要的部门，其范围包括：银行业服务、保险服务和证券服务三大类。第二次世界大战后，尤其是20世纪80年代以来，随着金融服务的国际化，在金融服务贸易中发生了重大的变化。证券市场进一步发展，银行系统外部增加了金融中介；国际金融市场的管制逐渐放松，金融机构扩大业务范围，权力越来越大；在金融活动中广泛应用信息技术，外汇管制也逐步放宽，所有这一切都大大推动了金融业的服务贸易。

（2）国际旅游和旅行服务。国际旅游服务贸易主要指为国外旅行者提供旅游服务。其范围涉及旅行社和各种旅游设施，以及食、住、行等相关配套服务，它与建筑工程承包、保险和数据处理等服务有直接联系，与国际空运的联系极其密切。在国际服务贸易中的比重较大。

（3）空运和港口运输服务。空运与港口运输服务是一种古老的服务贸易项目，主要由港口服务和运输服务两大部分组成。一般货物的运输服务由班轮、集装箱货轮、定程或定期租轮等海上运输；特殊商品则通过航空、邮购、陆上运输。港口服务与运输服务密不可分，它包括港口货物装卸及搬运服务。

（4）建筑和工程服务。这类服务包括基础研究、工程项目建设、维修和运营过程的服务。其中还涉及包括农业工程和矿业工程的基础设施、仪器仪表的生产和服务、专业咨询服务和与劳动力移动有关的服务。这类服务贸易一般政府部门是主要雇主，涉及政府的基础设施与公共部门投资项目。

（5）专业（职业）服务。这类服务主要是律师、医生、会计师、艺术家等自由职业的从业人员提供的服务，以及在工程、咨询和广告业中的专业技术服务。国际专业（职业）服务贸易的层次性较强，在不同层次交易水平也不同。

（6）计算机信息服务、计算机服务与电信服务。计算机信息服务包括数据搜集服务、建立数据库和数据接口服务，并通过数据接口在电信网络中进行数据信息的传输等。计算机服务是数据处理服务，服务提供者使用自己的计算机设备满足用户的数据处理要求，并向服务消费者提供通用软件包和专用软件等。电信服务包括基础电信服务（如电报、电话、电传等业务），以及综合业务数据网提供的智能化电信服务等。

上述分类方法以"行业"为核心，其本质在于涉及输出业务的范围和供求双方业务的深度和广度。各国生产要素在海外活动的收益和范围体现在各国出口的各种服务之中，所以，提供的服务范围越广泛，服务分工越细，供应方的收益也就越大。

3．以生产过程为标准。

（1）生产前服务。主要涉及市场调研和可行性研究等。这类服务在生产过程开始前完成，对生产规模及制造过程均有重要影响。

（2）生产服务。主要指在产品生产或制造过程中，为生产过程的顺利进行提供的服务，如企业内部质量管理、软件开发、人力资源管理、生产过程之间的各种服务等。

（3）生产后服务。这种服务是联结生产者与消费者之间的服务，如广告服务、包装与运输服务等。通过这种服务，企业与市场进行接触，便于研究产品是否适销、设计是否需要改进、包装是否满足消费者需求等。

以"生产"为核心划分的国际服务贸易，其本质涉及到应用高新技术提高生产力的问题，并为产品的生产者进行生产前、生产中和生产后的服务协调提供重要依据，使生产者能够对国际市场的变化迅速做出反应，以便改进生产工艺、进行新的设计或引入新的服务，最终生产出消费者满意的产品或服务。

4．以要素密集度为标准。沿袭商品贸易中所密集使用某种生产要素的特点，有的经济学家按照服务贸易中对资本、技术、劳动力投入要求的密集程度，将服务贸易分为以下几类。

（1）资本密集型服务。这类服务包括空运、通信、工程建设服务等。

（2）技术与知识密集型服务。这类服务包括银行、金融、法律、会计、审计、信息服务等。

（3）劳动密集型服务。这类服务包括旅游、建筑、维修、消费服务等。

这种分类以生产要素密集程度为核心，涉及产品或服务竞争中的生产要素，尤其是当代高科技的发展和应用问题。因此，这种服务贸易分类方法对研究生产要素的充分合理使用，以及各国以生产要素为中心的竞争力分析，是有一定价值的。

5．以商品为标准。1988年6月，在关税与贸易总协定"乌拉圭回合"服务贸易谈判期间，谈判小组曾经提出依据服务在商品中的属性进行服务贸易分类，据此服务贸易分为以下几类。

（1）以商品形式存在的服务。这类服务以商品或实物形式体现，例如电影、电视、音响、书籍、计算机及专用数据处理与传输装置等。

（2）对商品实物具有补充作用的服务。这类服务对商品价值的实现具有补充、辅助功能，例如商品储运、财务管理、广告宣传等。

（3）对商品实物形态具有替代功能的服务。这类服务伴随有形商品的移动，但又不是一般的商品贸易，不像商品贸易那样实现商品所有权的转移，而只是向服务消费者提供服务。例如技术贸易中的特许经营、设备和金融租赁及设备的维修等。

(4) 具有商品属性却与其他商品无关联的服务。这类服务具有商品属性，其销售并不需要其他商品补充能实现，例如通信、数据处理、旅游、旅馆和饭店服务等。

这种分类将服务与商品联系起来加以分析，事实上从理论上承认了"服务"与"商品"一样，既有使用价值，也有存在价值。服务的特殊性就在于它有不同于商品的"无形性"，但是，这种"无形性"也可以在一定形式下以商品形式表现。

6. 按是否伴随有形商品贸易为标准。

(1) 国际追加服务。国际追加服务是指服务伴随商品实体出口而进行的贸易服务。对消费者而言，商品实体本身是其购买和消费的核心效用，服务则是提供或满足某种追加的效用。在科技革命对世界经济的影响不断加深和渗透的情况下，这种追加服务对消费者消费行为的影响，特别是所需核心效用的选择具有深远影响。因为，第二次世界大战后国际市场的竞争，已经不再是商品价格之间的竞争为主要竞争手段。市场竞争主要是以产品的质量、优质的技术服务、良好的售后服务和多种营销策略取胜。而消费者的消费满足也不仅限于商品实物形态的消费所可能给带来的效用。消费者更加重视产品的功能、技术服务、商品消费过程或消费后的荣誉感、成就感等精神需求的满足。

在追加服务中，相对较为重要的是国际交通运输和国际邮电通信。它们为各国社会分工、改善工业布局和产业结构调整、克服静态比较劣势、促进经济发展发挥着重要作用。特别是不断采用新的科学技术，促使交通运输和邮电通信发生了巨大的变化，缩短了经济活动的时空距离，消除了许多障碍，为促进全球经济的增长也日益发挥着重要作用。

(2) 国际核心服务。国际核心服务是指与有形商品的生产和销售无关，作为消费者单独所购买的、能为消费者提供核心效用的一种服务。国际核心服务根据消费者与服务提供者距离远近具体可分为面对面型国际核心服务和远距离国际核心服务。

面对面型国际核心服务。是指服务供给者与消费者实际接触才能实现的服务。实际接触方式可以是供给者流向消费者，可以是消费者流向供给者，或是供给者与消费者双方的双向流动。如美国花旗银行，通过供给者移动与服务消费者的接触，在世界各地设立分支机构，并凭借电子化和信息化的技术将业务范围延伸向国际经济生活的各个角落。

远距离国际核心服务。它不需要服务供给者与消费者实际接触，一般只需通过一定的载体方可实现跨国界服务。例如，通过通信卫星作为载体传递国际视听服务，其中包括国际新闻报导、国际问题活动和传真业务等。

(二) WTO对国际服务贸易的分类

"乌拉圭回合"服务贸易谈判小组在中期审评会议后，加快了服务贸易谈判进程，并在对以商品为中心的服务贸易分类的基础上，结合服务贸易统计和服务贸易部门开放的要求，并征求各谈判方的提案和意见后，提出了以部门为中心的服务贸易分类方法，将服务贸易分为12大类。

1. 商业性服务。商业性服务指在商业活动中涉及的服务活动，服务贸易谈判小组列出的6类这种服务,其中既包括个人消费服务,也包括企业和政府消费服务。

(1) 专业性(包括咨询)服务。专业性服务涉及的范围包括法律服务、工程设计服务、旅游的服务、城市规划与环保服务、公共关系服务等。专业性服务中包括涉及上述服务项目的有关咨询服务活动;安装及装配工程服务(不包括建筑工程服务),如设备的安装、装配服务;设备的维修服务,指除固定建筑物以外的一切设备的维修服务,例如成套设备的定期维修、机车的检修、汽车等运输设备的维修等。

(2) 计算机及相关服务。这类服务包括计算机硬件安装的咨询服务、软件开发与执行服务、数据处理服务、数据库服务及其他相关服务。

(3) 研究与开发服务。这类服务包括自然科学、社会科学及人类学中的研究与开发服务、在法律约束下的研究与开发服务。

(4) 不动产服务。这类服务指不动产范围内的服务,但是不包含土地的租赁服务。

(5) 设备租赁服务。设备租赁服务主要包括交通运输设备(如汽车、卡车、飞机、船舶等)和非交通运输设备(如计算机、娱乐设备等)的租赁服务。但是,不包括其中有可能涉及的操作人员的雇佣或所需人员的培训服务。

(6) 其他服务。这类服务包括生物工艺学服务;翻译服务;展览管理服务;广告服务;市场研究及公众观点调查服务;管理咨询服务;与人类相关的咨询服务;技术检测及分析服务;与农、林、牧、采掘业、制造业相关的服务;与能源分销相关的服务;人员的安置与提供服务;调查与保安服务;与科技相关的服务;建筑物清洁服务;摄影服务;包装服务;印刷、出版服务;会议服务。

2. 通信服务。通信服务主要指所有有关信息产品的操作、储存设备和软件功能等服务。通信服务由公共通信部门、信息服务部门、关系密切的企业集团和私人之间进行信息转接和服务提供。主要包括:邮电服务;信使服务;电信服务,其中包含电话、电报、数据传输、电传、传真;视听服务,包括收音机及电视广播服务;其他电信服务。

3. 建筑服务。建筑服务主要指工程建筑从设计、选址到施工的整个服务过程。具体包括:选址服务,涉及建筑物的选址;国内工程建筑项目,如桥梁、港口、公路等的地址选择;建筑物的安装及装配工程;工程项目施工建筑;固定建筑物的维修服务;其他相关服务。

4. 销售服务。销售服务指产品销售过程中的服务。主要包括:商业销售,主要指批发业务;零售服务;与销售有关的代理;特许经营服务;其他销售服务。

5. 教育服务。教育服务指各国间在高等教育、中等教育、初等教育、学前教育、继续教育、特殊教育和其他教育中的服务交往。如互派留学生、访问学者等。

6. 环境服务。环境服务指污水处理服务、废物处理服务、卫生及相似服务等。

7. 金融服务。金融服务主要指银行业和保险业及相关的金融服务活动。包括:银行及相关的服务(如银行存款服务);与金融市场运行管理有关的服务;贷款服务;其他贷款服务;与债券市场有关的服务(主要涉及经纪业、股票发行和注册管理、有价证券管理等);

附属于金融中介的其他服务,包括贷款经纪、金融咨询、外汇兑换服务等;保险服务:货物运输保险(其中含海运、航空运输及陆路运输中的货物运输保险等)、非货物运输保险(具体包括人寿保险、养老金或年金保险、伤残及医疗费用保险、财产保险服务、债务保险服务);附属于保险的服务(例如保险经纪业、保险类别咨询、保险统计和数据服务);再保险服务。

8. 健康及社会服务。这类服务主要指医疗服务、其他与人类健康相关服务、社会服务等。

9. 旅游及相关服务。这类服务指旅馆或饭店提供的住宿、餐饮服务、膳食服务及相关的服务;旅行社及导游服务。

10. 文化、娱乐及体育服务。这类服务指不包括广播、电影、电视在内的一切文化、娱乐、新闻、图书馆、体育服务,如文化交流、文艺演出等。

11. 交通运输服务。这类服务主要包括:货物运输服务(如航空运输、海洋运输、铁路运输、管道运输、内河和沿海运输、公路运输服务);航天发射以及运输服务(如卫星发射);客运服务;船舶服务(包括船员雇佣);附属于交通运输的服务。主要指报关、货物装卸、仓储、起航前查验服务等。

12. 其他服务。其他服务是以上分类以外的服务项目。

二、《服务贸易总协定》概要

服务贸易的产生几乎是与货物贸易同时起步的,但在漫长的历史发展过程中,服务贸易作为货物贸易的辅助项目,没有能够形成一个独立的商业领域。直到第二次世界大战以后,随着社会经济的发展,特别是科学技术的发展,服务贸易日益崭露头角,在经济生活中发挥重要的作用,已不再是货物贸易的被动服务者,成为与其并重的国际贸易不可或缺的部分。随着服务贸易的迅猛发展,多边贸易的谈判重点也正从货物贸易转向服务贸易。在关贸总协定所进行的几轮多边贸易谈判中,货物贸易的大部分市场已经基本开放,剩下的领域各国在短期内很难取得进展,而服务贸易的自由化才刚刚开始,有着广阔的开放领域。因此,服务贸易的自由化成为多边贸易谈判的主要议题。

(一)《服务贸易总协定》产生的背景和谈判过程

1.《服务贸易总协定》产生的背景。

(1)发达国家积极倡导服务贸易自由化。经历1979—1982年经济危机后,美国经济增长缓慢,在国际货物贸易中赤字日增,而在服务贸易领域却占据明显优势,连年顺差。以1984年为例,美国的商品贸易有1 140亿美元的逆差,而服务贸易却有140亿美元的顺差。作为世界最大的服务贸易出口国,美国急切地希望打开其他国家的服务贸易市场,通过大量的服务贸易出口来弥补贸易逆差,推动经济增长;而各国对服务贸易不同程度的限制,成为美国利益最大化的障碍。因此,美国积极倡导实行全球服务贸易自由化。

早在"东京回合"谈判中，美国政府根据《1974年贸易法》的授权，试图把服务贸易作为该回合谈判的议题之一，因为当时有更加迫切的问题需要解决，美国没有提出服务贸易的减让谈判。但在"东京回合"中所达成的海关估价、政府采购协议中写入了一些服务贸易的内容。美国国会在《1984年贸易与关税法》中授权政府就服务贸易进行谈判，并授权对不在这些问题上妥协的国家进行报复。欧盟起初对美国的提议持有疑虑，但经过调查发现欧共体的服务贸易出口量要高于美国，转而坚决地支持美国。日本虽然是服务贸易的最大进口国，呈逆差形势，但由于在国际贸易中呈现顺差，加之为调和与美国之间日益尖锐的贸易摩擦，也始终支持美国。

（2）发展中国家对服务贸易自由化由坚决抵制到逐步接受。当美国开始提出服务贸易问题时，绝大多数发展中国家都坚决反对服务贸易自由化，理由为以下几个方面。

① 服务业中的许多部门，如银行、保险、证券、通信、信息、咨询、专业服务（如法律、会计等），都是一些资本、知识密集型行业，在发展中国家这些行业很薄弱，还不具备竞争优势。

② 发展中国家的服务部门尚未成熟，经不起发达国家激烈竞争的冲击，过早地实行服务贸易自由化，会挤垮这些尚处于幼稚阶段的民族服务业，因此，在这些行业获得竞争力以前，不会实施开放。

③ 有些服务行业还涉及国家主权、机密和安全。

随着发达国家在服务贸易谈判问题上的认识逐步统一，发展中国家坚决抵制的立场有所改变。首先，一些新兴的发展中国家和地区某些服务业已取得相当的优势，如韩国的建筑工程承包，就具有一定的国际竞争力。新加坡的航空运输业在资本、成本和服务质量上也具有明显的优势。这些国家希望通过谈判扩大本国优势服务的出口。其次，大部分发展中国家一方面迫于来自发达国家的压力，另一方面也认识到如果不积极地参与服务贸易的谈判，将会形成由发达国家制定服务贸易的规则，自己只能成为被动的接受者，其利益将会受到更大的损害。因此，许多发展中国家也先后表示愿意参加服务贸易谈判。

1986年9月，在埃斯特角部长宣言中，将服务贸易作为三项新议题之一列入"乌拉圭回合"多边贸易谈判议程，拉开了服务贸易首次多边谈判的序幕。

（3）"乌拉圭回合"关于服务贸易的谈判。"乌拉圭回合"服务贸易谈判大体可分为三个阶段。

第一阶段，从1986年10月27日正式开始到1988年12月中期审议前为止。谈判的主要内容包括服务贸易定义；适用服务贸易的一般原则、规则；服务贸易协定的范围；现行国际规则、协定的规定；服务贸易的发展及壁垒等。这一阶段各国的分歧很大，主要集中在对国际服务贸易如何界定问题上，发展中国家要求对国际服务贸易做比较狭窄的定义，将跨国公司内部交易和诸如金融、保险、咨询、法律规范服务等，不必跨越国境的交易排除在外面。美国等发达国家主张较为广泛的定义，将所有涉及不同国民或国土的服务贸易都归为国际服务贸易一类。多边谈判最终基本采取了欧共体的折中意见，即不预先确定谈判的范围,根据谈判需要对国际服务贸易采取不同定义。

第二阶段,从中期审议到1990年6月为止。在加拿大蒙特利尔举行的中期审议会上,谈判的重点集中在透明度、逐步自由化、国民待遇、最惠国待遇、市场准入、发展中国家更多参与、保障条款和例外等服务贸易的基本原则。此后的工作主要集中于通信、建筑、交通运输、旅游、金融和专业服务各具体部门的谈判。与此同时,各国代表同意采纳一套服务贸易的准则,以消除服务贸易中的诸多障碍。各国分别提出自己的方案,阐述了各自的立场和观点,其中1990年5月4日,中国、印度、喀麦隆、埃及、肯尼亚、尼日利亚和坦桑尼亚几个亚非国家向服务贸易谈判组联合提交了"服务贸易多边框架原则与规则"提案,对最惠国待遇、透明度、发展中国家更多参与等一般义务及市场准入、国民待遇等特定义务作了区分。后来,《服务贸易总协定》的文本结构采纳了"亚非提案"的主张,并承认成员方发展水平的差异,对发展中国家作出了很多保留和例外,这在相当程度上反映了发展中国家的利益和要求。

第三阶段,从1990年7月到1993年12月。这一阶段经历了由《服务贸易总协定》的框架内容的基本明朗,到最终达成《服务贸易总协定》的过程。1990年12月,在布鲁塞尔部长级会议上,服务贸易谈判组修订了《服务贸易总协定多边框架协议草案》文本,其中包含海运、内陆水运、公路运输、空运、基础电信、通信、劳动力流动、视听、广播、录音、出版等多个部门的草案附件,但由于美国与欧共体在农产品补贴问题上的重大分歧而没有能够最终结束谈判。经过进一步谈判,在1991年底形成了《服务贸易总协定》草案,该草案包括6个部分35个条款和5个附件,规定了最惠国待遇、透明度、发展中国家更多参与、市场准入、国民待遇、争端解决等重要条款,基本上确定了协定的结构框架。经过各国的继续磋商谈判,协议草案根据各国的要求进一步修改。1993年12月5日,贸易谈判委员会在搁置了数项一时难以解决的草案,经具体服务部门谈判后,最终通过了《服务贸易总协定》(General Agreement on Trade in Service,简写为GATS)。

1994年4月15日,各成员方在马拉喀什正式签署《服务贸易总协定》,它于1995年1月1日和WTO同时生效。至此,长达8年的"乌拉圭回合"谈判终于宣告结束。虽然有几个具体服务部门的协议尚待进一步磋商谈判,但是《服务贸易总协定》最终还是成为多边贸易体制下,规范国际服务贸易的框架性法律文件。《服务贸易总协定》的出现是服务贸易自由化进程中的一个里程碑。

2. 服务贸易自由化的后续谈判和结果。

WTO自1995年1月1日成立以来,一直致力于继续"乌拉圭回合"谈判的未尽议题。其中,关于服务贸易具体部门的分项谈判是这些议题中的重头戏。目前,WTO已在金融服务、基础电信和信息技术3个方面实现了历史性突破,取得了重要成果。WTO所达成的这3项关于服务贸易的协议,不仅将服务贸易自由化原则向具体成果方面推进了一大步,同时,也将对世界经济产生重要影响。尽管这3项协议目前仅对签约方有约束力,但是由于签约方所控制的有关贸易额,在全球的相关贸易额中占绝大多数,因此,这3项协议所确定的内容，在不久的将来也会成为 WTO 全体成员的义务和承诺。

(1)《金融服务协议》。"乌拉圭回合"一揽子协议于 1994 年 4 月 15 日在马拉喀什签字后，关于金融服务的多边谈判重新开始，目的是使所有成员同意在无条件最惠国待遇基础上缔结永久性的金融服务协议，促进金融服务贸易自由化。1996 年有关谈判方曾在美国宣布退出后，在欧盟的领头下达成临时协议。1997 年 12 月 13 日，WTO 70 个成员提供了 56 份开放金融、保险市场的清单，其中 34 份是经过修改的金融服务市场清单。至此，总共有 102 个成员作出承诺，逐步实现自由化。

《金融服务协议》的主要内容包括：允许外国公司在国内建立金融服务机构并享受与国内公司同等进入市场的权利；取消对跨境服务的限制；允许外国资本在本国投资项目中所占比例超过 50%等。据此，签约方将开放各自的银行、保险、证券和金融信息市场。全球 95%以上的金融服务贸易将在这个协议的调整范围内，涉及 18 万亿美元的证券资产，38 万亿美元的国内银行贷款，2.2 万亿美元的保险金。由此可见，该协议对全球金融服务业有着巨大的影响。此外，从法律角度而言，这个协议同样具有深远的意义。根据该协议的规定，绝大多数 WTO 成员对开放其金融服务市场和保证非歧视经营条件做出了承诺，使金融服务贸易依照多边贸易规则进行，有助于建立一个具有预见性和透明性的法律环境。《金融服务协议》于 1999 年 3 月 1 日开始生效。

(2)《全球基础电信协议》。基础电信谈判也是作为《服务贸易总协定》谈判的遗留问题，由 WTO 继续开展谈判的。1994 年 5 月，包括美国、日本、欧盟在内的成员自愿参加谈判，目的在于开放年收入达 5 000 万亿美元的全球基础电信市场。经过近 3 年的艰苦谈判，终于在 1997 年 2 月 15 日，69 个 WTO 成员缔结了关于基础电信服务的协议，该协议于 1998 年 1 月 1 日生效，被认为是推动国际电信服务贸易发展的最有利因素。协议的主要内容是：敦促各成员方向外国公司开放电信市场，并结束在国内电信市场上的垄断行为。协议涉及语音电话、数据传输、传真、电报、移动电话、移动数据传输、企业租用私人线路，以及个人通信等各项电信服务。WTO 各成员方在电信服务自由化方面承担的义务依协议的规定有所不同。其中 18 个成员方将完全取消对外国公司进入本国市场的限制，47 个成员方允许外国电信公司对本国电信企业进行控股，印度等 30 个国家将允许外国资本在本国电信企业中占 25%的股份。由于电信垄断将逐步取消，各成员方电信服务业的竞争必然加剧，这有利于现有通信技术的更新改造，促使电信服务部门进一步提高服务质量。作为政府长期垄断的行业之一——电信业的开放，必然导致政府利益直接受损，但是这部分损失将转化为商业利润，使民营企业和广大消费者从中受益。据美国一家咨询机构研究报告，全球电信市场开放后的 10 年内，各国电信用户可节省 1 万亿美元的开支。正如 WTO 第一任总干事鲁杰罗所说，《全球基础电信协议》这是 WTO 历史上的一个里程碑，它必将给电信产业及其贸易带来极大的利益，既为发达国家也为发展中国家提供了迎接 21 世纪挑战的更好的机遇。

(3)《信息技术产品协议》。由于信息技术将对 21 世纪世界经济，特别是对电信服务业的发展产生巨大的影响。因此,将信息技术产品贸易自由化与电信服务贸易自由化联系起来,是服务贸易自由化中的一项重要内容。1996年12月13日,WTO在新加坡举行部长级会议,美国和欧盟提出签订信息技术协议以消除全球信息技术产业的关税。在新加坡部长级会议结束前,WTO通过了关于信息技术产品的部长级会议宣言,并成立了信息技术产品贸易发展委员会以监督协议的执行,推动信息技术产品贸易的发展,以及负责扩大信息技术协议的签字方。1997年3月26日,40个成员方在日内瓦签订了《信息技术产品协议》,决定到2000年以前降低或取消多项信息技术产品的关税,总值约6 000亿美元的信息技术产品实现自由贸易。《信息技术产品协议》于1997年7月1日生效,其涉及的范围包括:电脑、电信设备、半导体、制造半导体的设备、软件、科学仪器等200多种信息技术产品。据统计,成员方的信息技术产品贸易量相当于全球同类产品贸易量的92.5%。

三、《服务贸易总协定》的主要内容

《服务贸易总协定》分为序言、6个部分、29个条款和8个附件,以及部长决定、谅解等。《服务贸易总协定》希望"建立一个关于服务贸易原则和规则的多边框架,在透明和逐步自由化的条件下扩大服务贸易,以此作为促进所有贸易伙伴经济增长和发展中国家发展的手段"。

"序言"确定了各成员参加及缔结《服务贸易总协定》的目标、宗旨及总原则。

第1部分,即《服务贸易总协定》的第1条,确定了服务贸易的定义,明确规定该"协定"适用于各成员。《服务贸易总协定》第1条的一个重要成就,就是给"服务贸易"作出了一个定义。

第2部分,一般义务和纪律。包括第2条到第15条,最主要的就是两个一般义务原则以及他们的例外。这两个一般义务原则就是:最惠国待遇原则和透明度原则。

1. 最惠国待遇原则。第2条对最惠国待遇进行了规定:在本协定项目下的任何措施方面,各成员方应立即和无条件地给予任何其他成员方的服务和服务提供者以不低于其给予任何其他国家相同的服务和服务提供者的待遇。

2. 透明度原则。透明度原则主要体现在第3条中。作为无条件义务的透明度义务,要求除非在紧急情况下,各成员方应该迅速并最迟在其生效之时,公布所有普遍适用的有关或影响服务贸易总协定实施的措施。作为有条件义务的透明度义务,要求各成员方应该立即或至少每年一次向服务贸易理事会通报其显著影响已作具体承诺部门的新的法律、规章或行政指示,或者有关的任何修改。为了保证透明度,各成员方有义务设立一个或几个咨询点,以便应要求向其他成员方提供具体资料。

第3部分,具体承诺。包括第16到第18条。各成员方对本国服务贸易的开放承诺,主要是通过具体承诺表得以实施。具体服务贸易承诺表类似于1994年关贸总协定下的关税减让表。在具体承诺表中,各成员承诺的义务分为两部分。一部分叫作普遍承诺(Horizontal

Commitments); 另一部分叫作具体部门承诺 (Sector-specific Commitments)。整个表格同时又分为 4 列。第 1 列是部门或分部门名称; 第 2 列是市场准入的限制; 第 3 列是国民待遇的限制; 第 4 列是附加承诺。

第 4 部分, 逐步自由化。这一部分规定了今后要继续举行谈判, 逐步实现服务贸易的自由化。并对承诺表的进一步谈判与修改作出了一些规定。

第 5 部分, 制度条款。这一部分最主要的规定涉及争端解决的问题。争端解决适用 WTO 关于争端解决机制的谅解。另外, 这一部分还规定了服务贸易理事会的建立, 技术合作, 与其他国际组织的关系等事项。

第 6 部分, 最后条款。这一部分规定一成员方可对来自非成员方或不予适用成员方的服务, 拒绝给予《服务贸易总协定》下的利益。另外, 还规定了有关名词的定义, 以及附件与协议的不可分割性。

8 个附件是：

(1) 关于最惠国待遇豁免的附件。
(2) 关于根据本协定自然人移动提供服务的附件。
(3) 关于航运服务的附件。
(4) 关于金融服务的附件一。
(5) 关于金融服务的附件二。
(6) 关于海运服务谈判的附件。
(7) 关于电信服务的附件。
(8) 关于基础电信谈判的附件。

其他有关文件是：关于体制安排和某些争端解决程序的部长决定；关于普遍例外；关于基础电信、金融服务和专业服务的谈判；关于人员流动和海运服务的谈判，以及金融服务承诺谅解书。

第三节 《服务贸易总协定》对中国的影响

一、从第三产业到服务业

服务业的迅速发展是 20 世纪经济发展的主要特点之一。服务业水平高低是国家经济发展水平高低的重要标志, 经济越发达的国家, 第三产业也越发达。20 世纪 80 年代, 在世界经济活动总量中, 第三产业已经超过了第一产业和第二产业之和, 取代了物质生产部门而成为最强大、最广泛的经济部门。发展服务贸易的过程, 实际是服务业外向化的过程。

(一) 服务业在现代社会经济中占有重要的地位

从全世界范围看, 90 年代初世界第三产业占国内生产总值的比重平均为 48.6%, 其中

34个低收入国家平均为36.1%,48个中等收入国家为50%,22个高收入国家（即发达国家）平均为65%左右。这22个国家中,60%以下的有5个,60%~70%的有13个,70%以上的有4个,高收入国家比低收入国家高出一倍以上。可见,经济发展水平越高,服务业就越发达,在其经济生活中占有举足轻重的地位。经济合作与发展组织国家的人均国民生产总值约为18 000美元（按购买力平价方法计算）,其中,约有2/3是服务业创造的产值,物质生产产值约占1/3。服务业吸纳的就业人口,占总就业人口的比重,发达国家为60%~75%,中等收入的发展中国家为45%~60%,低收入发展中国家为30%~45%。

服务业在国际上也扮演着十分重要的角色,诸如外交、文化、教育、科学技术、交通运输、通信、广播、信息、金融、保险、不动产、贸易、旅游等,构成了国际社会活动的错综复杂、相互依存和相互竞争的网络。

（二）服务业是市场经济的基础产业

1. 在市场经济活动中,服务业具有广泛的服务特性。服务业之所以在西方发达国家得到迅速发展,很重要的一个原因就在于服务业是市场经济的基础产业。当物质生产达到一定水平的时候。服务业的发展关系到经济以至整个国家的正常运转。市场经济是通过需求和供给的结合来实现的,它的核心是交换,它不但包括物质产品的交换,也包括资金、人才、技术、资源、知识、信息的交换,这些都需要服务业为各种交换的正常进行提供完善的服务。在农业经济时期,商品市场狭小,服务业不发达。进入工业化时期,商品生产规模逐步扩大,商品销售和流通问题越来越突出,服务业正是保证正常交换和获取更大利益的重要条件。现代市场经济的交换活动不断扩大,更加错综复杂,在这种情况下加速服务业的发展是必然。可以说,市场经济是在不断增强其服务业这一基础的情况下,才能维持它的生存与发展。

2. 服务业是经济国际化的先行产业。世界上市场经济发达的国家都建立了强大的外向型经济。这种经济以健全的服务业作为对外联系的重要手段。在18世纪末和19世纪,对外扩张进一步扩大了金融、保险、运输、通信、不动产等方面的国际活动范围,服务业得到了迅速发展。第二次世界大战以来,现代科技（特别是电子技术）的迅猛发展,服务业的各部门（尤其是信息、金融和贸易等）得到长足的提高（发达国家服务业产值占国内生产总值比重超过了第一产业和第二产业之和）,推动了世界经济的发展。

3. 服务业是一个国家科技现代化的标志,发达国家在金融、航运、教育、卫生保健、科学技术、贸易、旅游等方面都有较强的实力,一些西方国家就是凭借这种实力来称霸或控制世界。人们在进行综合国力的国际比较时,给服务业确定了相当大的权数。一个国家综合国力的强大,不但要靠发达的物质生产,还要靠强大的服务业,国家与国家之间的经济差距往往与服务业的发展水平有关。

因此,服务贸易作为贸易竞争的新领域,也必然成为一个国家提高国际竞争力的重要因素。

二、我国服务业对外开放的现状

（一）我国坚定地执行服务业对外开放的政策

20纪90年代以来，全球经济竞争的重点正从货物贸易转向服务贸易。服务业已经成为全球经济增长最快的部门，在一国国民经济中的地位和作用日益重要，其兴旺发达的程度成为衡量现代化水平的一个重要标志。据世界银行公布的统计材料表明，1980年—1998年，全球农业和制造业占各国国内生产总值的比重分别从7%和25%下降到5%和20%，而服务业却从56%上升到61%。在发达国家，服务业占国内生产总值的比重已经上升到70%左右，服务业就业人数占总就业人数的比重大多数在70%以上。

近年来，在党中央、国务院关于扩大内需等一系列方针政策指引下，我国服务业实现了持续、稳定、健康地发展，为拉动经济增长、扩大居民消费、缓解就业压力做出了贡献。服务业的发展促进了服务贸易的增长。1989年我国的服务出口在全世界名列第27位、进口居第32位，到2000年服务出口301亿美元，进口359亿美元，服务贸易总额660亿美元，居世界第12位。

目前，我国已进入全面建设小康社会，加快推进社会主义现代化建设新的发展阶段。实现现代化不能没有兴旺繁荣的服务业。党的十六大明确提出，要"加快发展现代服务业，提高第三产业在国民经济中的比重。"因此，必须大力发展服务业，提高服务业增加值占国内生产总值的比重，和从业人员占全社会从业人员的比重，把扩大服务业领域的对外开放作为我国更广泛地参与国际竞争、融入经济全球化的重要内容。

（二）我国服务贸易的发展存在的问题

由于我国服务贸易起点低、基础差，缺乏国内的产业支撑，与其他国家尤其是发达国家相比仍有很大差距，主要表现在以下几个方面。

1. 服务贸易整体水平差。我国服务业总量不足，在国民经济中比重偏低，不仅远远落后于经济发达国家，而且长期低于发展中国家的平均水平。2001年我国服务业增加值32 254亿元，按可比价格计算，比上年增长7.4%，占国内生产的比重为33.6%。服务业从业人数在2001年底为2.02亿人，占全社会就业人员的比重为27.7%。

服务业落后使我国服务贸易的发展受到很大的制约。从总体上看，我国服务业的竞争力不如工业，除旅游等少数行业外，多数服务贸易领域处于逆差状态。2000年我国服务贸易总额为660亿美元，占全球服务贸易总额28 700亿美元的2.3%。而同期美国服务贸易总额达4 735亿美元，占全球总额的16.5%，是我国的7倍多。我国的服务贸易近些年来一直都处于逆差状态，并且呈不断扩大的趋势。加入WTO后进一步开放服务市场，服务贸易逆差有可能进一步扩大。

2. 服务贸易内部结构不合理。1985—1996年，我国服务出口总额中，旅游服务一直居于首位，其比重由27.6%升至36.5%；金融服务所占比重保持不变，一直在19%左右；运输服务的比重有所下降，由27.1%降为19%；而以信息技术为基础的新兴服务业则是明显的弱项，1985年这类产业在服务进口额中所占比重为22.9%，1996年剧增为52.4%，是使我国服务贸易逆差日益增大的重要因素。

3．服务贸易自由化程度较低。我国服务贸易的开放程度远远落后于制造业。我国许多服务业的对外开放都是在20世纪90年代才开始试点的，1998—2000年服务业中，各行业外商实际直接投资比重的3年平均值来看，超过10%的只有房地产业，为13.2%；超过5%的只有社会服务业，为6.1%；其他行业都很低，如交通运输、仓储及邮电通信业为3.3%，批发和零售贸易餐饮业为2.4%，卫生体育和社会福利业为0.2%，教育文化艺术和广播电影电视业为0.2%。

4．服务贸易管理滞后。由于服务业是由许多相关行业组成的产业群，国际服务贸易涉及的行业范围极广，国际社会要求一个国家对其国内的服务业进行整体协调和管理。目前，我国对外服务贸易管理体制存在许多缺陷，如中央与地方在服务业对外贸易政策和规章方面还存在着一定的差别，服务业多头管理、政出多门，甚至相互掣肘的问题还没有完全解决，服务业的统计也不规范，在行业划分标准、服务标准等方面有许多不符合国际惯例。

5．服务贸易立法不健全。长期以来，我国服务贸易立法严重滞后，直到近年才有较大的改观，先后颁布了《商业银行法》、《保险法》、《海商法》、《律师法》等法规，但与服务贸易广泛的内涵和国际服务贸易发展的要求相比，还存在着许多不足之处。目前，我国尚没有一个关于服务业的一般性法律，现有立法未成体系，相当一部分领域法律处于空白状态，已有的规定主要表现为各职能部门的规章和内部文件，不仅立法层次较低，而且缺乏协调，从而影响了我国服务贸易立法的统一性和透明度。

三、"入世"对我国服务业的影响及对策

（一）加入WTO对我国服务业的影响

加入WTO后，我国服务业市场在原有的基础上进一步扩大对外开放，这对我国服务业的改革与发展带来深远的影响。

1．我国具有比较优势的服务业出口将得到更多的机会。我国服务贸易在劳动密集型、资源密集型的行业存在着比较优势，例如在国外工程承包及劳务输出、远洋运输服务、人造卫星发射服务，以及旅游服务方面都具有比较优势。2001年，我国对外工程承包和劳务输出，以及涉外咨询全年完成营业额112.3亿美元，年末在外人数约400万人。在旅游业方面，2001年我国旅游外汇收入177亿美元，位居亚洲第一，世界第六。服务贸易自由化将会带动我国国际旅游业的发展，对国内旅游业也会产生一定的积极影响。这是由于入境旅游方面限制条件变得宽松，对外国游客的吸引力将会增加；同时外资全面进入我国旅游业之后，旅游资源开发的深度和力度都有所加强。

2．服务业市场化进程进一步加快。放宽限制、开放市场是服务业发展的关键。加入

WTO后，服务业中部分行业的市场准入，将不再受国内有关部门的控制，而是要执行我国政府对WTO的承诺，这有利于打破国内部分行业的垄断局面，增强国内服务市场的竞争性，有利于国内行业学习国外先进的经验，促使国内服务业提高服务质量和水平，从而进一步推动我国服务业的发展和国际竞争力的提高。在金融、电信等行业引入适度的竞争，一方面可以促进这些行业本身的发展，另一方面有助于降低金融、电信等服务的价格，从而提高制造业和整个社会的竞争能力。

3．有利于改善我国的投资环境。投资环境不仅体现在厂房、公路、通信、电力供应等硬件的好坏，越来越多地体现在金融、分销、专业服务等生产性服务的完备与质量等方面。我国服务业总体上落后，而生产性服务更为落后，这正是外国投资者看中我国市场的重要原因。服务业的对外开放，将吸引更多的外资进入我国服务业，这就有力地促进服务业（特别是生产性服务业）的快速发展，改善我国投资的软环境，进而带动国内整个经济的发展。

4．有利于引入新的服务种类。我国服务业的落后，在很大程度上表现为服务种类、品种的缺乏，许多服务领域需要填补"国内空白"。在WTO划分的143个行业中，我国商业化的税务服务、民意测验服务、安全调查服务、信用查询与分析服务等行业，基本上处于空白状态。许多行业，具体的服务领域、服务品种还存在大量空白。服务市场的开放和外资的进入，将在相当程度上弥补我国服务业发展中的各种空白，使服务业得到全面的发展，满足国内经济发展和人民生活的各种需要。

5．有利于在更深的层次上参与世界性经济结构的调整。全球服务业经过半多个世纪的大发展后，在经济全球化趋势的推动下，也在酝酿着世界范围的结构调整。加入WTO后，有利于我国利用发达国家向海外转移劳动密集型、资本密集型服务业之机，吸引外国投资，改善我国服务业的内部结构；也有利于我国服务提供者进入国际市场、实施"走出去"的战略，扩大服务贸易出口。

同时，加入WTO后，也给我国的服务业带来严峻的挑战：一些行业的市场份额被挤占，一些企业的生存受到威胁，一部分优秀人才将会流向外资企业，一些领域近期也会减少就业机会等。但总的看，如果我们步伐稳妥，应对得当，措施得力，这些消极影响是可以消除或减少到最低限度的。

（二）增强我国服务业竞争力的主要措施

面对加入WTO后给我国服务业带来的冲击，我们应当采取积极措施，应对服务业面临的挑战，增强我国服务业竞争力。

1．优化服务业结构。大力发展现代服务业，重点发展信息、科技、会议、咨询、法律服务等行业，带动服务业整体水平提高。积极发展新兴服务业，主要是需求潜力大的房地产、物业管理、旅游服务、社区服务、教育培训、文化体育等行业，形成新的经济增长点。改组改造传统产业，运用现代经营方式和服务技术，着重改造商贸流通、交通运输、餐饮服务、农业服务等行业，提高技术水平和经营效率。

2．优化服务业企业组织结构。增强大企业实力，依托有竞争力的企业，培育形成一批多元投资主体的大公司和大集团。促进企业联合重组，实行网络化、品牌化经营，大力发展连锁经营、物流配送、多式联运等新型产业。放手发展中小企业，鼓励经营方式灵活、服务品种多样、各具特色的中小企业发展，满足多层次的服务需求。

3．优化服务业地区结构。中心城市要按照城市功能定位的要求，着重发展现代服务业和新兴服务业，有条件的要逐步实现"三、二、一"的产业结构。具有交通、商贸、旅游等特定优势的中小城市，要进一步突出特点、强化优势，提高市场占有率。其他地区和农村，要根据当地市场需求，因地制宜地发展服务行业。

4．加快企业改革和重组。国有经济比重较高的行业，要逐步放宽对非国有经济的准入限制和扩大对外开放。除少数企业外，要通过各种形式，逐步改制为多元持股的股份有限公司或有限责任公司。

5．放宽服务业市场准入。改变部分行业垄断经营严重、市场准入限制过严和透明度低的状况，按市场主体资质和服务标准，逐步形成公开透明、管理规范和全行业统一的市场准入制度。加快垄断行业管理体制的改革，放宽部分行业市场准入的资质条件，鼓励非国有经济在更广泛的领域参与服务业发展；凡鼓励和允许外资进入的领域，均鼓励和允许国内投资者以各种方式进入。改革市场准入的行政审批制度，大幅度减少行政性审批手续。

6．推进部分服务领域产业化。以政企分开、政事分开、企业与事业分开、营利性机构与非营利性机构分开为原则，加快推进适宜产业化经营领域的产业化进程。将各类事业单位划分为营利性或非营利性机构。营利性事业单位都要改制为企业或实行企业化管理。

7．促进后勤服务社会化。学校、医院和企业、事业单位，以及有条件的机关后勤服务设施都要面向社会开放。除法律、法规和国家政策另有规定外，上述机构都要改制为独立法人企业。

8．加快服务业人才培养。有计划地在现有高等学校和中等职业学校增设服务业紧缺的专业，扩大招生规模。加强岗位职业培训，全面推进职业资格证书制度，建立服务业职业资格标准体系，有序扩大实施范围和领域。

9．多渠道增加服务业投入。中央和地方各级政府，都要适当安排一定数量的投资，作为加快发展服务业的引导资金，主要用于国家鼓励的服务业建设项目的贴息或补助，以更多地吸引银行信贷资金和社会投入。银行要在独立审贷的基础上，积极向符合贷款条件的服务企业及其建设项目发放贷款。鼓励符合条件的服务业企业进入资本市场融资。

10．扩大城乡居民的服务消费。改善服务消费环境，完善消费政策，营造有利于扩大服务消费的社会氛围。把加快发展服务业与实施城镇化战略结合起来，积极稳妥地推进城镇化，调整城镇规模结构，扩大城市服务消费群体。

11．加强对服务业的组织领导。进一步转变观念，统一思想，提高认识，把服务业摆到与农业、工业同等重要的位置。各级政府要切实履行职责，为加快发展服务业创造良好的环境。制定和完善服务业市场主体和市场秩序的法律、法规，为服务业发展提供法律保障。

总之,加入 WTO 后对我国服务领域,既是机遇,又有挑战。我们要抓住机遇迎接挑战,加快我国服务业发展的步伐。

第四节 本章小结

本章介绍了不同国际组织对国际服务贸易所下的不同定义和国际服务贸易的迅速发展的现状与原因,同时分析了当代国际服务贸易的基本格局:发达国家是国际服务贸易的主体,发展中国家国际服务贸易迅速增长,国际分工基于各国的竞争优势。参与国际服务竞争的贸易政策,一方面鼓励自由贸易,另一方面又保护本国利益限制竞争的两重性。《服务贸易总协定》就是为了适应这种性质而制订的调节各国服务贸易关系的协议。《服务贸易总协定》对服务贸易与服务行业的划分做了明确规定,本章主要对《服务贸易总协定》的产生背景做了详细介绍,说明了《服务贸易总协定》的 3 个组成部分。同时对《服务贸易总协定》的实质性内容所包括的 6 个部分、29 个具体条款及 8 个附件做了提示性说明。本章在《服务贸易总协定》对中国的影响上,从第三产业到服务业的发展、我国服务业对外开放的现状和加入 WTO 对我国服务业的影响的分析入手,阐明我国目前服务业的发展优势与存在的问题,提出增强我国服务业竞争力的主要措施。

案例分析

一、案情简介

1993 年 8 月 3 日,我国民航总局发布的《民用航空运输销售代理业管理规定》对我国航空营销的市场准入条件作出了具体规定。任何企业只有在获准的代理业务类别范围内才能经营我国航空营销业务。它使我国航空营销存在着 4 种差别:(1)国内一般企业与有营销权的企业存在着差别;(2)国内一类航空营销企业与国内二类航空营销企业存在着差别;(3)国内自然人与有营销权的企业存在着差别;(4)外资企业和外国自然人与国内有营销权的企业存在着差别。这些差别的存在,抑制了相应经济主体参与航空销售代理市场资格的获得。但是,在我国外资企业法中,对以上市场准入条件和航空营销代理范围未作规定,它仅在第 3 条第 2 款中规定,由国务院对禁止和限制设立外资企业的行业的范围进行规定。而在国务院颁布的行政法规中,也未出现过有禁止和限制外国法人和外国自然人在我国航空销售代理业中设立外资企业的规定。

二、案例分析题

1. 以上的情况是否违反国际服务贸易市场准入的原则?
2. 对此我国应当如何处理?

思考题

1. WTO 对国际服务贸易定义与国际货物贸易比较具有哪些显著的特点?
2. 国际服务贸易迅速发展有哪些原因?
3. 发达国家的国际服务贸易发展具有哪些特征?
4. 国际服务贸易政策具有哪两重性?
5. 民间对国际服务贸易的分类有哪几种标准?
6. WTO 将国际服务贸易分为几大类?
7. 《服务贸易总协定》由几部分组成?
8. 《服务贸易总协定》的实质性内容包括哪几部分?
9. 我国服务贸易的发展存在哪些问题?
10. 增强我国服务业竞争力应采取哪些措施?

第七章 WTO 与中国部分服务业的发展

学习目标 通过本章学习,能够认识 WTO 对我国金融保险的影响、我国电信业的发展现状和我国旅游业发展的特点。了解《金融服务协议》对金融服务的界定,《基础电信服务协议》的产生与主要内容和我国旅游业开放的现状与效果,掌握金融服务的业务范围,我国保险业面对 WTO 的应对策略和我国旅游企业和政府主管部门应对加入 WTO 的策略。培养学生在不同的部门,适应 WTO 规则的能力。

服务业是涉及门类最为广泛、最为复杂的行业,WTO 在对以商品为中心的服务贸易分类的基础上,结合服务贸易统计和服务贸易部门开放的要求,提出了以部门为中心的服务贸易分类方法,将服务贸易分为 12 大类。本章对我国加入 WTO 后,影响最大的金融保险、电信服务、旅游事业 3 个部门进行分析,从中透视 WTO 对我国服务贸易的影响。

第一节 WTO 对我国金融保险的影响

一、《金融服务协议》产生的背景

20 世纪 90 年代以后,随着世界经济的发展,国际贸易量的增加,在金融服务贸易方面,发达国家需要一个可以扩展贸易机会的自由化国际市场,发展中国家也力求在互利、安全的基础上,适当引进外国金融服务发展本国经济。为此,建立一个全球性规范的国际金融服务贸易秩序,促进金融服务贸易领域开放的法律制度成为必然。《金融服务协议》就是在这个背景下产生了。但是《金融服务协议》的产生经历了曲折的谈判过程。

(一) "乌拉圭回合" 结束时关于金融服务的谈判成果

金融服务贸易的开放,被纳入关贸总协定(GATT)和世界贸易组织(WTO)关于服务贸易开放的整体框架之中进行讨论和谈判。服务贸易的谈判确立了区别于货物贸易的准则,服务贸易将按照 GATT 之外的临时法律框架执行。在 GATT 总干事提交的《邓克尔方案》的基础上,于 1993 年 12 月 "乌拉圭回合" 闭幕时达成了作为《乌拉圭回合多边贸易谈判成果》之一的《服务贸易总协定》(GATS),在 1994 年 4 月的马拉喀什部长会议上正式签署,成为 WTO 取代 GATT 统辖当时国际贸易领域最大的政府间国际组织。

在众多的服务门类中,金融服务贸易是最重要的部门,"乌拉圭回合"谈判中对这个议题的争论最为激烈。由于分歧太大,几乎不能达成令人满意的协议。为了给 WTO 成立后留下继续谈判的话题,在《服务贸易总协定》的框架下特意拟定了《关于金融服务的附件》和《关于金融服务的决议》;同时,经济合作组织成员国建议在《服务贸易总协定》的框架内,以其他方式作出金融服务的具体承诺,使之符合自由化的最低要求,以实现一定程度的统一。这一建议得到了许多国家的响应,最终拟成《对金融服务承诺的谅解》。谅解书实际上为发达国家作出金融服务的具体承诺设计了一个格式或样本。

(二)《金融服务协议》产生的曲折谈判过程

"乌拉圭回合"于 1993 年底结束的时候,关于金融服务贸易谈判尚未完成。虽然有些国家作出了市场准入和提供国民待遇的承诺,但远不足以结束谈判。主要原因是美国以许多国家的金融市场不够开放为由,拒绝在无条件最惠国待遇原则的基础上作出承诺,而提出广义"免除最惠国待遇清单",以"对等"作为其他国家开放金融市场的条件。受其影响,有些国家撤回了承诺。为避免将金融服务排斥在《服务贸易总协定》之外,谈判各方接受欧盟的建议,同意在最惠国待遇的基础上,缔结关于金融服务贸易承诺的临时协议,承诺的有效期为 WTO 成立后的 6 个月(即 1995 年 1 月 1 日到 1995 年 6 月 30 日)。这期间,各作出承诺的成员方仍可以修改、撤回其部分或全部承诺。

1995 年 4 月,"乌拉圭回合"一揽子协议签署后,金融服务谈判重新开始,目的是使所有成员方同意在无条件最惠国待遇基础上缔结永久性的金融服务协议。但是,由于美国对其他国家所作的承诺仍不满意,并警告美国只给美国境内现有的外国金融机构以国民待遇,对新入者将不作出任何承诺。美国的强硬立场和有限承诺使许多国家不愿作出永久承诺。但为了避免谈判彻底失败,谈判方(除美国之外的 95 个国家)在 1995 年 7 月 28 日又达成一个临时性的协议:包括《服务与贸易总协定》第二议定书,及通过该议定书的决定、广义金融服务承诺的决定和关于金融服务的第二个决定。这个临时协定的"临时性"表现在,新的承诺表和免除清单于 1997 年 12 月 31 日前到期,到期前 60 天内,成员方可以修改承诺表和免除清单,而无需给予其他成员方赔偿。

尽管没有美国参加,这个临时协议仍有重要意义。该第二议定书实现了《金融服务承诺谅解》中的许多要求。因为其中 29 个成员方(欧盟作为一个成员方)进一步优化了他们的承诺表,并且或撤销、或中止、或减少金融服务领域中的最惠国待遇例外。该协议将绝大多数通用的国际金融服务活动用法律形式固定下来,为达成永久性的金融服务协议,打下坚实的基础。

为了在上述临时协议到期前,真正达成永久性的关于金融服务贸易的多边协议,1997 年 4 月关于金融服务谈判重新开始,尽管有临时协议奠定的基础,但谈判仍十分困难。1997 年 5 月 29 日,服务贸易理事会决定将临时协议的终止期限提前到 1997 年 12 月 12 日。终于,在最后一天,即 1997 年 12 月 12 日午夜,美国终于放弃了僵持的"对等承诺",撤销它在《免除最惠国义务清单》中作保留的金融服务项目内容。包括美国、日本及欧盟 15 国在内的 WTO 102 个成员方在无条件最惠国待遇原则的基础上,作出了金融服务承诺。

永久性的全球金融服务协定终于达成。该议定书在 1999 年 1 月 29 日之前经全体作出承诺的成员方批准，并于 1999 年 3 月 19 日起生效。

（三）《金融服务协议》达成的意义

1997 年 7 月以来，东南亚地区受到金融危机的强烈冲击，但是这些国家金融服务开放的信心并未发生动摇，体现了全球金融服务自由化非同寻常的意义。全球金融服务协议的达成被认为是多边贸易体制中具有里程碑意义的法律文件。全球 95%以上的金融服务贸易将在这个协议的调整范围内，涉及 18 万亿美元的证券资产、38 万亿美元的国内银行贷款、2.2 万亿美元的保险金。除了巨大的经济利益外，从法律角度而言，这个协议的意义同样深远。据此，绝大多数 WTO 成员方对开放其金融服务市场和保证非歧视经营条件作出承诺，使金融服务贸易依照多边贸易规则施行，有助于建立一个具有预见性的和透明性的贸易环境。

二、《金融服务协议》对金融服务的界定

（一）金融服务贸易的定义及与资本市场开放的区别

1. 金融服务贸易的定义。在 WTO 体系下，"金融服务"是指由一成员方的金融服务提供者所提供的任何金融性质的服务，即指下列金融服务方式的提供。

（1）跨境提供（Cross-border Supply），即从一成员方境内向任何其他成员方境内提供服务。这类提供构成国际贸易理论上典型的"跨国界可贸易型服务"，实践中也是国际金融服务的习惯做法。如一国银行向另一国借款人提供贷款服务；一国保险公司向另一国投保人提供进口货物运输保险服务。

（2）国外消费（Consumption Abroad），即在成员方境内向任何来自其他成员方的金融服务消费者提供服务。如一国银行对外国人的旅行支票进行支付的服务。

（3）商业存在（Commercial Presence），即一成员方的服务提供者，通过任何其他成员方境内的商业提供服务。这种跨国金融服务系目前为数最多、规模最大的形式，它与金融业的对外投资紧密联系，便于金融服务提供者在消费现场及时、有效地提供金融服务，提高当地金融市场的参与度，因而成为全球性金融机构拓展业务、进一步渗透的重要战略手段。

（4）自然人存在（Presence of Nature Persons），即一成员方的服务提供者，通过在任何其他成员方境内的自然人提供的服务。这类金融服务多为与银行、保险和证券有关的辅助性金融服务，例如风险评估、顾问咨询、经纪代理等，是金融服务贸易中不可缺少的部分。

由此可见，金融服务强调的是由一成员方的金融服务提供者所提供的任何有关在金融方面的服务。其中，金融服务的提供者包括一成员方希望提供或正在提供金融服务的任何自然人或法人，但不包括政府机构、中央银行或金融管理当局等"公共机构"。从内容上说，金融服务涵盖了银行、保险和证券 3 大领域，即："所有保险和保险有关的服务以及所有银行和其他金融服务（保险除外）"。

2. 金融服务市场开放与资本市场开放的区别。从定义可以看出《服务贸易总协定》中关于服务市场的划分，是从服务的可贸易性角度和服务种类本身所具有的特性出发。金融服务市场的开放，实际上就是一些具体金融业务的开放，与金融服务相对应的是通讯服务、专业服务、分销服务等服务种类。而资本市场是指一国证券市场、货币市场的总称。这个概念是从生产要素的角度讲的，与之相对应的是劳动力市场、技术市场等。开放资本市场的含义，就是取消外国资本进入本国证券市场和货币市场的限制，它牵涉到货币在资本项目的可兑换等问题。资本市场的开放涉及的问题比较多，因此，比金融服务市场的开放难度更大。显然金融服务市场的开放与资本市场的开放有很大区别。而且，事实上 WTO 管辖的仅仅是金融服务，资本市场的开放则是国际货币基金组织的管辖范围。这两个组织互不隶属，其活动范围也互不干涉。因此，认为参加《金融服务协议》就是全面开放资本市场是一种错误的理解，而且是一种常识性的错误。从国际收支平衡表的构成来看，金融服务贸易属国际服务贸易的范畴，是经常项目的重要组成部分；而资本市场则属于国际收支平衡表中金融与资本项目的范畴，两者的开放是有着本质差别的。但是，金融服务市场的开放可以有力地推动资本市场的开放，为资本市场的开放创造一种经营体制上的环境。

（二）金融服务的业务范围

纳入《金融服务协议》的金融服务业务主要是银行服务、保险服务和证券服务，其中保险服务最为全面。

1. 保险及与保险有关的服务。在通常我们所说的保险中其实有性质不同的两种保险，一种是承担社会义务的保险，如养老保险、医疗保险、失业保险等。这些保险具有社会福利性质，所以是一国政治与政策的体现，不适合商业化运作，这类保险多数是由政府依靠政权来运行。在金融服务中所涉及的保险是指依靠商业化运作方式来运行的商业保险，它一般不涉及政府和政治问题，主要通过向社会和公众提供保险服务收取一定的费用并取得相应的收益。如直接保险（人寿保险和非人寿保险）、再保险和分保险、保险中介，以及附带保险服务的咨询、保险精算、风险评估和理赔服务。

2. 银行业务及其他相关金融服务。银行业务及其他相关金融服务，只涉及商业银行业务方面的内容，对于中央银行业务当然不包含在其中。具体业务有以下几个方面：公众储蓄及其他；各类借贷；融资租赁；支付和货币汇兑业务；担保和保管业务；自营或代理客户买卖下列可转让工具业务。

3. 证券服务。证券服务是现代金融服务中的一项重要内容，它为投资者提供了一个投资的环境，也为资金使用者提供了一个可以选择方便快捷的筹集资金方式的场所。证券服务是现代金融服务的发展新领域。《金融服务协议》中所涉及证券服务方面的具体内容包括：证券发行和有关发行服务，包括认购和承销（不论是公募还是私募）及提供与证券发行有关的服务；货币经纪（Money Broking），如现金或有价证券的管理，各种形式的集体投资的管理，养老基金的管理、监督、保存和信托业务；金融资产的结算和清算服务，包括证券、衍生金融工具业务和其他可转让票据业务；金融信息的提供和转让，向其他金融服务提供者提供金融数据处理和相关软件；与上述所列金融服务业务有关的咨询、中介和其他辅助性金融服务业务，包括信贷咨询和分析，投资和有价证券的研究和建议，对兼并、收购公司改组及战略的咨询业务等。

关于金融服务贸易范围和定义的规定，目的是明确纳入金融服务贸易法律制度的规范对象，有助于区分金融服务的原产地，使各成员方在对来自不同原产地的金融服务提供市场准入和实施金融监管时有章可循。

三、"入世"对我国金融保险业的影响及对策

加入WTO，对我国金融服务业中影响最大的行业是保险业。《金融服务协议》规定各成员方享有如下一些权利和义务：第一，市场准入；第二，国民待遇；第三，透明度要求；第四，最惠国待遇；第五，发展中国家的特殊待遇和保护性条款。同时，《金融服务协议》还具体规定：各成员方允许其他方在本国建立保险服务公司并按竞争原则运行；外国保险公司享有同国内公司同等的进入市场的权利；取消对跨国保险公司的限制，允许外国资本在投资项目中比例超过50%。按照《金融服务协议》的规定，开放金融服务业市场大量外资涌入中国保险业，这对中国原本就不很成熟的保险市场，带来不小的冲击，我们必须积极应对，化不利为有利，促进我国金融服务业的发展。

（一）"入世"对我金融保险业的影响

1. 外资进入对我国保险业的不利影响。外资保险机构大量进入我国保险市场，并逐渐涉足越来越多的地区和经营业务领域以后，带给国内保险公司的竞争压力将会倍增。在一个较长的时间内，外资保险机构同国内保险公司相比，具有非常明显的竞争优势。外资保险公司具有以下一些竞争优势：资本实力强；进入国际金融市场的历史悠久；在经营机制、组织结构、管理技能等方面经验丰富；软硬件设备先进、技术水平高，保险产品的科技化程度高；在人员构成、人才整体素质水平上要大大高于国内保险公司。另外，外资保险公司的经营遵循国际惯例，在其可以进入的经营领域内，基本上不受我国政府的干预，并且还享有不少超国民待遇的优惠，经营环境相对比国内保险公司要宽松。

我国的保险市场用国际上通用的保（险）费总规模、保险密度（人均保费）和保险深度（保费总规模同GDP之比）3个指标衡量均比较落后，国内保险公司同外资保险公司的巨大优势相比，具有非常明显的劣势。首先，国内保险公司的实力较弱，甚至总体实力不如一家外资保险公司的资产总额，实力对比的弱势意味着竞争力对比的弱势；其次，我国的保险市场具有较高的产业集中度，中国人保、中国人寿、平安保险、太平洋保险4大保险公司占据了绝大部分的市场份额，形成了类似于银行业的寡头垄断竞争态势，缺乏充分的竞争，现有的同行业处于竞争力低、层次混乱无序，并导致国内保险公司经营管理落后，服务水平较低，服务质量较差；经营技术手段落后，保险"产品"单调，不能真正满足消费者（即投保人）的多方面的需求；人才素质较低，制约了保险公司的经营进一步向高层

次的发展。上述现状决定了我国的保险业基本上处于一种粗放经营的状况，而且目前的政策对保险产业的支持也缺乏力度，使得保险业在诸多方面都受到很大的限制，这些都使得我国保险业的发展水平相对较为低下，整体素质不高，缺乏竞争力。

中国加入 WTO，一方面，国内保险公司与外资保险公司相比较的竞争劣势和政策劣势在短时间内将无法消除；另一方面，外资保险公司在经营上所受到的一系列限制，也会逐步被取消并逐渐向国民待遇靠拢，国内保险公司感受到的将是全方位的竞争压力，原有的市场必然会遭受到外资保险公司猛烈的冲击。首先，外资保险公司将继续从利润高、风险小、效益好的险种入手，在冲击国内保险公司原有市场的同时，对国内尚未开发的寿险市场，也将形成强大的侵夺之势。其次，一些实力雄厚的外资保险公司会采用跨国公司的惯用手段，利用其各方面的优势，采取价格、广告、新闻宣传等各种各样的方法，占领国内保险市场。最后，外资保险公司要进入和开发国内保险市场，必将吸纳与网络大批保险人才，国内保险公司的一大批业务骨干人才将会有相当一部分被外资保险公司挖走。同时，一大批客户和一片市场也将被带走，人才的流失必然会给国内保险公司的长远发展带来很大制约作用和负面影响。

2. 外资进入对我国保险业的有利影响。从长远来看，加入 WTO 后带来的保险市场的开放对我国的保险业是利大于弊。外资保险公司的进入，在宏观和微观上对于深化我国保险业改革、制度创新和保险国际化等各个方面都具有积极作用。

（1）竞争激励效应。外资保险公司大举涉足中国保险市场会引入新的竞争因素，给国内保险公司带来新的竞争压力。从变压力为动力这个意义上讲，外资保险公司的进入对我国仍显幼稚的保险业，未尝不是一件好事。

（2）技术扩散、溢出效应和创新效应。跨国保险公司的进入，会给我国保险业带来先进的组织和管理技能，以及先进的保险技术。外资保险公司通过与国内保险公司进行组织管理知识与技术等方面的交流，可以使外资保险公司的组织、管理和技术知识向国内保险公司"溢出"，从整体上丰富和提高我国保险业的组织、管理水平和技术水平。

（3）示范效应。外资保险公司为国内保险公司提供了一个新的参照。他们按照国际标准执行的操作过程、先进的组织、管理和技术设备、经营方法，以及由此带来的较高的经济效益，对国内的保险公司来说，具有巨大的示范效应。起到了国内自我变革所不具有的"催化剂"作用，促使国内保险公司进行自我改革与完善。

（4）国际化规范效应。外资保险公司进入所带来的竞争压力，将促使国内保险公司按照国际标准进行改革与管理，尽快的与国际接轨。外资保险公司的进入也要求我国的保险监管当局对保险业的监管实现国际化，按照国际惯例和标准进行监管。这对于规范我国保险业，促其向国际化方向发展具有十分重要的意义。

（5）市场开发效应。外资保险公司进入我国保险市场，一方面会与国内保险公司争夺现有的保险市场，同时也会带来市场开发效应，即外资保险公司不会坐等客户上门，而是采取积极进取的市场战略，主动出击，寻找新的市场和开发潜在的市场。他们所采取的一些市场开发策略必将提高我国国内消费者的风险意识和保险意识,促进保险市场的发育,正所谓"既瓜分蛋糕,也帮着把蛋糕做大"。国内保险公司在这样的市场竞争中,也将会因为能够分得"一块更大的蛋糕"而成为受益者。

(三)我国保险业面对 WTO 的应对策略

开放带来阵痛,开放带来发展和提高。适应 WTO 要求,进一步开放国内保险市场是不可逆转的发展趋势。对此,我们既不能一概悲观,也不能盲目乐观,而是要从我国的现实国情出发,全面分析加入 WTO 对我国保险业的两面影响,趋利避害。采取积极的应对策略。

1. 从宏观角度看国家职责。从宏观角度上讲,国家在应对 WTO 的影响上具有如下的职责:制定开放政策,建立健全制度,实施监管调控。

(1)对保险业的开放实施循序渐进的策略。我国的保险业相对于国际保险业来说仍旧比较幼稚和脆弱。因此,在加入 WTO 开放保险市场的承诺中不能一步到位,而是施行循序渐进、有步骤、有规划的开放策略。我国应充分利用 WTO 对发展中国家的一些优惠待遇条款,在一定时间内设置必要的防线,灵活把握保险业开放的进程,确保保险业的对外开放能够与我国经济、金融发展战略相一致,实现效率与发展的均衡。

(2)加强制度建设,完善保险业运行和开放的外部环境。

① 构建符合国际惯例的保险制度。WTO 框架下的国际经济竞争,要求各国遵循统一的游戏规则,但是目前我国的保险业,在运作中还存在许多不符合国际惯例的做法,为了能在加入 WTO 后残酷的国际国内竞争中立于不败之地,必须尽快按照国际惯例和规则构建我国的保险制度。

② 完善保险市场主体体系。一是要适当加入保险业对内开放的力度,允许国内跨行业、跨所有制的投资者进入保险市场,建立多元化的保险公司体系,加大国内保险业的密集度,并促成更大型、实力更强大的保险公司的出现。二是要建立健全保险中介体系,重点是建立保险公司评估机构,加强代理人队伍的整顿、建设和培育等。

③ 完善保险法制建设,加强监管。配合国内市场经济法制建设的深入,加强涉外保险法规、规章、条例等的制定与完善。同时要加强执法,强化对保险业的监管,尤其是对外资保险公司的监管。在政策和法律上逐步取消对外资保险公司的超国民优惠待遇,做到对国内保险公司和外资保险公司在税收等各方面一视同仁,创造一个两者公平竞争的市场环境。

④ 重视和解决保险投资问题。国家应适应保险业对外开放和发展的需要,尽快调整对保险基金运用和投资的政策,调整对资本市场发展和规范的政策,逐步强化保险公司适应市场的能力,实现保险投资的多元化。要逐步放宽对保险基金运用和投资的限制,扩大保险公司尤其是寿险公司进入资本市场的范围,允许一定的寿险资金入市,大力发展包括寿险基金在内的机构投资者。要逐步允许国内保险公司,选择海外较为成熟的资本市场进行一定的投资。谨慎而又渐进地向外资保险公司开放国内资本市场。

⑤ 加强保险人才的培养。配合教育体制的改革,加强国内高校的保险师资力量,强化培养质量,多渠道加快对各类保险专业人才的教育和培养,保险监管职能部门和保险公司

要加强对现有员工的培训，建立和完善各类保险资格考试制度，同时注意加强国外高层次保险人才的引进。

2. 从微观角度看国内保险公司自身的对策。国内保险公司是外资保险公司进入后直接受到冲击的主体。为了应对外资保险公司的竞争威胁，国内保险公司最重要的是要积极行动起来，化压力为动力，借助外力苦练内功，加紧完善和发展自我，全面提高自身的素质和竞争能力，确保在竞争中立于不败之地。

（1）树立对竞争的正确态度。一方面，国内保险公司要真正认识到自己相对于外资跨国保险公司在各方面都处在竞争劣势，以谦虚的态度积极的向外资保险公司学习；另一方面，也要充分认识到自己也具有市场开发、民族文化消费惯性等优势。要不惧竞争，并且积极的应对竞争。

（2）行动要迅速。国内保险公司不能坐等国家的政策支持和保护，要以外资保险公司为参照对象，迅速行动起来，学习并吸收其先进的经营管理技能和经验，取人之长，补己之短。要勇于自我变革、自我完善，加强内部管理，采用先进技术设备，提高硬件水平。制定完善的经营激励机制以吸引和留住人才。

（3）积极进行创新。国内保险公司在学习和借鉴外资保险公司各方面的先进做法的基础上，要充分认识到发展的最终动力在于自身。因此必须积极行动起来，跟踪和研究世界金融保险业务一体化的发展趋势，在竞争中实现创新发展。积极探索进行组织机构的创新、管理方式方法的创新、保险产品险种的创新、承保方式的创新、人才培养的创新和技术装备的创新等，通过创新，从自我的角度提高自身的素质和竞争力。

第二节　WTO 与我国的电信服务

一、《基础电信服务协议》的产生与主要内容

（一）《基础电信协议》的产生

1994 年 4 月，在正式结束"乌拉圭回合"多边贸易谈判的马拉喀什部长级会议上，通过了一系列有关服务的部长决定。其中《关于基础电信谈判的决定》将基础电信的谈判延长到"乌拉圭回合"以后继续进行。部长们希望通过延长时间，使谈判能够反映出技术的飞速发展，以及电信管理体制，当时正在进行的一些变革，从而实现更高的市场开放水平。谈判于 1994 年 5 月开始，在基础电信谈判组（Negotiating Groupon Basic Telecommunications，NGBT）中进行，最初有 33 个 WTO 成员的政府参加。根据部长决定，谈判应于 1996 年 4 月 30 日结束。

在 1996 年 4 月的会议上，WTO 总干事鲁杰罗表示希望各方能维持谈判已取得的成果。他建议将谈判成果先附于议定书之后，待 1997 年初再给予各方 1 个月的时间，以重新审议

各自在市场准入和最惠国待遇问题上的立场,并对各自在议定书后所附的减让表进行修改。谈判参加方在1996年4月30日服务贸易理事会的决定中,采纳了总干事的这一建议。该决定将1997年2月15日定为谈判的结束期限,增加了进一步进行谈判并取得进展的机会。1996年4月以后,基础电信组(Groupon Basic Telecommunications,GBT)成立,代替了原来的基础电信谈判组,负责再次延长之后的谈判。

1997年4月15日,WTO服务贸易理事会通过了《服务贸易总协定》第四议定书。此后,各方在1997年余下的时间里,开始了国内的批准程序,为议定书的接受和所作承诺的履行做准备。

1997年12月,在最后期限之前已经接受第四议定书的成员召开了一系列会议。他们在第四议定书是否如期于1998年1月1日生效的问题上难以达成一致,因为当时仍然有20个成员因国内批准程序问题,尚未向WTO交存接受第四议定书的通知。1998年1月,未接受成员的数量减少到12个,1998年2月第四议定书生效的决定才获得了通过。

(二)《基础电信协议》的主要内容

《基础电信协议》的主要内容包括《服务贸易总协定》第四议定书及其所附《各成员承诺减让表》、《最惠国待遇豁免清单》和关于管制原则的《参考文件》。

《服务贸易总协定》第四议定书本身十分简短,只是规定了生效时间等程序性的事项。其后所附的WTO成员方关于基础电信的具体承诺减让表和《服务贸易总协定》第2条豁免清单,则是《基础电信服务协议》的主要内容。WTO成员方在各自的减让表和豁免清单中,就基础电信服务承诺了不同程度的市场开放水平。

《基础电信服务协议》涉及了语音电话、数据传输、电传、电报、文传、卫星通信、移动电话、移动数据传输和个人通信等诸方面的短途、长途和国际电信服务的全球性开放。

在开放市场方面,根据基础电信协议,美国、欧盟和日本都承诺在1998年前开放市场,取消本国公司对市场的垄断,作出类似承诺的还有墨西哥、韩国等国家。大多数成员方只是承诺逐步地、有限度地开放。规定外资比例在各方承诺表中是常用的限制手段。墨西哥对外国公司在其本国公司中的投资股份限制在49%。加拿大限制在46.7%。各方在市场开放的具体步骤上,多采用时间表形式。许多成员对于不同的服务内容,都承诺在今后的适当时间再开放。例如爱尔兰于2000年开放,葡萄牙和希腊于2003年开放。对具体的某一类基础电信业务,有些成员方是有选择地开放。

《基础电信服务协议》是以取消垄断、对外国服务及服务提供者开放市场为目的,69个成员方承诺通过各种方式,在不同程度上向其他WTO成员方的电信服务提供者开放市场,而不需衡量其他成员方是否提供相同的开放市场。由各成员方提交的具体承诺减让表,被视为GATS的组成部分之一,这些减让表主要就法规的透明度、最惠国待遇及豁免、市场准入的具体表现,以及对法规环境的具体承诺等问题作出承诺。

法规的透明度主要是指包括许可证制度、互联互通、竞争保护、法规部门的独立性、无线频点号码资源的分配、许可的技术标准与器材型号、服务费的征收、通过他国电信网络的权利、普遍服务原则等项内容必须公开透明。

在最惠国待遇及豁免问题上，参加基础电信谈判的各成员方均承诺遵守 GATS 第 2 条有关最惠国待遇的规定。但是由于 GATS 第 2 条第 2 款规定了有关最惠国待遇豁免的内容，因此各成员方有权单独决定是否对影响基础电信服务的措施提出最惠国待遇的豁免。然而，最惠国待遇豁免有时涉及到法律程序问题，所以决定是否提出豁免申请取决于参加谈判方对他国所做的减让是否满意。

对于市场准入的具体表现而言，《基础电信协议》是以取消政府垄断，对外国服务及服务提供者开放市场为目的。因此，69 方政府均在所提交的减让清单中明确列出了外资进入的电信服务项目。

在对法规环境的具体承诺方面，基础电信谈判的关键问题之一就是审查各国有关阻碍电信服务贸易进行的法规及政策，并就各国现行法规制订了"承诺范本"供各方政府，在提交法规环境减让表时参照使用。

二、我国电信业的发展现状

近十年来，我国电信行业一直保持高速增长，就网络容量和用户规模而言，2005 年我国已拥有世界第一大通信市场以及居世界第 3 位的 GSM 移动通信运营商。国内运营商的经营重点也逐步从网络规模建设期转入网络服务期。

（一）国内电信业务总体发展状况

1. 国内电信行业继续保持持续增长，对国民经济增长的拉动作用明显。自 20 世纪 90 年代以来，我国电信行业一直处于持续增长阶段，对经济增长的拉动作用十分明显。在 2004 年，这一趋势得到了延续：一方面，电信行业的业务收入占整个宏观经济 GDP 的比重依然走高；另一方面，电信业的整体投资保持平稳，运营商正在努力摆脱单纯依赖投资增长，带动业务收入增长的局面。其中移动通信业务依然是电信业增长的热点。

2. 电信业务结构日趋多元化，产业链已具雏形。电信业务结构更趋多元化，主要业务保持了较旺盛的市场需求。固定、移动、互联网三大业务的用户 2005 年上半年仍然保持较高的增长率，其中互联网宽带上网用户增长速度最快。IP 电话、短信、宽带业务服务逐渐渗透到人们的日常生活中，成为人们重要的通信消费内容，也受到了电信运营企业越来越多的关注。

3. 电话用户规模不断扩大，小灵通用户持续增长。2004 年末，国内的电话用户总数达 6.47 亿户。其中，移动电话用户 3.34 亿户，固定电话用户 3.12 亿户，移动电话用户数已超过固定电话。目前，小灵通用户总数已经占到固定电话用户总数的 1/5 左右；在新增固定电话用户中，小灵通的贡献占了一半左右，成为电信业务的最主要增长点。然而，从 2004 年的发展情况看，小灵通的发展也有所回落，其中在 2004 年第三季度，新增小灵通用户数已低于新增传统固定电话的用户数。

4. 无线寻呼业务继续走低，移动通讯用户增长缓慢。由于移动电话的异质分流和功能替代等原因，国内无线寻呼业务近年来严重萎缩，2004年全年全国无线寻呼用户减少了758万户，仅剩298万户，几乎退出市场竞争。此外，近年来市场规模一直快速增长的移动通信在2004年也出现增速放缓趋势，全年仅新增用户6 487万户，每月新增用户数基本与上一年持平；移动通信业务收入与主营业务收入的增长速度也基本持平，规模效益不明显。

5. 手机短信业务方兴未艾，日益成为数据业务市场的增长亮点。由于手机短信业务具有以广大青少年、学生群体为主的特殊市场对象，特别是2004年小灵通和移动、联通互通手机短信的刺激效应，2004年手机短信发送量继续保持高速增长，全年达2 177亿条，业务收入近200亿元人民币，比2003年增长58%，其业务收入占整个电信主营业务收入的比重快速增加，日益成为电信业新增利润的增长点。随着手机市场价格的继续回落，其在青少年中的普及率势必会快速上升，短信业务也将继续保持繁荣。

（二）国内电信业存在的问题

国内电信业务发展能力正逐渐走缓，外延、粗放式经营还在加剧，电信市场的公平、有效、有序的竞争也还远未实现。这种增长方式必然会削弱运营商的赢利能力，也无法提高其核心竞争力。其中存在的问题具体表现在以下几个方面。

1. 恶性价格战愈演愈烈，业务量和经营收入不平衡加剧。由于国内各电信企业粗放型的低水平竞争，目前国内电信业的价格竞争日趋白热化，价格战不仅向各种业务、各个市场漫延，而且逐渐从隐蔽走向公开，从短期走向长期，局面越来越严重。例如联通公司的如意通每分钟话费在不同的地区就有极大的差异，在广州每分钟只有0.27元（包括折扣），而在北京每分钟却达0.5元（包括折扣）。其他各公司及各业务的话费竞争更是多不胜数，电信监管部门屡禁不止。同时，电信业务总量和电信业务收入的增长率反向变动，2004年电信业务总量的增长率从2002年、2003年同期的28.6%、32.1%上升到37.8%，而电信业务收入的增长率从2002年、2003年同期的15.3%、14.4%下降到13.2%，电信业务总量和电信业务收入之间的差距继续拉大。

2. 各通信企业实力失衡、无序竞争加剧。2004年，规模高居首位的中国移动业务收入的市场份额为36.9%，是中国联通14.51%的2.54倍，是中国铁通1.54%的23.96倍；从盈利能力来看，移动运营商远远高于固定网运营商。在移动运营商中，中国移动的盈利能力又远高于中国联通，如2003年中国移动股份有限公司利润率为22.4%，而中国联通股份有限公司的利润率却仅为6.2%。在这种情况下，企业规模和实力较小的电信运营商为了尽快成长，必然采用价格战的方式来扩大市场，而大的运营商必然会利用其自身实力优势，在价格和互联互通方面进行抵御，造成行业内无序竞争加剧。

3. 各通信公司缺乏有效的战略协作，通信固定设施存在较严重的重复建设。我国实行第二次电信重组后，自然垄断特征很强的固定网（特别是接入网运营商）目前达到了四家以上，如果包括变相经营的小运营商则数量更多。通信企业各自为政，一味地上规模、扩大网络。例如在各地区，只要有中国移动公司的基站地方，必有联通公司的基站或小灵通基站。这使目前国内的通信网络容量出现相当程度供大于求的状况，资源利用率也很低。这种无效的重复建设不仅浪费了大量的投资，而且也更加剧了国内电信企业间的价格战，最终削弱民族通信业的健康、稳定发展。

4. 各电信企业的国有资产管理尚未到位、管制环境尚需完善。我国六大电信运营商均为国有或国有控股企业，而国有资产管理一直存在所有者缺位的问题。这就为恶性价格战的产生和存在提供了一定的空间。虽然这几年，我国电信管制取得了突破性进展，建立了信息产业部和各省通信管理局，出台了以《中华人民共和国电信管理条例》为代表的一系列管制政策，对市场准入、互联互通、普遍服务、资费、资源等管制领域均作了一定的规范。但总的来说，目前的管制规范性还较为欠缺，管制政策还不够完善，管制力度还不够大，这也为上述问题的产生和存在提供了一定的条件。

5. 电信业务创新不足、高端市场仍需突破。近几年，虽然我国的电信业务收入保持快速增长的发展态势，但是业务收入的增长速度远低于用户或业务量的增长速度。业务创新缺乏，服务附加值有待提高，用户深层次需求开发不足是重要的原因。因此，整个电信行业的发展急需向效益型、创新型增长模式转变。

尽管近年来，视频会议、手机支付、宽带上网、移动互联等多种数据业务发展较快，但其应用还暂时处于初级阶段，对人们消费习惯的影响还不够明显。另外，宽带市场内容同质化也成为制约宽带业务迅速发展的瓶颈，大多数的宽带上网应用仍集中在检索资料、发送电子邮件、上网娱乐，网上内容及其应用没有进一步丰富和完善。各运营企业要进一步细分市场，结合消费者深层次的消费需求和国家信息化建设的需要，积极创新业务盈利模式和运作模式，加强产业价值链的合作与管理，有针对性地开发新业务，推动整个业务市场的增长。

6. 区域发展不平衡问题依然突出。目前，我国东、中、西部之间，尤其是城乡之间的电信服务差距仍然很大，根据国际电联公布的 2003 年数据，我国城市固定电话普及率高出全球固定电话普及率平均水平近 10%，但我国农村固定电话普及率仅为城市的 1/3。与东部地区相比，中、西部地区的电信城乡差距更为明显，东部地区城市固定电话普及率是农村的 1.7 倍，中部是 3.2 倍，西部是 6.7 倍。这说明，我国电信发展的城乡差距已明显大于东、中、西部之间的差距。

三、"入世"对我国电信业的影响

（一）加入 WTO 后我国电信企业面临的冲击和挑战

中国"入世"后，电信运营业及设备制造业的开放，将基本依照技术含量的高低及发展速度的快慢，让外资依次进入互联网业务、移动通信运营业务和长话业务及通信网的建设。同时，将以扩大直接投资的方式参与通信市场的竞争。虽然 WTO 宣言的目的是推进信息技术产品贸易自由化，但应该看到，发达国家凭借其经济实力、丰富经验及信息产业的绝对优势开展竞争,将使我们处于不利的位置。

1. 加入WTO,对我国电信业的冲击。

(1) 世界上很多大型电信公司早已建立了国际电信战略联盟,并着手扩大其全球化战略,而我国的电信业竞争实力较为弱小,也不习惯市场竞争。

(2) 我国电信管理体制与企业经营机制尚不能完全适应WTO的要求。

(3) 我国电信法规不符合WTO的要求。根据GATT第3条规定(即WTO的透明度原则),我国目前尚无完整、成文的电信法,名目繁多的部门法规和地方法规则缺乏应用的透明度。

2. 中国加入WTO后,民族电信产业遇到的挑战。

(1) 在拥有自主知识产权的电信设备中,我国除程控交换设备获得一定规模经济外,其他技术含量高的产品,如手机等产品大多数刚刚投产,与国际知名品牌相比尚有很大差距,尚未获得规模经济效益。

(2) 我国民族电信设备企业开发能力薄弱,一些企业在与外资合作时,基本上未掌握到技术,甚至不像国外电信业那样设立研究开发中心,因而缺乏消化创新能力。加入WTO后,这类企业如果还不能重视研究开发,可能面临被淘汰出局的结局。同时,加入WTO后外商将从投资获利性的角度出发,有可能只顾大城市,而冷落偏远山区。这样一部分人将无法享受"普遍服务",使本已不均衡的发展态势趋于恶化,影响电信业的整体发展水平。

(二) 加入WTO为我国电信业带来的历史性机遇

加入WTO对我国电信业来说具有多方面的机遇。我们可以方便引进先进国家的技术和经营管理经验,促进网络向现代化方向发展;将有利于打破原有的垄断局面,使竞争公平化,市场开放化,使人们享受更为质优价廉的服务。

1. 电信运营业。

(1) 由于我国电信市场潜力大,加入WTO可能吸引众多的国内外投资者,导致多个市场主体的竞争局面,从而可大大提高整个电信服务质量,资费下降,市场整体扩大,有利于进一步发挥信息产业在我国国民经济中的基础作用。

(2) 加入WTO将引入激烈的竞争,提高我国电信企业运营效率。激烈的竞争将迫使国内电信运营商不断改善服务质量,提高经营效率,使我国的电信业发展跟上世界潮流。

2. 电信设备制造业。

(1) 我国民族电信设备企业已实现群体突破,并开始步入国际市场,我国民族电信设备制造业"五朵金花"(巨龙、大唐、金鹏、中兴、华为)已脱颖而出,其自主开发的数字程控交换机、信令系统、综合业务数字网(ISDN)等均已达世界先进水平,加入WTO无疑将提供给我们更多的发展机会。

(2) 市场竞争压力不会有太大的变化。世界电信设备业巨子,基本上已在我国生根落户。与我国电信设备制造业已进行了一段时间的较量,加入WTO后不会有更多的强劲竞争对手再出现,竞争强度不会有太大的增加。

（3）我国电信设备制造业的生产成本将大为降低。我国的民族电信设备制造业很大一部分零件依赖进口，进口关税高达12%。加入WTO后，关税将大为降低，势必降低我国产品的生产成本，增加其价格竞争力。

3．国家主权与安全及"普遍服务义务"。

在当今竞争激烈的世界电信市场，绝对的网络安全是不存在的。相反，自认为安全的封闭体系将使安全创新活动成为零，从而容易导致不安全。加入WTO后，尽快提高我国信息产业的发展步伐，紧跟全球经济一体化的步伐，提高网络管理水平，才能更好地维护国家主权与安全。

关于普遍服务问题，加入WTO后可以通过对所有投资者和增值服务收取普遍服务基金，以提供普遍服务的市场化解决方法。

（三）把握机遇，迎接挑战

加入WTO后，开放我国电信市场，促进竞争，将使电信资费降低，亿万用户受益。然而过度开放市场，也会使国内电信运营商的业务受到冲击，国家的税收减少，乃至危及国家的安全。因此，面对加入WTO带来的冲击、挑战与机遇，如何把握这一良机，迅速反应，采取相应措施提高企业竞争力将决定中国电信业今后的命运。中国电信业首先要做好开放前的准备工作，未雨绸缪，加快企业化步伐，提高商业化竞争程度，同时尽可能地扩大用户基数，扩大自己的规模，增强整体实力。

1．突出重点区域和重点用户，注重特色业务及增值业务的发展。首先，电信公司在业务发展上要突出重点区域的发展。在全国范围内，选择经济发达、综合效益水平高、市场发展潜力大的省份为重点发展区域，形成局部竞争优势；在省份范围内，以省会城市为中心，兼顾经济较为发达的城市及交通枢纽地区，结合当地经济发展的特色，鼓励不同地区的分公司探索个性化发展道路。

其次，电信企业在市场运营过程中要注重客户的特殊需求，为不同客户提供不同的差异服务，进一步提高现有通信业务的服务质量、改进服务方式、降低服务成本；要注重特色业务开发，大力拓展以3G、数字集群、视讯为代表的特色业务，重视他网业务（即与其他网络的业务协作）的营销，加大以主叫注册为主、其他方式为辅的他网长途业务营销力度，提高电信长途网资源利用率。

2．加强合作，实现与其他企业的战略协作。在新技术、新业务面前，电信企业要理性地看待市场竞争，实现和其他运营商的战略合作，充分利用好现有的网络资源、避免重复建设和过度竞争带来的规模不经济、交易成本高和行业管理难度大等问题，实现企业的共同发展。此外，企业要改变以往的投、融资方式，利用好国内外资本市场，实现投资来源和产权的多元化。特别是要积极寻求与国内外大型金融机构、高科技类投资公司等的合作，优先对处于经济发达地区资产结构好、网络覆盖完善、市场潜力大、人均劳动生产率高的分公司进行业务整合和资产重组，吸引战略投资者。通过建立银企合作，获取长期、综合授信，降低企业的贷款利率和贷款风险，减少企业资金的占用，最终提高企业的市场竞争力。

3. 要适时采用必要的新技术，实现技术升级。电信企业要依据市场和本企业的实际发展，密切跟踪以自动交换光纤网络为代表的智能化光纤网络标准化进程，关注下一代信息网设备的商用程度及投资建设的性能价格比，积极跟踪 IPv6 技术的发展和相关标准的研究，并积极开展相应试验。同时要继续做好 3G 的技术试验，获得必要的技术与人才储备。要逐步完善企业技术体制及标准，根据技术和企业的发展水平，研究制定并不断完善基础传送网、基础业务网、增值业务系统及业务支撑系统的技术体制和规范，制定符合企业发展水平的技术标准。

4. 加强市场服务，塑造良好的企业形象。要加强对窗口服务人员的管理，建立有效的奖惩机制，促使服务人员改进服务态度，提高业务水平。要从方便用户需求的角度出发，通过创新服务机制，为用户提供个性化、亲情化和差异化服务。通过制定规范的服务流程，健全客户服务体系，形成良好的企业形象，提高企业的社会公众亲和力。要建立健全客户服务质量监督考核体系，加大监督力度，加强客户投诉管理和代理、代维合作单位的质量控制；要加强网络的运行维护管理，为用户提供安全可靠和高质量的通讯服务，从根本上改善和提高企业形象，树立起象征优质服务和良好信誉的企业品牌。

总之，加入 WTO 对我国电信业机遇与挑战并存，但从长远和总体上来说，机遇大于挑战。中国电信业只有靠技术开发创新，完善运营机制，提高管理水平，搞好服务质量，拓宽融资渠道，认真地向外国电信企业学习，就一定能够将挑战化为机遇，不断发展与壮大自己的实力。

第三节 WTO 与我国的旅游事业

一、我国旅游业发展的特点

（一）世界旅游业发展的趋势

二次大战后，随着国际和平环境的来临、世界经济日益繁荣和国际交往的不断扩大，作为第三产业的国际旅游业迅猛发展，旅游人数逐年上升，仅 1990 年，全世界进行国际旅游和国内旅游的总人数就已超过 50 亿，总收入已达到 2.9 万亿美元，占当年世界商品和劳务总消费的 12.3%。根据世界旅游理事会发表的年度报告，自 1992 年起，旅游业已成为世界规模最大的产业，不论从它的总收入、就业、增值、投资和纳税等方面，旅游业的发展为世界和各国经济的发展带来了重大的贡献。由于国际旅游业是世界经济中具有广泛前景的一个组成部分，各国都在努力探索并积极参与这一领域的竞争。当前的状况与世界经济总格局一致，国际旅游业高度集中在经济发达的欧美地区，这一地区接待国际旅游者一般占世界旅游者总数的 80% 以上。如西班牙、美国、意大利、法国和英国等占有明显的优势。

世界旅游业的快速发展已经成为现代世界经济的一大特征。在过去的十几年里，全球旅游业年平均增长率高达9%，成为世界第一大产业。根据世界旅游组织公布的数字，2002年全球旅游人次超过7亿，较2001年增长了3.1%。在各种旅游形式中，休闲度假开始成为旅游的一种主要形式，相关的旅游产品已逐渐成为当今世界旅游产业中档次最高的产品，并引领着当今世界旅游业的发展。

在今后相当长的一段时期内，世界性的旅游消费需求将保持持续增长的势头。到2020年，全球仅国际旅游人数将达到16亿人次，国际旅游收入将达2万亿美元。21世纪既是旅游业发展的"黄金时代"，更是"亚太世纪"。

（二）旅游业发展的特点

国际旅游业是一个国家对外交流的一个重要窗口，也是一个国家内外两种经济体系的重要交接口。对每个国家的经济发展起着重要的作用。各国为了发展旅游业，对改善和优化各自的旅游环境，都在作出很大的努力，从而使旅游业形成了自己的行业特点。

1. 旅游业具有较好的经济效益。旅游业的投入少、产出高。以我国为例，除国家对旅游业的投资外，主要靠自身较好的经济效益实行滚雪球式的积累。我国早在"七五"期间，旅游业的投入产出之比就为1:4.6，旅游投入与旅游创汇之比为1:2.03。旅游业换汇成本低，同时也是创造高附加值的产业，全球旅游业每年所创造的附加价值一直处于稳定增长的状态，它的增值水平明显高于其他产业。例如美国旅游业年平均增值为3 300亿美元，而农业为900亿美元，汽车工业为550亿美元，金属工业为400亿美元。其他发达国家如德国、法国、英国、日本等亦都如此。此外，旅游业是各国财政中的主要纳税产业。1990年世界旅游业提供税收2 510亿美元，占全球企业直接和间接税收的5.6%。以上事实说明旅游业为国家财政积累和创外汇均起了重要作用。

2. 发展旅游业可带动其他相关产业的发展，并增加就业岗位。由于旅游业是综合性很强的行业，其经营范围涉及国民经济的许多部门，因而发展旅游业首先使许多其他相关的产业都随之得到发展。据测算，旅游收入每增加1美元，第三产业产值相应增加10.20美元之多。其次，扩大了社会就业机会。旅游业涉及饮食、娱乐、商业、交通等高度劳动密集型的许多行业，因而旅游业每增加1个直接就业人员，就可增加有关联的间接就业人员5个以上。1990年，旅游业约11 800万个就业岗位外，并为全世界提供了570万个就业岗位，占全球当年新增就业人员的6.5%；1990年至1993年，旅游业就业人数的增长速度高于50%，刺激了相关产业的发展。再次，由于旅游业具有良好的经济效益，使它成为包括外资在内的投资热点，1990年世界旅游业共投入资金3 510亿美元，占全球投资总额6.7%，有助于世界经济的繁荣。

3. 促进国际经济合作的加深和世界经济的增长。通过国际旅游的频繁交往，加深各国之间的经济生活联系和相互合作。不仅推动旅游及其相关产业的发展，并带动一系列经济上的连锁反应。例如从其他产业中采购原料设备、购入先进技术带动利润和员工收入的增长和消费的增加，所以旅游业是全世界规模最大的产业，其贡献已超过其他各个工业部门，从而有助于世界国民经济及其总产值的不断增长。

(三) 我国旅游业发展的方向和趋势

我国旅游业发展迅速，现在已成为中国第三产业中最具活力的新兴产业、国民经济新的增长点，在第三产业优先发展序列中位居第 1，并已被各地列为当地经济发展的支柱行业、先导产业和龙头行业。

中国国内旅游现已成为世界上数量最大、增速最快、潜力最强的旅游市场。现阶段我国国民旅游活动的特点是短程、短时、少花费、周末休闲；旅游需求以休闲、观光、游览和度假为主。在游程及空间上，集中在以中心城市或城市的周边地区。我国旅游需求的地域空间表现出以大城市或著名景区为中心的圈层结构。在旅游发展形式上，近距离的休闲型游憩活动在都市居民旅游结构中的地位越来越重要，日常游憩与近程旅游的规模和潜力十分可观，观光旅游在近期内仍是旅游的主体，文化和生态旅游是近阶段热点。度假旅游必将蓬勃发展，个性化旅游需求也会推动旅游业走向主题化。

二、我国旅游业开放的现状与效果

(一) 我国旅游业的现状

我国的旅游业是在党的十一届三中全会实行改革开放政策以后才起步的新兴产业。虽然我国旅游资源十分丰富，名山大川和历史文化名城较多，但由于过去几十年的闭关锁国，加上国家财政困难，对旅游业长期缺乏投资，以致我国的旅游业设施落后，近 10 多年来，由于改革开放政策的不断深入，经过努力追赶，有了令人瞩目的发展，但由于种种条件的限制，与发达国家相比，仍有很大差距，远远不能适应国际竞争和国内经济发展的要求。以 1990 年为例，我国旅游收入为 286 亿元，仅相当于同年世界旅游总收入的 0.12%；1990 年我国有组织接待国际旅游人数为 425 万人，也仅相当于同年国际旅游人数的 1%。

我国旅游业在世界旅游行列中的排位，按旅游收入计，1978 年居世界第 41 位，经过 10 多年的努力，至 80 年代后期，跃升至第 25 位左右。但在同一时期内，与部分亚洲国家 (地区) 相比，韩国排位由第 38 位上升至第 13 位，泰国由第 24 位上升至第 14 位，中国香港由第 17 位上升至第 10 位。上述情况，一方面说明我国的旅游业近年来一直在发展，另一方面也说明发展速度不快，地位仍较落后，与我国拥有丰富的旅游资源很不相称。

(二) 我国旅游业面临的两个问题

1. 我国旅游市场将被要求扩大对外开放度，特别是对旅行社的开放。我国旅游服务市场的饭店、宾馆早已对外开放，而旅行社和旅游交通业仍受国家高度保护，外资不能插手。WTO 协议要求消除各种非关税壁垒以促进国际贸易自由化为宗旨，服务贸易也以这一准则为规范，因而各成员方为推动世界服务贸易自由化的进程，对我国的旅游服务市场必然会提出要求放宽对外开放度，特别是设立旅行社问题。

我国的旅游业与发达国家先进水平相比差距较大，尤其由于垄断经营所带来的官商作风，效率低下。如果开放旅行社，面对发达国家随之而来的竞争压力，能否承受？但从另一方面来看，可引进和激励竞争机制，并可吸收外资和先进技术及管理经验，将有助于我国旅游业的革新、改造和发展。

2. 旅游服务业涵盖面广，对旅游与相关服务行业如何配套均衡发展。要发展国际旅游业，住、吃、行、游、娱、购之间因相互关联，须均衡发展，如仅单独发展一个方面，则很难推动整个旅游业的发展。当前由于我国的财力有限，无法实现这一全面发展的要求。在扩大开放利用外资方面，由于国家保护程度不同，有的开放度大且开放的时间也较早（如饭店宾馆），已有相当程度的发展；有的如购物行业和交通设施，虽有一定基础，但仍不能适应扩大旅游市场的需要；特别是有关增强旅行社运营活力和完善旅游景点设施问题，使其能与其他相关联的服务行业保持均衡发展，以达到与外部国际环境相适应和接轨的要求，是个值得认真研究的问题。

三、"入世"对我国旅游业的影响

近年来，中国旅游业已逐步发展成为在国民经济中占重要地位的支柱产业，由过去单一的观光型旅游业发展为集观光、度假、商务、研修等多功能于一体的综合性旅游业，具备了很强的开放性和市场运行条件。面对 WTO 带来的新一轮的全方位对外开放，我国旅游业迎来了空前的发展机遇，同时也面临着严峻的挑战。

（一）加入 WTO 对我国旅游业的总体影响

我国旅游业经过 20 多年的发展，已具有相当的产业规模和一定的参与国际市场竞争的能力。加入 WTO，对我国旅游业发展的整体影响是积极有利的。

首先，有利于我国旅游业市场的进一步对外开放。1999 年，《中外合资旅行社试点暂行办法》出台，国家旅游局开始批准试办中外合资旅行社；旅游景区（点）、一般旅游商品生产等允许外商以合资、合作形式进入；旅行支票受理、旅游交通也放宽了市场准入。我国旅游业成为最早全方位进入市场的行业，其运行与市场经济的运行机制磨合得较好；同时，与整个国际市场的对接状况也比较好。因此，我国旅游业对于加入 WTO 不存在全面适应的问题，基本能够承受和防御外来的影响与冲击。

其次，旅游业是一个市场化程度很高的产业，市场运行机制较其他行业健全，计划经济观念的影响较小，这有利于建立更加符合国际规则的运行机制。加入 WTO，大量外国企业进入我国旅游市场，他们以资金和技术输出的方式开展经营，对国内企业产生明显的示范和规范效应。从旅游业自身来看，压力与竞争将促进旅游企业的改革与发展。加入 WTO 后，在巨大的压力下，国内企业必须苦练内功，强化素质，尽快建立现代企业制度及科学的经营机制、用人机制和质量保障机制，以应对进一步开放的大环境。

再次，旅游业是一个关联性和依托性很强的产业，与旅游业相关的产业部门加入 WTO 后相继开放，为旅游业快速发展提供了产业环境支持。金融业的扩大开放，将方便旅游支付，弥补旅游服务缺项，提高整体服务竞争力；信息产业的扩大开放，将推动随之进入的电子商务和销售网络的大发展，从而促进旅游方式的现代化；进口汽车关税的降低，将使多年来一直困扰旅游产业发展的旅游用车问题得到解决；此外，中国民航的对外开放，将结束我国长期以来国际交通不能与国际旅游规则接轨的问题；外航的介入和中国公民出国目的地的开放，大大增强了中国入境旅游的竞争力，国内段空中交通状况也大为改观。

最后，我国旅游资源丰富，尤其是中西部地区，旅游资源数多、分布广、品位高，是我国建设旅游强国的后劲所在。但由于资本不足和管理落后，大量的资源没有得到充分开发，资本和管理成为制约我国旅游业发展的瓶颈。加入 WTO 则有利于更多地吸引外资，引进先进的管理技术，促进中西部地区的旅游开发，同时也能促进东部地区旅游产品的升级换代，建设世界级的旅游精品。

（二）加入 WTO 对我国旅游相关产业的影响

1. 饭店业。我国旅游饭店业是 20 世纪 70 年代末和 80 年代初外商投资的首选行业之一，早在 20 世纪 70 年代末就诞生了第一批中外合资饭店。到 1999 年底，外商投资的旅游涉外饭店数和客房数已分别达到 472 座和 9.084 万间，分别占全国总数的 6.7%和 10.2%。外方投资饭店不仅解决了我国旅游业发展初期资金不足的问题，还带来了国外的饭店管理人才和一整套管理饭店的经验，使我国的饭店业较早地进入国际化的发展轨道。由于饭店业开放早，国际化程度高，加入 WTO 对它不会产生根本性的震动，而主要是对存量和管理体制的调整。旅游饭店业将在市场客源、所有制结构和专业人才等方面受到一定的影响和冲击。

（1）市场客源增加，但竞争加剧。加入 WTO 后，我国各城市中的涉外商务活动将增加，主要消费包括：商务会议和商务展览的增加，商务考察人员和常设商务机构的增加（包括常住中国的外籍人员家属增加），外国留学生增加，境外个体商人增加。面对如此良机，将有更多的国际著名饭店集团凭借雄厚的资金和信息收集、营销、管理、培训等方面的优势抢占并扩大其饭店客源的市场份额，这无疑会进一步冲击国内饭店业的市场空间，加剧饭店客源市场的竞争。这不仅对中低档经济型饭店构成威胁，同样也对投资主体缺位、管理不善、战略目标不明确的大型国有饭店，甚至饭店集团构成威胁。但同时促使我国饭店企业在管理上的快速成熟。

（2）所有制结构改变。根据我国政府在加入 WTO 谈判中的承诺，不迟于 2003 年 12 月 31 日，外国投资方在中国建设、改造和经营饭店、餐馆，将取消设立形式和股权方面的限制。中国加入 WTO 以后，外资以两种形态进入饭店业：一是直接投资；二是运用资本经营手段，通过收购、兼并、托管等形式。外资的涌入，导致我国现有饭店的结构调整，外商独资、合资及合作饭店增多，部分缺乏明确市场战略和清晰市场定位的饭店走向破产。外商合营饭店的总量扩张，增加了饭店业的对外依存度。

（3）专业人才流失。加入 WTO 以后，更多的外资饭店进入中国，他们必然要从降低劳动成本的需要考虑经营运作的本土化。因此，外资饭店将凭借其高薪、良好的培训及发展空间等利益诱导机制，吸引高素质的本土专业人才。他们在拥有客源和管理优势的前提下，形成人才优势，使其集合优势更为突出。

2. 旅行社。旅行社业一直是我国旅游业进一步扩大对外开放的关键环节,它是我国旅游业内受保护最多的行业,同时也是各种壁垒最多的行业(市场准入、地域准入、从业人员的准入等)。1996 年以前,在我国投资一类、二类旅行社必须是国有资产,投资三类社也至少是集体资产,个体、私营和国外资本被排斥在外。此后,虽然国家逐步放开了对旅行社投资的限制,但由于种种原因,国有旅行社在市场占有率上占绝对优势,真正进入的外资则非常有限。目前国内的旅行社单体规模小,经营机制不活,管理体制落后,特别是受地方保护主义的影响,我国旅行社还很难按照旅行社应该网络化经营的规律组成跨地区的企业集团,这就使他们既难缓和彼此间的"内战",又难团结起来和外商竞争。因此,我国加入 WTO 后,在整个旅游业中对旅行社的冲击最为激烈的,主要表面在以下 3 方面。

(1) 优秀人才流向外资企业。外国旅行社进入中国后,为了弥补其人生地不熟的不足,以高薪等手段挖走我国旅行社中的优秀人才,包括经营管理人员、外联、销售人员,以及翻译和导游,在一定时期形成人员大规模流动,对中方旅行社造成不利影响。

(2) 客源市场竞争加剧。外方旅行社的客源优势和管理优势,在一定程度上左右着客源和支付渠道,进一步加剧了买方市场状况下的旅行社行业竞争。它们依靠中国的旅游资源开拓新市场,打破了现有入境组团的市场格局。一些大组团社的市场占有份额下降,实力弱小的组团社被接收为代理点、接待点,或者退出竞争。

(3) 联手经营的强势威胁。随着全方位的对外开放,有可能出现一些有实力的外国旅行社通过设立控股或独资旅行社,并与国内航空公司,及国内拥有股份的饭店、商场、餐厅联手经营的方式,实现入境接待"一条龙"服务,以独揽旅游、接待全程利润。而我国旅行社受地方保护主义和眼前利益的驱动,几乎都是单体经营。国外的旅行社乘我国目前旅行社分立的强势,挟客源和财力优势,采取各个击破的蚕食策略,争抢入境旅游和出境旅游利润的最大份额。

旅行社是旅游业多年"入世"谈判中的重点。加入 WTO 后中国履行有关承诺,逐步开放合资旅行社中外资资本比例的限制。根据我国政府在加入 WTO 谈判中承诺,不迟于 2003 年 1 月 1 日,允许外商在合资旅行社中控股;不迟于 2005 年 12 月 31 日,允许外商开办独资旅行社,并取消对合资旅行社设立分支机构的限制;但不允许合资旅行社经营中国公民出境旅游业务。这些承诺体现了"逐步实现服务贸易自由化"的原则。"逐步开放"为旅行社赢得了发展的时间和空间,我国旅行社应当珍惜机遇,迅速联合壮大,形成网络,占据地利、人和的优势,增强竞争能力。

3. 旅游景区。旅游景区(点)是我国旅游业的重要组成部分。目前我国已有各类旅游景区 1.5 万多个,其中国家重点风景名胜区 119 个,国家自然保护区 155 个,国家森林公园 344 个,列入《世界遗产名录》的自然文化遗产 27 处。

加入 WTO 后,从引进外资的角度看,外国投资者进入中国的机会明显增多,在今后若干年内,还会出现外资投入旅游业的新高峰。但要防止引入外资出现的两种偏向:一是利用旅游区的投资优惠政策,借股入景点建设为名,行房地产开发之实;二是防止主题公园的过度建设,导致旅游市场的供求失衡。我国有着丰富的人文和自然旅游资源,应按照市场需求进行科学规划,引导外资投入。加入WTO后,政府包办旅游资源开发和经营的局面将被打破。景区(点)将成为产业,即所谓"景点业",景点业和旅行社业、饭店业将成为旅游业的3大支柱。

(三)旅游企业和政府主管部门应对加入WTO的策略

加入WTO对旅游企业来说,最重要的是扩大了市场,加剧了竞争,形成了自下而上的压力。应对的策略,关键是要认清形势,更新观念,抓住机遇,积极应变。具体可从以下几方面着手。

1. 熟悉WTO规则。旅游企业应尽快熟悉WTO的基本规则,正确认识行业的发展态势,从思想认识和意识上加强紧迫感,在工作中增强预见性,以培养和加强市场竞争力为目标,尽快了解和掌握国际通行的市场经济游戏规则,提高决策水平与管理水平,实现经营战略的重心转移,从单纯的赢利向利润与竞争力、市场份额、发展潜力并重的方向转移。

2. "拿来主义"。国际旅游企业集团都已发展了几十年,并形成了一套较为完善的现有模式,中国要想快速与国际接轨,最好的办法是"拿来主义",学习他们先进的经营和管理经验,从而对我国旅游企业起指导、监督和服务的作用,这是其职能转变的当务之急。由此,政府要建立、健全行业协会组织,使其成为政府产业政策的切入点。同时要加强对中介组织的管理和监督,促使它们规范运作、健康发展、维护公平的市场竞争秩序,营造公正、透明的经营环境。

3. 加快立法和加强执法力度,建立旅游法律咨询点。我国迄今还没有一套完整的旅游法规公布。因此,旅游业相关法律及配套法规的出台势在必行,应及时将现有法律、法规和WTO规则不吻合、相抵触之处予以清理,该废止的就废止,该制定的就必须重新制定。在对已有法规的修订中,应努力克服本位主义和利益的驱动。在有关旅游法规正式公布前应有一段咨询时间,听取各界尤其是旅游企业和广大旅游消费者的意见;可试行建立旅游法律咨询点。

4. 规范旅游业市场,完善旅游法规是我国参与国际竞争的基石。我国旅游管理部门应及时介入旅游新兴领域的管理。随着旅游业的开放和国外经营管理方式的输入,新的运作方式和新的观念也随之而来,如分时度假及交换系统、全球旅游分销系统等,都会在不久的将来成为影响行业发展的因素。旅游管理部门应主动把握趋势,积极介入管理,掌握主动权,将"影响因素"转化为"促进因素"。

5. 加快调整旅游业利用外资的相关政策。旅游主管部门应在维护我国长远和根本利益的基础上,使有关政策更加符合国际惯例,扩大旅游业利用外资规模。如,尽快解决现行土地使用权期限相关规定与外商投资饭店合营期限之间不协调等问题。此外,要积极吸引外资开发中西部旅游资源,搞好中西部旅游大开发和东部旅游产品的升级换代,不断将旅游精品推向世界。

6. 加强促销和宣传力度,开拓国际市场客源。按国际惯例,接待国平均以其收入的

0.4%用于市场的促销,我国近几年中央和地方的促销费约相当于国际水准的20%,因此,还应加大投入,并尽可能利用国际组织的优惠贷款和招商引资,改善基础环境,克服相关产业的"瓶颈"问题。同时,组织和参与大型的国家级和国际级活动,并通过旅游宣传,推广旅游观念,促进中国大众旅游的形成。

7. 实现和完善"电子政府"的管理方式。WTO的建立与运行推动了全球信息化。当前,在世界各国积极创导的"信息高速公路"的5个领域中,"电子政府"被列于首位。政府信息化是旅游信息化的基础。采取信息化办公,工作效率大大提高,既方便旅游企业和旅游者,又可节省政府办公经费和人员,精简政府部门,提高办事效率。同时,通过办公信息化,可加强政府部门之间、政府与企业之间以及政府和消费者的信息交流,有利于加大政府政策的透明度。

第四节 本章小结

本章对我国加入WTO后,服务贸易领域中影响最大的金融保险、电信服务、旅游业3个部门进行分析,从中透视WTO对我国服务贸易的影响。在WTO对我国金融保险业的影响方面,从《金融服务协议》产生的背景出发,说明了《金融服务协议》对金融服务的界定包括银行业、保险业和证券服务业3大部分,并对加入WTO给我国影响较大的保险业所产生的冲击及对策作了分析。在WTO与我国的电信服务方面,主要介绍《基础电信服务协议》的产生与主要内容,我国电信业的发展总体状况以及国内电信业存在的问题,针对加入WTO对我国电信业的影响,同时提出了给我国电信业带来的历史性机遇。面对机遇我们应当采取:突出重点区域和重点用户,注重特色业务及增值业务的发展;加强合作,实现与其他企业的战略协作;要适时采用必要的新技术,实现技术升级;加强市场服务,塑造良好的企业形象的对策等措施迎接挑战。旅游事业是我国最近几年发展较快的行业,加入WTO与我国的旅游事业产生巨大影响。本章分析我国旅游业发展的特点,立足我国旅游业开放的现状与效果,说明加入WTO对我国旅游业的总体影响和相关产业的影响。提出旅游企业和政府主管部门要熟悉WTO规则;学习国外旅游企业集团的先进经营和管理经验加快立法和加强执法力度建设,建立旅游法律咨询点;及时介入旅游新兴领域的管理;加快调整旅游业利用外资的相关政策;加强促销和宣传力度,开拓国际市场客源。推动我国旅游业的发展。

案例分析

一、案情简介

国务院于1994年2月25日发布的《中华人民共和国外资金融机构管理条例》第2条

规定:"本条例所称外资金融机构,是指依照中华人民共和国有关法律、法规的规定,经批准在中国境内设立和营业的下列金融机构:(一)总行在中国境内的外国资本的银行(以下简称外资银行);(二)外国银行在中国境内的分行(以下简称外国银行分行);(三)外国的金融机构同中国的金融机构在中国境内合资经营的银行(以下简称合资银行);(四)总公司在中国境内的外国资本的财务公司(以下简称外资财务公司);(五)外国的金融机构同中国的金融机构在中国境内合资经营的财务公司(以下简称合资财务公司)。"在这一规定中没有提到外资或外国保险公司,显然这一条例没有赋予外资/外国保险公司在中国的市场准入权。1995年6月30日第八届全国人大常委会第十四次会议通过的《保险法》,第148条规定:"设立外资参股的保险公司,或者外国保险公司在中国境内设立分公司,适用本法规定,法律、行政法规另有规定的,适用其规定。"这一条规定又明确赋予了外资/外国保险公司在中国的市场准入权。

二、案例分析题

1. 上述案例中的两个法规是否有冲突?哪一个更符合 WTO 的规则?
2. 针对上述情况我们应当如何解决?

提示:不同阶位的规范性法律文件产生了冲突。为了保证法制的协调性、一致性,保证法制符合我国政府的 WTO 承诺和 GATS 规则,我们有必要修改或删除不同阶位的行政法规。

思考题

1. 金融服务市场开放与资本市场开放的区别有哪些?
2. 金融服务的业务范围有哪些?
3. 外资进入对我国保险业有哪些不利影响?
4. 外资进入对我国保险业有哪些有利影响?
5. 我国保险业面对 WTO 的微观应对策略有哪些?
6. 目前国内电信业存在哪些问题?
7. 加入 WTO 为我国电信运营业带来的历史性机遇有哪些?
8. 加入 WTO 对我国旅游业有哪些总体影响?
9. 加入 WTO 我国旅游企业和政府主管部门应有哪些对应策略?

第八章　WTO 关于知识产权保护的规则

学习目标　通过本章学习，使学生能够认识到 WTO 关于知识产权保护的规则对于 WTO 成员方的意义，了解 WTO 关于知识产权保护的规则和基本内容，掌握《与贸易有关的知识产权协定》的基本原则和 WTO 成员方彼此相关的义务，培养学生在从事国际贸易相关业务中，自觉遵守 WTO 关于知识产权保护规则的意识和运用 WTO 关于知识产权保护的规则，保护自己的合法利益的能力。

2003 年 7 月的一个上午，北京市工商局经济检查大队接到德国宝马汽车公司诉北京宝马汽车服务公司有侵权行为。2004 年 6 月初，北京市工商局经济检查大队通知北京宝马汽车服务公司的律师马翔：因德国宝马汽车公司要求北京宝马汽车服务公司更改企业名称，所以工商局要求马翔陈述最后意见，然后等待工商部门的裁决。

1992 年以前，BMW 汽车在国内并不叫宝马，而是被译为"巴依尔"。1992 年瑞士设在香港的宝马利亚公司，在北京注册了北京宝马汽车服务公司，开始在国内代理销售 BMW 轿车。1995 年北京宝马与德国 BMW 的代理合同到期，随即德国 BMW 在国家工商局注册了"宝马"商标，而北京宝马汽车服务公司从 1995 年以来一直以汽车修理厂的身份存在着。

北京宝马汽车服务公司的律师马翔称：北京宝马汽车服务公司有受法律保护的在先权，并且有关法律还规定当企业名称与商标有混淆，一方必须在知道或应当知道后的 2 年内向工商部门提出异议，而北京宝马汽车公司与宝马注册商标的日期都已经过了 10 余年，因此德国宝马汽车无权要求北京宝马更改企业名称。上述两家公司就企业名称与简称之争至今尚无结果，长期的诉讼影响了企业的发展。从本案例可以看出，我们不仅应该遵守 WTO 规则，还应懂得如何运用 WTO 规则保护自己的合法利益。本章就介绍 WTO 关于知识产权保护的规则。

第一节　知识产权的定义和法律特点

一、知识产权的定义

知识产权是民事主体所享有支配的创造性智力成果、商业标志，以及其他具有商业价值的信息，并排斥他人干涉的权利。知识产权的权利内容（权能）包括以下几个方面。

1．控制权。控制权相当于物权的占有权能。由于物权的保护对象是物质财产，权利人通过对物的实际占有就可以实现对物的控制，因而占有权成为物权的重要权能。而知识产权的保护对象是非物质性的信息，不能像对物质财产那样实施占有，权利人对权利保护对象的控制只能依靠法律赋予的权利。控制权是行使其他知识产权的前提条件。

2．使用权。使用权是权利人对其权利保护对象进行使用的权利，如使用专利方法生产的产品，在自己生产的产品上使用自己的商标，展览自己的作品，发表、改编、表演自己的作品等。权利人可以自己使用其权利的保护对象（即信息），也可以授权他人使用。

3．处分权。处分权是权利人按照自己的意思处置自己权利的权利，包括设定质权、许可他人使用、转让（出卖、赠与、投资）、抛弃等权利。

4．收益权。即通过使用或处分，获得其他财产利益的权利。

此外，作为一种法律上的权利，知识产权当然含有禁止他人侵害的权能，这是不言而喻的。

二、知识产权保护的意义

（一）加快完善市场经济体制的需要

在市场经济体制下，一切经济活动都直接或间接地处于市场关系之中。市场机制是推动生产要素流动和促进资源优化配置的基本运行机制。所有企业都具有进行商品生产经营所拥有的全部权利，从而自觉地面向市场，自主地开展市场经营活动。一切经济活动的方式和关系都依法来规范，整个经济运行都有一个比较健全的、科学的法律基础。知识产权的保护是完善市场经济体制、维护公平竞争的一个重要组成部分。

（二）知识产权是知识经济时代的基石

知识经济是建立在知识和信息的生产、分配、交换及使用基础上的经济，是相对于以土地资源为基础的农业经济和以能源原材料为基础的工业经济而言的一种经济形式。推动知识经济发展主要不是靠土地、能源和原材料的消耗，而是靠知识的创造、扩散和应用。国际社会对知识经济时代的来临已在法律层面做出了积极的回应，主要标志是"乌拉圭回合"谈判达成的《与贸易有关的知识产权协议》（TIRPs）。该协议生效后成为各国普遍接受的知识产权多边保护规则，并对各国知识产权立法和司法产生了极其深远的影响。知识的创新和信息的传播是知识经济发展的内在动力，这就要求我们必须建立、健全知识产权法律体系，加大知识产权的保护力度，只有这样才能保证知识经济健康有序地向前发展。

（三）提高企业竞争力的需要

在知识经济时代，每个企业都要善于针对市场预测和竞争对手的情况，制定产品技术发展战略和主要目标，建立有效的技术创新机制，不断地提高企业技术创新的能力。企业知识产权战略正是企业决策层围绕企业战略，运用知识产权及其相关法律制度的特性和功能，去寻求市场有利地位的战略。它的核心是将与知识产权相联系的法律、科技、经济方面的法令,用于指导企业在经济与技术领域的竞争,以谋求最大利益。不同类型的企业还要根据自身的情况,注意技术的创新和技术引进与自主开发相结合,技术创新与市场创新相结合,提高竞争能力、增强发展后劲。作为 WTO 成员方,中国企业将面临前所未有的激烈竞争,知识产权制度是保护智力劳动成果的一项基本法律制度,也是促进技术创新、加速科技成果产业化、增强经济和科技竞争力的重要激励机制之一。

(四)参与国际市场竞争的需要

当今世界,在科技、经济和综合国力竞争日趋激烈的国际环境下,知识产权制度作为激励创新、促进科技投入、优化科技资源配置、维护市场竞争秩序的重要法律机制,在国家经济、社会发展和科技进步中的战略地位进一步增强。建立知识产权制度已经成为世界各国发展高科技、增强国家综合能力竞争的战略选择之一。

三、知识产权法律特征

(一)知识产权的保护对象是非物质性的信息

知识产权所保护的对象根据其特点,大部分是智力活动所创造的成果,即通常所说的智力成果,如文学艺术和科学作品、新产品、新方法的发明创造。至于商标等商业标志,法律把它们当作商业活动的标志,而不是作为智力成果来保护的。但是,不管是智力成果,还是商业标志,都具有财产价值,而且都具有非物质性。所谓非物质性,是指知识产权保护的对象无物质性存在,它仅是一种信息。知识产权法所保护的,正是人们对这种信息的控制和支配。

非物质财产不同于无形财产。无形财产所表达的是该财产没有形体,不占据一定的空间,但是,它可能是一种客观存在的物质,例如气、水、电、光。因此,用无形性来描述知识产权保护对象的特征是不科学的。知识产权的保护对象确实是无形的,但是它与其他财产的本质区别在于它的非物质性,而不是无形性。知识产权保护对象的非物质性具有与物质财产不同的以下重要特点。

1. 知识产权是一种精神财富,具有永久存续性。知识产权的保护对象一旦产生,就成为人类精神财富的一部分,不会因时间的推移而耗损、消灭。在法律保护的期间内,它为权利人所独占控制。法律不再保护以后,这种信息本身不会因为权利的消灭而消灭,而是进入公共领域,成为公共的精神财富,永久存在。而物质财产则会在使用中耗损、消灭,甚至仅仅因为时间的推移而逐渐耗损以至最后消灭。

2. 具有可复制性。非物质性的信息可以被以平面的或立体的、有形的或无形(例如声音)的形式无限复制。这里我们是在广义上使用复制这个概念的,它包括严格意义上的复制和严格保持同一性的重复使用,如按照图纸制作产品,按照一定的方法施工、生产,用印刷、复印、制作光盘等方式复制文学艺术作品,等等。物质财产则不具有这样的特点。对一个有形物的仿制,实质上是对该有形物的造型(即其设计)的复制,本质上仍然是对该造型所传达出来的信息的复制。

3. 具有可广泛传播性。作为一种信息，它一旦产生，就可以通过各种传播媒介广泛传播。这种传播不能以国界、语言等加以限制。特别是在各种传播媒介十分发达的今天，除了信息所有人严格保密以外，一项信息在极短的时间内就可以传遍全世界，信息的"公共产品"特征越来越突显出来。而一项物质财产（即使是像空气、电、光等这样的无形财产）在同一时间只能存在于一个地方，不可能同时出现在两个以上的地方。

4. 可以同时被许多人使用。信息一旦公开，就会广泛传播，凡知悉该信息并具备相应条件者就可以对其进行使用。因此，知识产权的保护对象可以同时在相同或不同的地方被许多人直接使用，而且这种使用不会给该信息本身造成损耗，有可能受到损害的只是权利人的利益。物质财产由于其特定性和唯一性，不可能同时被许多人直接使用，而且使用必然对其带来耗损，不管这种耗损是多么微不足道。

5. 不能用控制物质财产的方式控制。由于信息的非物质性和由此带来的易于传播的特点，所有人不能像对物质财产那样通过占有加以控制，排斥他人的侵害，因此，对信息所有人的保护需要更多地借助于法律赋予的独占权利。

（二）知识产权是对世权、支配权

1. 知识产权是对世权。对世权又称绝对权，是指权利的效力可以对抗一切人，即除了权利人之外的任何人都负有不得侵害、干涉其权利的消极义务，而没有协助其实现权利的积极义务。这是知识产权与属于相对权的债权的一个重要区别。

2. 知识产权是支配权。支配权是权利人根据自己的意志，对权利的保护对象进行直接支配，并排除他人干涉的权利。知识产权的权利人对其权利保护对象的信息可以进行商业性利用，也可以不利用；可以用法律许可的任何一种方式利用，也可以按自己的意志进行处分。他人未经许可，不得进行商业性使用。在这方面，知识产权与物权没有什么区别，因此，知识产权又被称为"准物权"。这是知识产权与债权的又一区别。因此，物权法的一些基本原理和制度，可适用于知识产权法，例如权利法定原则、公示公信原则等。作为支配权，知识产权所保护的对象必须是现实存在的特定的信息，如某件作品、某项技术、某个商标。尚未实际产生的信息，不能成为知识产权的保护对象，如未来作品不能作为著作权的保护对象。但在承认未来作品转让的国家，它可以作为债权关系中给付的标的。

（三）知识产权可分地域取得和行使

分地域取得指同一信息可依照法律规定的程序和条件，同时或先后在不同的地域分别取得相应的知识产权。这是由知识产权保护对象的非物质性决定的。对于物权来说，由于其保护对象的物质性、特定性和唯一性，决定了其权利的唯一性。物质财产没有非物质性的信息所具有的分身术，同一项物质财产在全世界的范围内具有唯一性，它只能在该物质财产所在的地域内依法取得权利，受到保护，不可能同时在不同的地域取得权利。而信息具有可无限传播的特点，而且这种传播不受时空的限制，凡知悉信息内容的人只要具备相应的条件都可以使用该信息。信息所有人从保护自身利益出发，自然希望能够在已经使用或可能使用自己信息的所有地方,取得对其信息的独占使用权。由于信息可以不受国界限制无限传播,并可同时被许多人使用的特点,为信息能在两个以上的国家取得保护提供了事实上的可能性。所有人垄断信息的使用,以谋求商业利益最大化的利益要求,使信息的域外保护成为必要,国际公约及其他国际保护制度的建立使信息的域外保护有了法律上的可能性。因此在今天,同一信息可以同时或先后在不同的地域内取得知识产权。

既然同一项信息可以在不同的地域内分别取得多个知识产权,而且各地域对知识产权的保护是相互独立的,所以权利人可以在取得权利的不同地域范围内分别行使其权利。如果一个人就同一项技术在中国、美国、欧共体都取得了专利权,那么,他可以将在美国的专利权转让,而保留在中国和欧共体的专利权,并将在欧共体的专利权许可他人使用,还可以将专利产品在上述国家和地区的销售权授予不同的销售商。某一作品的著作权人可以将该部作品的英文翻译权和出版权授予美国的一个出版社,中文的出版权授予中国的一个出版社,等等。物质财产权由于其保护对象的唯一性,不可能分地域取得,当然也不能分地域行使。

(四)知识产权具有可分授性

知识产权的权利人不仅可以在不同的地域分别行使其权利,而且可以在同一地域内同时或先后将知识产权相同的或不同的权能分别授予多人行使。这包括两种情况:其一,不同的权能可以分别授予多人行使,例如,著作权人将一件作品的出版权授予某出版社,将改编权授予某作家,而将摄制电影的权利授予某电影制片厂;其二,相同的权能亦可授予多人行使,例如,专利权人通过普通许可使用合同将专利实施权授予两个以上的企业。所有权的权能虽然也可以与所有权分离,但是所有权的标的物最终使用人只能是一人,因此以使用标的物为内容的权能只能授予一人行使。可分授性是知识产权区别于其他民事权利特别是物权的又一重要特征,这一特征是由知识产权的保护对象可以同时被许多人所利用的特点决定的。这一特征使知识产权的权利人可以享有更多的选择自由,他可以通过多种方式行使自己的权利,谋求最大的经济效益。

第二节 "乌拉圭回合"知识产权的协定

一、《与贸易有关的知识产权协定》概述

《与贸易有关的知识产权协定》(简称 TRIPs),是"乌拉圭回合"谈判新拓展出来的重要领域。在人类社会开始进入知识经济时代之际,这个协定反映了时代的要求。把它的名字中加上"与贸易有关的"字样,主要是为了更能名正言顺地纳入 WTO 多边贸易体系。《与贸易有关的知识产权协定》为 WTO 全体成员方必须遵守的知识产权保护规定了一系列最低标准,是在关贸总协定主持下成功地协调各国知识产权政策的第一个样板。

《与贸易有关的知识产权协定》（本书以下简称《知识产权协定》）目标在于促进贸易中的知识产权保护。《知识产权协定》的序言部分，明确了缔结此协定的目的与宗旨在于：减少对国际贸易的扭曲与阻碍，促进对知识产权在国际范围内更充分、有效地保护，确保知识产权的实施及程序不对合法贸易构成壁垒。

《与贸易有关的知识产权协定》的基本原则包括以下内容。

（一）最惠国待遇原则

《知识产权协定》第4条规定"任何一成员方就知识产权保护提供给另一成员方国民的利益、优惠、特权或豁免应当立即、无条件地给予所有其他成员方的国民"。这种最惠国待遇与《1994年关贸总协定》最惠国待遇一样，是无条件的、多边的、永久性的。但是，《知识产权协定》的最惠国待遇只适用于"知识产权"的保护方面。

WTO把最惠国待遇视为国与国之间经贸关系的重要基石。《知识产权协定》要求在其管辖的知识产权范畴内，在4个重要的知识产权国际公约，即在《巴黎公约》、《伯尔尼公约》、《罗马公约》、《关于集成电路的知识产权条约》已有的国民待遇的基础上，将重要的最惠国待遇原则纳入知识产权保护之中，这的确是知识产权领域国际保护方面的重大变化，对WTO成员间实行非歧视贸易提供了重要的法律基础。

《知识产权协定》最惠国待遇原则的适用范围是有限制的，并不覆盖知识产权的所有各个方面，为此，协定确定了在以下几方面的例外。

1．一成员方在加入WTO以前已经签订的司法协助及法律实施的双边或多边国际协定。这类协定并不是专门针对知识产权保护签订的，但根据这类协定却产生了优惠、利益、豁免或特权，允许仅适用于签订该类协定的国家或地区，而不适用于WTO的其他成员方。

2．按《伯尔尼公约》1971年文本及《罗马公约》中的选择性条款，在某些国家间按授权所获得的保护，不按国民待遇而按互惠原则提供保护。

3．本协定中未加规定的表演者权、录音制品制作者权及广播组织权不受最惠国待遇约束，如果一些成员国承认这些权利并相互之间互相予以保护，也可以不按最惠国待遇扩展到未加保护的其他成员方。

4．《建立世贸组织协定》生效前已经生效的知识产权保护国际协议中产生的，并且已将这些协议通知"与贸易有关的知识产权理事会"，如果这类协议也不对其他成员国民构成随意或不公平的歧视，则这类协议产生的优惠、特权、豁免、利益可以作为最惠国待遇的例外。

5．由世界知识产权组织主持所缔结的有关获得及维持知识产权的多边协议中，所规定的利益、优惠、特权、豁免只能在这些协议的签字国间生效与适用，并不适用于WTO的所有成员。这一例外也适用于《知识产权协定》的国民待遇的原则。

（二）国民待遇原则

鉴于WTO"成员"可以是主权国家政府，也可以是单独关税区。《知识产权协定》第1条第3款专门对该协定有关"国民"的特指含义加以注释。该注释指出，"本协定中所称

'国民'一词,在 WTO 成员是一个单独关税区的情况下,应被认为系指在那里有住所或有实际和有效的工业或商业营业场所的自然人或法人"。当 WTO 成员方是主权国家政府时,《知识产权协定》规定"就相关知识产权而言,其他成员方的国民应理解为符合《巴黎公约》(1967 年 7 月 14 日斯德哥尔摩文本)、《伯尔尼公约》(该公约指 1971 年 7 月 24 日的巴黎文本)、《罗马公约》(指 1961 年 10 月 26 日在罗马签订的《保护表演者、唱片制作者和广播组织国际公约》)和《关于集成电路知识产权条约》(1989 年 5 月 26 日在华盛顿达成的条约)所列明的保护标准项目下的自然人或法人,是那些条约成员国与 WTO 所有成员的国民。"

根据《知识产权协定》规定,凡是符合《巴黎公约》(1967)、《伯尔尼公约》(1971)、《罗马公约》和《关于集成电路知识产权条约》所列明的保护标准项下的自然人或法人,是以上 4 个公约成员国的国民或 WTO 成员的国民,就应该享受《知识产权协定》的国民待遇。可见,协定使知识产权国民待遇扩大到 WTO 148 个成员的范围,大大地扩大了知识产权的保护范围。

《知识产权协定》国民待遇的适用范围是有限制的,并不覆盖知识产权的所有各个方面,为此,协定确定了在以下几方面的例外。

1. 已经在《巴黎公约》(1967)、《伯尔尼公约》(1971)、《罗马公约》和《关于集成电路的知识产权条约》中规定的例外。

2. 有关知识产权在司法和行政程序方面的例外,包括对服务地点的指定或在某一成员司法管辖中对代理人的指定。但是,这些例外不能对正常贸易构成变相的限制;也不能与《知识产权协定》的义务相抵触。

3. 在特定情况下,如果 WTO 成员方按《知识产权协定》规定引用《伯尔尼公约》、《罗马公约》而实行"互惠待遇"是允许的,但是,必须在事前通知与贸易有关的知识产权理事会。

4. 国民待遇也不适用于由世界知识产权组织主持所缔结的多边协议中,有关获得及维持知识产权的程序方面的规定。

(三)权利用尽原则

《知识产权协定》规定:根据本决定进行争端解决时,在符合国民待遇和最惠国待遇规定的前提下,不得借助本协定的任何条款去涉及知识产权用尽问题。

关于知识产权的权利"用尽"问题是引起争议较多的知识产权问题尚需进一步探讨的问题之一。各国知识产权法律对此规定差异较大,对知识产权方面规定不同。

1. 关于专利权的用尽方面,大多数国家专利法规定,专利权人制造或经专利权人授权许可制造的专利产品销售之后,其他人不需经过许可就可以有权使用或再销售该专利产品。

2. 关于商标权的用尽方面,绝大多数国家都规定注册商标所有人及被许可人的商品出售后,第三人在本国合法使用或出售的这些商品上使用该商标不构成侵权,即商标权人的权利用尽。他不能阻止第三人在该商品上使用该注册商标。

3. 关于版权的用尽方面,各国的分歧较大,一些国家版权法规定,如果版权人本人或经其授权,将其有关作品的复制本投入国内外市场后,这一批复制本随后的发行、销售等,权利人都无权干涉,这就是"版权用尽"。

(四)《知识产权协定》的目标与原则

《知识产权协定》的目标在于:通过知识产权的保护与权利的行使,促进技术的革新、技术的转让与技术的传播;以有利于社会及经济福利的方式,促进生产者与技术知识使用者间互利互惠,并促进 WTO 成员间权利与义务的平衡。这些目标反映了发达国家与发展中国家知识产权立法的基本目标,也说明了知识产权保护对技术发展及迅速传播的重要意义。因为技术已经从根本上改变了竞争的性质。随着一些发达国家在传统生产领域中竞争力的逐渐削弱,知识产权成为创造新的竞争优势的基础。这种无形的创造活动将成为 21 世纪最有价值的财产形式,而经济全球化的发展要求对这种创造活动进行充分的保护。

《知识产权协定》基本原则规定 WTO 成员有以下权力。

1. 可在其国内知识产权法律及条例的制定与修订中,采取必要的措施保护公众的健康和营养,以促进对其社会经济和技术发展至关重要的部门的公共利益。

2. 可以采取适当的防止知识产权持有人滥用知识产权,或凭借不正当竞争手段限制贸易,或对国际间技术转让产生不利影响。

但是,上述两项基本原则在实施中都不能对《知识产权协定》项下的有关规定构成冲突。这些原则为 WTO 成员在今后制定或修订知识产权法律时提供了重要的指南,也对各国的知识产权法律提出了基本要求,如果不与这些原则相一致,则 WTO 的贸易政策法规审议制度要求其成员方进行法律调整,以便与 WTO 相应的法律一致,否则其他成员方可以向 WTO 提起仲裁,进行争端解决。

值得指出的是,《知识产权协定》将其"目标与原则"单列为协定第 7 条、第 8 条,而不将其在协定序言与宗旨中全部加以约定或表述,说明了 WTO 将其视为 WTO 成员方必须遵守的义务及相应的权利加以对待,对其成员方具有法律约束力。

二、《知识产权协定》的主要内容

(一)总则和基本原则

这一部分共 8 条。WTO 成员方应实施《知识产权协定》的规定,并可在各自的法律制度和实践中确定实施该协定的适当方法;只要不违反该协定的规定,WTO 成员方还可以在其法律中实施比该协定要求更广泛的保护,但这不是一种义务。

WTO 成员方实施《知识产权协定》的规定,不得有损于成员方依照《巴黎公约》、《伯尔尼公约》、《罗马公约》及《集成电路知识产权公约》等已经承担的义务。

如前所述《知识产权协定》还规定了 WTO 成员方应遵守的基本原则。

（二）关于知识产权的效力、范围和使用的标准

从第 9 条到第 40 条，《知识产权协定》对 7 大类知识产权的效力、范围和使用标准进行了规定。

1. 版权和相关权利。版权是指作者对其文字、艺术和科学作品依法所享有的权利。狭义的版权包括著作人身权与著作财产权。著作人身权又称"精神权利"，是指作者使其著作权为人们所承认，并防止其作品被扭曲或损毁性篡改的权利。具体包括：（1）决定作品是否公之于众的发表权；（2）表明作者的身份，在作品上署名的署名权；（3）修改或授权他人修改作品的修改权；（4）保护作品不受歪曲、篡改或其他更改或贬抑的作品完整权。而著作财产权包括：（1）复制权与发行权；（2）表演权；（3）播放权；（4）展览权；（5）改编、摄制电影、电视录像权；（6）翻译权；（7）注释权与整理权；（8）编辑权；（9）其他著作财产权。广义的版权除了著作人身权和著作财产权外，还包括著作相关权利（又称著作邻接权）。

《知识产权协定》中版权及相关权利保护的范围如下。

（1）《伯尔尼公约》所指的"文学艺术"，包括文学、科学和艺术领域内的一切作品（不论其表现形式或方式），如书籍、演讲、戏剧、舞蹈、配词、电影、地图等。

（2）计算机程序及数据的汇编。

（3）表演者、录音制品制作者和传播媒体。

版权的保护期为自该作品经授权出版（或完成）的日历年的年底起算不得少于 50 年；表演者和录音制品制作者的权利应至少保护 50 年；传媒的权利应至少保护 20 年。

2. 商标。商标是指一个企业的产品或服务，与其他企业的商品或服务区分开的标记或标记的组合。这些标记包括人名、字母、数字、图案、颜色的组合等。

注册商标的所有权人享有专有权，以阻止所有第三方未经该所有权人同意，在贸易过程中使用与注册相同或类似的标记来标示相同或类似的商品。

驰名商标应受到特别保护。在认定驰名商标时应考虑公众对该商标的了解程度，包括在该成员国领土内因促销而获得知名度。

商标的首次注册及每次续展期限都不得少于 7 年，商标注册应可以无限续展。如果以没有使用商标为由撤销商标注册，条件是该商标连续 3 年未使用。

商标所有权人可以转让或许可该商标，并有权将商标与该商标所属业务同时或不同时转让。

地理标记用于标示某商品来源于某成员领土内，或来源于该成员领土内的某地区或某地点，该货物的特定质量、信誉或其他特征实质上归属于地理来源。《知识产权协定》规定，各 WTO 成员方应对地理标记提供保护，包括对含有虚假地理标记的商标拒绝注册或宣布注册无效，防止公众对商品的真正来源产生误解或出现不公平竞争。《知识产权协定》对葡萄酒和烈酒地理标记提供了更为严格的保护。该协定规定，WTO 成员方应采取措施，防止将葡萄酒和烈酒的专用地理标记用于来源于其他地方的葡萄酒和烈酒。

3. 工业设计。《知识产权协定》中的工业设计是指工业外观设计，即对产品的形状、图案、色彩或者其结合所做出的富有美感，并适用于工业上应用的新设计。

受保护的工业设计的所有人有权制止未经许可的第三方，用于商业目的制造、销售或进口带有受保护设计的仿制品。工业设计的保护期应不少于 10 年。

由于纺织品设计具有周期短、数量大、容易复制的特点，所以得到了特别重视。《知识产权协定》规定，对纺织品工业设计保护设置的条件，特别是费用、审查和公布方面的条件，不得影响这些设计获得保护。

4. 专利。一切技术领域中的任何发明，不论是产品发明还是方法发明，只要其具有新颖性、创造性并适合于工业应用，均可获得专利。但是如果某些产品发明或方法发明，会对公共秩序或公共道德产生不利影响，包括对人类、动植物的生命健康或环境造成严重损害，则 WTO 成员方可以不授予专利。另外，对人类或动物的诊断、治疗和外科手术方法，微生物以外的动植物，以及不包括非生物、微生物在内的动植物的人工繁育方法，也可不授予专利权。但对于植物新品种，如果不允许授予专利，则必须通过其他方式给予有效的保护。

专利所有人对该专利享有专有权。对于产品，专利所有人应有权制止未经许可的第三方制造、使用、销售，或为上述目的而进口该产品；对于方法，专利所有人应有权制止未经许可的第三方使用该方法的行为，以及使用、销售或为上述目的进口依照该方法直接获得的产品。专利的保护期是自递交申请之日起，应持续至少 20 年。

WTO 各成员方的法律可以规定，在特殊情况下，允许未经专利持有人授权即可使用（包括政府使用或授权他人使用）某项专利，即强制许可或非自愿许可。但这种使用必须有严格的条件和限制，如以合理商业条件要求授权而没有获得成功，并且要支付合理报酬。

5. 集成电路布图设计（拓扑图）。集成电路是指以半导体材料为基片，将两个以上元件（至少一个是有源元件）的部分或全部互连集成在基片之中或之上，以执行某种电子功能的中间产品或最终产品。

布图设计是指集成电路中的两个以上元件（至少一个是有源元件）的部分或全部互连的三维配置，或者为集成电路的制造而准备的上述三维配置。

WTO 成员方应禁止未经权利所有人许可的下列行为：为商业目的进口、销售或以其他方式发行受保护的布图设计；为商业目的进口、销售或以其他方式发行含有受保护的布图设计的集成电路；为商业目的进口、销售或以其他方式发行含有上述集成电路的物品。此外，如果当事人不知道或不应知道商品中含有非法复制的布图设计，其行为不得被视为非法，但如果他在被告知侵权后出售了剩余货物，则有责任向权利人支付一笔合理费用。集成电路布图设计的保护期至少是 10 年。

6. 未披露信息的保护。未披露信息包括商业秘密和未公开的实验数据。把商业秘密列为知识产权的一种，这在以往的国际公约中从没出现过的。

《知识产权协定》所保护的未披露信息需要满足以下 3 个条件。

(1) 属于保密性质。
(2) 因保密而具有商业价值。
(3) 为保密已经采取合理步骤。

合法拥有该信息的人，有权防止他人未经许可而以"违背诚实商业行为"的方式，披露、获得或使用该信息。"违背诚实商业行为"是指违反合同，或违背信任，不公平的商业利用。

7. 对许可合同中限制竞争行为的控制。国际技术许可合同中限制竞争的行为，可能对贸易具有消极影响，并可能阻碍技术的转让与传播，例如强迫性一揽子许可。WTO 成员方可以采取适当措施防止或控制这些行为，有关成员方还可就正在进行的限制竞争行为和诉讼进行磋商，并在控制这些行为方面进行有效合作。

（三）知识产权的获得、维持及有关程序

1. WTO 各成员方可以提出要求，获得或维持《知识产权协定》中所指的知识产权的条件之一是履行符合该协定规定的合理程序和手续。

2. WTO 各成员方应保证有关知识产权如果符合获得权利的实质性条件，应在合理期限内授予或注册，以避免无端地缩短保护期限。

3. 《巴黎公约》中关于商标注册的规定，也适用于服务标记。

4. 获得或维持知识产权的有关程序，以及成员方法律中行政撤销和当事人之间有关异议、撤销与注销等程序，应遵循《知识产权协定》中"知识产权执法"所规定的一般原则。

5. 通常情况下，根据上述任何程序做出的行政终局裁决，应受司法或准司法机构的审议，但在异议或行政撤销不成立的情况下，只要行使这种程序的理由可依照无效诉讼的程序处理，成员方则无义务提供机会对这种行政裁决进行复议。

（四）争端的防止与解决

WTO 各成员方所实施的同《知识产权协定》内容相关的法律、法规，以及普遍适用的司法终审判决和行政终局裁决，都应以该国文字公布，并及时通知给知识产权理事会。

根据《世界知识产权组织与世界贸易组织协议》，WTO 成员方就立法向一个组织发出通知，被视为向另一个组织发出通知，不必重复履行通知的义务。

WTO 成员方就《知识产权协定》实施所发生的争端，应适用 WTO 的争端解决机制。

（五）过渡性安排

《知识产权协定》规定了过渡期。发达国家的过渡期为 1 年，从 1996 年 1 月 1 日全面实施。

发展中国家在《知识产权协定》中除国民待遇和最惠国待遇条款外其他大多数条款开始实施以前，有额外 4 年的过渡期，一直持续到 2000 年 1 月 1 日。不过，他们必须遵守维持现状的要求，即在过渡期内，不能以任何导致与《知识产权协定》更加不一致的方式，改变其有关知识产权的法律。那些根据《知识产权协定》的要求将把产品专利保护扩大到目前尚不被视为保护对象的技术领域的发展中国家成员，还可以获得另外 5 年过渡期，即可以到 2005 年 1 月 1 日才与《知识产权协定》的规定相一致。

经济转型国家如果仍在进行其知识产权制度的结构改革并遇到特殊困难，则在实施《知识产权协定》方面同样可以获得 4 年的过渡期，直到 2000 年 1 月 1 日。

最不发达国家的过渡期最长，在履行《知识产权协定》义务时，他们享有 11 年过渡期，直到 2006 年 1 月 1 日。这一期限还可以应最不发达国家成员"正当提出"的请求继续延长。

（六）其他条款

WTO 成立与贸易有关的知识产权理事会监督《知识产权协定》的实施，尤其是监督全体成员方履行该协定的义务，并为成员方协商与贸易有关的知识产权问题提供机会。

三、知识产权的实施与执行

《知识产权协定》与其他国际公约的区别在于，《知识产权协定》对协定规则和纪律的实施与执行作了明确的规定。主要包括以下规定。

（一）在执法方面要各成员普遍履行的义务

各 WTO 成员在知识产权法律的执法方面差别较大，对不同的知识产权内容其执法程序及相关规定不同。所以各成员方要努力做到以下内容。

1. 采取切实有效的知识产权执法程序及有效行为，以防止和制止侵权行为的发生。
2. 为防止知识产权侵权和遏制进一步的侵权，必须采取有效的救济措施。
3. 有关知识产权执法的程序应当公平合理，不能繁琐和给当事人造成财政上的负担，也不能拖延或要求有关当事人承担不合理的时限。
4. 对一个案件是非做出判决，最好使用书面形式并陈述判决理由。
5. 对行政部门的终局决定或判决，在任何情况下，诉讼或仲裁当事人都应该有机会要求司法审查。
6. 对初审的司法判决，在满足其正常的程序要求的条件下，应使相关当事人有上诉复审的机会。但是，对刑事案件中判决无罪的案件，各成员方没有义务提供这种复审机会。

（二）对知识产权侵权的行为的措施

协定规定，国家法院应能采取迅速而有效的临时措施以保护有关指控侵权的证据，并通过禁止进口产品进入其管辖的商业渠道来制止侵权的发生。当侵权行为确证后，法院应有权传令侵权人对权利所有人赔偿损失。为对有效实施创造条件，法院还有权勒令销毁侵权产品，以杜绝进入商业渠道。

协定还进一步要求成员方实施这类程序时，使权利所有人如有理由怀疑：侵犯其权利的假冒产品或侵犯其权利的盗版产品有可能被进口，因而能要求海关当局禁止放行这类产品。

协定呼吁成员方注意，如出现商业规模的商标假冒或盗版行为，按刑法规定，侵权人应被提起公诉并判以坐牢或罚款的处罚，以保证对权利所有人的尊重。

第三节　中国如何适应知识产权协议的要求

一、我国知识产权法律制度的建立与完善

中国知识产权保护制度的筹备、酝酿，起始于上个世纪 70 年代末期，是伴随着我国的改革开放而起步的。1982 年出台的《商标法》是我国内地的第一部知识产权法律，标志着我国的知识产权保护制度开始建立。随着 1984 年《专利法》、1990 年《著作权法》的推出，我国的知识产权保护制度初步形成。2000 年以来，为了促进经济和社会的进一步发展，适应加入 WTO 的需要，中国修改了《专利法》、《著作权法》和《商标法》，同时修改了《计算机软件保护条例》、《知识产权海关保护条例》等 8 部知识产权行政法规和与知识产权有关的行政法规，并制定了《集成电路布图设计保护条例》和《奥林匹克标志保护条例》。这一时期对知识产权法律制度主要作了 3 个方面的完善：扩大了知识产权保护的范围；加大了对侵犯知识产权行为的处罚力度；完善了知识产权保护程序。

二、WTO 与我国的商标法

（一）我国《商标法》的主要内容

我国的《商标法》分总则 1 章 10 条，分则 6 章 30 条，附则 1 章 3 条，共 8 章 43 条。

总则共 10 条，反映了《商标法》的精神，规定了该法的指导思想，是理解和解释法律的具体条文，指导商标工作和管理的总依据。

第 2 章至第 7 章为分则，是体现总则的具体规定。分则对商标注册的申请；注册商标的审查和核准、商标注册申请的初步审定和核准注册、驳回申请和复审、初步审定的公告、异议和商标争议；注册商标的续展、转让和使用许可，对有关注册商标的有效期、续展的条件和手续、注册商标的转让许可即专用权的处分；注册商标争议的裁定；商标使用的管理；注册商标专用权的保护等问题做了具体的规定。

（二）我国《商标法》的基本原则

1. 确定商标专用权的原则——注册原则。世界各国商标制度对商标专用权的生效或有效，主要是采用"注册原则"和"使用原则"两种不同的制度。所谓"注册原则"，是指商标专用权经过注册确定。不论商标是否经申请人使用，只要符合《商标法》的规定，经商标主管注册的部门注册，申请人就取得了该商标的专用权，受法律保护。我国《商标法》的 3 条规定："经商标局核准注册的商标为注册商标，商标注册人享有商标专用权，受法律保护"。

另外与"注册商标"相对应，有些国家采用"使用原则"，商标在该国使用，即产生权利。商标专用权归首先使用人。

目前多数国家采用"注册原则"，但有的国家在采用"注册原则"的同时也照顾先使用人的权利。

2. 判断商标专用权的归属原则——申请在先原则。我国《商标法》规定:"两个或者两个以上的申请人,在同一种商品或者类似的商品上,以相同或近似的商标申请注册的,初步审定并公告申请在先的商标","驳回其他人的申请,不予公告"。这一原则被称为"申请在先原则"。

另一种与"申请在先原则"相对应的是"使用在先原则",采用谁先使用,便可以获得该商标的权利,并不考虑申请先后。

采用"申请在先原则"时,往往容易出现商标被别人抢先注册的做法。为对付抢先注册,企业应及时将设计商标申请注册;另一种情况是如果自己是驰名商标,则可依据《巴黎公约》,撤销抢先注册的商标。

3. 商标注册采用审查原则。对于一个商标注册申请能否准予注册,在国际上采用的原则有两种:一种是"审查原则";一种是"不审查原则"。"审查原则"是商标局在确认商标专利权之前,必须对每一件商标注册申请依照法定的形式审查和实质审查程序进行审查。对符合注册条件的,方予以注册。"不审查原则"只看申请人的商标注册手续是否齐备,不经过实质审查便予以注册。一旦发审纠纷,则由法院判决。该原则在商标观念非常强的国家才可行。我国的《商标法》规定商标注册采用"审查原则"。

4. 商标使用采取"自愿注册原则"。我国《商标法》第4条规定:企业、事业单位和个体工商业者,对其生产、制造、挑选、加工或者经销的商品,需要取得商标专用权的,应当向商标局申请注册。对于是否取得商标专用权,由商标使用人决定;如果不需要取得专用权,可以不注册,未注册的商标允许使用。这就是所谓的"自愿注册原则"。

5. 关于国民待遇原则。我国《商标法》第9条规定,外国人或外国企业在中国申请商标注册的,应按其所属国和中华人民共和国签订的协议或者共同参加的国际公约办理,或者按对等原则处理。我国已于1985年正式成为《巴黎公约》的成员国,国民待遇原则是我国应遵守的原则之一。

6. 关于优先权原则。这一原则也是《巴黎公约》对工业产权确立国际保护的重要原则之一。

优先权是指任何一个公约成员国就工业产权保护提出正式申请之后的一段时间内,在其他成员国中都享有优先的地位。也就是说,如果申请人向成员国之一提出申请,在一定期限内(6个月)再向其他成员国申请时,申请日期应为第一次的申请日期。超过期限,优先权自动丧失。在这一期限内,原申请人享有申请表示的"优先注册权",其他类似的或相同的申请注册商标将被驳回。这是《巴黎公约》所提供给成员国之间的工业产权国际保护的重要原则之一。

(三)加入WTO前我国对商标法的修订

WTO 的 TRIPs 协议要求各成员对驰名商标和地理标志给予专门的法律保护。由于种种原因,我国修订前的《商标法》对此并未做出明确的规定,存在着明显的缺失。因此,2001年10月新修订的《商标法》增加了对驰名商标和地理标志特殊保护的法律规定,同时还将集体商标、证明商标、官方标志等也纳入法律保护的范围。

新修订的《商标法》规定增加了两种侵权行为：一是反向假冒行为，即未经商标权人同意，更换其注册商标，并将该更换商标的商品又投入到市场的行为；二是销售侵犯商标权商品的行为，即不论销售者是否具有主观过错，只要销售侵犯商标权的商品就构成侵权，但销售者不知道是侵犯商标权的商品，且能证明其合法来源的，不承担赔偿责任。从而改变了过去那种"善意使用或销售不视为侵权"的观点和做法。

新修订的《商标法》确定了赔偿额的标准和计算方法，即侵权人首先是对权利人的实际损失给予赔偿；实际损失难以计算的，可以按照侵权人的违法所得给予赔偿。以上两项赔偿数额还应当包括权利人为制止侵权行为所支付的合理开支。同时还规定了最高限额赔偿，即当权利人的实际损失或者侵权人的违法所得不能确定的，由法院根据侵权行为的情节，判决给予50万元以下的赔偿。

三、WTO与我国专利法

（一）我国《专利法》的主要内容

1. 我国《专利法》法律关系的主体和客体。专利法法律关系的主体，是指有权申请专利和取得专利权，并承担相应义务的自然人或法人。《专利法》将发明创造分为两类：第一，职务发明创造，即执行本单位的任务或者主要是利用本单位的物质条件所完成的发明创造。此时专利的申请权和相关专利归该单位拥有或所有，专利法律关系的主体是该单位；第二，非职务发明创造，此时专利的申请权和相关专利权归发明人或涉及人所有，专利法律关系的主体是该发明人或涉及人。除了上述两类主体以外，专利法律关系的主体还包括：共同发明人，即共同对发明创造的实质性特点做出了创造性贡献的人，包括自然人和法人；合法受让人，即专利申请权和专利权转让的对象。在中国没有经常居所或营业所的外国自然人或法人，可以依照其所属国同中国签订的协议，或者其所属国与中国共同参加的国际条约，或者互惠原则成为专利法律关系的主体。

专利法法律关系的客体，是指专利权主体的权利和义务所共同指向的对象。我国《专利法》将其分为：发明、实用新型和外观设计。

2. 授予专利的条件。对发明和实用新型来说，只有同时具备了新颖性、创造性和实用性，才能被授予专利权。这3个条件是授予专利的实质性条件。

对外观设计来说，它应当"同申请日以前在国内外出版物上公开发表或者国内公开使用过的外观设计不相同或不相近似"。可以看出，授予外观设计专利的实质条件之一是新颖性。从新颖性的实践标准和地域标准来看，发明、实用新型和外观设计这3种专利是一致的。另外，外观设计的定义中要求它是"适用于工业上应用的新设计"。因此实用性是授予外观设计专利的实质条件之二。

申请人除了要满足上述实质条件以外，还应当满足授予专利的形式条件。也就是说，申请发明或者实用新型专利时，向专利机关提交的请求书、说明书、权利要求书及其摘要等文件；申请外观设计专利时，向专利机关提交的请求书、外观设计的图片或照片等文件，应满足《专利法》及其实施细则新提出的形式要求。

另外，《1984年专利法》参照国际惯例和中国实际情况，规定了不授予专利权的7类发明创造：（1）科学发现；（2）智利活动的规则和方法；（3）疾病的诊断和治疗方法；（4）食品、饮料调味品；（5）药品和用化学方法获得的物质；（6）动物和植物品种；（7）用原子核变方法获得的物质。1992年，全国人大常委会在对《专利法》的修正中，允许对上述第4类和第5类（即食品、饮料调味品；药品和用化学方法获得的物质）发明创造授予专利。

3. 专利的申请。据《专利法》规定，专利申请人申请专利时应符合一定的原则，包括：书面原则，即办理专利手续时，必须采用书面形式；申请单一性原则，即一件专利申请实现于一项发明创造；先申请原则，即两个或两个以上的申请人就同样的发明申请专利时，专利权授予最先申请的人。这一原则已被世界上大多数国家采用。与之相对应的先发明原则，只有美国等少数国家还在实行。

另外，为了保护申请人的合法利益，《专利法》又提出了优先权原则，即专利申请人就同一发明自第一次正式提出专利申请后，在一定期限内第二次提出申请，仍以第一次申请的日期作为第二次申请的日期。

4. 专利申请的审查批准。发明专利申请的审批程序包括：受理；初步审查；自申请日期满18个月，公布该申请，或应请求早于18个月的期限公布；自申请日起3年内，申请人请求实质审查；经实质审查没有发现驳回理由的，授予专利权；专利权授予后6个月内，任何人认为授予的专利权不符合《专利法》规定的，都可以请求撤销该专利权。

实用新型与外观设计专利申请的审批程序则相对简单：受理；初步审查；经初步审查认为符合法律规定的要求，授予专利权；专利权授予后6个月内，任何人认为授予的专利权不符合《专利法》规定的，都可以请求撤销专利权。

5. 专利权人的权利和义务。根据《专利法》的规定，专利局审查专利申请没有发现驳回理由的，应当做出授予专利权的决定，发给专利证书，并予以登记和公告。此时，专利申请人就成为了专利权人。专利权人对其专利享有的无形财产权利具体表现在以下几个方面。

（1）独占实施权。这是专利权人最基本的权利，是享受其他权利的基础。对发明和实用新型专利来说，专利权人有权为生产经营目的制造、使用、销售或进口其专利产品，有权为生产经营目的试用其专利方法，以及有权使用、销售或进口依照该专利方法直接获得的产品；对外观设计专利来说，专利权人有权为生产经营目的制造、销售或进口其外观设计专利产品。

（2）转让权。专利权人可以转让其专利权。这种转让可以是有偿的，也可以是无偿的；可以将专利全部转让，也可以部分转让。转让专利权时，当事人必须签订书面合同，经专利局登记和公告后生效。

(3)许可权。专利权人有权许可他人实施专利,专利权不发生转移,被许可人只能得到利用专利权利。与专利权的转让类似,许可时专利权人应与被许可方订立书面实施许可合同。

(4)标记权。专利权人有权在其专利产品或者该产品的包装上标明专利标记和专利号。专利标记没有统一的规定,可以自行设计;专利号则不能随意更改。

专利权人除了享受权利以外,还应当履行一定的义务。包括:实施其发明创造的义务;缴纳年费的义务。

6. 专利权的期限、终止和无效。1992 年修正后的《专利法》规定,发明专利权的期限为 20 年,实用新型和外观设计专利权的期限为 10 年,均自申请日起计算。专利权在期限届满时正常终止。

自专利局公告授予专利权之日起 6 个月内,任何单位或者个人都可以请求专利局撤销该专利权。6 个月后,就无权提出这种撤销申请了。如果认为某专利的授予不符合《专利法》的规定,只能请求专利复查委员会宣告该专利无效。宣告无效的专利权视为自始即不存在。

7. 专利实施的强制许可。为了促进专利技术在经济上的应用,《专利法》规定了强制许可制度。1992 年修改后的《专利法》规定了强制许可的 3 种情况:第一,具备实施条件的单位以合理的条件请求发明或者实用新型专利权人许可使用其专利,而未能在合理的时间内获得这种许可时,专利局根据该单位的申请,可以给予实施该发明专利或者实用新型专利的强制许可;第二,在国家出现紧急状态或者非常情况时,或者为了公共利益的目的,专利局可以实行发明专利或者实用新型专利的强制许可;第三,如果一项取得专利权的发明或者实用新型专利比以前已经取得专利权的发明或实用新型的专利在技术上先进,其实施又有赖于前一发明或者实用新型的实施,专利局根据后一专利权人的申请,可以给予实施前一发明或者实用新型强制许可。此时,专利局应根据前一专利权人的申请,也可以给予后一发明或者实用新型的强制许可。

(二)WTO 与我国《专利法》的修改

我国专利法颁布于 1984 年,1992 年进行了第一次修改。进入 20 世纪 90 年代中期,国际国内经济形势发生了重大变化,WTO 中的知识产权协议已正式签署并生效,同时中国又在 1994 年 1 月 1 日正式成为专利合作条约成员国。为了和上述国际条约相衔接,加强专利权的保护,解决实践中存在的问题,九届全国人大常委会第十七次会议于 2000 年 8 月 25 日通过了关于修改《中华人民共和国专利法》的决定。第二次修订的《专利法》已于 2001 年 7 月 1 日生效。

2001 年 7 月 1 日生效的《专利法》具有以下几个特点。

1. 进一步完善了中国的专利立法,加大了专利权的保护力度,同时引入了 TIRPs 协议中的许多规定,使中国的专利立法进一步和国际专利制度接轨。

修订后的《专利法》第 11 条规定:发明和实用新型专利权被授予后,除本法另有规定的以外,任何单位或者个人未经专利权人许可,都不得实施其专利,即不得以生产经营为目的制造、使用、许诺销售、销售、进口其专利产品，或者使用其专利方法以及使用、许诺销售、销售、进口依照该专利方法直接获得的产品；第 41 条规定：专利申请人对国务院专利行政部门驳回申请的决定不服的，可以自收到通知之日起 3 个月内，向专利复审委员会请求复审。专利复审委员会复审后，做出决定，并通知专利申请人。专利申请人对专利复审委员会的复审决定不服的，可以自收到通知之日起 3 个月内向人民法院起诉；修订后的专利法还规定："为生产经营目的使用或者销售，不知道是未经专利权人许可而制造并售出的专利产品，或者依照专利方法直接获得的产品，能证明其产品合法来源的，不承担赔偿责任"，不视为侵犯专利权。

2．进一步明确了专利管理机关的作用，强化了专利管理机关的执法力度，并授予专利管理机关一定的执法权。

修订后的《专利法》进一步确认了专利管理机关在调查处理专利纠纷中，对司法途径所起到的积极辅助作用。对一些罚款的数额进行了量化，如《专利法》第 58 条规定："假冒他人专利的，除依法承担民事责任外，由管理专利工作的部门责令改正并予公告，没收非法所得，可以并处违法所得 3 倍以下的罚款，没有违法所得的，可以处 5 万元以下的罚款；构成犯罪的，依法追究刑事责任。"

3．把保护专利权人的一些措施具体化，既可以及时制止侵权行为的发生，也方便了专利审判人员的操作。

修订后的专利法在第 60 条明确规定："侵犯专利权的赔偿数额，按照权利人因被侵权所受到的损失或者侵权人因侵权所获得的利益确定；被侵权人的损失或者侵权人获得的利益难以确定的，参照该专利许可使用费的倍数合理确定"。在我国专利侵权审判实践中，对被侵权人因被侵权行为所带来的损失，如调查取证费、律师代理费等，法院也酌情予以保护。另外，我国法院还建立了"法定赔偿"制度，即在难以查清被侵权人的实际损害或者侵权人的侵权获利时，在人民币 5 000 元至 50 万元之间计算赔偿。修订后的《专利法》借鉴国外的有关立法经验，结合我国的实际情况，根据 TRIPs 协议的要求，在《专利法》第 61 条规定了关于临时措施的条款："专利权人或者利害关系人有证据证明他人正在实施或者即将实施侵犯其专利权的行为，如不及时制止将会使其合法权益受到难以弥补的损害的，可以在起诉前向人民法院申请责令停止有关行为和财产保全的措施。人民法院处理前款申请，适用《中华人民共和国民事诉讼法》第 93 条至 96 条和第 99 条的规定"。

总之，从我国专利法的第一次修改，到历经 8 年后的第二次修改，其内容体现了 WTO 的 TRIPs 协议的原则和精神。

四、WTO 与我国的版权制度

（一）我国《著作权法》的主要内容

1．我国《著作权法》保护的对象。按照我国《著作权法》的规定，受保护的作品有：

文学作品、口述作品、音乐、戏剧、曲艺、舞蹈作品、美术、摄影作品、视听作品、工程设计、产品设计图纸及其说明、地图、示意图等图形作品、计算机软件、民间文学艺术作品，法律、法规规定的其他作品。

外国人的作品首先在中国境内发表的，依照我国《著作权法》享有著作权；外国人在中国境外发表的作品，根据其所属国同中国签订的协议或者共同参加的国际条约所享有的著作权受保护。

除了上述保护对象外，《著作权法》还规定表演者的表演活动、录制者的音像制品与广播组织的广播节目应受著作权的保护。

2．著作权主体及权利归属。著作权的主体按照《著作权法》的规定包括：（1）作者；（2）其他依照本法享有著作权的公民、法人或者非法人单位。

在著作权的归属上，《著作权法》规定如下：

（1）一般情况下，著作权首先属于作者，法人或非法人单位也可以成为著作权人。

（2）两人以上合作创作的作品，著作权由合作作者共同享有。

（3）公民为完成法人或非法人单位工作任务创作的作品是职务作品。职务作品的著作权归属分以下3种情况。

① 一般情况下，职务作品的著作权由作者享有，但法人或非法人单位有权在其业务范围内优先使用职务作品的著作权。职务作品完成2年内，未经单位同意，作者不得许可第三方以单位使用相同的方式使用该作品。

② 主要利用法人或非法人单位的物质技术条件创作，并由法人或非法人单位承担责任的工程设计、产品设计图纸及其证明、计算机软件、地图等职务作品，按《著作权法》及其实施细则规定，著作权人由法人或非法人单位享有职务作品，作者仅享有署名权，著作权的其他权利由法人或非法人单位享有，法人或非法人单位可给予作者奖励。

③ 以劳动合同约定，由法人或非法人单位主持，职务作品是根据法人或非法人单位的意志创作，应由法人或非法人单位享有。法人或非法人单位被视为作者的职务作品，著作权由被视为作者的法人或非法人单位享有。

（4）《著作权法》第14条规定：编辑作品由编辑人享有著作权，但行使著作权时，不得侵犯原作品的著作权。编辑作品中可以单独使用的作品的作者，有权单独行使其作品的著作权。

（5）委托作品，根据法律规定指出了一个约定的原则，即在委托他人创作作品时，应该有约定，如果有约定，应按约定来处理。

（6）《著作权法》第19条规定：公民死后，著作权、人身权由继承人或受赠人保护它不受侵犯；没有继承人的，按民法通则的规定属无主财产，归国家所有，由国家版权局行使。

3．著作权利的内容。著作权包括人身权和财产权。人身权又称精神权利，包括：发表权、署名权、修改权、保护作品完整权；财产权又称经济权利，包括复制权、表演权、播放权、展览权、发行权、摄制电影、电视、录像权、改编权、翻译权、注释权、编辑权。在《著作权法》第10条中均有明确的规定。

4. 关于著作权的限制。著作权人的权利受著作权的"期限"、"合理使用"等限制。目前尚未对强制许可及其限制做出规定。我国《著作权法》第21条规定：公民的作品，其发表权、使用权和获得报酬权的保护为作者终生加死后50年，截至于作者死后第50年的12月31日。如果是合作作品，截至于最后死亡的作者死后第50年的12月31日。对死后首次与公众见面的遗作，也是作者终生加死后50年，超过这个期限，遗作无论是否发表，都进入共有领域，任何人都可以无偿地使用。《著作权法》第22条规定，在一定的条件下为了个人学习或从事科学研究的目的，或者为了教学活动、学术研究、公共节约、宗教或慈善性质的活动等社会利益，可以不经著作权人的同意，也不必向其支付报酬而自己使用。这种法律允许的自由使用，称为"合理使用"。

5. 著作权的许可使用。著作权的许可使用是指著作权人有权许可他人在一定的期限、一定的地域范围内，以一定的方式，主要是以复制、表演、播放、展览、发行、摄制、电影、电视、录像、改编、翻译、注释、编辑等方式利用其作品，并由此获得报酬的法律行为。许可使用是著作权人行使其著作权中的经济权利的主要形式。

6. 《著作权法》关于邻接权的规定。

（1）出版。《著作权法》第29条规定：图书出版者出版图书应当和著作权人订立出版合同，并支付报酬。图书出版者对著作权人交付出版的作品，在合同约定期间内（不超过10年，合同期满可以续订）享有专有出版权。图书出版者应当按照合同约定的出版质量、期限出版图书，重印、再版作品的应当通知著作权人。如果图书脱销后，图书出版者拒绝重印、再版的，著作权人有权终止合同。著作权人向报社、杂志社投稿后，自稿件发出日起15日内未接到报社通知约定刊登的，或者自稿件发出日起30日内未接到杂志社通知刊登的，可以将同一作品向其他报社、杂志社投稿，双方另有约定的除外。报社、杂志社可以对作品作文字性修改、删节，对内容的修改，应当经作者许可。同时，图书出版者经作者许可，可以对作品进行修改、删节。对出版演绎作品，不仅要向演绎作品的作者支付报酬，而且要向原著作权人支付报酬。

（2）表演。《著作权法》第36条、37条规定：表演者使用他人未发表的作品演出，应当取得著作权人的许可，并支付报酬。表演者使用他人已发表的作品进行营业性演出，可以不经著作权人许可，但应当按规定支付报酬；著作权人声明不许使用的不得使用。表演者有表明表演者身份、保护表演形象不受歪曲、许可他人从现场直播、许可他人为盈利目的的录音录像，并获得报酬的权利。

（3）录音录像。根据《著作权法》第38条的规定：使用他人未发表的作品应当取得著作权人的许可；录音制作者使用他人的作品，既包括音乐作品，也包括文字作品等；使用他人已发表的作品制作录音制品，可以不经过著作权人的许可，但要支付报酬；录像制作者使用他人作品制作录像制品，应当取得著作权人的许可，并支付报酬；录音录像制作者使用改编、翻译、注释、整理已有作品而产生的作品,应当向改编、翻译、注释、整理作品的著作权人和原作品的著作权人支付报酬;录音录像制作者对其制作的录音录像制品,享有许可他人复制发行并获得报酬的权利;被许可复制发行的录音录像制作者还应当按照规定向著作权人和表演者支付报酬。

(4) 广播电台、电视台播放。《著作权法》第4章第4节规定:广播电台、电视台使用他人未发表的作品制作广播、电视节目,应当取得著作权人的许可,并支付报酬;广播电台、电视台使用他人已发表的作品制作广播、电视节目,可以不经著作权人许可。

7. 著作权的法律保护。《著作权法》第5章规定了作者及其他著作权人的权利受到侵害时,法律对著作权人可提供的保护措施。

(1) 著作权侵权行为。侵犯著作权的行为包括:未经著作权人许可,发表其作品;侵犯署名权;歪曲、篡改他人作品;侵犯著作权人对作品的使用权和获得报酬的权利;使用他人作品,未按规定支付报酬;剽窃、抄袭他人作品。侵犯邻接权的行为包括:侵犯出版者的专有权;侵犯表演者许可他人现场直播的权利;侵犯表演者对其表演制作成录音、录像出版权的行为;未经录音录像制作者的许可,复制发行其著作的录音、录像作品的侵权行为;侵犯广播电台、电视台对其制作的广播、电视节目等作品享有的合法权利的行为;其他侵犯著作权人著作邻接权的行为。

(2) 对侵犯著作权及邻接权的法律保护形式。《著作权法》规定侵权人对其侵权行为应承担的民事责任有:停止侵害;消除影响;公开赔礼道歉;赔偿损失;其他相应的民事责任。如果侵权人的侵权带有故意性质、造成著作权人重大的损失,或侵权行为造成的影响极大、性质恶劣,著作权机关依法可主动采取措施,予以打击。

8. 计算机软件的著作权保护。《著作权法》第3条把"计算机软件"列为受保护的客体之一,同时第53条规定"计算机软件的保护办法由国务院另行规定"。1991年6月4日,国务院有关部门根据《著作权法》的规定,制定了《计算机软件保护条例》,并于1991年10月1日起实施。1992年4月6日,机械电子工业部试公布《计算机软件著作权登记办法》,并于1992年5月1日实施。1992年9月25日,国务院发布了《实施国际著作权条约的规定》,于1992年9月30日起施行。由此形成了我国计算机软件著作权法律保护体系。

(二) WTO与我国的《著作权法》

2001年10月27日下午,即中国正式成为WTO成员之前的两个星期,经过修改的《著作权法》与《商标法》一起获得第九届全国人大常委会第二十四次会议的通过。《著作权法》的修改主要涉及到了以下几个方面的问题。

1. "国民待遇"原则的适用问题。著作权法修改解决了两个问题。

(1) 全面引入《保护文学艺术作品伯尔尼公约》确立的"双国籍"国民待遇原则。扩大了可享受中国著作权法保护的外国作品的范围,包括《伯尔尼公约》(1971年文本)以及WTO全体成员的国民与居民已经出版和未出版,且未超过保护期的全部作品,以及作者虽非前述成员的国民或居民,但首次在这些成员领土范围内完成出版的作品。

（2）消除了中国国民在中国著作权法律制度下受歧视的状态，在可享受保护的客体与可主张的权利等方面将中国人与外国人定位在同一起跑线上。

2．保护客体的表述问题。修改后的著作权法第3条有4点比较明显的变化。

（1）在音乐、戏剧、曲艺、舞蹈作品项目下加入了"杂技艺术作品"。

（2）正式使用"建筑作品"提法，并将其与美术作品归入同一类。

（3）采纳《伯尔尼公约》的表述方式，将包括动态摄像的作品描述为"电影作品和以类似摄制电影的方法创作的作品"，并取消了原著作权中的"电视、录像作品"。

（4）在涉及"实用设计"时增加了"模型作品"。

3．对著作权"权利"的整合问题，此次修改最突出的动作是将原著作权法《实施条例》中对著作权权利的解释提升到了"法律"的高度，并增加了出租权、放映权、广播权、信息网络传播权，且对表演权做出了扩充解释，使之包括了通常所说的"机械表演权"。

4．著作权的"限制"。修改后的《著作权法》首次为出版者规定了属于他们自己的"权利"，即基于"版式设计"而享有的许可与禁止权。在由中介机构、经纪人等组织的演出活动中，《著作权法》不再要求"演员"们亲自去获得作品的表演许可，而将此项义务加到了"组织者"的头上。与此同时，又为表演者规定了录制品的复制权、发行权、信息网络传播权等更加有效的控制权。

5．著作权的"转让"。由于原著作权法对"转让"只字未提，学术界、行政管理部门、司法系统人士在"准"与"不准"的问题上都存在着不同意见，且各自都有言之凿凿的理由。修改后的著作权法已经在此问题上画上句号。

6．著作权保护力度。2001年10月27日通过的《著作权法》修正案引入了"法定赔偿"制度、接受"即发侵权"概念，并与此相结合确立了诉前的行为保全与财产保全程序，规定了证据保全及配套的规则，引进了所谓的"民事制裁"制度，在相关环节规定了举证责任的倒置，等等。

总之，随着中国保护知识产权法律制度的逐渐完善，从知识产权保护领域看，中国已步入了知识产权领域世界领先水平国家的行列。

第四节 本章小结

随着世界经济的发展，国与国之间的分工与合作越来越广泛。中国已于2001年12月正式加入WTO，作为WTO成员，中国既有履行"入世"承诺的义务，也有利用WTO规则维护自己利益的权利。理解WTO规则是遵守和运用规则的前提，知识产权保护的规则正是世贸组织规则的重要组成部分。

由于知识产权保护对象的非物质性特征，使知识产权具有不同于物质产权的法律特征。《与贸易有关的知识产权协定》为 WTO 全体成员方必须遵守的知识产权保护规定了一系列最低标准，给版权、商标、地理标志、工业设计、专利、集成电路布图、保护商业信息规定了准则。我国对《专利法》、《著作权法》和《商标法》、《计算机软件保护条例》、《知识产权海关保护条例》等知识产权行政法规和与知识产权有关的行政法规的修改，正是根据 WTO《与贸易有关的知识产权协定》的基本原则和相关规定做出的。

案例分析

一、案情简介

英特莱格公司与乐高海外公司共同生产经营乐高系列玩具，英特莱格公司负责系列玩具的设计、制造，乐高公司负责系列玩具的销售。英特莱格公司于 1986 年至 1988 年间，先后向中国专利局申请"桶"、"玩具栅栏"、"玩具飞机座舱"等 6 项外观设计专利，均授予了专利权。该公司还于 1992 年 7 月 10 日经国家工商局商标局核准注册了"SYSTEM"商标。南京宝高国际实业有限公司生产销售了与英特莱格公司"玩具栅栏"等 4 项外观设计专利相同的产品，以及与英特莱格公司的"桶" 2 项外观设计专利相近似的产品，并在其产品宣传册上使用了英特莱格公司的注册商标进行宣传。南京宝高国际实业有限公司生产的部分产品还与英特莱格公司享有著作权的实用美术作品相同。英特莱格公司与乐高海外公司的商品在中国市场广泛销售，在相关消费者中已成为知名商品。英特莱格与乐高海外公司起诉南京宝高国际实业有限公司的产品的包装装潢与原告乐高海外公司销售的知名商品特有的包装装潢相似，构成侵权。

二、案例分析题

1. 南京宝高国际实业有限公司是否构成对英特莱格公司与乐高海外公司的侵权？
2. 《与贸易有关的知识产权协定》对专利保护的相关规定有哪些？

思考题

1. 简述知识产权及其权利内容。
2. 简述《与贸易有关的知识产权协定》的基本原则。
3. 在我国如何判断商标专用权的归属？
4. 简述我国《专利法》的保护对象。
5. 什么是著作邻接权？

第九章 WTO《与贸易有关的投资措施协议》

学习目标 通过本章学习，使学生能够认识到WTO的《与贸易有关的投资措施协议》对加强国际投资协调与合作，减少和消除投资国和东道国的矛盾与纠纷的重要意义。了解《与贸易有关的投资措施协议》的法律性质和特点，掌握WTO的《与贸易有关的投资措施协议》的主要内容，培养学生在从事国际贸易相关业务中自觉遵守WTO相关规则的意识和运用WTO相关规则保护自己的合法利益的能力。

1982年，美国诉加拿大"外国投资审议法"案，通称FIRA案，第一次把外国投资问题摆上多边贸易体制的议题。加拿大的这项法律的主要内容是，设置一个"审议外国投资机构"负责审查各种外国投资计划，并有权提出赞成、反对或修改意见。审查所根据的主要标准是：该投资是否符合加拿大的重大利益。根据该法，外国投资申请人要对他们在加拿大的业务经营的任何方面做出书面承诺，以获得更优惠的待遇，但这种承诺却并非是申请成功与否的指令性或正式性的必需条件。一旦申请获得批准，这种承诺就具有强制性法律效力。美国投诉指出：其中有3种承诺违反了GATT规定，即当地含量、当地制造、少量出口。此案的相关问题对后来制定的《与贸易有关的投资措施协议》起了极大的推动作用。本章我们就介绍WTO的《与贸易有关的投资措施协议》。

第一节 《与贸易有关的投资措施协议》

一、《与贸易有关的投资措施协议》产生的背景

第二次世界大战后，尤其是20世纪70年代以后，国际直接投资活动日趋频繁，特别是跨国公司的直接投资，取得了长足的发展。国际直接投资对各国经济和国际贸易的发展，产生了重要的影响。与此同时，投资国与东道国之间以及东道国与投资者之间围绕着直接投资方面的矛盾和纠纷也在不断增加。在"乌拉圭回合"谈判之前，《1947年关贸总协定》调整的范围只限于国际货物贸易。虽然20世纪70年代以后，以跨国公司为主体的对外直接投资活动日益频繁，并开始对国际经济包括国际贸易的发展产生越来越大的影响，但由于

未经授权,关贸总协定组织的几次贸易谈判并未将国际投资问题列入谈判议题。在此期间,国际社会曾在关贸总协定之外几经努力,达成了若干关于国际直接投资的协议,如《联合国跨国公司行为守则》、《东道国与其他国民之间投资争议解决公约》、《关于外国直接投资的待遇准则》等。但他们有的尚未生效,有的仅涉及国际投资的个别领域(如投资争议的解决等),有的只是建设性的,没有约束力。因而国际社会特别是国际直接投资的主要参与者——发达国家,一直没有停止积极寻求达成一项有关直接投资的国际性协议。经过发达国家特别是美国的努力,1986年6月在关贸总协定部长会议上,决定将与贸易有关的投资措施作为"乌拉圭回合"谈判的对象。经过8年的谈判,最终达成了《与贸易有关的投资措施协议》(通称TRIMs),并将其作为"乌拉圭回合"一揽子协议的一部分,适用于所有成员方。

二、《与贸易有关的投资措施协议》的内容

(一)《与贸易有关的投资措施协议》中禁止与贸易有关的投资措施

所谓投资措施,是指资本输入国(东道国)政府为贯彻本国外资政策方针,针对外国直接投资的项目或者企业所采取的各种法律和行政措施。与贸易有关的投资措施是指能够对国际贸易产生扭曲或者限制的投资措施。对国际贸易的扭曲是指改变国际贸易的正常流向,对国际贸易的限制是指阻碍国际贸易活动的进行。

《与贸易有关的投资措施协议》在前言中明确指出,某些管辖投资待遇的措施会对贸易造成限制或扭曲效果。于是协议规定任何缔约方均不得违背实施《1994年关贸总协定》第3条国民待遇和第11条一般禁止使用数量限制的任何措施。协议后还附有一份清单,列出被认定为与上述条款不符的措施包括:当地成分要求,即要求公司保持一定比例的当地来源;贸易平衡要求,即依据公司出口的数量或价值对公司购买或使用的进口产品数量或价值加以规定;进口用汇规定,即依据公司流入的外汇额对公司的进口量加以规定;国内销售要求,即限制公司产品出口(不论其以下列何种方式表达:具体品种、产品数量或价值、在当地生产的产量或产值的一定比例)。《与贸易有关的投资措施协议》中禁止的措施不仅包括强制性措施,也包括那些"采用后会带来利益"的措施。尽管《与贸易有关的投资措施协议》未对"利益"二字加以解释,但可以看到其包含所有形式的"利益"(包括与税收有关的),并且含义比"补贴"更宽泛。

(二)有关投资措施取消期限的规定

世界贸易组织成员必须在世界贸易组织协议生效后90天内,向货物贸易理事会通报其正在使用的、与本协议不一致的所有与贸易有关的投资措施,包括国家和地方政府的措施。并根据各成员经济发展阶段的不同,在相应的过渡期内取消这些措施。发达国家在世界贸易组织协议生效后2年内取消;发展中国家在5年内取消;最不发达国家在7年内取消。建立与贸易有关的投资委员会监督此项规定的执行。世界贸易组织争端解决机制将管辖此协议下争议的磋商和解决。本协议生效后5年内应由货物贸易理事会对协议实施情况

加以评审,如有必要可对协议文本进行修订(扩大列举式清单的内容),并考虑增加有关投资政策和竞争政策的补充性条款。

(三)《与贸易有关的投资措施协议》的一些例外

首先,《1994年关贸总协定》中所有例外均适用于《与贸易有关的投资措施协议》;其次,发展中国家还可享受特殊优待。考虑到发展中国家,特别是最不发达国家在贸易、发展和金融方面的特殊要求,可以允许他们暂时背离国民待遇和一般禁止使用数量限制原则,但必须符合《1994年关贸总协定》第18条的规定,即只能是为了扶持国内幼稚产业而采取的修改或撤销其关税减让表中关税减让,以及数量限制等措施。另外,货物贸易理事会可以应发展中国家和地区成员的要求,扩展其过渡期,但申请方必须证明其在实施协议中的特殊困难。在过渡期内,成员方不得修改其所提交的与贸易有关的投资措施清单以增加与国民待遇和一般禁止使用数量限制原则不一致的程度。到世界贸易组织协议生效之日,实施不足180天并与协议不符的投资措施不适用过渡期的规定。在过渡期内,为了不对已建立的公司造成不利影响,成员方可在下列两种情况下将那些适用于已建立公司的与贸易有关的投资措施用于新建公司:第一,新建公司生产的产品与已建公司相类似;第二,有必要避免在新建公司与已建公司间造成竞争扭曲。在上述两种情况下使用的、与贸易有关的投资措施,必须向货物贸易委员会通报,并要对已建公司所使用的与贸易有关的投资措施同时取消。

三、《与贸易有关的投资措施协议》的法律性质和特点

鉴于《与贸易有关的投资措施协议》属"乌拉圭回合"多边贸易谈判的新议题。在该回合谈判结束后达成的一揽子协议中,《与贸易有关的投资措施协议》格外引人注目。该协议不但意义重大、影响深远,而且其性质、结构、内容,以及具体适用的各个方面都具有显著特点。

(一)《与贸易有关的投资措施协议》的法律性质

1. 具有投资与贸易双重性质。尽管《与贸易有关的投资措施协议》将特定范围的投资规范纳入新的多边贸易法律之中,并被视为当今最具有广泛意义的国际投资法典。但严格地说,它并不是一部纯粹的投资协议,其性质介于投资与贸易之间。《与贸易有关的投资措施协议》是在关贸总协定条款下产生的。它是为完善关贸总协定而制订的,目的是要让各成员方的货物在某成员方境内不因其采取某种投资措施而受到歧视,它最终目的是不使货物贸易受到扭曲。如埃斯特角部长会议宣言就明确规定:《与贸易有关的投资措施协议》谈判旨在"详尽地制定避免给贸易带来消极影响所必需的规则"。《与贸易有关的投资措施协议》的序言也规定,该协议的宗旨是"期望促进世界贸易的扩展和逐步自由化,并便利跨国投资"。《与贸易有关的投资措施协议》所适用的范围仅限于"与贸易有关的特定投资措施",相当一部分投资领域的重大法律问题并未涉及。《与贸易有关的投资措施协议》中

虽然直接援用国民待遇、禁止数量限制、透明度等处理国际贸易关系的法律原则,但这些原则和其在关贸总协定中一样,仍然只是货物贸易基本原则,而非完全是有关外资待遇的法律原则。

此外,《与贸易有关的投资措施协议》的磋商和争端解决,直接适用《1994年关贸总协定》第22条、第23条与《争端解决规则与程序谅解》的有关规定。在《世界贸易组织协定》生效后的5年内,有关《与贸易有关的投资措施协议》的运行情况也由世界贸易组织属下的货物贸易理事会审查。因此,《与贸易有关的投资措施协议》首先是一项货物贸易协议,这也是《与贸易有关的投资措施协议》与一般的双边或区域投资协定的重大区别所在。但是,我们不能因此而否定《与贸易有关的投资措施协议》具有投资协定的性质。因为,《与贸易有关的投资措施协议》调整的贸易行为范围非常有限,即它仅调整由外国投资者在投资经营活动中进行的国际贸易活动最终享受协议权利,承担协议义务的是作为货物进口或出口方的外国投资者,这种货物进出口活动本身是其投资权利的一部分。而且《与贸易有关的投资措施协议》所禁止的投资措施往往是东道国外资立法内容的一部分,WTO的许多成员方将不得不因《与贸易有关的投资措施协议》的制订与生效而在协议规定期限内修改、删除其外资法中与《与贸易有关的投资措施协议》不相符合的条款。

2. 具有"暂行规定"的性质。《与贸易有关的投资措施协议》有关条文的内容尚未确定,体系也未完全定型,具有"暂行规定"的性质。尽管任何一个国际协议订立后都存在进一步修订、完善的可能性,但《与贸易有关的投资措施协议》在订立时就在其第9条中规定了在《世界贸易组织协定》生效后由货物贸易理事会提出修改的必要性。这说明现行有效的《与贸易有关的投资措施协议》只是缔约各方暂时达成的临时性协议。

(二)《与贸易有关的投资措施协议》的特点

1. 相对独立的框架结构。在《世界贸易组织协定》所确定的多边贸易的总体框架中,《与贸易有关的投资措施协议》只有相对独立的框架结构在《世界贸易组织协定》附录1A序列中,《与贸易有关的投资措施协议》与《1994年关贸总协定》是两个平行的法律文件,两者之间并无隶属关系。但从渊源上讲,《与贸易有关的投资措施协议》源于《关贸总协定》,并以《关贸总协定》为其母体。从《与贸易有关的投资措施协议》的内容来看,它不仅大量地将《关贸总协定》的一些原则与规定融入其条文之中(如第2条与附件中规定与体现的国民待遇与自由贸易原则),而且其一些条文更似"法律适用法",直接指明适用关贸总协定的相关条文。可以说《与贸易有关的投资措施协议》无法脱离《关贸总协定》而单独发挥管制与贸易有关的投资措施的功效。

2. 原则性和灵活性相结合的特点。《与贸易有关的投资措施协议》的规定体现了原则性和灵活性相结合的特点。《与贸易有关的投资措施协议》作为各缔约方相互妥协的结果,既坚持了对违反GATT第3条、第11条的与贸易有关的投资措施加以限制的原则性,同时又规定了"例外条款",体现了相当大的灵活性。这一特点使得《与贸易有关的投资措施协议》更易为经济发展水平不同的各类国家所接受。

3. 有关条文在表述上采用概括性与列举式相结合的方法。《与贸易有关的投资措施协议》本身并未就与贸易有关的投资措施的定义做出明确规定，只是在第 1 条中概括性地说明其仅适用于"与贸易有关的投资措施"，而后又在附录的解释性清单中具体列举所应限制的与《1994 年关贸总协定》有关条款不符的与贸易有关的投资措施。运用这一立法技巧，既可以较为清楚地对与贸易有关的投资措施做出界定，又能避开缔约各方在与贸易有关的投资措施定义问题上纠缠不清的难题。

四、《与贸易有关的投资措施协议》的缺陷

由于《与贸易有关的投资措施协议》所规范的与贸易有关的投资措施属于国内法范畴的投资措施，而因为各国经济发展水平不同，法律制度各异，使得与贸易有关的投资措施成为"乌拉圭回合"多边贸易谈判中分歧最大、争论最激烈的议题之一。作为各缔约方讨价还价、折中妥协的产物，《与贸易有关的投资措施协议》不可避免地存在以下缺陷。

1. 《与贸易有关的投资措施协议》的调整范围过于狭窄。《与贸易有关的投资措施协议》的调整范围仅限于与货物贸易有关的特定投资措施，未涉及与服务贸易有关的投资措施，更未触及对贸易产生重大扭曲作用的限制性商业惯例。这表明《与贸易有关的投资措施协议》在限制与贸易有关的投资措施方面只迈出了第一步，与全面调整国际投资与国际贸易关系的多边条约还有相当遥远的距离。

2. 《与贸易有关的投资措施协议》不少条文含义模糊，缺乏必要的确定性和可操作性。作为各缔约方相互妥协的产物，《与贸易有关的投资措施协议》对一些矛盾尖锐、难以协调的敏感问题采取回避的方法，使得一些重要条款含义模糊、过于抽象。《与贸易有关的投资措施协议》所规范的与贸易有关的投资措施本身没有一个明确的定义，对于诸如怎样才算对贸易造成"限制"、"扭曲"，怎样才称得上具有"损害作用"等敏感问题不做必要的解释，使得《与贸易有关的投资措施协议》缺乏应有的可操作性，在实践中难以执行，并留下了不少隐患。

3. 《与贸易有关的投资措施协议》存在较多的"灰色区域"，有损于其整体功效。为缓和各缔约方的矛盾，《与贸易有关的投资措施协议》在规定国民待遇、取消数量限制及透明度要求等原则的同时，又制定了较多的"例外规定"，使《与贸易有关的投资措施协议》中存在较多的"灰色区域"，这将为一些缔约方滥用这些"例外规定"宽容自己，限制别国，逃避履行协议义务提供了可乘之机。《与贸易有关的投资措施协议》的这一缺陷使其最初的目标与实际功效存在较大的差距。

4. 《与贸易有关的投资措施协议》在一定程度上加剧了投资领域国际立法的不平衡性。《与贸易有关的投资措施协议》在管制东道国与贸易有关的投资措施的同时，没有约束外国投资者特别是跨国公司投资行为的规范。例如：没有关于跨国公司的销售和市场配置战略、差别价格和转移定价、限制性商业做法等方面的规定，而这些方面是影响东道国的社

会、经济和技术发展及其优先目标的重要方面。因此,事实上该协议成为限制东道国与贸易有关的投资措施的单方面守则。投资东道国所采用的一些与贸易有关的投资措施协议在很大程度上是为了抵消投资者所采用的限制性商业惯例对贸易的扭曲作用,《与贸易有关的投资措施协议》没能改变大国主宰一切的局面,对发展中国家具有较大的负面影响。

尽管《与贸易有关的投资措施协议》有待进一步完善,但其作为当代最具有广泛影响的国际投资法典,对国际投资法及各国外资立法的发展起到了重要的促进与导向作用。随着各国政治与经济力量对比关系的变化,《与贸易有关的投资措施协议》必将逐步消除种种缺陷,更有效地发挥维护及促进贸易与投资自由化的积极作用。

第二节 我国贸易与投资相关法律的协调与调整

加入 WTO 后,我国享有 WTO 成员国的权利,同时也需要承担 WTO 成员国的义务。因此,我国对贸易与投资相关的法律进行了调整,以适应、协调与 WTO 中有关的国际投资规范。

一、我国外资法与《与贸易有关的投资措施协议》的比较及问题

改革开放以来,我国吸收和利用外资取得了举世瞩目的成就,先后颁布了《中华人民共和国中外合资经营企业法》、《中华人民共和国中外合作经营企业法》、《中华人民共和国外资企业法》、并制定了《中华人民共和国中外合资经营企业法实施条例》、《中华人民共和国中外合作经营企业法实施细则》、《中华人民共和国外资企业法实施细则》。这 3 部外资法及其实施条例、细则,都存在着与 WTO《与贸易有关的投资措施协议》(TRIMs)中所规定的国民待遇和贸易限制等协议不相符合的法律规定,主要表现为以下几个方面。

(一) 超国民待遇

国民待遇是世界贸易组织协议规则中的首要原则,它是国家主权平等原则在国际经贸关系中的延伸。相比之下,我国外资法向外国投资者提供了较多的超国民待遇,即在同等条件下给予了外商投资者优于本国企业、公司投资者的待遇,这是在市场经济体制不完善的条件下,政府诱导投资的一种行为。归纳起来,与"国民待遇"不符合的超国民待遇的情况主要有以下几个方面。

1. 在投资主体上。《中华人民共和国中外合资经营企业法》和《中华人民共和国中外合作经营企业法》都将外国投资者界定为"外国公司"、"企业"和"其他经济组织或个人",可是对中方投资者的界定中却没有"个人"。显然,这对国内的个人投资者是不公平的。在企业设立程序上,根据《中外合资经营企业合营各方出资若干规定》,允许合资经营各方在

营业执照签发后 6 个月内一次性缴清出资，也可分期缴付。但是，分期缴付出资的，合资经营各方第一期出资不得低于各自认缴出资额的 15%，并在营业执照签发之日起 3 个月内缴清。这表明，外资企业可以在资金不到位的情况下设立。可是《中华人民共和国公司法》第 25 条规定："股东应当足额缴纳公司章程中规定的各自认缴的出资额"，"存入准备设立的有限责任公司在银行的临时账户"。这说明中资企业只有在认缴注册资本并经审查合格后，才能获得营业执照，不享有外资企业先设立后缴资的优惠待遇。

2．在机构设置上。根据《中华人民共和国中外合资经营企业法》的规定，中外合资经营企业组织形式为有限责任公司，其最高权力机构是董事会，公司不必设立股东会和监事会。可是根据《中华人民共和国公司法》的规定，国内的有限责任公司应当设立董事会、股东会和监事会三套组织机构。

3．税收优惠问题。我国的 3 部外资法，对外商投资企业按投资项目和投资区域而分为不同的税收优惠，最低税率可达 15%。对外商的利润再投资，可退还再投资部分已缴纳所得税 40% 的税额。经营期在 10 年以上的生产性投资企业，从投产开业获利年度起享有 2 年免征、3 年减半征收企业所得税的优惠。如果是高新技术企业，在此基础上可以再减半。另外，外资企业还可以享有其他优惠，例如免税进口生产设备、零部件、办公用品，以及为生产出口产品而进口的原材料、辅料、元器件、零部件及包装物品等。可是内资企业缴纳所得税均为 33%，而且国内企业也无法享有上述优惠条件。这说明在我国的 3 部外资法中，存在着外资企业税收待遇优于内资企业税收待遇的情况，也存在着外资企业所得税法、国内企业所得税法互相并存的双轨制的立法状况。

4．外汇管理优惠问题。1996 年 6 月 20 日中国人民银行颁布了《结汇、售汇及付汇管理规定》，并公布了《关于外商投资企业实行银行结售汇公告》，规定外资企业可以在银行结汇、售汇，同时享有开立外汇账户、保留一定数量的经常项目收入的优惠。可是依照现行外汇管理法规，中资企业除经特殊批准外，大多数经常项目的外汇收入都必须售给指定外汇银行，不能保留外汇账户。另外，我国法律还允许外资企业自由选择在外汇指定银行或外汇调剂中心买卖外汇，与中资企业相比，又多了一个外汇调剂渠道。

中国加入 WTO 后，在中国境内从事投资或贸易，无论是外国企业还是中国企业，原则上都应该一视同仁，这就是 WTO 所要求的国民待遇原则。不可否认，自 80 年代改革开放以来，给外资超国民待遇，扩大了我国利用外商投资的规模，为现代化建设筹措了大量的资金，推动了我国对外贸易的发展。但是，超国民待遇的过度使用也会对我国经济的发展带来负面影响。国有企业要承受由于优惠条件少于外商投资企业而导致的不平等竞争，在竞争上处于劣势，影响国有企业的生存与发展。另外，"超国民待遇"的税收政策，又会诱使许多国内企业为享受外资税收优惠而设法搞"假外资"，使外资税收优惠政策明显走样。由于对外商投资企业的优惠政策往往向我国的东南部沿海地区倾斜，导致外资更多地流向东南部，进一步拉大了我国东南部与中西部的差距。实际上，采取优惠措施吸收外资，在某种程度上扭曲了国际资本的流向，与 WTO 中《与贸易有关的投资措施协议》不相符合。

为了与 WTO 及国际惯例的规则保持一致，我国外资法应对超国民待遇的问题进行重新思考与调整，消除其负面影响，逐步使内外资的法律、法规向国民待遇方面转化。当然，中国加入 WTO 后，实施《与贸易有关的投资措施协议》规则不可能一步到位，取消超国民待遇也不可能一步到位，只能分阶段进行。这是因为外商投资企业具有一定的特殊性，对它们的鼓励政策和措施在一定时间内仍将继续存在。

（二）低国民待遇

我国外资法在向外国投资者提供超国民待遇的同时，也存在与"国民待遇"不相符的低国民待遇的情形，表现在以下几个方面。

1．属于"当地成分"的要求。《与贸易有关的投资措施协议》附表里禁止缔约国要求外国企业购买或使用原产于国内或来源于国内渠道的产品。可是《中华人民共和中外合资经营企业法实施条例》第 57 条规定："合营企业所需机器设备、原材料、燃料、配套件运输工具和办公用品等，有权自行决定在中国购买或向国外购买；在同等条件下，应尽先在中国购买。"国家计划委员会颁布的《汽车工业产业政策》第 31 条 4 款规定："合资企业在选用零部件时，国内零部件应同等优先。"此外，我国政府机关在审批外资项目时，往往也会设立国产化要求或某种当地成分要求，以作为批准的条件之一，而这些都是被《与贸易有关的投资措施协议》所禁止的。

2．对外商投资的部门和领域进行限制。对外商投资的部门和领域准入进行一定的限制是各国的一种普遍做法，世界上所有的国家都禁止或限制外资进入那些涉及国家安全的社会公共利益的领域。在中国，根据《外商投资产业目录》将全国所有的产业分为鼓励、允许、限制和禁止外商投资 4 类。属于禁止外商投资的产业主要有：广播影视业、新闻业、武器生产业，以及农、林、牧、渔业及相关工业中的一些具体行业。例如，各级广播电台（站）、电视台（网）空中交通管制、具有优势的传统轻工业、国家保护的野生动植物资源以及稀有的珍贵优良品种等都属于禁止外商投资的领域。由此看来，目前在中国的外国投资者可以进行投资的领域比国内投资者要少一些。这方面的限制既表现在不允许进入和不允许投资上，也表现在允许进入后对外资持有股权方面的限制上，如不能控股等。

3．对外商投资企业所能从事的业务进行限制。目前，中国的银行业已经允许外资设立独资、合资银行或分行，在地域上的限制已经取消，但是在外资银行经营人民币业务上是有限制的。外资保险公司在业务经营方面与内资保险公司相比，也存在一些差别。

（三）出口或进口贸易数量限制

1．产品出口及进口的有关措施。《与贸易有关的投资措施协议》附表里明确禁止各缔约国限制外资企业购买或使用进口产品的数量，并禁止把这种数量与该企业出口当地产品的数量或价值相联系。可是《国务院关于鼓励外商投资的规定》第 13 条规定："外商投资企业为履行其产品出口合同，需要进口（包括国家限制进口）的机械设备、生产用的车辆、原材料、燃料、散件零部件、元器件和配套件，不再报请审批，免领进口许可证，由海关实行监督，凭企业合同或者进出口合同验收，可免交关税。"《外商投资企业和外国企业所得税法实施细则》第 75 条第 7 款规定:"外商投资举办产品出口企业,在依照税法规定免征、减征企业所得税期满后,凡当年出口产值达到当年企业产品产值 70% 以上的,可以按照税法规定的税率减半征收企业所得税。"上述两条规定实质上是以外商投资企业产品的出口,作为给予进口待遇的条件,会被视为与当地产品的数量和价值相联系的投资措施。

2. 出口产品及数量限制的措施。《中华人民共和国外资企业法实施细则》第 3 条规定:"设立合资企业至少符合下列一项条件:两年出口产品的产值达到当年全部产品产值 50% 以上,实现外汇收支平衡或者有余的。"第 45 条规定:"外资企业在中国市场销售其产品,应当依照经批准的销售比例进行。外资企业超过批准的销售比例在中国市场销售其产品,须经审批机关批准。"第 46 条第 2 款规定:"外资企业有权依照批准的销售比例在中国销售本企业生产的产品。"第 48 条第 2 款规定:"外资企业依照批准的销售比例在中国市场销售产品的价格,应当执行中国有关价格管理的规定。"《中华人民共和国中外合资经营企业法实施条例》第 14 条第 7 款也规定了产品在中国境内外销售的比例。以上法律法规规定了产品外销比例,有的涉及限制国内销售,有的销售比例须经政府机关批准,与《与贸易有关的投资协议》中关于不得进行出口产品及数量限制的规定不相符合。

3. 有关进出口许可证、配额规定的措施。根据《与贸易有关的投资协议》第 2 条的规定,投资东道国采取的与贸易有关的投资措施应符合《1994 年关贸总协定》关于禁止数量限制的规定。根据《1994 年关贸总协定》第 11 条的规定,禁止进出口贸易中的各种数量限制,数量限制的具体表现形式有:配额、进口许可证、自动出口限制、数量性外汇管制等。即不得将进出口许可证作为限制或禁止国际贸易的行政手段,否则会被视为进出口数量限制。《与贸易有关的投资措施协议》在附录中规定:普遍取消数量限制义务不相符的投资措施,包括国内法律、行政法规的强制性规定,以及那些采用后会给东道国带来竞争优势的措施。可是,我国《外商投资企业进口管理实施细则》第 5 条规定:"外商投资企业为生产内销产品而进口的商品,其中配额商品须纳入外商投资企业年度进口配额总量计划,企业凭进口证明申领进口许可证,海关凭进口许可证验收。"对外经济贸易部《关于外商投资企业申领进出口许可证的实施办法》第 6 条规定:"外商投资企业出口本企业生产的产品,其中属于实行出口许可证管理的商品,凭企业年度出口计划,每半年申领一次出口许可证。"《中华人民共和国外资企业法实施细则》第 47 条也有类似的规定。以上这些规定均会被视为涉及配额、进出口许可证的数量限制措施。

4. 有关外汇平衡的措施。《与贸易有关的投资措施协议》对外汇平衡要求是特别列举予以禁止的。可是,《中华人民共和国合资经营企业法实施条例》第 75 条规定:"合资企业的外汇一般应保持平衡。"《中华人民共和国外资企业法实施细则》第 56 条规定:"外资企业应当自行解决外汇收支平衡。"这些规定都涉及外汇平衡的要求,与《与贸易有关的投资措施协议》的规定不相符。

5. 进口限制与国内销售要求。我国"以产顶进"或"替代进口"的投资措施,会被视为间接的限制进口的措施。例如国家计划委员会公布的《关于中外合资、合作经营企业产品以产顶进办法》第 8 条规定:"经批准实行的以产顶进的产品,国内用户在同等条件下,必须优先选用。"第 9 条规定:"机电产品的以产顶进,指导用户优先采购目录内的产品。"国家经济委员会公布的《中外合资、合作经营企业机电产品以产顶进管理办法》,也有类似的规定。上述规定与《与贸易有关的投资措施协议》中关于不得进行进口限制的规定相违背。

二、我国外资法的修改与调整

对于外商投资法律体系的修改与调整包括两个方面:一是对于已有法律法规中不符合加入世贸组织要求的部分进行修改,以适应加入世贸组织的要求;二是针对我国对外贸易实践中出现的新问题,及时出台新法规作为原有法律法规的补充。

(一) 对于利用外资的法律法规的修改

我国利用外资的法律和行政法规主要是指《中外合资经营企业法》、《中外合作经营企业法》和《外资企业法》及其各自的实施条例、实施细则。

1. 1990 年针对《中外合资经营企业法》实施 10 年来反映出的一些问题,从改善投资环境、放宽准入条件、赋予中外合资经营企业更大的经营自主权的角度出发,根据实践中积累的立法经验,我国对该法进行了修改。这次修改主要包括以下几个方面。

(1) 增加了征收的条款。新法在第 2 条中增加了第 3 款,明确规定"国家对合营企业不实行国有化和征收;在特殊情况下,根据社会公共利益的需要,对合营企业可以依照法律程序实行征收,并给予相应的补偿"。该条款与我国 1986 年颁布实施的《外资企业法》中的第 5 条保持一致,通过立法的形式消除了外国投资者对于发展中国家实行征收的顾虑,使我国吸引外资的法律环境向资本输出国所希望的稳定、理想状态迈出了实质性的一步。

(2) 关于董事长任命条款的修改。根据修改前法律的规定,企业的董事长由中方合营者担任,副董事长由外方担任,这种规定对于外国合营者存在一定程度的歧视。修改后的法律则规定董事长和副董事长由合营各方协商确定或由董事会选举产生,中外双方分享董事长和副董事长的职务,标志着我国企业组织制度与国际惯例更趋一致。

(3) 加大了合营企业享受的税收优惠。根据修改前的法律规定,合营企业在开始获利的头 2~3 年可申请减免所得税,而且还必须是"具有世界先进技术水平的"合营企业才能享受这种待遇。修改后的法律则将合营企业的税收待遇指向有关税收的法律和行政法规,而根据现行的税收法律法规,合营企业不仅可以享受"三免两减半"的所得税收优惠,还可以享受进口设备免关税等其他税收优惠。对所有外商投资企业实行普遍优惠,有效地促进了企业吸引更多境外资金、先进技术和管理经验。

(4) 扩大了开户银行和利润所得汇出银行的范围。原规定要求只能在中国银行和其同意的银行开户,利润所得也只能通过中国银行汇出。修改后的规定放宽了这一限制,打破了独家垄断。

(5) 根据国家行政机构的变动变更了审批机关的名称,如将"外国投资管理委员会"改为"对外经济贸易主管部门"等。这种修改体现了立法技术的完善,将具体部门名称修改为体现职能的主管部门,可以避免因国家行政机构的变动而修改法律,维护法律的稳定性。

2. 2000—2001 年,为了适应进一步扩大对外开放的形势和需要,适应我国加入 WTO 的进程,根据 WTO 规则和我国的对外承诺,我国对利用外资的 3 部主要法律进行了集中的修改。此次修改的主要内容包括以下几个方面。

(1) 取消外汇收支平衡条款。此次修改删去了《中外合作经营企业法》第 20 条 "合作企业应当自行解决外汇收支平衡。合作企业不能自行解决外汇收支平衡的,可以依照国家规定申请有关机关给予协助" 的规定,也删去了《外资企业法》第 18 条第 3 款 "外资企业应当自行解决外汇收支平衡。外资企业的产品经有关主管机关批准在中国市场销售,因而造成企业外汇收支不平衡的,由批准其在中国市场销售的机关负责解决" 的规定。《中外合资经营企业法》中没有关于外汇平衡的明确规定,相关内容规定在该法的实施条例第 75 条中,因此 2001 年 7 月国务院通过第 311 号令将实施条例中的相关条款删除。

随着我国外贸、外汇体制改革的不断深化,对外贸易持续发展,国家外汇储备增加,人民币经常项目实现了可自由兑换。外商投资企业购买原材料、零部件或者支付工资、股息、红利等所需外汇,均可通过银行购汇支付或者从其外汇账户中支付,外国投资者将其投资所获得的人民币利润兑换成外币汇出已不再受到限制,取消外商投资企业"自行解决外汇收支平衡"的规定已经具备了条件。同时,《与贸易有关的投资措施协议》第 2 条及该协议所附《解释性清单》第 2 项明确规定:各成员不得通过外汇平衡的要求限制企业进口。我国政府在加入 WTO 谈判中,已经承诺在加入 WTO 后,将取消与《与贸易有关的投资措施协议》不一致的外汇收支平衡条款。因此删去上述法律法规中的上述规定,也是适应加入世界贸易组织的需要。

(2) 修改当地含量条款。《中外合资经营企业法》原第 9 条第 2 款规定 "合资企业所需原材料、燃料、配套件等,应尽先在中国购买,也可由合营企业自筹外汇,直接在国际市场上购买。" 原《外资企业法》第 15 条和《中外合作经营企业法》第 19 条也规定 "在同等条件下,应当尽先在中国购买"。修改后的法条表述为:"企业在批准的经营范围内需要的原材料、燃料等物资,按照公平、合理的原则,可以在国内市场或者在国际市场购买。" 在社会主义市场经济条件下,企业如何采购应由企业根据市场情况自主决定,政府不宜干预。外商投资企业同国内其他各类企业一样,均享有采购的自主权。同时,也适应了《与贸易有关的投资措施协议》第 2 条及该协议所附《解释性清单》第 1 项规定:各成员不得以任何形式限制企业购买、使用当地生产的或者来自于当地的产品的规定。

(3) 修改出口实绩要求条款。此次修改将《外资企业法》第 3 条第 1 款 "设立外资企业,必须有利于中国国民经济的发展,并且采用先进的技术和设备,或者产品全部出口或者大部分出口。"改为"设立外资企业,必须有利于中国国民经济的发展。国家鼓励举办产品出口或者技术先进的外资企业。"

国家可以鼓励外资企业产品多出口,但要求外资企业的产品必须全部或者大部分出口，则不符合市场经济原则。企业产品内销还是外销，应由企业根据国内外市场情况经过成本效益核算等自主决定，政府不宜干预。外商投资企业同国内其他各类企业一样，均享有产品销售的自主权。这种修改适应了《与贸易有关的投资措施协议》第2条及该协议所附《解释性清单》第2项规定：各成员不得限制企业产品出口的数量、价值或者份额。

（4）删除企业生产计划备案条款。《中外合资经营企业法》删除了第9条第1款"合营企业生产经营计划，应报主管部门备案，并通过经济合同方式执行"的规定。《外资企业法》删除了第11条第1款"外资企业的生产经营计划应当报其主管部门备案"。

在市场经济条件下，企业享有充分的经营自主权，政府主要是进行宏观调控，并不干预企业的生产经营活动。现在对国内其他各类企业，一般也已不再要求其报送生产经营计划。2部法律上述规定已经不符合当前实际情况。因此，有必要按照政企分开的原则将2部法律中的上述规定删去。

可见，我国在2000—2001年对于3个外商投资法律的集中修改主要是为了符合WTO的规则，为我国加入WTO做准备，同时通过这次修法使我国利用外资的法制环境得到了进一步的改善。

3. 对于相关行政法规的修改。上述3部外商投资企业法律的调整要求其实施条例、细则也必须做出相应的调整。因此2001年国务院通过2部国务院令的形式对《中外合资经营企业法实施条例》和《外资企业法实施细则》进行了修改。对于上述实施条例和细则的修改，除了根据其相关法律的调整进行相应修改外，也考虑到了我国由计划经济向市场经济转变的要求和赋予企业自主权的重要性，同时从简化行政审批，减少政府干预出发，为行政审批制度改革打下了基础，这些都充分体现在对《中外合资经营企业法实施条例》第9条的修改中。

根据2001年修改之前的《中外合资经营企业法实施条例》第9条规定，设立中外合资经营企业必须"由中国合营者向企业主管部门呈报拟与外国合营者设立合营企业的项目建议书和初步可行性研究报告。该建议书与初步可行性研究报告，经企业主管部门审查同意并转报审批机构批准后，合营各方才能进行以可行性研究为中心的各项工作，在此基础上商签合营企业协议、合同、章程。"修改后的实施条例则删除了该款规定。根据修改后的条文，在申请设立中外合资企业时，不再需要预先办理项目建议书和初步可行性研究报告的审批，只需合营各方共同自行编制可行性研究报告，提供审批机关给即可。《中外合资经营企业法实施条例》修改以后，设立外商投资企业时投资者不再需要去多个部门审批，只需要到一个审批部门呈报相关材料即可。这一修改简化了审批手续，减轻了投资者的负担，加快了设立中外合资经营企业的速度，也体现出在市场经济条件下政府职能由管理向服务的转变。

（二）新法规的及时出台完善了利用外资的法律体系

在《中外合资经营企业法》、《中外合作经营企业法》、《外资企业法》及其实施条例、实施细则的适用过程中，随着经济的发展，许多新问题出现了。为了使外商投资活动能在一个透明、有序的环境中开展，原外经贸部和机构改革后的商务部在上述法律法规的框架下，依据国务院颁布的《规章制定程序条例》等相关法律法规，针对新问题及时出台相关规定，解决了利用外资过程中亟须明确的问题，为外商投资创造了良好的法制环境。到目前为止，我国已形成了一个以《中外合资经营企业法》、《中外合作经营企业法》、《外资企业法》及其实施条例、细则为核心的比较完备的外商投资法律体系，内容涵盖了投资准入、外商投资企业的设立、合并、分立、股权变更、增减资、境内投资、并购、清算等企业经营的全过程，为外国投资者在我国开展投资活动提供了完备的法律制度体系。

第三节 我国的外商投资环境与外贸战略

一、"大经贸"战略

（一）"大经贸"战略的含义

"大经贸"战略是在社会主义市场经济条件下，调动各方面发展对外经济贸易的积极性，按照国际经济贸易的通行规则来管理和经营的高效益、高效率，具有较强的综合整体竞争能力的外经贸发展战略。与过去的外经贸相比，"大经贸"的覆盖面更广了，水平更高了。具体来说它覆盖了全社会各个方面所有的外经贸活动。它是由各类企业自愿参与，国家统一调控，双边多边相结合，各项经贸业务相融合，经营集约高效，市场布局合理，抵御风险能力强的外经贸体系。

（二）实施"大经贸"发展战略是国内外形势发展的要求

我国经济体制改革的目标是建立社会主义的市场经济，开放的最终目标是实现国内外经济互接互补，充分利用国内外的两种资源和两个市场，来实现现代化。社会化生产的发展，冲破了一国资源、技术、市场的局限，促进了国际间的交换。科学技术和经济发展到今天，各国间的相互交换、分工和依赖更为密切。在国际市场上，交换和分工的不断深化，又进一步促进了科学技术的加速发展和生产力的提高。这种不断的往复循环，使得世界各国的相互依赖不断加深，促进了世界统一市场的进一步形成和发展，经济实现了全球化。世界各国要使本国经济现代化，必然要自觉或不自觉地涌入到这个大潮中，也只有这样才能更好地吸收和借鉴人类创造的一切文明成果，实现各国间优势互补，加快经济发展，走向文明、富强之路，自立于世界民族之林。

对外经济贸易是连接国内市场和国际市场的桥梁，是实现国内经济和国际经济互接互补的渠道，是反映国家经济强弱，体现在国际事务中作用大小的重要标志。我国实现社会主义现代化必须大力发展对外经济贸易，参与国际间的交换、分工、竞争和合作。我们不断加大改革开放力度，加入WTO前后的种种努力，充分反映了我们坚持对外开放的决心，表明我们要按照国际经济贸易的普遍规则来规范我们的对外经贸活动，更加广泛地参与国际经贸合作。我们开放的地域、领域和范围将逐步扩大。地域上，由沿海向内地，沿海的许多有效政策和做法要推广到内地；领域上，除加工业开放外，服务业也逐步开放；使市场开放的范围逐步扩大。外经贸业务正逐步扩展到整个国民经济的所有领域，成为促进国民经济发展的重要力量。改革开放的总目标要求我们实施"大经贸"战略，外经贸经营主体进一步多元化已势不可挡。

为使我国企业更好地利用国际国内两个市场、两种资源搞活经营，增强活力，外经贸经营权已经由审批制转向了登记制。外贸与外经公司在发展实业化和多种经营中又都利用外资兴办了许多新的产业。

我国人口多，人均资源占有量少，再靠进出口量的增长求发展是很难的，必须走集约化的道路，依靠品质的提高参与国际市场的竞争。我国外贸进出口额2004年已名列世界贸易前3位，成为世界贸易大国。要迈向更高的目标，主要应以提高经营管理水平，提高质量、技术含量、效益来求发展，也只有如此才会有较强的竞争力。世界多边贸易体系将在国际贸易和投资等发展中发挥更重要的作用。我国在发展双边贸易的同时，多边贸易也必将进一步发展。形成双边多边互相配合，互为条件，相互促进的局面，为外经贸发展创造更好的条件，开拓更广阔的天地。

我们面临的国际经贸形势也要求实施"大经贸"战略。世界经贸发展的总趋势是：竞争更加激烈，市场瞬息万变，商品更新换代加快，服务更加周到，手段更加灵活；多种经营相结合，重视综合竞争能力的提高；企业规模大型化，增强了抵御风险的能力。政府支持的力度普遍加强，从一个国家内增强实力发展到多国集团来共同谋求对外经济贸易的发展。各国在实行关税减让，逐步取消数量限制等非关税措施的同时，加强了质量、安全、卫生、环保和反倾销等方面的措施。政治与经济结合得更加紧密，政治关系为发展经济关系开道，又利用经贸合作来达到政治目的，用发展经济贸易关系来巩固政治关系。显然，国家经贸活动中的经济和政治风险增加了，竞争激烈了，要求我们提高水平，发展竞争实力。

（三）为了更快地推进"大经贸"战略的实施，需要做好以下几方面的工作

1. 扩大对外开放。进一步扩大对外开放，是实现国内外经济互接互补，加快对外贸发展，更多、更快、更好地吸纳国外资金、技术、资源，积极参与国际竞争，加快经济发展的重要条件。要认真贯彻国家对外开放的统一部署，经济特区和沿海经济技术开发区要培育新优势，在体制改革和发展对外经济交流与合作方面充分发挥示范、辐射和带动作用。要将经济特区和沿海开放较早地区的实践证明是行之有效的政策向全国普遍推广，实行以产业为导向的全国统一的对外开放政策。要根据国民经济发展需要和条件，加快服务业的开放，使之与加工业的开放相协调配套，相互推进。随着我国市场机制的完善，逐步提高市场的开放度。要利用国际通行做法和保障措施保护我国幼稚工业的发展，大胆地开放我国已成熟产业的产品市场，使这些产业在参与国际国内两个市场的竞争中加速发展。

2. 完善外经贸宏观管理调控体系。逐步实现以经济、法律手段为主的间接调控。加快对外经贸的立法进程，尽快完善对外经济贸易法律体系。加强有关部门的相互配合，进一步完善汇率机制，调整关税结构，完善退税机制，规范涉外税收、信贷措施，逐步实现

主要运用关税、汇率、信贷、利率、税收和其他符合国际通行规则的政策措施调节对外经贸，加强外经贸运行的监测、预测和调控。

3．完善外经贸中介服务体系，强化协调服务机制。完善商会、协会、学会、研究机构、律师事务所、会计师事务所，以及公证、评估、咨询等机构。人的职能要进一步完善。要坚持社会化的方向，成为自主管理、自我发展、自我约束的法人实体，在维护外经贸经营秩序和会员企业的利益方面，在为会员、社会服务方面发挥更大的作用。

4．深化外经贸企业经营管理体制改革。

第一，要转变观念。所有从事对外经贸业务的企业都要由过去的重创汇、轻效益，重数量增长、忽视质量信誉提高等，转变为创汇与效益并重，增强竞争意识，主要靠提高质量、信誉，积极主动参与市场的平等竞争求发展。

第二，要加强企业经营管理，特别是加强企业的财务、投资、客户管理，搞好资产经营，整顿国内外分支机构，建立民主、科学决策机制，强化审计监督。

第三，要加快企业联合、改组。我国外经贸企业经营规模小，抵御风险能力差，不能适应国际竞争的需要。要推动企业在自愿、互利的基础上实现联合、兼并，逐步形成一批以外经贸公司为龙头、贸、工、农、技、商相结合的综合商社和以生产企业为核心、具有多种功能的产业跨国公司，在我国对外经济贸易发展中发挥骨干作用。同时，对一些小的外经贸企业，根据因地制宜、发挥优势的原则，采取股份合作制等形式进行改组，实行贸工农一体化经营。

第四，改变主要以收购制为主的经营方式，加快推行进出口代理制，加速外贸公司实业化进程。在外贸经营主体多元化，进出口商品高技术、高附加值比重增加的情况下，外贸公司以收购制为主的方式在出口商品成本、对市场的灵活反应、对风险的抵御方面，都显示出明显的弱点，因而必须加快向代理制为主转变。同时要加快完善这方面的立法，制定相应的政策措施，为实行代理制创造必要条件。现在，生产企业都可以取得进出口经营权，是自营还是委托代理进出口，要根据效益来选择。从各国的普遍做法来看，生产企业主要是经营主产品，考虑到经营风险，也有一部分要委托经营。对大量的中小生产企业，自营进出口不合算，多数是委托外贸公司代理。外贸公司要依靠改善服务来争取更多的代理委托，增加收益。在加快推行外贸代理制的同时，有条件的外贸公司、国际经济合作公司要实业化。实业化并不是出口什么，也不是自己去投资生产什么，这样做不利于发挥外贸公司的优势，力量也不允许，但必须抓主营商品关键环节的实业化。比如以农副产品出口为主的外贸公司要抓改良品种的开发研究，纺织品出口为主的企业要抓流行服装的设计开发；国际经济合作公司要有自己的设计、投标、监理队伍等。要贯彻"人无我有，人有我好"的原则。开发出来的新产品，可以委托加工，既可以保证质量、数量、效益，又可带动相关产业的发展。实践证明能够多投标、得标，掌握主动权，就可以把一批建筑、生产企业带出去。实业化中要重视利用现有的生产和研究开发力量，避免重复投资。重视利用外资，取长补短，加快实业化进程。

5. 进一步实施"以质取胜"战略。要把保证进出口商品质量和对外经济工作、服务质量作为爱国主义的重要内容。提高全社会的质量意识,增强责任心。要改善进出口商品结构,提高机电产品、高附加值产品的比重。加大先进技术引进的力度,调整进口产品的结构,避免盲目进口。做好外商投资的产业导向,进一步优化投资结构。对外承包工程要向总承包发展,增加技术劳务出口的比重,更多地带动国内产品特别是成套设备的出口。要增强品牌意识,培育我国的出口名牌产品、优质工程,树立我国对外经济贸易的良好形象和信誉。要推动国际质量认证,获得国际市场更为有效的"通行证"。

6. 大力推进"市场多元化"战略实施。要在巩固和深度开拓已有市场的同时,下工夫开拓我国占有率低的市场,特别是东南亚、南亚、东欧、独联体、非洲和拉丁美洲国家市场。要正确认识这些市场的潜力和困难,增强信心。要发扬艰苦奋斗、勇于开拓的顽强精神。要中央同地方结合、官民结合,增强开拓力度。要进出结合,进出口同对外投资、援外、承包劳务相结合。有关运输、金融、保险等配套服务紧跟,进行整体、综合开拓。鼓励有条件的企业到非洲、拉丁美洲办贸易中心、分拨中心;鼓励企业到非洲、拉丁美洲开发资源,开办有利于扩大我国产品出口,加强机电产品售后服务的加工企业;鼓励有关企业参加非洲、拉丁美洲地区、国家的经贸博览会,举办高质量的展销会;鼓励有关企业从易顺差大的国家进口我国市场需要的商品。加强多连双边经贸关系,为开拓国际市场创造有利条件,积极推动和尽早享受全球多边贸易体制下的权益。积极参与亚太经合组织的贸易、投资自由化与经济技术合作进程,发挥我国在该组织中的影响力。密切我国与联合国发展机构的合作,充分利用多边舞台,大力开展与发展国家之间的"经济技术"合作(南南合作),加强我国在联合国发展援助系统中的地位与作用。

二、我国对外商投资企业所得税的优惠政策

(一)我国外资企业税收优惠法律制度的现状

改革开放以来,为了适应对外开放引进外资的需要,我国逐步建立起了相对系统的外资优惠制度,这些优惠待遇的规定既分散在全国人大及其常委会制定的法律之中,也分散在国务院及各部委发布的全国性或区域性的法规之中,还有相当数量的规定和更为优惠的规定则分散在各种地方性法规和地方优惠政策之中。纵观其规定,中国外资优惠待遇的内容和适用范围是极为广泛的,而其中税收优惠无疑是中国外商投资法律、法规优惠待遇规定和地方优惠政策的最主要内容。全国人大常委会在 1980 年和 1981 年分别颁布了《中外合资经营企业所得税法》和《外国企业所得税法》,对中外合资企业和外国企业规定了税负从轻、优惠从宽、手续从简的措施。1984 年国务院发布了《关于经济特区和沿海 14 个港口城市减征、免征企业所得税和工商统一税的暂行规定》,1986 年又发布了《关于鼓励外商投资的规定》,基本上确立了我国对外资企业的框架和格局。1991 年 4 月,全国人大四次会议为适应新的外资企业的需要,在统一中外合资企业所得税和外国企业所得税的基础

上,通过并颁布了《外商投资企业与外国企业所得税法》,对涉外企业的所得税实现了税率、税收优惠和税收管辖权的统一适用。1994年,我国实行了重大的税制改革,在流转税方面停征了工商统一税,对内外资企业统一适用征收增值税、消费税和营业税;在财产税方面对内外资企业统一适用了资源税、土地增值税、印花税、契税、屠宰税等税种。这次改革意义重大,在统一内外资企业税收方面迈进了一大步。现在内外资企业的税负的差异主要在于所得税方面,内资企业适用《企业所得税暂行条例》,外资企业适用《外商投资企业与外国企业所得税法》,内外资企业的所得税在实际税率、税基以及减免税方面均不一致,外商投资企业和外国企业享受了较大的优惠。在其他方面,内资企业须缴纳城市建设维护税,而外资企业无须负担;内资企业征收房产税,外资企业征收房地产税,二者有所差异。

具体而言,在企业所得税方面,外商投资企业享有特殊优惠的待遇,即凡在经济特区设立机构、场所从事生产、经营的外国企业和设在经济技术开发区的生产性外商投资企业,均减按15%的税率征收企业所得税。设在沿海经济开放区和经济特区、经济技术开发区所在城市的老市区的生产性外商投资企业,则减按24%的税率征收企业所得税;但其项目如果属于技术、知识密集型的,外商投资在3 000万美元以上,回收投资时间长的能源、交通、港口建设的项目,税率也减按15%征收。对于从事码头建设的中外合资企业、在经济特区设立符合资金和期限要求的外资、合资金融机构、在上海浦东新区设立的生产性和从事基础设施开发经营的外商投资企业,以及国家认定的高新技术企业,也都运用15%的税率。除上述税率上的优惠外,外商投资企业还可因投资行业、经营期限、投资数额和产品出口比例符合法律,要求而分别再享受"五免五减"、"两免三减"、"一免两减",或减按10%的税率征税,或者再投资退税等特殊优惠待遇。

在流转税方面,从1994年开始(即实行新税制后),增值税、消费税和营业税统一适用于内外资企业,但1993年前批准设立的外商投资企业因征收增值税、消费税和营业税而增加税负的,则可退还多缴纳的税款。在免税方面,外商投资企业进口作为出资的机器设备、生产用车辆和办公设备、出口产品的原材料、物料、个人自用的合理数量的交通工具和生活用品均免征进口关税。在个人所得税方面,凡在中国境内的外商投资企业、外国企业和其他部门工作的外籍人员(包括华侨、港澳同胞)的工资、薪金所得,依照《中华人民共和国个人所得税法》的规定应缴纳的个人所得税税额,减半征收。

按照我国现行税收法规规定,目前外商投资企业所得税仍可享受下列税收优惠。

1. "两免三减"税收优惠。对生产性外商投资企业,经营期在10年以上的,从开始获利年度起,第1年和第2年免征企业所得税,第3年至第5年减半征收企业所得税,不包括由国务院另行规定的属于石油、天然气、稀有金属、贵重金属等资源开采项目。对从事港口码头的中外合资企业经营期在15年以上,经企业申请,当地税务机关批准,从开始获利的年度起,第1年至第5年免征企业所得税,第6年至第10年减半征收。

2. 再投资退税。外商投资企业的外国投资者,将从企业分得的利润直接再投资于该企业,增加注册资本,或者作为资本投资开办其他外商投资企业,经营期不少于5年的,经投资者申请，税务机关批准，可退还其再投资部分已缴纳所得税的40%税款。外商投资企业的外国投资者在中国境内直接再投资举办、扩建产品出口企业或者先进技术企业，经投资者申请，税务机关批准，可退还其再投资部分已缴纳的企业所得税的全部税款。

3．弥补亏损。外商投资企业和外国企业在中国境内设立的从事生产经营的机构、场所发生年度亏损的，可用下一纳税年度的所得弥补；下一纳税年度的所得不足弥补的，可以逐年延续弥补，但最长不得超过5年。

4．其他优惠规定。

（1）外国投资者从外商投资企业取得的利润，免征企业所得税。

（2）国际金融组织贷款给中国政府和中国国家银行的利息所得，免征企业所得税。

（3）外国银行按优惠利率贷款给中国国家银行的利息所得，免征企业所得税。

（4）为科学研究、开发能源、发展交通事业、农林牧业生产以及开发重要技术提供专有技术所取得的特许权使用费，经国务院税务主管部门批准，可减按10%的税率征收所得税，其中技术先进或者条件优惠的，可以免征企业所得税。

（5）从2000年4月1日起，外商投资企业发生财产损失，经税务机关批准，准予在发生当期计算缴纳企业所得税时，在应纳税所得额中扣除。

（6）从2000年1月1日起，对设在中西部地区的国家鼓励类外商投资企业，在现行税收优惠政策执行期满后的3年内，可以减按15%的税率征收企业所得税。

（7）从1999年1月1日起，从事能源、交通基础设施建设项目的生产性外商投资企业，可减按15%税率征收企业所得税。

（8）外商投资企业举办的产品出口企业，在依据税法规定免征、减征企业所得税期满后，凡当年出口产品产值达到当年企业产品产值70%以上的，可依照税法规定的税率减半征收企业所得税。但在本项税收优惠期间，减半后的税率不得低于10%。

（9）外商投资企业举办的先进技术企业，依据税法规定免征、减征企业所得税期满后，仍为先进技术企业的，可按税法规定的税率延长3年减半征收企业所得税。但在本项税收优惠期间，减半后的税率不得低于10%。

（二）我国现行外资企业税收优惠法律制度的利弊

在中国对外资企业实行的税收优惠制度对引进外资起了积极的作用，促进了中国经济的高速发展。20多年来，外资税收优惠法律制度的实施极大促进了我国对外开放事业的发展，为吸引外资进入我国做出了积极贡献，为我国的社会主义现代化提供了宝贵资本、先进技术和管理经验，促进了我国的经济体制改革和产业结构的调整，扩大了就业，增加了国家财政收入，更重要的是扩大了国民的视野，确立了一些与市场经济相适应的新思想、新观念。

但毋庸置疑，随着改革开放的不断深入和社会主义市场经济体制的逐步建立，由于立法技术的不成熟和政策导向不适应新变化的原因，不同企业、不同区域实行不同的待遇制度的矛盾，优惠待遇制度与国民待遇原则的矛盾日益突出。外商税收优惠法律制度对我国的内资企业与外资企业形成了不公平竞争，从而使内资企业更好地走向世界带来了不利的影响。尤其是我国已经加入WTO，我国现行外资企业税收优惠法律制度对我国的内资企业的发展带来了更大的冲击。对外商的优惠，使内资企业在作投资决策时要考虑与外商的竞争劣势问题，扭曲了内资企业的经济行为；对外资企业的地区优惠的差异，使在不同地区投资的外资企业的税收负担不同，影响了外资的地区选择。由于沿海和内地的外商投资者所享有的税收优惠的不平等，导致大量的外资和内资流向沿海地区，形成沿海地区外商投资规模大、劳动密集型的加工工业居多的现状；能源、原材料丰富、工业基础较好的内地却难以充分享受外资企业税收优惠而遭遇外资冷落，一些基础性产业的发展受到限制。

从整体上来看，不利于提高国民经济的效率。同时，我国现行的外资企业税收优惠法律制度也有悖于WTO所要求的国民待遇原则。我国税法中存在的问题并不是歧视外国国民，而是由于给予外国国民过多的优惠待遇而使本国国民客观上处于被歧视的地位。一切相同，仅仅因为资金来源的不同而适用不同的税率，适用不同的减免办法，适用不同的税务处理办法，这与WTO所要求的国民待遇原则是不相符的，而且使社会上出现了许多"假合资"企业，造成了国家税收的大量流失。更为严重的后果是，由于内外资企业的税收负担相差极大，使内资企业负担重于外资企业，难以同外资企业展开公平竞争。内资企业在同外资竞争中处于劣势，已渐渐显示出影响民族经济发展的消极作用。

另外，从各国税收政策的新动向来看，各国政府在涉外税制中体现税收中性原则和税收公平原则，一方面，坚持按本国经济政策调整税收优惠；另一方面，调整"超国民待遇"，缩小其范围。

再者，我国对外资的税收优惠对外商投资的吸引作用并不像我们想象的那样大，尤其是很多国家与我国没有签订税收减让协定时更是如此。外商愿意来投资主要是看重我国的巨大市场和增长空间、政治稳定、经济体制类型、基础设施逐渐完善，以及法制环境等。企业所得税税率的合并和调整不会对外资企业在华投资有多少负面影响。企业利润的增长依赖于技术能力，税收优惠占的比重并不太大。从另一方面讲，税率的调整和税制的完善，意味着中国财政政策的稳定性和公正性增强，更有利于培养外资对中国市场环境的信心。因此，在新形势下重新审视我国的外资税收优惠法律制度，寻找我国外资税收优惠法律制度的内在缺陷和不适应我国加入WTO后新形势的地方，设计相应的税收优惠法律改革对策就显得极为迫切。

三、利用外资与经济发展

（一）我国的投资环境

中国实行改革开放以来，吸收外商投资以超常规的速度发展，取得了举世瞩目的成就。截止2004年7月底，外商在华投资累计设立企业49万余家，实际投入的金额近5 400亿美元。外商投资已遍及制造业、服务业、农业、基础设施等诸多领域。目前，来华投资的国家和地区近190个，全球最大的500家跨国公司已有400多家在华投资，其中30多家设立了地区总部，外商投资设立的研发中心超过600家，高新技术产业已成为外商投资的热点。

中国吸收外商投资之所以能够取得如此巨大的成就，根本原因在于中国为全世界的投资者提供了适宜其投资、生产、经营的优良环境。首先，外商投资硬环境的显著改善为外商投资提供了基本保证。中国陆地面积960多万平方公里，资源丰富，是世界上屈指可数的资源大国之一。近年来，中国的基础设施也有了大幅度的改善，交通、通信、水电气供应等基础设施建设基本完备，能源、原材料、零部件供应能力和质量明显提高，为外商投资生产经营提供了良好的外部生产经营条件；其次，市场经济体系正在也逐步完善，法律法规也逐渐完善，为外商投资创造了良好的法律环境；第三，劳动力数量充足。丰富的廉价劳动力，所产生的成本优势为投资劳动密集型产业的外国投资者提供了巨大的机遇；第四，有关外商投资政策也越来越符合市场经济要求和国际规则。

（二）利用外资对我国经济发展的促进作用

1．对我国经济增长起了推动作用。据有关分析，1980—1999年间，在中国GDP年均9.7%的增长速度中，约有2.7%来自于利用外资的直接和间接贡献。国际货币基金会研究后说，中国在上世纪90年代10.1%的平均经济增长率中，直接由外资产生的贡献约3%。

2．促进了资本形成。以国内资本形成总额计算，1983年外国直接投资仅占中国国内资产形成总额的0.9%，1993年为12.1%，1994年达到15.11%的最高水平，在2002年为10.1%。从1993—2002年，外国直接投资占中国全部固定资产投资的比例平均每年为12.5%。

3．提高了工业产值与增加值。外资企业的工业产值占中国工业产值的比例从1993年的9.2%增加到2002年的33.4%。此外，外资企业的工业增加值占中国工业增加值的比例从1994年的11.0%增加到2002年的25.7%。

4．提升了出口规模，增加了外汇收入。外资企业在1993年出口金额为917.4亿美元，2002年为1 699.4亿美元。外资企业出口占中国总出口的比例从1993年的27.5%增加到2002年中的52.2%。2002年外商在中国的银行结售汇顺差值为471.3亿美元，占中国的银行结售汇顺差值的72.7%，是同期中国外汇储备增加值的63.7%。

5．缴纳税收。1993年，外商投资企业缴纳税收226.6亿人民币，占中国税收总额的比重为5.7%。到2002年，外商投资企业缴纳税收3 487亿元人民币，占中国税收总额的比重已经达到21%。

6．提供就业机会。2002年末，在外商投资企业中的直接就业人员超过了2 350万人，占中国城镇劳动人口的比重约11%。

7．提升了中国企业的竞争力。外资企业推动了中国市场竞争，其先进技术和优良业绩对中国国内企业带来了压力，加剧了中国市场的竞争，提升了国内企业的竞争力。

（三）利用外资的负面效应

1．价格转移问题。跨国公司普遍实行全球化经营战略，利用其全球网络，转移价格或者利润达到逃税、避税的目的，这是跨国公司的普遍做法。

2．跨国公司存在的限制性商业措施，滥用市场垄断力量，导致出现一些反竞争行为，这是一个世界范围内有待解决的问题。

3. 引资成本过高。现在各级地方政府为了提升吸引外资的竞争力，过度给予外商优惠措施，导致大量土地浪费，投资密度不高，税收减免过多，甚至降低环境保护标准，导致引资成本过高。

4. 环境污染问题。有些跨国公司利用各地竞相吸引外资的政策，将污染严重的产业转移到我国，并在生产经营过程中降低环保标准。

综上所述，我国在利用外资发展经济的同时，应注意将吸收外资与国内经济发展相结合，提高利用外资的质量和水平，提高环境保护意识。通过利用外资，推进中国的新型工业化进程，加强区域经济协调发展，促进西部大开发和振兴东北老工业基地。

第四节 本章小结

20世纪90年代以来，经济全球化、一体化成为世界经济发展的潮流。其主要特征是：全球范围内各国各地区经济的日益融合和生产要素（特别是资本）在全球范围内的全面、自由流动。各国各地区经济的发展与外部世界经济的变动日益相互影响和相互制约，贸易与投资日益一体化。与此同时，投资国与东道国之间以及东道国与投资者之间围绕着直接投资方面的矛盾和纠纷也在不断增加，由此产生了《与贸易有关的投资措施协议》。本章介绍了《与贸易有关的投资措施协议》的法律性质和特点，以及《与贸易有关的投资措施协议》的主要内容；我国加入WTO前后对相关法律法规的修改，以及我国的投资环境和对外经贸战略。对这些问题的学习和探讨有助于我们在从事国际贸易相关业务中自觉遵守WTO相关规则，利用外资促进我国经济的加速发展。

随着我国加入WTO后过渡期的结束，中国的金融、资本市场也会加速开放的进程，外资会以更大规模、更快的速度进入中国。一方面，中国经济发展持续保持较高的增长率，其巨大的市场潜力对国际资本具有强大的吸引力，面临着进一步开放市场的国际压力；另一方面，中国经济在由增量扩张型向效益增进型转变的过程中，许多结构性、体制性问题亟待解决。在这样的内外环境下，必须清醒地认识发挥外资积极作用的条件，认真思考我国在引进外资工作中存在的问题，对吸引外资战略、相关政策做恰当调整。

案例分析

一、案情简介

美国申诉印度影响机动车贸易与投资的措施案

2000年5月，美国申诉印度影响机动车贸易与投资的措施违背了《与贸易相关的投资措施协议》的相关规定。印度的机动车贸易与投资措施需要机动车制造公司:(1)满足一定的地方条件;(2)在一个特定的时期内通过平衡轿车零部件的进口与出口价值而获得平衡的汇率;(3)把进口价值限制在过去3年的出口价值之内。机动车制造公司为了获得部分零部件的进口许可,必须遵守这些条件。

二、案例分析题

1.《与贸易有关的投资措施协定》的基本原则有哪些?

2. 印度的机动车贸易与投资措施是否符合《与贸易有关的投资措施协定》的相关规定?

思考题

1. 简述《与贸易有关的投资措施协议》禁止的、与贸易有关的投资措施。
2. 简述我国对外商投资企业所得税优惠政策。
3. 简述外商投资企业所得税与我国企业所得税合并的意义。
4.《与贸易有关的投资措施协议》规定了哪些例外?
5. 简述我国的"大经贸"战略。
6. 联系实际谈谈如何利用外资发展我国经济?

第十章 WTO 解决争端的机制

学习目标 通过本章学习,能够认识 WTO 争端解决机制的运行程序,了解从关贸总协定争端解决条款到 WTO 争端解决机制,掌握利用 WTO 争端解决机制妥善解决外贸冲突,培养学生学会运用法律武器解决贸易争端的能力。

从 1947 年关贸总协定以及缔约方通过的《关于影响缔约方利益问题的第 22 条规定的程序的决议》到 1995 年 WTO 的成立,世界在漫长的 47 年中经历了诸多的贸易摩擦和争端,在实践中争端解决机制不断完善,各国也逐步从敌对走向和解。和平与发展成为当今世界的两大主题,其中争端解决机制做出了重大贡献。

第一节 从 GATT 争端解决条款到 WTO 争端解决机制

一、关贸总协定争端解决条款的一般程序

按照《1947 年关贸总协定》第 22 条和第 23 条,以及 1958 年 11 月 10 日关贸总协定缔约方全体通过的《关于影响缔约方利益问题的第 22 条规定的程序的决议》和 1979 年 11 月缔约方全体达成的《关于通知、协商、争议解决与监督的谅解书》的规定,关贸总协定争端解决条款的一般程序包括:通知、协商、申诉与裁决、监督等步骤。

(一) 通知

通知规则在最初订立的总协定第 22 条和第 23 条的基本程序中未作规定。1979 年"东京回合"达成的谅解书为了改善和加强争端解决机制,特别在基本程序的框架内增加了通知程序。谅解书明确规定,缔约方所采取的各项贸易政策以及他们所颁布的贸易法规,必须有一定的透明度。为了达到这个透明度,各国政府必须对他们实施的措施和法规作出公告与通知。通知程序是有效监督关贸总协定多边贸易条约体系实施的重要措施之一。它主要包括两个方面:缔约方主动通知的义务和缔约方要求通知的权利。

(二) 协商

协商在争端解决程序中起着十分重要的作用。总协定第 22 条和"东京回合"的谅解书中对此均有明确的规定。在关贸总协定机制中,协商程序主要有两种形式:一是双边协商形式,包括其他缔约方介入下的双边协商;二是缔约方全体参与协商的方式。按照总协

定第22条第2款的规定,在争端当事国通过双边协商仍不能解决争端的情况下,一方当事国可以请求关贸总协定缔约方全体出面与另一缔约方或几个缔约方进行协商。

（三）申诉与裁决

关贸总协定第23条规定的申诉与裁决程序是关贸总协定的争端解决条款中的核心部分,也是争端当事国所能凭借的最后救济手段。第23条的内容可以分为3个部分：即向有关缔约方申诉、缔约方全体的裁决和缔约方授权采取报复措施。

在经过第1款的程序后争端双方在适当的期间内未能找到满意的调整方法,或者在第1款规定的第3种情形下,受害国便可根据第23条第2款的规定把案件提交给缔约方全体处理,缔约方全体在受理后,应迅速地调查案情,提出它认为在规定的情况下合适而有益的建议或裁定。缔约方全体握有裁决争端的权力,是关贸总协定的争端解决条款中的硬程序部分,这种机制具有准司法性的显著标志。

自1952年在关贸总协定内部已经形成了一种惯例,即当一项争端提交给缔约方全体后,它并不是自己直接处理,而是把案件交给一个特别小组来处理。根据"东京回合"谅解书的规定：一项争端提交缔约方全体后,特别小组必须在30天内成立。对于总干事任命的小组成员,当事方必须在7个工作日内提出意见。特别小组的职权是调查案情,提出建议,并向关贸总协定缔约方全体理事会提出报告。特别小组提出的裁定和建议必须得到缔约方全体批准后,才能在第23条第2款下产生法律效力。为了加速特别小组裁决的过程,"东京回合"谅解书规定：在一般情况下特别小组必须在9个月内完成工作;在紧急的情况下必须在3个月内完成对事实真相的调查。

根据第23条第2款的规定,如果缔约方全体认为情况严重,它可以允许一个缔约方或几个缔约方根据实际情况,中止实施对另一缔约方的减让或其他义务。

一般地说,缔约方全体只是建议有关缔约方撤销其造成他国损害的措施,并敦促其在合理期限内撤销此措施,而另一缔约方在此宽限期内不应采取报复措施。因为,关贸总协定的争端解决条款的目的并不是为了报复和惩罚,而是要取消与关贸总协定规定下不符的措施,达到迅速解决争端,恢复争端当事方之间利益均衡的目的。但是,第23条不排斥使用制裁措施的可能,这是维护关贸总协定的争端解决条款有效性的关键一步。

（四）监督

缔约方全体可以对他们作出的裁定或提出建议的任何事项进行监督。如果他们提出的建议在合理的期间内未得到执行,提起诉讼的缔约方可以请求缔约方全体进行干预,并找出一个合理的解决办法。缔约方全体对争议解决措施执行的监督,实际上是依靠一种道德压力和政治压力,其目的也是谋求有关缔约方撤销那些被认为与关贸总协定不符合的措施。1979年"东京回合"的谅解书进一步扩大了缔约方全体监督的范围,它规定：缔约方全体一致同意对贸易体系的动态进行正常和系统的检查,对于影响关贸总协定的权利和义务的动态、影响发达国家利益的事项、按照本谅解书作出通知的贸易措施,以及那些已按本谅解书所规定的协商、调解或争议解决程序予以处理的措施,应给予特别的注意。

尽管"东京回合"谅解书对关贸总协定监督机制作了补充,但该机制仍然是不完善的。于是,"乌拉圭回合"把建立对各缔约方贸易政策的监督审议机制纳入重要议题。在"乌拉圭回合"的中期审评会上,就审议的目的、报告、审议的周期和审议的机构达成了一致意见,形成了一个更为完善、有效的关贸总协定监督审议制度。

二、关贸总协定争端解决条款的成就与不足

(一)关贸总协定争端解决条款的成就

尽管关贸总协定中不存在严格意义上国际条约中的争端解决条款,也没有规定建立一个争端解决机构来审理缔约方之间的争端。但是为了保证缔约方在关贸总协定下的利益不受侵害,解决成员方之间的贸易争端,关贸总协定文本中有第22条与第23条两个事实上的争端解决条款,后来在实践中逐渐形成了一套由第三者——工作组、专家小组审理、裁决解决争端的程序。关贸总协定在其存在的近半个世纪里,解决了数百起贸易争端,极大地推动了贸易自由化的进程,其早期的成效尤为显著。

关贸总协定的争端解决条款在一定程度上说是成功的,可以与它的另一更伟大的成就——关税减让(从平均40%的税率降至4%左右)相媲美。据统计,到1993年为止,关贸总协定裁决的案件达230多起,其中关于"数量限制"的争端75起;关税减让争端53起;关于"国民待遇原则"44起;关于"利益损害"的44起;关于"最惠国待遇"的40起;关于"非歧视地实施数量限制"的27起;关于"反补贴"的25起;关于"出口补贴"的15起。这些案件由专家小组裁决的达115件以上,专家小组断案的成功率在90%左右。关贸总协定的争端解决程序是一个十分成功的国际法律制度,总成功率达到88%,在国际法律制度史上达到此辉煌是罕见的。

从总体上说,关贸总协定的争端解决条款为其缔约方在条约中规定的权利义务提供了保障,使得关贸总协定基本上得以贯彻执行。经济发达的缔约方,特别是美国和欧盟是关贸总协定争端解决程序的主要使用者。从争端的事由或内容来看,农产品贸易是产生争端的主要事项。向缔约方全体呈交的专家小组报告,绝大多数都获得了通过,就所批准的裁决而言,除极少数外,都得到了有效实施。从争端解决的效率来看,关贸总协定专家小组断案的平均速度是10个月,与某些耗时较长的国际争端解决程序和国内解决程序相比,这些平均时间比较合理。发展中国家的投诉成功率大体上不低于发达国家的投诉成功率。关贸总协定争端解决活动主要表现在两个方面。

1. 促进了国际贸易领域的法治。解决争端是关贸总协定最重要的业务活动之一。特别是关贸总协定对绝大多数违反关贸总协定义务的投诉的处理,最终导致取消经确认不符合关贸总协定的争端解决措施。通过关贸总协定争端解决程序,关贸总协定得到了强制实施,从而增强了缔约方反对外国政府和国内保护主义压力的力量。中小发展中国家或地区的缔约方,虽然政治影响力有限,也曾经成功地利用了关贸总协定的争端解决条款,保护自己依

据关贸总协定享有的权利。由专家组断案形成的司法机制,大大抑制了国际贸易全靠"权力型外交"来运作的趋势,并引导它进入"规则型"轨道,尤其为发展中的中小国家或地区缔约方提供了较大的保障,为战后建立起来的第一个多边贸易体制和国际经济秩序的发展提供了基础和推动力。

2. 对关贸总协定规则的解释和发展具有重大贡献。关贸总协定条文对关贸总协定的解释既是困难的又是必要的。关贸总协定包括若干相互对立的条款,除自由贸易外,还包括欠发达国家的发展,各缔约方国内的充分就业、自由贸易区、外汇等。此外,还存在众多的"例外条款"和"灰色区域"。不存在可供任何解释者作为标准予以识别和使用的单一目的的条款。即使有某种可以识别的单一目的的条款,但仍存在与该条款有关的解释困难的问题。关贸总协定法律及其实践反映了一种逐渐演进的实用主义法律体制的特征。虽然关贸总协定第25条隐含着缔约方全体对关贸总协定进行权威解释的权利,但并没有规定其"权威"解释的具体程序。关贸总协定的争端解决条款提供了协调各缔约方立法、司法、行政机关根据具体情况解释和适用关贸总协定规则所产生的各种不同观点的重要途径,从而有利于促进各缔约方认同的解释,并且有助于各缔约方主张对关贸总协定规则行使单方面最终权威解释的权利。在关贸总协定的实践中,缔约方全体通过违法之诉方面的专家小组报告,在解释关贸总协定规则中有发挥着重要的作用,实际上成为各当事方未来实行关贸总协定及其有关协定的行动指南。关贸总协定专家小组在处理以后类似的案件时,也倾向于引用以前的报告。虽然专家小组的报告不具有普通法上"判例"的效力,但具有很强的说明力。专家小组的报告往往成为关贸总协定解释、澄清有关法律规则,以适应国际需要和预见未来的形势的重要途径,它有助于建立和维护关贸总协定法律体系的完整性、统一性和应变能力。

总之,关贸总协定的争端解决程序的确立,使关贸总协定赋予缔约方的权利、义务更准确,使关贸总协定的规则更有效,并使关贸总协定享有一种客观的法律秩序的地位。关贸总协定争端解决活动大大促进了对关贸总协定法律体系信心的维护,从而抑制了"权力取向"贸易政策的任用。关贸总协定在争端解决程序中所达成的一致的解释,不仅促进了关贸总协定规则的进一步完善、发展,而且对缔约方国内的"执行立法"和贸易实践有着重要的借鉴作用。

(二) 关贸总协定争端解决条款的不足

尽管关贸总协定的争端解决条款在解决成员方之间的贸易争端、调整各国的经贸关系、促进多边贸易的自由化发展发挥了重要作用,但是,不可否认关贸总协定的争端解决条款并非尽善尽美。可以说从关贸总协定诞生以后,其争端解决程序中的缺陷一直受到各缔约方的指责。关贸总协定争端解决条款的缺陷和不足,及实际运用中遇到的难题具体包括以下几个方面。

1. 关贸总协定的争端解决条款内部缺乏协调性。自"东京回合"以后,在关贸总协定争端解决基本程序以外,又形成了一系列相对独立的争端解决特别程序体系。由于当时非关税壁垒协议的谈判是分小组进行的,各小组没有进行充分协调,使得各个特别程序与基本程序的关系不明确。几个争端解决程序的并存,使得整个总协定的争端解决条款显得沉重、繁杂,容易产生"管辖权"冲突和造成选择争端解决机制的分散性。这种守则或协议中争端解决程序各自为政的现象被称为"巴尔干化"。此外,关贸总协定争端解决一般程序的第22条、第23条和规定特别程序的众多法律文件之间也缺乏一致性和连贯性。

2. 关贸总协定的争端解决条款缺乏明确的程序期限。多年以来,各缔约方对争端解决机制最大的意见是争端解决过程太慢、拖延长、阻挠大,以至于许多当事国不愿意把时间性较强的案件提交关贸总协定解决。这对关贸总协定的威信产生了消极的影响。拖延和阻挠有两种情况:第一,在专家小组成立阶段的阻挠或拖延;第二,因阻挠理事会通过专家小组的报告,而产生的拖延。根据"东京回合"谅解书规定:缔约方要求成立专家小组,该专家小组须经缔约方全体批准后才能成立。这种协商一致原则为被诉方单方面否决阻碍专家小组成员的任命,来拖延争端解决提供了条件。专家小组报告只有经过关贸总协定缔约方全体大会的通过,才具有法律效力,专家组报告通过需缔约方协商一致原则,等于给予了败诉方阻挠专家小组报告通过的权利。"协商一致原则"是关贸总协定争端解决条款致命的弱点,使得被诉方或败诉方对专家小组的设立、专家小组报告的通过拥有否决权。此外,争端解决程序过程缓慢的原因在于各步程序缺乏明确的时间限制。不少学者希望对解决争端的每一阶段,以及全过程都作出明确的时间限制。这个问题在 WTO 的争端解决机制中得到了解决。

3. 关贸总协定的管辖权有限。关贸总协定的管辖权仅仅局限于国际货物贸易领域,对于某些领域如国际投资、知识产权保护、服务贸易,以及某些重要的敏感性商品(如农产品和纺织品等无管辖权)。

4. 实体法的规范混乱。关贸总协定实体法混乱是总协定争端解决活动中最棘手的问题。关贸总协定是由一般规则和例外规则组成的临时适用的多边贸易协定。在急剧变动的国际贸易关系中,为了维持建立在"条约必须信守"基础上的法律正义与根据实际情况保护各缔约方眼前贸易利益之间的动态平衡,关贸总协定根据各种现实进行了多次调整,使之成为一个由各种文件组成的庞然大物。这个庞然大物充满了活力和灵活性,结构复杂,但难以在各种规定之间进行协调,从而使其争端解决机制无法找到可以正式适用的明确实体规范,这在农产品的贸易、保障措施、最惠国待遇例外等方面的表现尤为突出。关贸总协定的实体法规范和解决争端的程序法规范是相互依存的,实体法规范的混乱,必然影响程序法的运作。

关贸总协定争端解决的成就和问题表明,在一个日益世界化的贸易组织中,争端解决涉及各种因素和面临许多矛盾。长久以来,在关贸总协定的争端解决活动中,围绕关贸总协定的争端解决条款的宗旨及手段的基本政策,一直存在争论。大致可以分为3大派别:务实派、墨守法规派和折中派。务实派认为,法律在国际贸易关系中毫无作用,主张用谈判的方法来解决争端,扩大关贸总协定的行政职能,尤其是加强秘书处和总干事对国际贸易制度的监督作用。欧共体和日本传统上对关贸总协定的争端解决条款及其活动的态度更接近于务实派。墨守法规派与务实派相反，他们认为关贸总协定在形式上和实质上都是国际关系法律中的一个典范，是崇尚法律的国际体制的样板，是法律和国际义务，所以他们主张，所有国际贸易争端应依照法律规则解决，尤其是以仲裁或司法裁判的方式解决，强调关贸总协定的争端解决条款，特别是专家小组程序的司法色彩。美国和除欧盟、日本以外的其他缔约方及多数发展中缔约方在传统上都属墨守法规派。折中派虽然承认在国际贸易中法律有一定的作用，但更强调法律的局限性。事实上，国际争端是复杂的，有的是事实争端，有的是法律争端，更多的则是政治性争端与法律争端交织在一起，需要采用实务方法与司法方法相结合的解决办法。在"乌拉圭回合"中，加强和完善关贸总协定争端解决程序，成为一个重要的议题，并为之成立了争端解决谈判组。随着WTO的成立，一个全新的争端解决机制诞生了。

三、WTO争端解决机制的改进

任何一种条约，都含有争端的解决条款，任何一种组织化的法律体系，都会建立相应的争端解决机制。关贸总协定和世界贸易组织均不例外。WTO著名的专家皮特斯曼也曾说过："所有文明社会有一个共同特征，都需要一套适用于解释规则的、和平解决争端的规则和程序，这是国际国内法律制度的共同经验"。尽管关贸总协定作为一个事实上的国际经济组织已被世界贸易组织所代替，但其关于争端解决的规则和近半个世纪的实践不仅是后者争端解决机制赖以建立的基础，而且是这一机制的组成部分。

从关贸总协定到世界贸易组织，争端解决机制经历了一个从简单到全面，从分散到统一，从模糊不清到明确具体，从"权力本位"到"规则本位"的发展过程。《关于争端解决规则与程序的谅解》是这一发展过程的结晶。纵观关贸总协定的历史，不难发现它的争端解决机制的发展不仅仅是在关贸总协定第22条和第23条的基础上经过多边协商、补充修改的过程，而且还是一个在不断对关贸总协定实施和解释的基础上形成惯例的实践过程。关贸总协定争端解决机制的这种独特发展方式，并没有因为《争端解决规则及程序的谅解》的出现而停止。几年来，WTO专家小组和上诉机构对于那些在实践中出现的，而《争端解决规则及程序的谅解》没有规定或规定不明确的问题进行了阐明，并形成了若干原则作法，为WTO争端解决机制的进一步完善奠定了基础。这种变化主要表现在以下几个方面。

（一）参与争端解决的政府代表团的组成变化

一般来说，WTO中的弱小成员更容易从以规则为基础的WTO争端解决机制中获益。但是，以规则为基础的机制同时要求由受过良好训练的法律人员来搜集和整理有关证据材料进行抗辩。与美国、欧盟等西方经济大国政府有自己的律师的情况不同，许多WTO弱小成员政府没有自己的训练有素、经验丰富的国际贸易律师，所以，WTO成员是否有权雇佣私人律师代理其参加 WTO 争端解决程序就成了一个重要问题。按照国际法，政府代表团的组成是一个国内法问题，国家有权决定其政府的代表团成员。因此，国家可以自由任命私人律师作为其政府代理人参加 WTO 争端解决程序。然而，在著名的欧美香蕉战中，圣卢西亚的有关聘请私人律师作为其代理人的请求却被专家小组拒绝了。其理由是以下几点：

1．该专家小组的工作程序规定只有政府官员可以出席专家小组会议。
2．私人律师的参与可能引起对有关保密问题的担心。
3．如果雇佣私人律师成为普遍的作法，可能会增加弱小国家的财政负担。
4．私人律师的参与可能会改变本是政府间行为的 WTO 争端解决机制的性质。

如果专家小组的决定站得住脚，那就意味着弱小成员国政府只能靠它们自己来和欧美等大国的法律专家抗衡，其后果可想而知。幸运的是，上诉机构决定允许圣卢西亚雇佣的律师参与审理，理由是："我们既没有在 WTO 协定《争端解决规则及程序的谅解》或上诉审议工作程序中，也没有在国际法惯例或国际审判组织的普遍做法中，发现任何有关禁止 WTO 成员国决定其代表团组成的规定或惯例。在考虑了圣卢西亚的请求之后……我们决定由谁来参加政府代表团来代表其参加上诉机构的听证，由 WTO 成员国自己决定。"

上诉机构的这一决定，意义重大，影响深远，为以后类似问题的处理提供了范例。此后，在"印尼汽车案"中，当美国要求把印尼代表团中的私人律师排除出专家小组会议时，专家小组给予了拒绝。

（二）当地救济原则

当地救济原则是一个形成已久的国际法惯例。它是指当一国国民所受到的损害是由外国国民违反国际法的行为造成时，如果受损害国民在当地国未用尽可以利用的一切法律救济手段，则受损害一方国家不得运用外交保护权提出补偿要求。

在 CATT 的争端解决实践中，没有"用尽当地补救手段"的要求。在 WTO 体系中，也没有任何当地救济原则的规定。在"阿根廷影响鞋类、纺织品和其他物品进口措施"案中，阿根廷声称自己没有违反 WTO 关税义务，理由是出口国没有用尽当地救济手段，也就是说出口国没有用尽阿根廷国内所能提供的补救手段。专家小组不同意阿根廷的观点，指出不管成员是否在其国内法律制度中，为这样的违背提供补救，都应该无条件履行 WTO 义务。专家小组还指出，要求"用尽当地补救手段"是不合适的，因为它会导致拖延和不确定性，从而导致与 WTO 目标背道而驰的情况发生。

（三）当事方诉讼资格

《争端解决规则及程序的谅解》没有规定是否要求成立专家小组的 WTO 成员必须是争端的利害关系人。在欧美香蕉战中，欧盟试图利用这点来说服专家小组，美国没有资格挑战欧盟的香蕉进口控制制度。欧盟认为，国际法规则要求诉方必须与争端有利害关系，《争端解决规则及程序的谅解》第 10 条第 2 款要求第三方必须与纠纷有利害关系方能参加审理，暗示诉方必须与争端有利害关系。专家小组驳回了欧盟的论点，指出《争端解决规则及程序的谅解》没有明确规定成员必须有利害关系才有资格要求成立专家小组。上诉机构维持了专家小组的决定并指出，随着世界相互依赖的日益增加，任何背离都会直接或间接地影响成员国。

（四）专家小组的职责范围与管辖权

在 WTO 体系中，专家小组的职责范围是指：根据争端当事国引用协定的有关规定，审议当事国书面提交给争端解决机构（DSB）的事项，并作出有助于 DSB 按照有关协定提出建议或作出裁决的认定。由此可见，专家小组的职责范围被限定在成员国提交争端解决机构（DSB）解决的事项。职责范围与管辖权的联系由上诉机构在"巴西椰子"案中明确加以确认。上诉机构认为确立专家小组的职责范围很重要，首先，它提供当事国、第三国有关争端的足够信息，以便它们有机会对有关指控作出反应；其次，它通过界定请求事项，建立了专家小组管辖权，因此，对于那些由申诉方在争端解决过程中提出的，而又没有包括在专家小组职责范围内的请求，专家小组将拒绝给予考虑。

在印度专利保护案的听证过程中，美国增加了一项印度违反了《与贸易有关的知识产权协定》（TRIPs）第 63 条（透明度要求条款）的指控。因为这项指控没有包括在美国的最初请求事项中，印度要求专家小组不要考虑美国新提出的指控。但是，印度的要求遭到该专家小组的拒绝，经过上诉，上诉机构改变了专家小组的决定。它认为，所有当事方、第三方必须从一开始就把有关争端的请求和事实清楚地提出来，《争端解决规则及程序的谅解》不允许专家小组处理任何其职责范围以外的任何请求。这背后的原因可能是如果允许申诉方在争端解决过程中增加新的请求事项，其他当事国、第三国可能仅仅因为没有得到充分的通知，而在争端解决中处于不利地位。

（五）"判例"的地位

按照国际法，国际审判机构的决定没有具有约束力的判例的效力。在关贸总协定专家小组的实践中，尽管援引以前专家小组对类似问题的决定的情况经常发生，但是，专家小组认为他们不受以前的，甚至是关贸总协定缔约国通过的、所涉及情况相同的报告的约束。专家小组可以根据其对事实与法律的理解自由地作出决定。

在 WTO 争端解决机制中，问题变得更加复杂了。因为《争端解决规则及程序的谅解》第 3 条第 2 款要求专家小组和上诉机构按照国际法惯例来解释 WTO 协议，而《维也纳条约法公约》有关条约解释的规定是这方面的主要惯例。

在"日本酒类饮料"案中，专家小组认为缔约国通过的报告是《1994 年关贸总协定》的有机组成部分，是有约束力的判例，因为它属于《1994 年关贸总协定》第 1 条（b）款第 4 段范围内的"其他决定"。上诉机构否定了该专家小组的结论，认为专家小组的报告既不构成对《1947 年关贸总协定》，也不构成对《1994 年关贸总协定》的解释，只有部长级会议和总理事会有权力发表对 WTO 及其附属协定的解释，批准专家小组决定的决定不是第 1 条（b）款 4 段意义上的决定。

在"美国毛纺衬衫"案中，上诉机构更明确地指出："根据明确地包含在《争端解决规则及程序的谅解》中的争端解决机制的目的和宗旨，我们不认为《争端解决规则及程序的谅解》第3条第2款是要鼓励专家小组或者上诉机构,通过阐明WTO的现有规定来制定法律。"

尽管已被通过的报告不是有约束力的判例,但上诉机构仍然认为,在情形类似或相同的情况下,专家小组应该对报告给予考虑。关于那些没有被通过的报告,上诉机构认为它们在关贸总协定和WTO体系中,没有任何地位,尽管如此,专家小组仍然可以从中发现有用的东西。

(六)举证责任

在WTO协定中,没有任何条款明确规定谁在争端解决程序中负有举证责任。在"美国毛纺衬衫"案中,上诉机构对这一问题加以阐明。它指出:"包括国际法院在内的各种国际审判机构已经普遍地和一贯地接受和采用了无论是原告还是被告谁提出事实谁提供证据的原则。"

(七)解释原则

《争端解决规则及程序的谅解》第3条第2款只规定"各成员方承认这种制度的作用在于保障各有关协议的成员的权利与义务,以及按照国际法解释的惯例性规则阐明那些协议(WTO协定)的现有规定。"在美国汽油案中,上诉机构明确地确认《维也纳条约法公约》第31条所规定的条约解释总原则已经获得国际惯例的地位,所以,它是那些有关国际条约解释惯例性规则的一部分。在日本酒类饮料案中,上诉机构认为关于辅助解释方法的第32条也已经获得了同样的地位。关于《维也纳条约法公约》在解释过程中的应用,上诉机构也提出了指导方针,即有关协定的措辞构成解释的基础,用它们的最初意思、上下文及协定的目的和宗旨来解释。

第二节 WTO争端解决机制的运行

一、WTO争端解决机制

与"乌拉圭回合"谈到建立WTO这样一个正式的国际贸易组织的成果相一致,"乌拉圭回合"也达成了《争端解决规则及程序的谅解》。该《争端解决规则及程序的谅解》在继承《1947年关贸总协定》关于争端解决的基本原则的基础上,对前者的组织机制、程序与规则作了多方面的重要突破、发展与完善,从而为WTO配置了一套严格的、有充分法律依据的争端解决机制。

(一)WTO争端解决机制的启动

WTO首任总干事鲁杰罗曾说:"如果不提及争端解决机制,任何对WTO成就的评论都是不完整的。从许多方面来讲,争端解决机制是多边贸易体制的主要支柱,是WTO对全球经济稳定作出的最独特的贡献。"

WTO 自 1995 年成立后,其争端解决机制在处理国际经贸纠纷方面取得了显著的成绩,发挥着日益重要的作用。被称为 WTO 第一案的是"美国汽油标准案",这是 WTO 争端解决机构审理的第一例经过上诉机构审理的案件。1995 年 1 月委内瑞拉和 1995 年 4 月巴西诉美国正在使用的进口石油政策对外国产品造成了歧视。经过长达 1 年的调查,认为美国颁布的有关汽油标准违反了 WTO 的规定,美国对此提出异议。1996 年 5 月 WTO 争端解决机构坚持了专家小组的结论,认为美国实施的汽油标准构成了"不公正的歧视",和"对国际贸易的隐蔽限制",建议要求美国修改国内立法。美国表示接受 WTO 的有关裁决,在 1997 年 8 月给争端解决机构的报告中称,新规则已于 8 月 19 日签署。这起案件的成功审理使初试锋芒的 WTO 的争端解决机构经受了考验,在很大程度上增强了各成员方对 WTO 的信任。可以想象,如果这两个发展中国家不是 WTO 成员,凭其经济实力是不可能与当今的头号经济大国——美国进行贸易对抗的。

从上述 WTO 争端解决机构审理的案例中可以看到,争端解决机制是多边贸易体制有效实施其自由化承诺的一个保障。它不仅为 WTO 各成员方提供了一个公平、公正的解决经贸纠纷的场所,而且通过其裁决的执行,减少了国际经贸领域中爆发贸易战的可能性,维护了多边贸易体制的稳定性。WTO 争端解决机制启动后已显示出以下特点。

1. 解决成员方贸易争端的数量增加和速度加快。在 WTO 运行后的 4 年间,WTO 仲裁委员会处理了 168 起国际贸易纠纷,成为世界贸易领域内的最高仲裁机构。而关贸总协定在其续存的近 50 年中,受理的贸易争端仅 238 起。

2. 增大争端各方在案件到达专家小组程序之前通过磋商解决。从目前情况看,WTO 解决争端的最主要手段是通过磋商,约有 80% 的争端在建立专家小组之前通过磋商使争端双方达成一致的。这表明争端解决机制的权威性和效率有所提高。

3. 各成员方利用争端解决机制的积极性大大提高。不论是当今世界最强的经济实体,还是一些弱小的发展中国家,都纷纷选择将贸易纠纷提交 WTO 争端解决机构审议。

4. 发展中国家利用争端机制的数量明显上涨。在 WTO 处理的 168 起贸易争端中,美国提交的案件最多,共有 53 件;其次是欧盟,共有 43 件。而由发达国家成员提起的有 124 起,由发展中国家提起的有 32 起,还有 10 起是由发达国家和发展中国家共同提起的。与关贸总协定时代相比,利用 WTO 争端解决机制的发展中国家越来越多。这表明发展中国家迫切希望通过 WTO 多边贸易框架来解决贸易摩擦。

如果没有一个解决争端的办法,以规则为基础的体制将因为其规则无法实施,而变得毫无价值。从一定意义上说,争端解决机制的存在和加强,正是多边贸易体制比许多其他国际组织能更有效地发挥作用的重要原因之一,也是国际社会之所以重视这一多边贸易组织的重要原因之一。

(二)争端解决机制的发展

随着各国经济的日益密切,国与国之间的竞争加剧,贸易摩擦也日益增多。为确保国际贸易活动能够公平、公正地进行,需要一个有效的争端解决程序和机制。从关贸总协定的争端解决条款到 WTO 的争端解决机制，多边贸易体制的发展日趋完善和成熟。

关贸总协定第 22 条和第 23 条为产生贸易争端的缔约方提供了"双边磋商"和"总协定介入协商"两种程序，以期通过心平气和的方式解决争端。当"双边磋商"难以达成协议时，争端的申诉方可将争端提请到缔约方全体进行处理。以后，关贸总协定体制不断对这两项争端解决条款加以修订和补充。

1950 年关贸总协定设立"工作组机制"，由工作组将有关争端的事实和解决写成没有约束力的报告，作为一种咨询意见提交缔约方主体。1952 年关贸总协定决定设立"专家小组程序"以回避争端当事方。1958 年关贸总协定通过决定提出要强化关贸总协定理事会在协商前后的作用。1966 年关贸总协定又对争端解决条款进行程序性机制的细分。1979 年"东京回合"缔结了《关于通知、磋商、争端解决和监督的谅解》，对争端解决程序作了重大发展，使关贸总协定的争端解决条款初具"国际法院"的模式。然而，关贸总协定争端解决与程序是属于调解和规劝性的，主要是通过"磋商"机制，利用各缔约方的合作精神来最大可能地解决争端，缔约方全体或理事会的最终裁决不具有权威性和强制性。另外，关贸总协定争端解决程序没有确定的时间表，裁决容易被阻挠，致使许多案件久拖不决。为了进一步强化争端解决机制，"乌拉圭回合"谈判较全面、彻底地对关贸总协定争端解决规则和程序作了改进，并最终形成了《关于争端解决规则与程序的谅解书》（DSU）。DSU 既保留了关贸总协定历年来的有效做法，又对原来的机制作了重大改进，其核心是精细的操作程序、明确的时间限制以及严格的交叉报复机制。通过这样一个强化了的机制，WTO 希望能更迅速、更有效地处理成员之间的贸易纠纷和摩擦，维护它们之间的权利与义务，督促各成员更好地履行各项协议的义务及其所作的承诺。

二、WTO 争端解决机制的一般原则

（一）继续遵守《1947 年关贸总协定》管理争端解决活动的各项原则

《争端解决规则及程序的谅解》第 3 条第 1 款规定："各成员方确认，遵守在此以前根据《1947 年关贸总协定》第 22 条和第 23 条及其进一步订订和完善的各项规则及程序所适用的争端管理的各项原则。"这一原则具有重大意义。第一，它确立了 WTO 争端解决机制的基础与 1947 年关贸总协定争端解决制度的历史联系；第二，《1947 年关贸总协定》在其第 22 条和第 23 条基础上数年来所形成和建立的争端解决实践和惯例，特别是在这两条基础上形成的各种复杂程序和权利义务，可能继续具有重大指导和参考作用。

（二）解决争端而非通过争端解决过程制定新的法律规则

一项能为争端各方相互接受且符合适用协定的解决办法是优先谋求的目标。如有关措施被确认为违反任何适用协定，在没有相互同意的解决办法时，争端解决机构的首要目标一般是确保撤销该项措施。补偿规定只有在不可能立即撤销该项措施，且作为撤销该项措施前的一项临时办法的条件下才能被引用。同时，争端解决机构的建议和裁决不得增加或

减少各适用协定所规定的权利和义务。对根据适用协定协商和争端解决条款正式提起的各事项的一切解决办法（包括仲裁裁决），应该符合这些适用协定，既不得剥夺或损害任何成员方根据这些适用协定享有的利益，又不得阻碍这些适用协定任何目标的实现。

（三）谨慎、善意地使用争端解决机制

《争端解决规则及程序的谅解》要求成员方在诉诸争端解决程序时，持谨慎与善意的态度。该谅解规定："各成员方在投诉前应对这些程序下的行动是否有效作出判断。""要求调解和使用争端解决程序不应旨在作为或视为诉讼行为，而且一项争端发生，所有成员方应善意参与这些程序以谋求解决该争端。投诉和对决然不同事项的反诉不应有任何联系。"

（四）尊重 WTO 争端解决机制的排他性

WTO 争端解决机制是 WTO 体系内处理贸易争端的排他争端解决制度。《争端解决规则及程序的谅解》第 23 条规定如下。

1. 当各成员方谋求排除反适用协定义务的行为及其他丧失、损害或阻碍实现适用协定任何目标的一项障碍时，它们应诉诸且遵守本谅解的各项规则与程序。

2. 在此种情况下，各成员方应：

（1）除根据本谅解各项规则和程序诉诸争端解决外，不得对已发生的违法、已蒙受丧失、损害利益或阻碍实现适用协定任何目标的结果作出决定；并且，应使任何此种决定符合经争端解决机构通过的专家小组、上诉机构报告所包括的调查结果或根据本谅解所作的一项仲裁裁决。

（2）按照第 21 条确定的程序，决定有关会员方执行建议和裁决的合理期限。

（3）根据第 22 条所规定的各项程序，确定中止减让或其他义务的水平，经争端解决机构根据这些程序授权并在中止适用协定下的减让及其他义务前，对在合理期限内不遵守建议和裁决的有关成员方进行报复。

总之，除上述 4 项原则外，发展中国家或地区成员方的不同和优惠待遇原则、最不发达国家或地区成员方的特别待遇原则，也应属于指导 WTO 争端解决活动的重要原则。这些一般原则，对于 WTO 争端解决活动有重大的指导意义。

三、WTO 争端解决机制的基本程序

WTO 争端解决机制主要包括下列基本阶段或程序：协商、斡旋、调解和调停、仲裁、专家小组程序、上诉机构、争端解决机构决定及其监督实施、制裁等阶段。

（一）协商程序

在 WTO 争端解决机制中的地位几乎与其在关贸总协定的争端解决条款中的状况一样，特别是与《1989 年改进措施决定》的规定没有什么重大区别。协商是 WTO 争端解决程序的首要强制性阶段。《争端解决规则及程序的谅解》第 4 条对协商作了一些改进。如紧急情况下协商期限比《1947 年关贸总协定》的《1989 年改进措施决定》规定的短；对第三

方参与协商程序提供了更明确的规则,倡导善意协商,并把"各成员方确认其决心加强和改进成员方所使用的协商程序的效能"作为首要条款列入该条文;对于在特定期限内不理睬协商请求,或虽然接受协商请求但不进行协商的被要求协商的成员方,请求协商方可以直接向争端解决机构要求设立专家小组。

(二)斡旋、调解和调停程序

在 WTO 争端解决机制中,斡旋、调解和调停程序是指争端各方自愿选择中立第三方(如 WTO 总干事)通过协调各种冲突观点,帮助它们达成相互满意解决办法的、非正式的争端解决程序。争端任何一方可以在任何时候提出斡旋、调解和调停的要求,甚至经争端各方同意,斡旋、调解和调停程序可以在专家小组程序进行期间继续进行。

斡旋、调解和调停程序,可以随时开始随时终止。一旦终止,投诉方可以提出设立专家小组的请求。WTO 总干事可以以其职务身份提供斡旋、调解或调停,以协助成员方解决争端。对于中止斡旋、调解和调停程序是投诉方的权利还是需经争端当事各方同意,该条文没有作出明文规定。

《争端解决规则及程序的谅解》第 5 条还规定:"如在自收到协商请求之日后 60 天内进行斡旋、调解或调停,则投诉方必须在接到协商请求之日后和在要求成立专家小组之前给予 60 天的期限。如果争端当事方共同认为斡旋、调解和调停的程序不能解决争端,则投诉方可以在 60 天内要求设立专家小组。"

(三)仲裁程序

仲裁裁决必须符合 WTO 所管理的各适用协定和其他成员方的权利或义务。《争端解决规则及程序的谅解》第 25 条第 3 款规定:"仲裁裁决应通知争端解决机构或任何有关协定的理事会或委员会,以便任何成员方可能向它们查询与此有关的任何问题。"

至于第三方参与仲裁,《争端解决规则及程序的谅解》第 25 第条第 3 款还规定:"其他成员方只有在同意提交仲裁的当事各方的同意下,才能成为仲裁程序的当事方。"

关于仲裁裁决的执行,在《争端解决规则及程序的谅解》的第 25 条第 3 款和第 4 款中规定,仲裁各方须同意执行仲裁裁决,而且该谅解第 21 条(关于监督建议和裁决的执行)和第 22 条(关于补偿和中止减让)应根据具体情况稍作修改后适用于仲裁裁决。

除上述作为一种选择性争端解决办法外,仲裁还可作为确定争端各方将执行争端解决机构建议和裁定的期限的方法,以及作为确定中止减让、其他义务的水平或投诉方是否遵守指导考虑中止减让义务的原则和程序的方法。在仲裁员选任、仲裁协议的范围、仲裁适用的法律和仲裁裁决的执行等方面,WTO 争端解决机制中的仲裁具有明显不同于常规国际仲裁的特征。

(四)专家小组程序

《争端解决规则及程序的谅解》几乎对《1947 年关贸总协定》专家小组争端解决程序的每个阶段都作了具有重大意义的改进。

1. 准备阶段。专家小组程序准备阶段是 WTO 争端解决程序中,在成立专家小组方面所做的一些规定。这些规定包括了对投诉方权利、专家小组职权范围和专家小组专员的组成等要求。在规定中体现 WTO 公平、公正和扶助弱势的理念。

（1）投诉方请求设立专家小组的权利。《争端解决规则及程序的谅解》规定："如果投诉方请求设立专家小组，专家小组最终应在该请求被首次列入争端解决机构议程后的会议上予以设立，除非在该次会议上争端解决机构以协商一致方式决定不成立专家小组。"这一规定明确承认了投诉方各成员国请求设立专家小组的权利，体现了国家不分大小，经济实力不分强弱的平等、公平的原则。

（2）职权范围。在成立专家小组时，争端解决机构可以授权主席与争端各方协商拟定该专家小组职权范围。拟定的专家小组职权范围（即非标准职权范围）应散发给所有会员国。此外，该条文还特别强调，专家小组应直接注意争端各方援引的任何适用协定中的有关规定。

（3）专家小组的组成。专家小组通常将由三名成员组成（除因争端当事方在自设立专家小组之日起 15 天内同意一个 5 人组成的专家小组外），小组成员应以个人身份，既不得以政府官员也不得以任何组织代表身份工作。

2. 专家小组运行阶段。这一阶段是 WTO 争端解决机制中专家小组工作阶段。对于这一阶段的工作，WTO 在《争端解决规则及程序的谅解》中对专家小组的工作职能和工作程序做了具体的要求。

（1）专家小组的职能。《规则》第 11 条规定："专家小组的职能是协助争端解决机构，履行其依照本谅解和适用协定承担的职责。因此，专家小组应对提交给它的事项，作出客观评价，包括对案件的事实认定、各有关适用协定的适用和是否与各有关适用协定一致的客观评价，并作出其他调查结果，以协助争端解决机构按照各适用协定规定，提出建议或作出裁决。专家小组应定期与争端各方协商，并给予它们适当的机会，以达到相互满意的解决办法。"这一规定，明确了专家小组的职能是协助职能，而不是裁决职能。专家小组的工作主要是调查，同时在调查中对争端双方进行协调，以达到解决争端的目的。

（2）专家小组的工作程序。专家小组提出裁决报告的期限一般为 6 个月，最长不能超过 9 个月。专家小组工作程序分为 3 个阶段。

第一阶段，案件受理阶段。在争议各方提交书面材料后，专家小组应及时进行两次口头听证会（实质性会议），然后专家小组开始实质性工作，由秘书处提供协助。专家小组将这一阶段工作结果进行总结，拿出报告大纲发给争议各方。

第二阶段，中期报告阶段。第一阶段报告，仅是一个描述性报告，对事实和双方的观点进行阐述，若双方认为其与事实有出入，可以向秘书处澄清，进入了第二阶段。在这一阶段，专家小组公布临时报告（中期报告）。争议各方可以进一步提出自己的观点和论据。争议各方和专家小组的交流必须通过书面的方式，由秘书处传达。各方的书面意见作为副本，附在报告之后。

第三阶段，终结阶段。专家小组形成的最终报告应以 3 种工作语言（英、法、西）发给各成员方，20 天后才可在 DSB 会议上审议通过。在向各成员分发专家小组报告的 60 天内,该报告在 DSB 的会议上应予通过。60 天的期限可以延长,但不能超过 90 天。通过方式采取"反向一致"的原则。

3. 专家小组报告的通过方式。根据《争端解决规则及程序的谅解》第 16 条规则,专家小组报告几乎可以自动通过。专家小组报告在已散发给各成员方后 20 天内,应由争端解决机构审议通过。对专家小组报告持反对意见的成员方,应至少在争端解决机构会议召开前 10 天书面提出其反对理由。在专家小组报告散发给各成员方之日后 60 天内,除非争端一方正式通知争端解决机构其上诉决定或争端解决机构经协商一致决定不通过该报告,否则,该报告应在争端解决机构会议上予以通过。该通过程序不妨碍各成员方对专家小组发表意见的权利。

(五)上诉审查

人们普遍认为,上诉机构的建立和对专家小组决定的审查是 WTO 的最重大创新,是对 1947 年关贸总协定争端解决条款的最大发展之一。从一定意义上看,常设上诉机构的设立,有助于防止和缓解自动通过专家小组报告所产生的消极因素。

1. 常设上诉机构(The Standing Appellate Body)的组成。常设上诉机构由争端解决机构设立,受理对专家小组案件的上诉。常设上诉机构由 7 人组成,其中 3 人应担任审理任何案件的成员。上诉机构成员,由争端解决机构任命,任期 4 年,可连任 1 次。他们不仅应该是独立的和不依附于任何政府,而且必须体现 WTO 成员方所具有的广泛代表性。上诉机构成员应该任何时候都能工作,并应一接到通知即可开始工作,且不应与 WTO 争端解决活动及其他有关活动有任何联系,不得参与对会产生直接或间接利益冲突的任何争端的审议。

2. 上诉机构的时效与职责。上诉机构工作程序,自争端 方通知其上诉决定之日起到上诉机关散发其报告之日止,不得超过 60 天。上诉机构如认为它不能在 60 天内提出报告,则应书面通知争端解决机构其延误的原因及将提交报告的预期时间。在任何情况下,上诉程序不得超过 90 天。上诉机构程序应该保密。上诉机构的报告,应在争端当事各方不出席的情况下根据所提供的资料和陈述拟订。上诉机构可以维持、修订或推翻专家小组在法律方面的调查结果和结论。

3. 上诉机构报告的通过。上诉机构报告的通过几乎是自动的,即除非争端解决机构在向各成员方散发上诉机构报告后 30 天内,协商一致决定不通过该上诉机构报告,否则该报告应由争端解决机构通过且应得到争端当事方无条件接受。如在此期间没有安排争端解决机构会议,则应为此目的专门召开这种争端解决机构会议通过上诉机构的报告。

(六)争端解决机构决定

争端解决机构决定主要有设立专家小组、通过专家小组报告或上诉机构报告,以及授权对不执行争端解决机构建议或裁决的争端当事方进行制裁,等等。

(七)制裁(补偿和中止减让)

《争端解决规则及程序的谅解》对补偿和中止减让作了比 1947 年关贸总协定争端解决条款更为详尽的规定。这些规定,提供了具体明确的管制规则。

1. 补偿只是临时措施,而报复则是最后手段。争端解决机制的目的是确保对争端的积极解决。完全执行争端解决机构决定或裁决是 WTO 争端解决机制的首要目标,一项可以为争端各方相互接受且符合适用协定的解决办法显然是优先谋求的目标。在没有相互同意的解决办法时,如有关措施被确认为违反任何适用协定,争端解决机制的首要目标通常是确保撤销这些措施。补偿规定只有在不可能立即撤销该项措施,且作为在撤销违反适用协定的措施之前的一项临时办法的情况下才能被援用。

2. 报复规则。

(1) 请求授权报复的前提。《争端解决规则及程序的谅解》规定了受害成员方请求行使报复权利的基本先决条件是:① 专家小组已断定一成员方不履行有关适用协定规定,从而对该成员方造成损害;② 违法成员方在合理期限内没有执行争端解决机构的建议或裁定;③ 争端当事方在合理期限到期后的 20 天内没有达成相互满意的补偿办法。

(2) 并行和交叉报复。《争端解决规则及程序的谅解》还规定了报复权的授予及行使必须遵守的原则和程序。

① 选择原则。

● 首先选择并行报复 (Parallel Retaliation)。投诉方应该谋求中止涉及专家小组或上诉机构已确认存在违法、其他丧失或损害的相同部门(或诸相同部门)的减让或其他义务。

● 其次,如该当事方认为中止相同部门(或诸相同部门)的减让或其他义务没有作用或毫无效果,则它可以谋求中止同一适用协定的其他部门的减让或其他义务。即跨协定报复 (Cross-agreement Retaliation)。

● 再次,如果该当事方认为中止同一适用协定的其他部门的减让或其他义务没有作用或毫无效果,且情况十分严重,则它可以谋求中止其他适用协定的减让或其他义务,这就是所谓"交叉报复"。

② 在适用上述原则时,必须考虑以下各种因素。

● 在专家小组或上诉机构已确认违法、其他丧失或损害的部门或协定的贸易与此种贸易对该当事方的严重性;

● 与丧失或损害有关的、较为广泛的经济因素和中止减让或其他义务的、比较广泛的经济后果。

③ 交叉报复程序。投诉方在提出授权交叉报复请求中,不仅应说明理由,而且除向争端解决机构提出请求外,还应向所涉及的部门或协定的有关理事会或部门机构提出请求。

(3) 中止减让。争端解决机构所授权的报复措施应与丧失或损害的水平相当,不得授权中止一适用协定所禁止中止的减让或其他义务。

(4) 授权报复。如果满足了上述请求授权的各项条件,争端解决机构则应在合理期限到期后 30 天内,根据请求授权中止减让或其他义务,除非争端解决机构协商一致决定驳回该请求。

报复在满足下列任何条件后即应中止。
- 违法措施已被撤销。
- 必须执行争端解决机构建议的败诉方对利益的丧失或损害提供了解决办法。
- 争端当事各方达成了相互满意的解决办法。

（5）报复监视。争端解决机构应对已提供补偿、已中止减让或其他义务，但还未执行使某项措施符合适用协定的建议的各种情况，继续进行监督。

（6）仲裁。被报复国有权对报复权的授予与行使提请仲裁。

① 提交仲裁的条件。根据《争端解决规则及程序的谅解》第 22 条规定，满足下列任一条件即可提请仲裁。
- 败诉方对所提出的中止水平表示反对。
- 败诉方指控投诉方在要求授权交叉报复中未遵守有关原则和程序。

② 仲裁庭的组成与职权。如原专家小组成员可供利用，则应由原专家小组仲裁，或者由总干事任命的仲裁员（一人或一个小组）来进行仲裁。仲裁应在合理期限到期后的 60 天内结束。仲裁期间减让或其他义务不得中止。仲裁员只应决定此种中止的水平是否与所蒙受的丧失或损害的水平相当，或所提议的中止减让或其他义务是否符合有关适用协定，或第 3 款所规定的程序和原则是否得到遵守。

当事方应接受仲裁裁决为终局决定，不得谋求第 2 次仲裁。

（7）禁止单方面报复。《争端解决规则及程序的谅解》第 23 条通过要求 WTO 成员方遵守该谅解的各项规则与程序，禁止单方面报复。

总之，尽管"乌拉圭回合"在沿着施加纪律和引入真正的威慑因素的道路大步前进，但整个模式仍然是"民事而非刑事裁判"。优先选择的是违法方终止招致非议的做法，第二种选择是违法方支付补偿或撤销以前因不当行为所获得的利益。对违法行为的惩罚根本没有予以考虑。

四、WTO 争端解决机制的特别程序

除专家小组程序的特别规则外，某些"乌拉圭回合"协定还含有特别的程序。

（一）《纺织品协定》

根据《纺织品协定》第 4 条第 4 款规定，如一 WTO 成员方改变其纺织品的惯例、规则、程序和分类，认为受此影响的另一成员方可以要求与该成员方协商，以便如可能在 60 天内达成有关适当和公平调整的一项相互满意解决办法。如未能达成一项相互满意解决办法，任何有关成员方可以提交组织品监督机构处理该事项，以便纺织品监督机构（TMB）根据第 8 条规定提出建议。

根据《纺织品协定》第 5 条第 2 款规定，如任何成员方认为以转运、绕道或虚报原产地或国家、伪造正式文件等方式正在逃避本协定的约束，且没有对这些逃避采取任何行动

或任何措施，或采取的措施是不适当的，则该成员方应与有关成员方协商以便谋求一项相互满意的解决办法。如此种协商未能在 30 天内达成一项相互满意的解决办法，则可将该事项提交纺织品监督机构以便其提出建议。

最后，如 WTO 一成员方认为另一成员方违反第 7 条规定，没有采取必要行动执行《纺织品协定》，则该成员方可以向纺织品监督机构提出该问题（《纺织品协定》第 7 条第 3 款）。如纺织品监督机构认为必要，它可以调整 WTO 有关成员方纺织品的剩余数量限制水平（《纺织品协定》第 2 条第 14 款）。

（二）《补贴和反补贴措施协定》

《补贴与反补贴措施协定》订有几种特别程序。

1. 第 8 条第 5 款规定，应任一成员方请求，第 8 条第 4 款所指的补贴和反补贴措施委员会所作的协定，或该委员会没有作出此种决定，以及在各个具体案件中对通知方案所规定的各个条件的违反，均应提交有约束力的仲裁。仲裁机构应在该事项提交仲裁之日起的 120 日内向各成员方提交其结论。

2. 第 9 条授予 WTO 成员方协商的权利。该条款规定，尽管事实上一项补贴制度符合《补贴与反补贴措施协定》第 8 条第 2 款所确定的标准，如果一成员方有理由认为该制度已对其国内工业造成严重损害，该成员方可以请求与采取或维持该补贴措施的国家协商。如协商未能解决问题，则可以向补贴与反补贴措施委员会提出该问题。该委员会可以提出建议。如在 6 个月内未遵守这些建议，该委员会可以授权申请方采取适当的对抗措施。

3. 根据第 25 条第 9 款和第 10 款规定，如一成员方认为另一成员方没有提供充分资料以评价该成员方补贴与《补贴与反补贴措施协定》的一致性，则它有权提请补贴与反补贴措施委员会注意该问题。常设专家组（The Permanent Group of Experts, PGE）在争端解决中具有特殊地位。

（三）《服务贸易总协定》

《服务贸易总协定》第 22 条第 3 款确立了一种仲裁程序。即如各成员方就相互间某项争端是否属于避免双重征税国际协定范围的问题而发生分歧，则任一成员方应自由决定是否将该分歧提交服务贸易理事会处理。服务贸易理事会应将该问题交付仲裁。仲裁员的决定应该是终局的且对成员方有约束力。

（四）《反倾销协定》

在专家小组程序方面，该协定规定了比《争端解决规则及程序的谅解》更为理想和具体条件。根据第 17 条第 5 款规定，请求争端解决机构设立专家小组的投诉方，应提供说明依照本协定直接或间接享有的利益如何被丧失或损害，或本协定目标如何受到阻碍的书面报告，以及进口国当局根据适当国内程序可提供的实际情况。另一方面，通过保证有关当局采取反倾销措施的自由裁量权，《反倾销协定》收缩了诉诸专家小组的权利。

（五）《政府采购协定》

1996 年 1 月 1 日生效的《政府采购协定》在争端解决方面有以下 3 大特点。

1．WTO 争端解决机制所审理的投诉常常注重于争端措施的未来影响；《政府采购协定》的争端解决机制通常着眼于投诉方由于某项政府采购行为已经蒙受的实际损失。

2．《政府采购协定》明确授权缔约方在不能撤销被确认违背该协定的措施时（如，当已经签订了一项政府采购合同并不能撤回该合同时），就补救进行协商。有关争端当事方可以举行双边谈判或协商，并就所丧失的商业机会达成适当补偿。

3．每个成员方必须设立允许私人投标者直接对该成员方境内政府采购者投诉的国内机制。例如，各成员方须通过国内程序使受害投标者可以反对采购决定，并在该决定被确认违反《政府采购协定》规定时获得补救。WTO 不介入该机制。

（六）《装船前检验协定》

《装船前检验协定》建立了解决出口商与装船前检验机构之间争端的机制。在这一机构中，独立实体居核心地位，独立实体由 WTO、国际商会（ICC）和国际检验机构联合会（The International Fedration of Inspection Agencies，IFIA）共同组成，由 WTO 管理。该独立实体于 1995 年 12 月由 WTO 总理事会根据《装船前检验协定》第 4 条设立，在国际商会和国际检验机构联合会确认满足了行政和程序方面的必要条件后，于 1996 年 5 月 1 日正式投入运营。

独立实体的程序规则要求它迅速解决争端。一旦申诉者投诉，独立实体根据争端当事各方之间的协议，任命一名独立贸易专家或从专家名录中任选 3 人组成专家小组。该专家小组必须在受理该争端后 8 个工作日内以多数票作出决定。该决定对争端当事各方具有法律拘束力。

第三节 利用 WTO 争端解决机制妥善解决外贸冲突

一、"入世"后的中国直面外贸冲突

中国是一个发展中国家，WTO 争端解决机制对发展中国家产生一定的影响。WTO 争端解决机制为多边贸易体制的有效运转提供了保障。从一定意义上说，正是这一机制才使多边贸易体制的一整套贸易规则不再是停留在纸上的条文，而是一套能够发挥实际效力并具有可操作性的游戏规则。对 WTO 每一个成员方来说，争端解决机制的作用是双重的：它既是一种保护其权益的手段，又是督促其履行应尽义务的工具。尽管这一机制对所有 WTO 的成员方来说都多了一种可供选择的解决国际争端的途径，但对发展中国家来说其意义似乎更大一些。

1．《关于争端解决规则与程序的谅解书》对发展中国家差别与优惠待遇规定的进一步具体化，可以在一定程度上更有效地保障发展中国家的利益。

自 60 年代关贸总协定争端解决条款中开始对发展中国家作了某些特别的规定。"乌拉

圭回合"谈判达成的协议则进一步使这种特别规定具体化。规定在争端解决的各个环节上都必须给予发展中国家适当照顾。如在磋商过程中,各成员方应特别考虑发展中国家的特殊困难和利益。当一项争端的一方为发展中国家成员,而另一方为发达国家成员时,经该发展中国家成员方请求,专家小组中至少应有一位来自发展中国家成员的专家。这在一定程度上可以增强发展中国家维护自身利益的能力。

2.《关于争端解决规则与程序的谅解书》为发展中国家提供了多边保护机制,对传统的解决国际经贸纠纷的双边途径是一种有效的补充。

由于在双边途径中奉行的是实力主义,而发展中国家无论是经济实力,还是贸易报复能力都处于劣势,因此,仅凭借双边途径,发展中国家是不能很好地维护自身利益的。而在多边的争端解决机制下,各成员方不分大小强弱都有权援引争端解决机制谋求公正、合理地解决相互间的经贸纠纷。这将极大地提高多边贸易体制的透明度和可预测性,在一定程度上减少或制约了个别国家采取单边行动所带来的不确定性。争端解决机制公正性的加强对发展中国家,尤其是弱小国家可以起到一定的保护作用。特别在面临单边主义的威胁与挑战的时候,发展中国家可求助于这一多边机制维护自身利益。

3.《关于争端解决规则与程序的谅解书》在向发展中国家提供多边保护机制的同时,也向其提出了严峻的挑战。

争端解决机制作出裁决的法律依据是 WTO 协议及相关协定、各成员方的相关义务,这就要求各成员方需将本国现有的国内立法逐步向 WTO 各项协定靠拢,同时在制定新的法规时要以 WTO 有关规定为参照,从而促使世界各国经贸政策和作法与 WTO 规则保持一致。为此,发展中国家必将进行一系列任务艰巨的调整与改革。但 WTO 争端解决机制永远不是完美的。例如采取交叉报复作为制裁手段,对发展中国家来说是否可行还有疑问。发展中国家受经济贸易实力限制,其采取报复措施的能力有限,对发达国家不一定能构成威胁。年轻的 WTO 争端解决机制还将经受真正的考验。它到底能否真正有效地解决国际经贸争端,特别是各贸易大国能否尊重并执行它的建议或裁决,人们仍将拭目以待。

二、善于利用 WTO 争端解决机制解决贸易争端

加入 WTO 以来,随着我国与世界各国贸易往来的增加,贸易摩擦也不断增多。截至 2004 年 11 月底,国外共对我国约 4 000 种产品发起反倾销调查,涉及五矿化工、机电、轻工、纺织、食品土畜等多个行业。加入 WTO 后,随着我国对外贸易的高速增长,我国逐渐进入贸易摩擦多发期,成为国际贸易保护主义的重灾区,已连续 9 年成为全球遭受反倾销调查最多的国家。我国加入 WTO 以来至 2004 年 11 月底,国外共对我国发起反倾销调查 137 起,涉案金额约 35 亿美元。我国必须认真对待,积极应对。

2005 年中国与 WTO 其他成员国之间,关于取消进口配额限制的承诺,刚刚实现不到半年,中国与美国和欧盟之间的纺织品贸易争端升温速度,几乎超过了以往任何一起中外

贸易争端。为了照顾美国和欧盟一些国家的利益，中国做出了重大让步，中方宣布自2005年6月1日开始自行将75种纺织品的出口关税提高5倍。但是，中方的举措仍未获得美方和欧盟方面的理解。在这种情况下，中国方面迫不得已于2005年5月30日，宣布取消81种纺织品出口关税。中方这一立场，既针对欧盟，也针对美国，是针对世界上两个最为强大的贸易对手的挑战。

中国的强硬动作让美国和欧盟有些措手不及。2005年5月31日，欧盟新闻发言人连连惊呼"震惊"，咄咄逼人的新任美国商务部部长古铁雷斯在最后一刻，确定了奔赴北京的行程，开始与中国方面就解决这场贸易争端进行磋商，这在中美贸易史上还是第一次。与此同时，欧盟商务代表也来北京进行贸易磋商，结束了中外贸易中一直由外国人占据主动地位的历史。

如果把这场贸易争端看作是中美"贸易大战"的"发令枪"未免过于狭隘。但是，中国商务部的立场迫使美国和欧洲重新审视"自由贸易"的定义。对中国纺织品出口的伤害，首先是对美国和欧洲各国消费者的伤害，使他们失去了优质、优价的纺织品的消费。因此，冷静地坐下来，到谈判桌前进行谈判，是最有价值的明智选择。

在WTO原则框架内，中国这种强硬的做法有极其充分的理由。国家自由贸易的理论基础是参与贸易交换方，交换的是自己的比较优势：人力成本天然低下的中国向美国和欧洲出口有比较优势的纺织品；欧洲和美国向中国出口他们具有技术比较优势和资金比较优势的飞机、汽车、矿山机械等高技术含量、高资金投入的产品，是双方互利互补的贸易交换，符合世界经济发展规律，也有利于资源合理利用。

我们回顾这一古老的国际贸易理论只是想说明，中美纺织品贸易争端是美方将贸易问题政治化的结果。包括美国《华尔街日报》、《纽约时报》、《华盛顿邮报》等美国的各大主流报纸，都在开始反思这种贸易保护主义思维方式，舆论界一致认为美国政府的对华纺织品进口限制，只是一个政治出气孔，想借此迫使人民币对美元升值；但是，正如美国对华贸易专家凯德尔在《卡内基中国透视》的文章中所言，人民币对美元升值40%，给美国对中国的贸易逆差的影响只有5%。可是，如果人民币对美元升值40%，将同时重创美国经济和中国经济。

从1995年到2004年的10年间，中国出口增长的62%，来自于外国跨国企业驻中国的分支机构，如果限制中国产品的出口，可能会对这些跨国公司造成极大的损害，从而直接影响到该国的经济，这也正是美国的政府决策者必须考虑到的一个重要现实。

中美纺织品贸易谈判尘埃尚未落定，欧盟由于对进口中国纺织实行数量限制，致使大批的中国出口服装运抵欧洲各大港口不能入关。欧盟各国市场优质低价的中国纺织品脱销，给消费者带来不便，给经销商带来了巨大的损失。欧盟的这种设限政策，对本地区生产者有利，对经销商不利，对消费者也不利。面对社会压力，欧盟商务代表来中国进行磋商，经过连续35小时的谈判，终于达成协议，增加配额，使压关的中国纺织品入关。

中国的"反击"正是为美国和欧洲一些经济大国敲响了警钟。

第四节 本章小结

　　本章主要介绍了从 GATT 争端解决条款到 WTO 争端解决机制的变化，说明了 GATT 争端解决机制的一般程序包括：通知、协商、申诉与裁决、监督等步骤。GATT 争端解决机制的成就：一是促进了国际贸易领域的法治；二是对总协定规则的解释和发展具有重大贡献。GATT 争端解决机制的不足：一是关贸总协定的争端解决条款内部缺乏协调性；二是关贸总协定的争端解决条款缺乏明确的程序期限；三是总协定的管辖权有限；四是实体法规范的混乱。这些不足影响了 GATT 争端解决的效率。WTO 争端解决机制对此进行了改进，主要表现在参与争端解决的政府代表团的组成变化；当地救济原则得到了进一步地明确；当事方诉讼资格，专家小组的职责范围与管辖权，"判例"的地位，举证责任和解释原则都有了较大的变化。

　　WTO 争端解决机制的一般原则是继续遵守 1947 年关贸总协定管理争端解决活动的各项原则，解决争端而非通过争端解决过程制定新的法律规则，谨慎、善意地使用争端解决机制，尊重 WTO 争端解决机制的排他性。WTO 争端解决机制的基本程序包括专家小组程序、上诉程序和执行程序的运行。在解决争端进程中，要经过协商、斡旋、调解和调停、仲裁、专家小组程序、上诉机构、争端解决机构决定及其监督实施、制裁等阶段。同时 WTO 争端解决机制还保留了特别程序。

　　加入 WTO 后我国可能直接面对外贸冲突。WTO 争端解决机制为多边贸易体制的有效运转提供了保障。从一定意义上说，正是这一机制才使多边贸易体制的一整套贸易规则不再是停留在纸上的条文，而是一套能够发挥实际效力、并具有可操作性的游戏规则。对 WTO 每一个成员方来说，争端解决机制的作用是双重的：它既是一种保护其权益的手段，又是督促其履行应尽义务的工具。我国是一个发展中国家，要充分利用 WTO 争端解决机制解决贸易冲突。

案例分析

一、案情简介

　　美国 1974 年贸易法先后经过 1979 年、1984 年和 1988 年多次修改。其中该法的第 301 节至第 310 节（又称"301 条款"）是美国在其对外贸易中实施单方面贸易制裁的法律依据。其主要规定是，如果美国贸易代表确定美国根据任何贸易协定应该享受的权利被侵犯，国会授权贸易代表根据总统的指示，可以实施单方面的贸易报复；第 302 节规定调查的发起；第 303 节规定有关发起调查的磋商；第 304 节是对贸易代表在一定期限内作出裁定的规定；第 305 节规定裁定的实施；第 306 节规定对外国实施监督的规定等。

　　1998 年 12 月 17 日，欧共体与美国进行了磋商，但未取得满意结果。1999 年 1 月 26 日，欧共体请求成立专家组。1999 年 3 月 2 日，DSB 决定成立专家组。巴拿马、加拿大、古巴、多米尼加、圣卢西文、中国香港、印度、牙买加、日本、韩国、喀麦隆、哥斯达黎加、以色列、厄瓜多尔、哥伦比亚、泰国等国家和地区保留作为第三方介入本案的权利。1999年3月31日，专家组成立。1999年12月28日，专家组做出报告认为美国的"301条款"不仅适用于WTO成员，也适用于非WTO成员，并且美国政府声明"根据301节确定美国利益受到损害必须依据DSB专家组或上诉机构的结论"，实际上限制了美国贸易代表的权力，防止了美国贸易代表在DSB程序之前确认美国利益受到损害的做法。基于这一分析，判定美国胜诉。2001年1月27日DSU通过专家组报告。

二、案例分析题

1. 本案中美国"301条款"在文字上是否违反DSB的规定？
2. 本案中美国胜诉的根据是什么？
3. 本案给我们什么启示？

思考题

1. 关贸总协定争端解决条款的一般程序包括哪几个方面？
2. 关贸总协定争端解决条款有哪些成就？
3. 关贸总协定争端解决条款的不足有哪些？
4. WTO争端解决机制有哪些改进？
5. WTO争端解决机制的一般原则有哪些？
6. 请说明WTO争端解决机制的基本程序。
7. 专家小组的工作程序有哪些？
8. 简要分析WTO争端解决机制的双重作用。

第十一章　中国加入 WTO 的历程

学习目标　通过本章学习，了解中国"复关谈判"的过程，认识中国加入 WTO 的成功是中国改革开放取得的成果，是从计划经济向市场经济转变的成果。了解中国"复关"谈判过程中的一波三折，了解复关谈判没能成功有两个方面的原因。掌握中国加入 WTO 三原则的内容和三项具体要求。掌握中国坚持复关三原则的意义。了解加入 WTO 对中国经济的影响。培养学生用科学的发展观来看待中国经济：坚持中国的发展离不开世界，关起门来搞建设是不能成功的观点。必须积极顺应潮流，融入经济全球化之中。

中国"复关"、"入世"之路经过了漫长的 15 年。2001 年 11 月 10 日，WTO 第四届部长级会议审议并通过了中国加入 WTO 的决定。这一天，距 1986 年 7 月中国正式申请恢复关贸总协定缔约方地位，已经过去了 15 年。15 年间，中国"复关"和"入世"谈判跌宕起伏，艰苦卓绝。如此艰难漫长的谈判，在关贸总协定和 WTO 的历史上，绝无仅有。15 年的谈判历程，是中国改革开放不断深化的历程，是中国经济实力不断增强和对外贸易不断扩大的历程，是中国社会主义市场经济体制逐步建立和完善的历程，也是中国融入经济全球化进程的真实写照。15 年间，中国从追求温饱到实现小康，完成了一个历史性的跨越。迈入新世纪的中国正在日益强大，为实现中华民族的伟大复兴而奋斗。

第一节　中国的"复关"谈判

一、"复关"谈判的过程

中国的"复关"谈判从 1978 年开始酝酿，到 1994 年"复关"谈判失败，历时 16 年，大体经过了 4 个阶段，在这 16 年"复关"谈判中，一直伴随着中国共产党实事求是、解放思想、领导中国改革开放的过程，伴随着中国经济体制改革的进程。16 年的"复关"谈判虽然没有成功，但是中国的经济体制改革发生了天翻地覆的变化，回顾 16 年的历史可以给我们带来许多启示。

（一）"复关"酝酿阶段

1978 年，中国共产党召开的第十一届三中全会，恢复了党的解放思想、实事求是的优良传统。把中国的经济建设确定为各项工作的中心，使中国的社会主义建设事业进入一个崭新的历史阶段。十一届三中全会提出改革开放，加快发展国民经济，也必然要求进一步加强与发展国际间的经济联系和合作。这次会议产生的一个直接效应，就是要让长期封闭、半封闭的中国尽快融入到世界经济发展的潮流之中。

1980 年，中国先后在世界银行和国际货币基金组织取得了合法席位。在世界三个主要经济组织中，只有关贸总协定我们还没有参加。随着改革开放的不断深入和扩大，以及对外经济贸易的迅速发展，1982 年当时的外贸部给国务院提交报告，建议参加关贸总协定。报告认为，关贸总协定是规范当时世界贸易的一个组织，其成员在当时的贸易总量，占世界贸易总量的 85%。同时，中国与关贸总协定成员的贸易量，占中国整个进出口贸易量的 85%。这两个 85%说明了关贸总协定的重要性。无论中国参加与否，它的各种规则对中国都有直接或间接的约束力。所以，恢复在关贸总协定的缔约方地位，对我国的经济发展十分有利。

（二）"复关"谈判前准备阶段

1982 年 11 月，中国政府获得关贸总协定观察员身份，并首次派团列席了关贸总协定第 36 届缔约方大会。1982 年 12 月 31 日，国务院批准了中国申请参加关贸总协定的报告。从 1982 年至 1986 年近 4 年的时间里，中国政府进行了大量的准备工作。

1984 年 4 月，中国成为关贸总协定特别观察员。1986 年 1 月 10 日，中国国家领导人在会见关贸总协定秘书长邓克尔时，表示希望恢复中国在关贸总协定中的缔约方地位。

1986 年 7 月 10 日，中国驻日内瓦代表团大使钱嘉东，代表中国政府向关贸总协定递交申请，要求恢复中国的缔约方地位。至此，中国的复关、谈判拉开了序幕。1987 年 3 月，关贸总协定理事会成立了"关于中国缔约方地位工作组"，同年 7 月，任命瑞士驻关贸总协定大使基拉德先生为中国工作组主席。同年 10 月，中国工作组第一次会议在日内瓦举行，开始了中国的复关谈判。

（三）中国"复关"谈判第一个阶段

按照关贸总协定的规则，中国"复关"谈判分为两个阶段。第一阶段，是对中国的外贸体制进行审议；第二个阶段是实质阶段，进行双边市场准入谈判，并起草议定书。第一个阶段的谈判进行了 8 年之久，仅仅审议中国外贸体制就进行了 6 年。

关贸总协定缔结国对中国外贸体制的审议，实际上是对中国经济体制的审议。当时中国还是一个以计划经济为主的国家，而关贸总协定是在市场经济基础上建立起来的一个国际多边贸易组织。当时，各国代表提出的问题，很多是这两种不同经济体制的差别所带来的问题。在审议中国外贸体制时总共提出了 4 万多个问题，但归结起来只是一个问题，就是中国承诺还是不承诺搞市场经济。"市场经济"对中国复关来说，成为一道难以逾越的门槛。

这一问题，在中国坚持以经济建设为中心，坚持对外开放的实践中也不断被触及。中国复关谈判初期，市场经济在中国还是理论上的禁区，被认为是资本主义的东西。1978 年第四季度召开的国务院务虚会，对社会主义经济体制的提法是"计划经济和市场经济相结合"。1982 年召开的党的十二大，提出了"计划经济为主，市场调节为辅"的原则。1984 年 10 月，中共十二届三中全会进一步明确社会主义经济是"公有制基础上的有计划的商品经济"。1987年10月，党的十三大仍然延续了"有计划的商品经济"这一提法。

在复关谈判中，美国代表说：世界上只有两种经济，一种叫计划经济，一种叫市场经济，没听说过商品经济。欧盟的代表说：他们翻了词典，英文里没有商品经济这个词，请中国代表给予解释。由于"商品经济"这几个字，使中国复关谈判的外贸体制审议迟迟得不到通过。

1990年底，邓小平同志明确指出："资本主义与社会主义的区分不是计划、市场这样的内容。社会主义也有市场调节，资本主义也有计划控制。不要以为搞点市场经济就是走资本主义道路，没那回事。"1992年初，小平同志南巡讲话时，更加明确地指出：计划经济不等于社会主义，资本主义也有计划；市场经济不等于资本主义，社会主义也有市场。计划与市场都是经济手段。计划多一点还是市场多一点不是社会主义与资本主义的本质区别。改革开放总设计师的一番话，对于当时正处在理论十字路口的改革，如同拨云见日，也为复关谈判扫清了障碍。

1992年10月召开的党的十四大明确指出，中国经济体制改革的目标是建立社会主义市场经济体制，以利于进一步解放和发展生产力。1992年第八届全国人大一次会议，将《中华人民共和国宪法》第十五条修改为"国家实行社会主义市场经济"。"市场经济"4个字第一次写进中国的根本大法。

在党的十四大召开之际，外经贸部副部长佟志广正率团在日内瓦参加关贸总协定中国工作组第11次会议。事先已经写好了一个发言稿，内容是中国的改革开放自上次会议以来取得了很大进展。试图说服外国谈判代表尽早结束对中国外贸体制的审议。收到十四大报告，中国代表团马上放弃原稿，按十四大报告精神重写。佟志广团长在中国工作组会议上宣布，我们中国要搞市场经济——社会主义市场经济。也就是说是共产党领导的市场经济，就一般特征讲，与其他国家的市场经济没有区别。中国承诺搞市场经济，与关贸总协定的基本原则接上了轨。

这一承诺得到了关贸总协定缔约方的一致认可，工作组主席基拉德宣布结束对中国贸易体制的审议，进入实质性谈判。中方代表也宣布，欢迎缔约方与中方进行市场准入的谈判。持续了近6年的复关谈判终于完成了第一阶段的任务。

（四）中国"复关"谈判第二个阶段

从1992年12月开始到1994年8月，中国工作组又继续举行了6次会议。1994年4月，关贸总协定"乌拉圭回合"谈判结束，与会各方签署了《建立世界贸易组织协议》，开始向WTO过渡。1994年下半年，在WTO即将取代关贸总协定之前，中国与关贸总协定缔约方进行了密集谈判，希望在WTO成立之前，与主要缔约方达成协议，使中国顺利地以关贸总协定缔约方身份进入WTO。1994年8月，中国提出改进后的农产品、非农产品和服务贸易减让表，作为解决中国复关问题的一揽子方案。派出当时的海关总署关税司司长吴家煌为团长的市场准入代表团，与缔约方进行了50多天的谈判。然而，一系列谈判并没有向中国预期的方向迈进，在这场掺杂了政治因素的谈判中，一些缔约方提出的苛刻要求和态度让中国无法接受。1992年到1995年WTO成立前中国进行了最后的冲刺，复关谈判仍未能取得成功。

二、"复关"谈判破裂的原因

中国在"复关"谈判中，经历了冷战后国际形势格局的变化；中美关于劳改产品、知识产权和市场准入三个备忘录的相继签署和人权与贸易关系的脱钩等一系列复杂背景。使谈判过程一波三折。

美国对华贸易政策中，唯一可以向中国施加压力的杠杆，就是"复关"谈判。主要西方国家，基于中国经济贸易迅猛发展，对中国"复关"后的影响重新认识，在中国"复关"谈判问题上，不仅未能发挥积极作用，相反，却扩大了中国"复关"谈判的内容，拖长了谈判时间，致使主要缔约方对中国"复关"谈判采取了"滚动式要价"的做法。他们无视中国现阶段经济发展水平，要求中国提前从发展中国家行列中"毕业"，承担发达国家在关贸总协定中所承担的义务。

主要西方国家对中国议定书谈判和市场准入谈判的要价，不仅涉及贸易管理、关税与非关税措施、贸易政策统一实施和透明度等问题，而且把一些不属现行关贸总协定义务，如知识产权保护、服务业市场开放、农产品与纺织品贸易等放入谈判要价中。他们甚至还将纯属中国国内宏观经济调控措施和司法主权的事务，如指定经营、价格协调、财税政策和司法审查等也列入他们要价的范围。主要西方国家的做法，使中国复关后期谈判陷入一个怪圈。即"复关"谈判所面对变化中的中国经贸体制和关贸总协定多边贸易体制，不是谈判问题减少，谈判范围集中，而是越谈问题越多，越谈内容越广。似乎中国无论如何深化改革，完善经贸体制，离"复关"要求和目标都不是越谈越近，而是越谈越远。

为及早摆脱和打破这一谈判怪圈，增加有关各方的责任感与紧迫感，中国政府于1994年11月28日，及时明智地做出了"1994年底为结束中国"复关"实质性谈判最后期限"的重大决定，以推动主要缔约方丢掉幻想，要价适可而止，对中国"复关"谈判采取务实灵活的态度。但是，无论中国如何努力，最终还是被挡在了"入世"的大门之外。

中国"复关"谈判没有成功主要有两个方面的原因。

1. 美国等一些西方国家，把恢复中国关贸总协定缔约方地位的谈判，作为一种带有政治倾向的谈判。他们在谈判过程中，不断地出难题，提出许多非常苛刻的要求。中国是社会主义国家，在意识形态领域与西方一些资本主义国家存在着差异。但是，长期以来，美国政府总是要把资本主义的民主强加给中国人民。尤其是在1989年，北京发生了那场政治风波之后，美国等一些西方国家似乎找到了借口，使中国"复关"谈判成为一些发达国家试图制约中国、牵制中国的砝码，结果把中国"复关"谈判变成一场政治性很强的经济谈判，演变成一个重大的政治和外交课题。

2. 在当时的复关谈判中，国内一些部门一时还难以接受关贸总协定的规定。在中国国内，对于中国"复关"的问题看法不一，存在着不同的意见，也有一些不协调的地方。

毕竟中国刚刚从封闭的计划经济体制中走出来，就国家经济运行体制而言，与市场经济体制还有差距。客观来看，当时国内在思想认识和市场经济体制方面，还没有做好"复关"的充分准备。

第二节 中国"复关"、"入世"的三项原则

一、中国"复关"的三项原则与三个要求

中国"复关"谈判虽然没有成功，但是在整个谈判过程中，中国始终坚持自己的立场，始终坚持了三项原则与三个要求。

（一）中国"复关"的三项原则

1. 中国是"恢复"关贸总协定缔约国地位，而不是加入或重新加入。坚持这一原则，就是在国际事务中坚持一个中国的立场。任何搞两个中国、一中一台或台湾独立，都不符合中国人民的意愿。中国是关贸总协定的创始国，虽然当时是由国民政府代表参与关贸总协定的一些事务，但是，那时他代表了中国。1949年10月1日，中华人民共和国中央人民政府成立，标志着代表中国的政府发生了变化。但是，在世界上只有一个中国的客观事实没有改变。台湾政府不能代表中国，所以台湾政府宣布退出关贸总协定，也不能代表中国。此次谈判，中国是恢复在关贸总协定中作为缔约国的地位，而不是重新加入。

2. 中国以关税减让方式为承诺条件，而不是以承担具体进口增长义务恢复缔约国地位。坚持这一原则，就是坚持独立自主地发展中国的经济。中国的事情，要由中国人自己来办，这是中国一贯坚持的立场。早的1956年，周恩来总理在万隆会议上提出的和平共处五项原则中就指出：国家与国家之间要"互不干涉内政"，无论是经济的，还是政治的，自己国家的事情应当由自己国家的人民来选择。中国依靠他人发展经济已经有了教训。所以，在这次"复关"谈判中我们必须坚持以关税减让方式作为承诺条件，而不承担具体进口增长义务，保护我们的民族工业，维护国家利益。

3. 中国以发展中国家身份恢复并享受与其他发展中国家的相同待遇，承担与我国经济贸易发展水平相适应的义务。坚持这一原则，符合我国的国情。众所周知，中国是一个人口大国，但是经济发展水平还很低，是一个发展中国家。中国要以发展中国家身份恢复关贸总协定缔约国地位，并享受与其他发展中国家相同的待遇，这样才不能因为"复关"给中国带来过重的经济负担。我们"复关"是为发展我国的经济，提高我国人民的生活水平，而不是出卖我国的资源。也只有这样才符合中国最广大人民群众的根本利益。

（二）中国"复关"的三个要求

在坚持三项原则前提下，中国在"复关"谈判中提出了三项具体要求是：一是按关贸总协定原则，美国应给予中国多边无条件的最惠国待遇；二是根据关贸总协定第4部分和

"东京回合"授权条款,中国应享受发达缔约国给予发展中国家的普惠制待遇;三是按关贸总协定规定,欧洲经济共同体应当取消对中国实施的歧视性限制性措施。这三项要求,由于美国等一些西方国家对于中国经济体制的质疑,而没能得以实现。

二、中国"入世"三原则

(一)中国"入世"三原则产生的背景

中国的改革开放和社会主义现代化建设事业,没有因谈判的曲折受到影响,仍然在快速进行。1995年9月,中共十四届五中全会明确了到2010年建立和完善社会主义市场经济体制的历史任务,为中国发展社会主义市场经济作出了重大的战略部署。

1998年,美国总统克林顿首次访问中国。中国"入世"问题再次成为世人关注的焦点。1998年以来,中美双边政治关系的改善,创造了良好谈判气氛。克林顿访华,尽管象征意义大于实际经贸利益,但是,却给国际社会一个重要信号,中美已经结束了政治、意识形态和经济的对抗,美国要寻求与中国进行较为广泛的合作。其中,最重要的就是经贸领域的合作。1999年4月,时任国务院总理朱镕基成功地访问美国,使"入世"谈判进程加快。然而,同年5月8日,中国驻南联盟使馆遭受以美国为首的北约轰炸,又一次使谈判受阻。

面对以美国为首的谈判阵营对中国"入世"不切实际的要价,时任中国对外贸易经济合作部部长吴仪明确表示:"中国政府关于'入世'的原则立场是明确的,即以中国是发展中国家地位为前提,以'乌拉圭回合'协议为基础,承担与自己经济发展水平相适应的义务。本着上述原则,中国始终采取灵活务实的态度。"

1999年9月11日,时任国家主席江泽民与克林顿总统在APEC第七次领导人非正式会议上会晤时,再次谈到中美世贸谈判。江泽民说:中方对加入世界贸易组织一直持积极态度,中国加入WTO不仅是中国经济发展和改革开放的需要,也是建立一个完整开放的国际贸易体系的需要;我们希望谈判能在平等互利的基础上进行,争取早日达成协议。克林顿总统表示,美国支持中国尽早加入WTO,希望尽快结束同中国的谈判。

1999年11月10日至15日,中国外经贸部部长石广生率领中国代表团,与美国贸易代表巴尔舍夫斯基率领的美国代表团在北京进行了6天6夜的艰苦谈判。在谈判陷于僵局的最后关头,朱镕基总理亲自出面解决了分歧,达成了协议,使中美之间的谈判宣告结束。15日双方终于签署了《中美关于中国加入世界贸易组织的双边协议》。

15年漫长的"复关"、"入世"谈判,跨越了两个世纪。15年间,中国发生了巨大的变化;15年间,中国谈判代表团团长换了4任;15年间,一批黑发人谈成了白发人。在中华人民共和国的历史上,必将写下这令人难以忘怀的篇章。

(二)中国"入世"三项原则的内容

我国在加入WTO中坚持的三条基本原则是:第一条,世界贸易组织是一个国际性的组织,如果没有中国参加,世界贸易组织就是不完整的;第二条,中国必须以发展中国家的身份加入世界贸易组织；第三条，我们加入世界贸易组织愿意承担义务，但是权利和义务必须平衡。

1. 世界贸易组织没有中国参与是不完整的。为什么说没有中国参加的世界贸易组织就是不完整的？首先，中国作为世界上最大的发展中国家，人口占世界人口的 1/5，经济总量位居世界第 7 位；其次，中国是联合国安理会常任理事国，世界银行和国际货币基金组织的成员；第三，中国有世界上最大的一个潜在市场，对美国等西方国家具有巨大的吸引力。因此，没有中国参加，世界贸易组织就是不完整的。

"缺少中国，WTO 就不能称作真正的全球性贸易机构"，世界贸易组织总干事、泰国副总理兼商业部长素帕猜·巴尼巴滴在接受新华社记者书面采访时这样强调。中国加入 WTO 不仅对中国自身有利，还将使 WTO 以及整个国际贸易体制受益。因为只有中国这个世界上最大、人口最多的发展中国家加入 WTO，WTO 才能清楚地表明，它是真正的全球性贸易机构，才能促进国际贸易体制向更加公开、更加自由的方向发展。中国一旦成为 WTO 成员，将为世界各国在消费市场、资源、劳动力等方面提供巨大的机会。中国加入 WTO，无疑将有助于 WTO 内部制定更为公平的贸易谈判规则和议程。

2. 中国必须以发展中国家身份加入世界贸易组织。坚持以发展中国家身份加入世界贸易组织，是我国在谈判中始终坚持的一项基本原则。根据世界贸易组织的各项协议，发达国家和发展中国家需要履行的义务是有很大差别。发展中国家可以较长时间的过渡期，以进行经济结构调整，减缓开放市场所带来的冲击。我国认为，自己属于发展中国家的主要依据是按照国际通用的判断标准，人均国民生产总值超过 1 000 美元才属于发达国家，而中国直到目前尚没有达到这个水平。因此，属于发展中国家。

关于发展中国家地位问题。按照 WTO 的规定，发展中国家可以享受差别特殊的优惠待遇。中国如能以发展中国家地位"入世"，可以获得一些特殊照顾，对中国来说是较为有利的条件。但是，在一定程度上会放慢中国改革开放的步伐。如果仅依据中国改革开放以来经贸所取得的重大成绩，就不承认中国是发展中国家，既与国际通行和世界贸易组织确认的标准不符，也脱离中国的实际状况。中国的国情实际是发展中国家。

(1) 国际金融组织视中国为发展中国家。在世界银行《1993 年世界发展报告》中，按人均国民生产总值把世界各国划分为低收入国家、中等收入国家和高收入国家。其界定的标准是：人均国民生产总值在 636 美元以下的为低收入国家；人均国民生产总值在 637～7 909 美元为中等收入国家；人均国民生产总值在 7 910 美元以上的为高收入国家。该报告把中国划入"低收入国家"。因为，当年中国人均国民生产总值仅为 400 多美元。WTO 把人均国民生产总值在 1 000 美元以下的列为发展中国家成员，中国自当列入发展中国家行列。联合国发布的《1994 年人类发展报告》再次肯定了中国作为发展中国家的实际地位。

(2) 中国具有发展中国家共同的特性。中国的国际收支，存在发展中国家所具有的结构上的脆弱性。出口的一半左右集中在石油和纺织品上，出口结构比较原始，而且绝大部分为加工贸易和劳动力密集型产品,这是发展中国家具有的共同特性。中国已经采取了与其他发展中国家相类似的发展战略和经济模式。像许多发展中国家一样,中国也面临两个严重问题:一是技术引进问题,二是为引进技术而筹集资金的问题。

(3) 中国国情表明中国是发展中国家。只根据经贸发展速度和贸易地位,否认中国是发展中国家,则是以偏概全,不符合中国的实际状况。实际上,从总体看,中国不仅是个发展中国家,而且是较其他一些发展中国家困难更多的发展中国家。中国由于人口多、底子薄,使中国在发展过程中遇到了更多的困难。

① 中国人口众多,就业压力大。中国以近13亿人口的基数年均增长人口达成1 000万人。在新增加的国民收入中,既要保证新增人口的生活需要(约消费新增国民收入的1/4),又要使原有人口的生活有适当改善,还要保证增加积累,扩大经济开发的持续能力。目前,中国正处于人口增长型阶段,每年要安排700多万新增加的劳动力就业。

② 中国教育水平低,人口素质不高。如1991年,全国76%的县普及了初级教育,但仍有500万学龄儿童没有入学或中途辍学;中学入学率为44%,低于世界水平52.1%;大学入学率仅为1.8%,大大低于发展中国家8.3%的平均水平。近几年来政府虽然加大了教育投入,但是西部贫困地区的教育仍是困扰经济发展的问题。

③ 中国二元经济结构尚未改观。落后的农业与较先进的工业并存;城市与农村、东南沿海地区与西部大陆地区在技术、经济、文化、生活水平上存在相当大的差距。

④ 在贸易上中国是个低层次的发展中国家。1997年,中国人均出口贸易额仅为130美元,不仅低于世界人均贸易额699美元的水平,而且也低于发展中国家人均贸易额252美元的水平。服务贸易严重滞后,1997年在世界服务贸易中,只占1%,排名第22位。此外,中国出口制成品处于低水平,加工程度低;有优势的出口产品仍以资源密集型和劳动密集型产品为主。

实际上WTO及其成员方也是按照发展中国家来对待中国的。美国虽然没有给予中国普惠制待遇,但也承认"中国是一个发展中国家"。WTO主持下的多种纤维协议也把中国作为发展中国家。中国还参加了WTO欠发达国家非正式磋商会议。

3. 中国"入世"坚持权利与义务必须平衡。改革开放使中国走上小康之路。改革开放20年来,中国经历了历史性的伟大变革,特别是十四大明确提出了建立市场经济体制的目标。中国社会已进入了全面的转型期:实现了由高度集中的计划经济体制向市场经济体制的转化;所有制结构由以往单一的公有制,转变为公有制与私有制多种所有制并存;企业由行政机构的附属物,转变为自主经营、自负盈亏的独立生产者和经营者;分配方式由平均主义、吃大锅饭的供给制方式,转变为多种分配形式;政府管理经济的方式也由直接管理为主,转向宏观调控。中国社会形态的转变焕发了空前的生机和活力,使中国的社会文明化程度进一步提高,社会资源配置进一步优化,中国进一步走向世界,参加国际经济大循环,成为世界经济体系中不可分割的一部分。中国已基本具备承担应尽义务的能力。

(1)"入世"后中国享有的权利。按 WTO 的基本原则,中国"入世"后主要可以享有如下权利。

① 享受多边的、无条件的和稳定的最惠国待遇和国民待遇。"入世"后,我国的产品、服务和知识产权可以在所有的 WTO 成员方,享受无条件的最惠国待遇和国民待遇,而不必通过与各成员签署双边协定来获得此待遇。

② 享受普惠制待遇,和给予发展中成员方特殊待遇。享受 WTO 发达成员方给予发展中成员方的特殊待遇,而不需要向发达成员方提供相应的义务。

③ 享受贸易自由化成果。贸易自由化是指 WTO 各成员在货物、服务和与贸易有关的投资要逐步实现自由化。即各成员方保证履行 WTO 负责实施管理的、"乌拉圭回合"和以后 WTO 成员达成的协议与协定,逐步降低关税,减少贸易壁垒,消除国际贸易中的歧视待遇,扩大货物、服务和与贸易有关的投资方面的准入度。

④ 在多边贸易体制中享有决策权。"入世"之前,中国在 WTO 中以观察员身份参加,只有表态权,没有表决权。"入世"后,中国参与各个议题的谈判和贸易规则的制定,既有发言权,又有决策权,有利于维护中国在世界多边贸易体系中的合法权益。

⑤ 享有利用争端解决机制,解决贸易争端权利。中国"入世"后,在与 WTO 其他成员方发生贸易摩擦与贸易纠纷时,有权依照 WTO 的争端解决机制,邀请它们与我国共同解决贸易摩擦,如果双边解决不成,可上诉到 WTO 争端解决机构,由其出面解决。

(2)"入世"后中国承担的义务。在我国享有作为 WTO 成员所应享有的权利的同时,按照有关市场准入承诺承担相应义务。加入 WTO 后,我国应履行的义务有以下内容。

① 削减关税。加入 WTO 后,中国必须逐步降低关税水平,从 1995 年的关税总体水平 15.3%进一步下降到 2005 年的 10%。

② 取消非关税壁垒。WTO 的最终目标是要完全实现贸易自由化。"入世"后,中国必然要按照 WTO 的要求削减进出口配额、进出口许可证、外汇管制及技术检验标准等非关税壁垒。到 2005 年,全部取消 400 种进口配额。

③ 开放服务业市场。加入 WTO 后,中国应当逐步地、有范围地、不同程度地开放服务业,提高中国服务业的质量,增强中国服务业的竞争力。

④ 强化对知识产权的保护。根据 WTO 与贸易有关的知识产权协议的要求,加强对知识产权的保护。

⑤ 逐步实现与贸易有关的投资措施自由化。中国加入 WTO 后,在外资政策上要作出调整,给予外国投资者真正的国民待遇。

⑥ 接受争端解决机构裁决义务。在享有与 WTO 成员方磋商解决贸易摩擦,通过争端解决机制解决贸易纠纷的权利的同时,也有接受和履行 WTO 其他成员方磋商解决贸易摩擦和接受 WTO 争端解决机构裁决的义务。

⑦ 缴纳会费。按在世界出口中所占比例缴纳一定会费。

三、中国坚持"复关"、"入世""三原则"的意义

中国在 47 年艰苦的"复关"、"入世"谈判中，所坚持的"三原则"在表述上有所不同，但是就其精神内涵是一致的。坚持"复关"、"入世"对中国的经济发展、政治地位和国际影响都具有十分重要的意义。

（一）维护国家的政治主权和经济的自主地位

首先，从政治上来说，中华人民共和国政府是代表中国的唯一合法政府。作为一个在政治上强大的发展中国家，特别是作为联合国有否决权的常任理事国，在关贸总协定中的席位必须予以恢复，这是事关国家威望和国家尊严的重大问题。

其次，从法律上看，台湾地区当局代表中国退出关贸总协定是非法的和无效的。中国要求恢复关贸总协定缔约方地位是符合国际法的。根据国际法上的"有效统治"原则，一个国家的新政府，必须在本国领土内建立起实际上的控制和有效地行使政权，才有能力和资格代表该国家，独立地进行国际交往，并履行国际权利和义务。从 1949 年 10 月 1 日起，被推翻的国民党当局无权代表中国。因此，1950 年 3 月 6 日擅自决定退出关贸总协定是非法的和无效的。根据国际法，在一国发生政权更迭的情况下，要发生政府的继承。旧政府在国际条约中的权利和义务，应由新政府根据需要决定是否予以继承。《中国人民政治协商会议共同纲领》第 55 条规定："对于国民党政府与外国政府所订立的各项条约和协定，中华人民共和国中央人民政府应加以审查，按其内容分别予以承认、或废除、或修订、或重订。"按照这条规定，条约是否继承要以条约的性质和内容为依据。这既符合中国的实际情况，又符合国际法的继承权利。因此，中国有权要求恢复关贸总协定缔约方地位。

另外，从事实上看，中国是关贸总协定缔约方，只是由于历史上的原因，曾一度中断了与关贸总协定的联系，因此，根本不存在"重新加入"的问题。

加入 WTO 后，我国作为正式成员，有了相应的发言权和表决权，改变了过去的观察员身份，政治上和经济上都十分主动。同时可以享有发展中国家成员应享有的权利，运用 WTO 允许的保护手段和过渡期安排，合理合法地对我国的幼稚工业、市场环境和产业安全进行必要的保护。

加入 WTO 以后，我国将直接参加新一轮的多边贸易谈判，通过参与制定国际间的贸易规则，更加主动地保护我国的正当权益和发展中国家的利益。

（二）保护国家的经济基础和国内经济的健康发展

中国申请"复关"、"入世"并非权宜之计，而是出于长远的战略考虑，是改革开放的一个重要组成部分，对于发展对外经济贸易和促进经济体制改革有着重要意义。作为占世界 1/5 的人口的大国，中国理应全面参与制定 21 世纪的世界经济贸易规则。随着中国经济体制改革的推进、对外开放政策的具体实施，恢复关贸总协定席位客观上就成为一种必然的选择。

首先，大力发展对外贸易。1978 年，十一届三中全会提出了进行经济体制改革和对外

开放、对内搞活的经济政策。这大大加强了中国对外贸易在国民经济中的地位。随着对外开放的进行，对外贸易总额迅速增加。1978年对外贸易总额约为206亿美元，1986年达到738.5亿美元。其中，与关贸总协定缔约方的贸易额约占中国对外贸易总额的85%左右。由于没有恢复关贸总协定缔约方席位，在国际贸易中不能获得作为关贸总协定缔约方所享受的一些权利。"复关"后，可使中国受益于多边贸易体制，获得无条件的最惠国待遇和公正、公平与稳定的对外贸易环境，这对进一步改善中国对外经济贸易发展的外部环境有着重要意义。

其次，促进经济体制改革的深化。根据关贸总协定原则与规则在公平基础上竞争，可促进企业在国际竞争中提高经济效益，更好地参与国际竞争。按关贸总协定的要求，缔约方要增加外贸制度的透明度和外贸政策法规的全国统一性，这对逐步减少贸易扭曲，消除地方保护主义都有重大的作用。

因此，在当时世界各国贸易保护主义盛行的情况下，借助关贸总协定解决贸易争端的程序，可加强中国的谈判地位，有利于中方同贸易伙伴磋商和解决贸易争端，维护中国的经贸权益。

（三）实现与国际经济贸易的接轨，融入世界经济一体化之中

中国加入WTO积极参与国际经济事务和制定国际贸易规则。1980年，中国恢复了在国际货币基金组织和世界银行中的合法席位。通过这两个组织，中国获得了一些中、长期优惠贷款和技术援助，促进了经济建设和对外开放。但由于在协调国际经济政策方面，国际货币基金组织和世界银行与世界贸易组织有密切的联系，加之获得的贷款大多数与贸易有关，为了全面地参与国际经济事务，中国很自然地考虑参加WTO。更为重要的是，通过加入WTO，中国可获得参与制定贸易政策与规则的权利，实现在国际事务中"参政议政"的目标。

中国加入世界贸易组织有利于抑制其他国家的贸易保护主义。20世纪80年代初，西方国家贸易保护主义的加强，使中国的出口产品受到来自许多关贸总协定缔约方的不公正对待。例如，欧共体对中国许多产品有单方面的数量限制。中国的一些出口产品，常常被进口国征收严于其他国家的反倾销税。中国不能利用关贸总协定有效地解决贸易争端。对方也因中国不是关贸总协定缔约方，而不受关贸总协定法规的约束。因而，在双边谈判时中国经常处于不利的地位。在《多种纤维协议》仲裁的经历使中国看到了是否作为关贸总协定缔约方的一些差别待遇，这促使中国下决心恢复关贸总协定缔约方地位。因为参加《多种纤维协议》后，一方面，使中国纺织服装出口得到稳定的发展，从1984年的66亿美元发展到1991年的178亿美元；另一方面，使中国在同西方国家进行纺织品贸易谈判中处于有利的地位。通过谈判，取消了对中国纺织品出口的一些限制。并通过《多种纤维协议》，较好地解决了中美贸易中关于纺织品贸易的争端。

加入WTO后，我国将享受其他WTO成员方的市场准入承诺结果，扩大我国的外贸出口。按照承诺，美国将改变过去每年对我国进行正常贸易关系审议的歧视性待遇，给予我国永久性正常贸易关系。

加入 WTO，促进了中国和其他国家、地区经贸关系的改善，利用 WTO 的争端解决机制，减少西方国家对我国随意的单边歧视性限制，有利于改善我国经济发展所需要的外部环境。

第三节 "入世"对中国经济的影响

中国需要 WTO。邓小平同志早就指出："中国的发展离不开世界"，"关起门来搞建设是不能成功的"。经济全球化对发达国家和发展中国家在收益和风险上并不均等，但发展中国家若不想长期落后，就必须顺应潮流，积极融入经济全球化。加入 WTO 后，意味着中国的经济环境有重大实质改善。中国外贸依存度已高达 35%，加入 WTO 对刺激经济活力、增加进出口、促进外资流入、创造就业都会起到明显的促进作用，特别是在吸引外资方面意义重大。目前，中国改革正进入攻坚阶段，加入 WTO 可以推动改革取得突破性进展。

对中国企业来说，当前遇到的困难主要来自于新旧体制的交替，来自于改革滞后于开放所产生的不协调，其出路是加速改革，以开放促改革，特别对传统上实行高垄断、高保护的产业，需要通过有步骤地引进国外竞争来进行改革，使其焕发生机。

一、"入世"对中国经济的总体影响

"入世"后对中国经济的影响是多方面的，既有积极意义也有消极影响，但是从总体上看，积极意义，要大于消极影响。所以"入世"会给中国带来巨大的利益，纵观"入世"后对中国经济的总体影响，可以归纳为十个方面的。

（一）中国"入世"将形成"三赢"的结局

中国加入WTO，实际上可以看作是中国、美国和WTO"三赢"的结果。众所周知，尽管中国是一个发展中国家，但其经济总量在全球排第七位，并已经成为世界第十大贸易国，21世纪对世界经济的影响将更为显著，没有中国加入的世界贸易组织将是不完整的，其作用必将受到很大影响，中国"入世"是WTO实现其普遍性的需要。

对于美国来说，中国加入WTO实现了中美双边贸易发展的格局和利益关联的一般需要，并可逐步解决对华贸易巨额不平衡问题。

对于中国来说，经过15年的艰苦谈判，终于实现了以发展中国家的身份加入WTO的目的，它意味着中国可以依法享受发展中国家的优惠安排、幼稚工业的保护、出口补贴、关税制度的弹性规定，以确保国家有足够的宏观调控手段调节经济。

总之，中国以发展中国家的身份"入世"，它确保了"入世"后所承担的义务与中国现阶段发展水平相适应，从而大大减少了"入世"后造成对中国产业的负面影响。

（二）中国"入世"标志着改革开放进入了一个新阶段

中国改革开放的实践证明，愈是改革开放较早的行业，发展就愈快。同时，我们也应看到，经过改革开放，中国已处于十分关键的时刻。国企改制问题、市场疲软问题、失业问题、社会保障问题，等等，中国经济遇到的所有困难全部都涉及到社会政治经济稳定的大局，处理不好这些关键问题，不进则退；加入WTO，从改革开放的逻辑上讲，可以借助外资和外在的推动力，促进改革进一步发展，突破改革进程中的瓶颈问题。所以，中国成功"入世"，标志着中国的改革开放已进入了一个新阶段。

（三）中国"入世"有助于参与经济全球化的进程

中国以一个有巨大潜力和庞大经济体系的发展中国家身份加入WTO，可以在规则上发挥影响力，参与规则的制定，而不仅仅是被动地执行，从而可以提高中国在国际社会中的地位，提高发展中国家和地区在讨价还价中的分量，促使其尽快融入世界经济的主流，参加经济的全球化进程和与世界经济的互接互补；与此同时，有助于打破国内地方保护主义和部门垄断，借鉴各成员国建立现代企业制度的经验，加速完善我国的社会主义市场经济体制建设和法治建设。

（四）中国"入世"将会促进资源合理配置和提高综合国力

据研究测算，中国到完成各项加入WTO的承诺之后的2005年，其GDP和社会福利收入将分别提高1 955亿元人民币和1 595亿元人民币（1995年价格），占当年GDP的1.5%和1.2%。如此巨大的收益，主要源于根据比较优势，重新配置资源所导致的效率提高。此外，中国"入世"之后，为某些行业带来了巨大的机遇。例如纺织品进口的发达国家，已于1995年开始实施逐步取消纺织品进口配额的协议，但对中国一直在增加纺织品配额限制，并要求中国继续签订配额的协议，减少中国纺织品出口。加入WTO后，根据其规定，在2005年之前须分阶段取消纺织品配额，美国及其他发达国家限制中国纺织品出口的歧视性配额将被取消。纺织品、服装和鞋帽是中国传统的出口商品，约占中国对外出口总量的20%。

除纺织服装业外，加入WTO，对中国部分化工产品及部分钢铁产品出口也十分有利。对已具规模和技术成熟的彩色电视机、洗衣机、电风扇、自行车、玩具、制笔业、文教用品、食品罐头行业和部分机电产品也很有利。

（五）中国"入世"有利于引进外资和拉动内需

从长期看，中国"入世"后将会大大改变投资环境，法律的透明和国民待遇的实现，将会吸引大量外国资本。据预测，到2005年将能得到1 000亿美元以上的外国投资（而整个20世纪90年代的10年中吸收的外资也没有超过2 500亿）。

"入世"后经济效益的产生，来自于中国参与国际分工后，分享经济全球化所带来的效率收益。但是上述效率收益并不是在各产业部门间平均分配的，其结果必然是进行较大的经济结构的调整。汽车、仪器仪表、棉花、小麦等受到保护的部门和资本密集型部门，其产出水平将会受到较大影响，而纺织、服装等劳动密集型部门将会受益。加入WTO也将给中国带来巨大的压力和严峻的挑战。

（六）"入世"后将会带来一些体制上的震动和冲突

中国的市场经济体制，与WTO的基本原则之间，存在一个根本共同点，即市场经济。但是，现行的经济体制与WTO的基本原则之间，也存在许多重大差距。例如，除了经济方面的以外，还有理念、文化、政治、传统等方面的诸多差异。它们必然会带来体制上的巨大震动和冲突。一方面是建设有中国特色的社会主义市场经济体制，另一方面是遵循WTO的"通则"参与国际分工，一系列崭新的重大理论和实践课题会摆在我们的案头，需要运用世界市场经济的一般通则，结合中国的实际，重新构建和完善具有中国特色的市场经济体制。但是，局面更复杂了，形势更严峻了：与其高喊WTO是"狼来了"，不如将其视为一把"双刃剑"。问题在于如何将之运用自如，使其能够为建设有中国特色的社会主义市场经济体制服务。近期遇到的课题，其性质、时间、范围、程度，与"入世"之前相比，均不能同日而语。合资或独资企业的行业覆盖范围、规模、经济影响力和控制力与今天相比，都将会发生巨大的变化。简而言之，体制上的差异性调整和适应需要很长的时间。

（七）宏观调控难度增大，受世界经济波动影响的可能性增加

加入WTO之后，中国产品对国际市场的依存度增加，固定资本投资对国际资本市场的依赖也会增加。尤其是按承诺的期限，若干年以后，银行、证券、外汇等市场全面开放，国际商品市场、国际资本市场的波动对中国的影响必将十分明显，国际金融风波对中国的影响也将会甚于以往。当然，开放金融服务市场并不等于实现人民币在资本项目下的自由兑换。但是，尽管如此，对中国银行体系还是会带来巨大冲击。金融安全一旦出现问题，就必然会对国家安全产生重大影响。

（八）劳动力部门转移将会产生重大调整，就业压力将会增大

中国农业部门所占的就业比重很高，占就业人口总量的60%以上。由于农业生产集约程度较差，在粮食等大宗产品生产上缺乏优势，价格与国际市场存在差距。"入世"之后，农产品市场受冲击较大，大量农业劳动力需要转移到工业和服务业，据研究，从1999年到2010年间大约近100万农业劳动力需转移到其他部门。劳动力在部门之间的转移或称产业结构的调整，必将带来相应的调整成本。此外，"入世"之后，关税和非关税壁垒的大幅下降，必将对竞争力不足的产业产生冲击。信息、金融、化工、制药、汽车、机械等某些资金技术含量较高的行业和产品将会被迫逐渐退出市场，从而造成新的就业压力。1999年国有企业下岗职工人数为700万人左右，每月生活费为170元人民币、加上代缴的社会保险费可领取253元人民币左右。下岗职工人数的激增，在社会保障体系很不完善的条件下，必然为国家财政带来新的压力。

（九）加大收入分配不公

"入世"后对农业部门的冲击很可能会导致农村居民的收入减少，一部分农业劳动力转移到其他部门。2005年，全国农民人均纯收3 255元人民币，城镇居民可支配收入为10 493元人民币，两者收入比为3.22∶1。城乡之间收入差距的扩大，会为社会稳定带来潜在的负面影响。

(十)对知识产权保护力度的强化将会让出一定的市场份额

知识产权涉及每一个行业,但它本身又不专属哪一个行业。中国"入世"后,必须要全面履行自己在知识产权领域中应承担的权利和义务,加强对知识产权的保护,特别是对假冒、盗版行为进行有效、有力的打击和制裁,其结果将使那些缺乏创新能力、缺乏品牌、依靠仿制生存的企业被淘汰出局,最终不得不让出一定的市场份额。从长期看,我们的企业要生存、要发展、要想在更大程度上参与国际竞争,就必须更多地依靠和运用知识产权,来激励和保护自己,提高掌握和运用知识产权保护的能力和水平。

另外,中国"入世"后给两岸三地的发展,起到极大的推动作用。在中国加入WTO之后,作为独立的关税区也加入该组织的台湾地区,不得不取消大多数对祖国大陆进行直接贸易的禁令,本来已是台湾地区第二大贸易伙伴的祖国大陆会更加扩大与其贸易总量。中国"入世"降低关税,更加促进台湾地区的石化、钢材和电子等最具有竞争力产品流向祖国大陆。同时,同为WTO成员,台湾地区当局不得不开放"三通",这将有利于祖国的统一。

中国"入世",对香港来说更是充满了机遇。香港回归祖国怀抱,使香港与内地的经贸关系更为紧密。中国加入世贸组织,促使香港与世界的经贸关系进一步发展。

二、"入世"对中国产业的影响

中国是一个发展中国家,经济发展水平还很落后,市场经济还不充分。由于WTO,是以市场经济为基础建立起来的,加入WTO对中国经济还会有一些不适应,会对中国经济会产生许多负面影响,但是这些影响都是暂时的,只要我们充分认识,积极对应,就一定能够消除它。

中国加入WTO意味着中国经济发展进入了一个全新的时期,其对不同的部门、不同的行业所产生的影响是不同的。对同一部门、同一产业的长期影响和短期影响也是不同的。我们应采取积极的态度,深入研究WTO,趋利避害,利用加入WTO所带来的机遇,迎接新的挑战。

1. 农业。长期以来,我国的对农产品进口,实行保护性的关税政策。虽然对粮、棉、油进口免征关税,但是对其他农产品进口则设置了50%~100%以上的较高关税率,以及计划配额、进口许可证、技术卫生标准检测等非关税措施。"入世"后在5年内逐步取消农产品出口补贴,取消所有进口配额和数量限制,允许私营进口商参与进口经营。这将使政府对农业,特别是粮食的宏观调控能力将受到影响,不能再用传统的办法通过国有外贸部门的垄断地位,把进口数量控制到配额数量以下。我国农业除面临上述诸多问题外,也获得了诸多发展机遇:可以享受世界贸易组织成员国的普惠待遇,改善出口环境,扩大出口渠道,弥补我国人均资源不足的缺陷。为调整农业结构和进出口结构、实现产品品质升级提供了有利条件。加入WTO有利于促进国内农产品流通体制改革、促进农业产业化的发展。

2. 钢铁业。目前,我国钢铁企业新产品开发投入不足,而国际钢铁企业新产品开发费用，一般在年销售收入的4%以上。就目前我国钢铁企业的状况而言，在短期内达到这一水平还有一定的难度。"入世"后，国内外市场广泛接轨，而我国的再投资建设成本相对高，这将影响到我国高技术钢材产品的发展。另外，钢铁行业的经济效益会有较大下降。各类钢材价格将与国际市场趋于一致，由于我国钢铁工业生产成本偏高，因而全行业经济效益近期内将受到较大的影响。

3．石油石化工业。"入世"对我国石油石化工业将面临不同的压力。

（1）"入世"对我国石油石化工业的影响在各子行业中表现出较大的差异。石油开采行业：原油进口关税实行定额关税制，关税减让对该行业影响较小；石油化工行业：主要靠较高水平的关税得以保护，关税平均水平从17%减到9%，导致现有的化纤、化工产品的国内市场占有率下降约50%，但对已形成系列化产品生产能力的大型企业影响较小；石油炼制行业：该行业受影响最大，因为行业企业规模较小，小炼油厂数量众多，炼油成本高于国际一般水平；成品油销售行业：由于国外大石油公司销售机构的进入而受到挑战。

（2）经济效益受到较大冲击。"入世"后，履行关税减让、取消配额许可证、给予外国公司贸易权和分销权等市场准入义务，将导致大量石油石化产品进口，市场价格下跌，严重影响我国石油石化工业的经济效益。

（3）市场占有率下降。部分产品缺乏价格竞争力，新产品开发能力弱。在国外产品的竞争下，国产石油石化产品的市场占有率将有所下降，其中聚烯烃生产能力增长不足，按现有竞争水平估算，其市场占有率将下降近十个百分点。

（4）利用外资和引进技术的难度加大。这是因为：

① 国际超级跨国集团将从过去的资本垄断，逐步转向技术垄断。

② 国外资本更倾向于在我国独资建厂。

③ 在全球生产过剩的情况下，市场成为远比技术、资产以及自然要素更为稀缺的资源。

4．机械工业。从总体上看，"入世"对机械工业的影响是有限的，但缺乏竞争力的大批企业面临困境，大部分机械产品受到冲击在所难免。受冲击的对象大体可分为两类：正在起步的高技术、高附加值和精加工、深加工的行业；低水平重复建设，没有形成经济规模、产品价格高于国际市场价格的行业。"入世"后，国际国内机械产品市场一体化的进程加快，这有利于推动我国机械工业的发展。

（1）促进企业经营机制由被动型向主动型转变。国内企业面临全球竞争的压力进一步加大，促使国内企业按国际的标准体系、市场需求、价格水平和营销惯例来组织生产经营活动，推动技术进步。

（2）有利于技术引进、利用外资，促进机械产品的升级换代。"入世"后将增强外商投资的信心，促进其对技术密集与资本密集型的机械工业的投资，从而带动产品结构和企业组织结构的调整与优化。

（3）我国机械产品可以自动享受进口国的最惠国待遇和国民待遇，改善机械产品的出口环境，促进我国机械产品出口市场多元化。

5. 汽车工业。汽车工业是受进口保护程度最高的工业部门，"入世"后，到2005年的过渡期内，我国汽车整车关税税率降至25%～35%，汽车零部件关税税率降至10%，汽车进口配额全部取消。轿车行业面临着十分严峻的考验。"入世"对中国汽车工业的影响本书已在第五章中做了介绍在此不再赘述。

　　6. 信息技术产业。"入世"前我国的信息技术产品进口关税平均税率为13.3%。"入世"后，在2005年实现零关税，取消了有关国外企业必须向我国转让技术、增加出口配额等市场准入限制。以信息技术为中心的高新技术是世界各国争夺的制高点，发达国家为占据我国信息技术产品市场，在技术方面对我国实行更加严密的封锁和控制。以"技术换市场"、"以市场换市场"的限制措施取消后，我国获得国外先进技术的难度增强。随着我国信息技术产品市场需求的增长，境外产品的进口将大量增加，市场的争夺方式将趋于多样化。另一方面，由于信息技术产业的许多核心技术和高新技术大多数掌握在发达国家手中，我国信息技术产业在竞争中处于劣势。

　　7. 电信服务业。中国政府在中美双边协议中承诺，允许外国资本在中外合资电信服务企业中，拥有49%的股份，经营1年后可达到50%；外国国际互联网服务商（ISP）获准对华投资；外国公司可以参与中国的卫星通讯业务。加入WTO对中国电信服务业的影响可谓先有弊后有利。"入世"对我国电信服务来的影响主要是：促进我国电信业的改革与重组和服务水平的提高。

　　另外"入世"也对金融保险服务业。旅游服务业的影响本书第七章也有介绍，不再重复。

三、"入世"后给中国带来的挑战

　　在中国加入WTO已经成为现实的时候，人们所关注的往往都比较具体，像家电业、银行业、电信业、机电业、汽车业、化工业、农业会受什么样的冲击，等等。这些冲击的确是迫在眉睫的，因为这些行业高度垄断的局面很快就要被打破。例如，在电信业，外国电信公司占有49%的投资股份，自投资之日起2年可以提高到50%；在银行业，外国银行在中国加入WTO 2年之后可以与中国公司开展人民币业务，5年之后可以从事零售银行业务。外国保险公司可以拥有50%的股权，中国还要增加设有外国银行和保险公司的城市。然而，在这些具体的冲击背后，还有更大的冲击，这种冲击甚至决定着中国社会的发展方向，给中国带来更大地挑战。

　　1. 更新观念势在必行。有人认为，如果说加入WTO后中国面临着一些挑战的话，最大的冲击就是对过去观念的冲击。为适应加入WTO的新形势的要求，中国企业与政府官员首先应更新观念，调整心态，与时俱进，积极面对"入世"，大胆迎接挑战。中国加入WTO，应进一步强化法制观念，培养遵守规则、规范的意识，建立信用体系，这是中国目前市场经济发展过程中面临的最重要的问题。中国实行市场经济虽然已经若干年了，但比起实行了几十年、上百年甚至几百年其他国家的市场经济来说，不仅脆弱得多，而且仍有很强的东方式的计划经济痕迹。市场经济的最基本要求,如公平、法制等,还没有达到或者没有完全达到。其表现为:一是许多领域还不允许有竞争或对竞争进行种种限制;二是各种经济成分之间的竞争不是在同一起点上;三是首长决断意志强,以及他们责权利不对等;四是非经济因素在一定范围和一定程度上还起着不小的作用。加入 WTO 之后,一方面国际社会对中国的要求更加严格,另一方面中国也只有不断地完善自己的市场经济体制才能适应国际社会。所以,加入 WTO 表明中国彻底走向开放的同时,也意味着中国要彻底改革经济体制。

2. 转变经营管理机制是企业的当务之急。中国所面临的不仅仅是跨国公司本土化和中国资本国际化的问题,更为重要的是改变运行机制、管理方式、思维方式,使中国经济充满活力的同时能够更加规范化和法制化。

中国多数企业竞争能力不强,在很大程度上就是经营机制问题。中国制造业企业与发达国家的差距大致可以用"低、散、弱"3 个字概括。一是总体技术水平较低。中国制造业企业缺乏自己的核心技术,技术创新能力不强。国外大型企业的研发费用一般占销售额的 4%~10%,而我国制造业研发费用占销售额的比重还不到 1%。从绝对值上看,我国机械工业的科技研发费用仅为美国的 1/50。国内企业的产品平均生命周期过长。二是产业组织机构不合理,投资分散。产业集中度低,而且产品趋同化现象严重。三是经营管理能力较弱。劳动生产率不高,有很多企业销售收入虽然上去了,企业规模虽然看起来做"大"了,但是,由于经营管理能力不强,劳动生产率和利润率非常低。劳动生产率的低下,使我们在劳动力成本上的优势受到了较大程度的削弱。

因此,建立符合国际规范的经营和管理机制,积极探索和运用现代化管理手段,大力推进制度创新,推进企业内部和外部资源,最大限度地有效整合,由粗放式经营真正转变为集约经营,已成为中国企业的当务之急。

3. 一些产业面对更激烈的竞争。随着更多的境外产品和服务业进入国内市场,我国的一些产业将面对更激烈的竞争,特别是那些成本高、技术水平低和管理落后的企业会遭受一定的冲击和压力。

4. 把人力资源的开发、管理放到突出地位。企业有必要把人力资源的开发和管理,放到突出位置。对于人才,一要培养,二要留住,三要使用。在全球化的浪潮面前,中国只有迎接挑战,才有可能成为新世纪的强盛的大国。正是从这个角度,英国《经济学家》杂志上的文章断言:加入世界贸易组织是"中国真正的大跃进"。

第四节 本章小结

本章主要回顾了中国从"复关"谈判到"入世"谈判的全过程。整个谈判前后经历两个阶段,1994 年前的谈判,是围绕中国"复关"的谈判,1995 年 WTO 成立以后,谈判转为"入世谈判"。在谈判中,中国始终坚持了"根据权利与义务平衡的原则,承担与自己经济发展水平相适应的义务;中国愿意以'乌拉圭回合'协议为基础与有关 WTO 成员方进行双边和多边谈判,公正合理地确定'入世'条件;中国是一个低收入的发展中国家,应享受发展中国家待遇。"的三原则,坚持自己的立场。中国"复关"谈判失败的原因,一是西方一些国家在"复关"谈判中加入了许多政治因素;二是我国国内一些人对此准备不足。中国"复关"的失败并没有影响中国改革开放的步伐。中国改革开放的成果,中国经济发展的事实,中国坚持加入 WTO 的诚意,最终赢得了世界,敲开了 WTO 的大门。"入世"后中国成为世界经济大家庭中的一员,享有享受多边的、无条件的和稳定的最惠国待遇和国民待遇,享受普惠制待遇。享受 WTO 发达成员方给予发展中成员方的特殊待遇;享受贸易自由化成果;在多边贸易体制中享有决策权;享有利用争端解决机制解决贸易争端权利等权利,同时也应承担多种义务。另外,"入世"也会对我国带来十个方面的影响。这十个方面的影响,对我们既是挑战,也是机遇。本章认真分析了"入世"对我国农业、工业、金融、服务、电信等各个行业的影响,目的是要把不利影响,减少到最小。

案例分析

一、案情简介

2005 年 7 月至 8 月,大约有 8 000 多万件中国纺织品积压在欧洲各大港口,其中 30%左右没有付货款。

中国是世界上最主要的纺织品出口国。2005 年 1 月 1 日纺织品全球配额取消后,美国和欧盟声称因为中国纺织品的涌入扰乱了其国内市场,相继对中国纺织品采取限制措施。

根据"乌拉圭回合"谈判所达成的《纺织品与服装协定》,规定在 WTO 正式成立后的第 121 个月的第一天(2005 年 1 月 1 日),全球纺织品贸易的配额制度如期取消。

自 2005 初国际纺织品贸易配额制度取消后,中国纺织品出口巨增,欧盟一季度从中国进口的 T 恤和麻纱"分别增长了 187%和 56%"。2005 年 4 月,欧盟先后对 10 余种中国纺织品启动了设限调查。2005 年 6 月 11 日,中欧就中国部分输欧纺织品问题签署了备忘录,欧盟承诺对纺织品终止调查。中欧双方同意,在 2005 年 6 月 11 日至 2007 年底期间,对上述 10 类纺织品合理确定基数,并按照每年 8%至 12.5%的增长率确定中方对欧出口量。

从 2005 年 6 月 11 日签署备忘录到同年 7 月 20 生效之间,存在一个"空当期"。2005 年 6 月 11 日以前启运的中国纺织品和服装,管理体制照旧;2005 年 7 月 20 日之后,欧盟凭中国发放的出口许可证与配额剩余数量发放进口许可证。因此,对于许多欧盟进口商和中国出口商来说,这也是一段最后的"黄金时期"。许多企业为了赶时间,甚至不惜提高成本,包机运货。但是,大量没有赶在封关前入境的中国纺织品,被送入了欧盟各国的海关仓库,而已经为这些货物付款的欧盟零售商们把牢骚和抱怨抛向欧盟贸易代表曼德尔森。

2005 年 9 月 5 日,中国商务部部长薄熙来和欧盟贸易代表曼德尔森就中欧纺织品贸易问题磋商达成一致。欧盟委员会于2005年9月12日完成了相关法律手续，各成员国将从2005年9月14日起对积压在欧盟各港口的中国纺织品和服装发放进口许可证。积压的货物可以自由入关。欧盟开始放行积压在各大港口的中国纺织品。

薄熙来说，目前滞留在欧盟港口的输欧纺织品，绝大多数都是欧盟的进口商、零售商已经付过款的。滞港卡关的损失主要是由欧盟的进口商、零售商来承担。但作为负责任的贸易大国，在处理纺织品滞港问题上，中国并没有袖手旁观。双方经过认真磋商达成了协议，使滞港纺织品得以顺利放行。因为只要秉承互谅互让、真诚合作的精神，中欧两大贸易伙伴就可以拥有一个更加广阔的发展空间。商务部部长薄熙来针对解决纺织品贸易纠纷问题时说，中欧纺织品协议应该成为解决其他贸易争端的范例。

二、案例分析题
1. 中欧纺织品贸易问题的起因是什么？
2. 中欧纺织品贸易问题是如何解决的？

思考题

1. 中国"复关"谈判经历了哪几个阶段？
2. 在中国"复关"谈判中坚持了哪些原则？为什么？
3. 中国"入世"谈判坚持有"三原则"是什么？
4. 中国"复关""入世"谈判坚持的"三原则"有哪些意义？
5. "入世"对我国经济产生哪些总体影响？
6. 入世给中国带来哪些挑战？

参 考 文 献

[1] 贾建华. 国际贸易理论与实务 [M]. 北京：北京经济贸易大学出版社, 1995.
[2] 克里斯托弗·阿勒普 [澳]. 北京：世界贸易组织的新协定 [M]. 上海：上海人民出版社, 2004.
[3] 赵维田. 世界贸易组织的法律制度 [M]. 长春：吉林人民出版社, 2000.
[4] 龙永图. 入世与知识产权保护 [M]. 北京：中国对外经济贸易出版社, 2001
[5] 张玉敏. 知识产权的概念和法律特征 [J]. 现代法学, 2001 (5).
[6] 卢进勇, 杜奇华. 国际投资理论与实务 [M]. 北京：中国时代经济出版社, 2004
[7] 赵华栋. 建立适应WTO的外资企业税收优惠法律制度 [OL]. www.law-lib.com
[8] 陈墨. 如何看待外资对中国经济的影响 [N]. 北京：中国经济时报. 2004-10-20.
[9] 吴仪. 在2004年国际投资论坛上的讲话 [R]. 2004-9-11.
[10] 张汉林. 国际化竞争 [M]. 北京：人民日报出版社, 2001.
[11] 徐兆宏. WTO案例对中国的启示 [M]. 上海：汉语大词典出版社, 2003.
[12] 李左东. 中国对外贸易教程 [M]. 北京：北京大学出版社, 2003.
[13] 胡涵钧. WTO与中国对外贸易 [M]. 上海：复旦大学出版社, 2004.
[14] 李承宪. 炼化企业如何迎接入世的挑战 [J]. 石油企业管理, 2000 (1).
[15] 中国社会科学院工业经济研究所. 中国工业发展报告（2000年）[R]. 经济管理出版社, 2000-6.
[16] 2004年中国汽车工业年鉴 [G]. 中国汽车技术研究中心, 2004年
[17] 王勇亮. 我国民航业面临的开放要求与法制对应 [J], 政治与法律, 2001 (1).
[18] 白光. WTO简明读本 [M]. 北京：中国物资出版社, 2003

联编学校名单（以字母排序）

安徽工商职业学院
安阳工学院
北京工业大学通州分校
常熟理工学院
广州民航职业技术学院
杭州万向职业技术学院
河北能源职业技术学院
河南济源职业技术学院
湖南生物机电职业技术学院
湖州职业技术学院
金华职业技术学院
丽水学院
内蒙古农业大学职业技术学院
平原大学
青岛酒店管理学院
青岛职业技术学院
沙洲职业工学院
山西旅游职业学院
石家庄信息工程职业学院
石家庄职业技术学院
四川天一学院
苏州经贸职业技术学院
太原大学
太原理工大学阳泉学院
唐山职业技术学院
天狮职业技术学院
浙江东方职业技术学院
浙江交通职业技术学院
浙江经济职业技术学院
中州大学
淄博职业学院